HUMILDADE, PAIXÃO E MORTE

DAVI ARRIGUCCI JR.

Humildade, paixão e morte

A poesia de Manuel Bandeira

3ª edição

Copyright © 1990 by Davi Arrigucci Jr.

Grafia atualizada segundo o Acordo Ortográfico da Língua Portuguesa de 1990, que entrou em vigor no Brasil em 2009.

Capa
Raul Loureiro

Imagem de capa
Sem título, s. d., óleo sobre tela de Paulo Pasta, 27 × 30 cm.
Reprodução de Filipe Berndt. Cortesia Millan

Folha de rosto
Grafite de Lasar Segall (1928), gentilmente cedido pela família Segall

Revisão
Andrea Souzedo
Eduardo Russo

Dados Internacionais de Catalogação na Publicação (CIP)
(Câmara Brasileira do Livro, SP, Brasil)

Arrigucci Júnior, Davi
  Humildade, paixão e morte: A poesia de Manuel Bandeira /
Davi Arrigucci Jr. — 3ª ed. — São Paulo: Companhia das Letras,
2024.

  ISBN: 978-85-359-3830-2

  1. Bandeira, Manuel, 1886-1968 — Crítica e interpretação
I. Título.

24-214099	CDD – B869.109

Índice para catálogo sistemático:
1. Poesia: Literatura brasileira: História e crítica   B869.109

Cibele Maria Dias – Bibliotecária – CRB-8/9427

Todos os direitos desta edição reservados à
EDITORA SCHWARCZ S.A.
Rua Bandeira Paulista, 702, cj. 32
04532-002 — São Paulo — SP
Telefone: (11) 3707-3500
www.companhiadasletras.com.br
www.blogdacompanhia.com.br
facebook.com/companhiadasletras
instagram.com/companhiadasletras
x.com/cialetras

Para Gilda e Antonio Candido

À memória de Alexandre Eulálio e Cacaso

Un velo di mestizia par che avvolga la Bellezza, e non è velo, ma il volto stesso della Bellezza.

Benedetto Croce, *La poesia*

[…] le beau n'existant qu'en fonction de ce qui se détruit et de ce qui se régénère.

Michel Leiris, *Miroir de la tauromachie*

Sumário

Agradecimentos 11
Abertura 13

PRIMEIRA PARTE — A FONTE ESCONDIDA (A HUMILDADE)
1. Ensaio sobre "Maçã" (Do sublime oculto) 21
2. Paixão recolhida 49
3. Poema desentranhado 99

SEGUNDA PARTE — INSTANTES DE ALUMBRAMENTO (A PAIXÃO)
4. A poesia em trânsito: revelação de uma poética 137
5. A visão alumbrada 155
6. A simplicidade do amor e da morte 185

TERCEIRA PARTE — A MORTE EM CENA
7. A festa interrompida 227
8. Entre destroços do presente 267
9. A convidada imaginária 295

Notas 317
Bibliografia 339
Crédito das ilustrações 347

Agradecimentos

Em primeiro lugar, gostaria de agradecer a meus alunos da FFLCH-USP, que me escutaram com paciência falar da poesia de Manuel Bandeira ao longo de tantos anos. Depois, ao Roberto Schwarz, que, Bandeira de cá, Machado de lá, vem me acompanhando na intimidade do trabalho com amizade e crítica há pelo menos quinze anos. Depois aos meus pais, à minha irmã, aos amigos, à Lúcia e a tantas pessoas queridas que me suportaram esta paixão intrusa e persistente. À Laura, que me deu força para chegar ao fim. E a todos os meus caros colegas de Teoria Literária e Literatura Comparada, que, solidários e generosos, me concederam o tempo disponível para concluir a tarefa.

Devo confessar que este livro tem para mim um ar de trabalho de aproveitamento que não pude entregar na hora certa para o Prof. Antonio Candido, em 1963, quando fiz seu curso de Teoria Literária sobre o "Estudo analítico do poema", baseado na obra de Bandeira. Entreguei outro, sobre o poema "Felicidade", de *O ritmo dissoluto*, em que a questão central é provavelmente a mesma deste ensaio, que tenta mais uma vez decifrar o que ali descobri com emoção e espanto. Só espero que ele o aceite ainda, um pouquinho fora do prazo, com a minha gratidão.

Por fim, devo agradecer o auxílio financeiro do CNPq, que me concedeu uma bolsa de pesquisa para a realização deste projeto.

São Paulo, março de 1990
D. A. Jr.

Abertura

ARGUMENTO (O MITO)

Um dia, no início do século, um mocinho dentuço, porém simpático, filho bem-criado de uma família tradicional de Pernambuco, veio estudar arquitetura em São Paulo. Sofreu uma hemoptise e teve de deixar os estudos e os sonhos de arquiteto, sob ameaça de morte iminente.

Mandado para a Suíça, em busca de bom clima e cura, deu-lhe para poeta, seguindo as brincadeiras que aprendera menino, em casa, no Recife e no Rio, com o pai, figura imaginosa e boa. O mau destino fez dele o que quis, mas a morte não veio. E o poeta foi ficando. Dado a alumbramentos em seu quarto pobre de solteirão solitário, inventou um estilo humilde para falar simplesmente de coisas cotidianas, embora sempre visitado por momentos de volúpia ardente e a obsessão constante da morte.

Este livro, de enredo quebrado pela análise e longos comentários críticos, ensaia a interpretação de seu mito: através da humildade, da paixão e da morte — nos temas, nas atitudes, na linguagem. No fundo, busca sua concepção de poesia: talvez o meio que tenha descoberto para aprender a morrer.

ARCABOUÇO

Borges, provavelmente num momento de tédio, mas com a habitual lucidez, se referiu à tarefa cansativa e inútil que é a de escrever livros longos. Ao ocupado leitor de nossos dias, decerto não desagradará a solução que propôs: substituir a vasta argumentação por um breve comentário do argumento principal.

Não é esse, porém, o caso deste livro, que levou anos para ser pensado e um bom tempo para ser escrito, estendendo-se por muitas páginas mais do que as imaginadas a princípio, como se quisesse acompanhar de perto a obra de um poeta, que fez dela a vida inteira. Tem, no entanto, a seu favor o modo de construção, que é o de uma estrutura bastante livre e móvel, formada de ensaios sucessivos, integrando-se num arcabouço unitário, mas com relativa autonomia individual e caráter, até a medida do possível, conclusivo.

É bem provável que muitos se deem por satisfeitos antes de chegar ao cabo da armação completa. Não posso lamentar a desistência razoável. Espero, todavia, que não se faça assim e se possa achar algo para pensar e algum prazer, querendo chegar ao fim, com a imaginação do projeto acabado, desenvolvido em minúcias exatamente no meio, entre estas páginas iniciais e uma inexistente conclusão. Esta, sim, dispensada, para felicidade geral, pelo próprio feitio dos ensaios que compõem o todo, suficientes em si mesmos, com núcleos idênticos ou parecidos e o ar de família, além do que, nos últimos, algum eco se encontrará dos primeiros.

A divisão em três grandes partes se deve sobretudo a uma diferença de ênfase no tratamento e não propriamente a um abandono dos respectivos temas, de modo que os ensaios crescem em número, multiplicando e matizando os pontos de contato, alastrando as bases da construção, cada vez mais articulada (assim espero), como se fossem partes de um mesmo enredo, em desenvolvimento para um fim comum. As análises dos poemas cuidam da variação e do movimento, cada qual nascendo em adequação estrita às exigências internas do objeto em foco, ao mesmo tempo que fincam os pilares básicos do todo arquitetado.

ITINERÁRIO

O fulcro principal do projeto é a tentativa de compreender o processo pelo qual uma experiência particular, historicamente determinada, toma uma forma poética concreta, de caráter simbólico e validade universal, no poema. Buscando penetrar no sentido da transposição estética de uma experiência específica, o livro é um ensaio — montagem de ensaios — sobre os modos de estruturação da lírica, as mediações que ela implica e, ao mesmo tempo, uma tentativa de decifração pela leitura — de interpretação crítica — do que significa esse processo como um todo, no quadro especial em que foi concebido: o do itinerário de um poeta que passou sua longa vida sempre por um fio, sob a ameaça de uma doença em princípio fatal, compondo a obra — *Estrela da vida inteira* — que parecia dar significação à sua existência.

Que significou para esse grande poeta, introdutor das formas da poesia moderna no Brasil, a poesia? Como a concebeu? Com que sentido? Que relações mantêm entre si a forma poética de seus versos, sua concepção do fazer poético, isto é, sua poética, e a ideia de uma existência marcada pelo sentimento de finitude?

Tendo por objeto uma poesia "de circunstâncias e desabafos" como a de Manuel Bandeira, o ensaio lida com as relações complexas e sutis entre o mundo vivido e o meio linguístico peculiar que é a linguagem poética, pois seu foco de interesse é o enigma verbal em que se cifra um destino vital e poético, a configuração estética de uma certa ordem da experiência. Lírica e experiência, eis a questão, mas na forma do poema.

Penso, como disse Mallarmé, referindo-se à poesia, e Adorno às artes em geral, que toda obra de arte tem caráter enigmático e mesmo a compreensão mais adequada que dela se possa ter não esgota o enigma. "Resolver o enigma equivale a denunciar a razão de sua insolubilidade", diz o pensador em sua *Teoria estética*. Consequentemente, se pode inferir que um meio de abordar, de maneira compreensiva e adequada, uma obra como a que está em jogo é refazer o itinerário da pergunta que ela nos coloca em sua exigência de ser compreendida, tentando penetrar pela análise no seu modo de ser mais íntimo, até desvendar as relações constitutivas entre a experiência particular e a estrutura verbal do enigma.

Para isso, nada melhor que adotar a forma crítica por excelência que é o ensaio, indagador e tateante, inquisitivo em sua busca de compreensão, mas suficientemente descontínuo e aberto para acolher em seu meio o insolúvel, com seu persistente chamado do que não se pode alcançar, das "inacessíveis praias", tão bandeirianas. Limite, desafio e risco do projeto crítico.

O livro busca penetrar, assim, pela análise e a interpretação, no universo poético particular de Bandeira. Quer compreender como nele se integram e tomam forma orgânica relações significativas entre uma concepção geral da lírica e da natureza e uma específica prática poética, configurada num *estilo humilde*, fruto lentamente amadurecido de uma longa e complexa experiência do mundo e da arte.

Tomando um traço distintivo da forma de expressão madura do poeta — a simplicidade natural —, ele investiga as relações desse traço estilístico com a atitude de humildade diante da vida e da poesia, tentando descobrir, pela contextualização, suas determinações históricas, seus vínculos com a tradição literária, sua significação, o que equivale a ler seus significados dentro de um determinado horizonte de sentido, onde a morte surge como limite e sanção — enigma maior. Por essa via, tenta mostrar como o ideal da poética de Bandeira é o de uma mescla estilística inovadora e moderna, uma vez que persegue uma elevada emoção poética através das palavras mais simples de todo dia. Para o poeta, o *alumbramento*, revelação simbólica da poesia, pode dar-se no chão do mais "humilde cotidiano", de onde o poético pode ser *desentranhado*, à força da depuração e condensação da linguagem, na forma simples e natural do poema.

Atento aos instantes de paixão reveladora, em que amor e morte poeticamente se iluminam, mas debruçado sobre a operação concreta da forma em que o complexo se faz simples, o ensaio, por fim, se arrisca na sondagem do sentido último e mais geral de todo o itinerário bandeiriano: como sua poesia meditativa, erótica e elegíaca se torna ao mesmo tempo uma forma de imitação da natureza e um meio humilde de preparação para a morte.

Na verdade, o ensaio busca todo o tempo as articulações entre o particular e o geral, mantendo um movimento constante do olhar crítico que procura ver no pequeno o grande e neste, o pequeno. Esse movimento, muito acentuado em toda crítica estilística, como se observa nas análises modelares de Leo Spitzer ou em Erich Auerbach, pela necessidade de se envolver no mesmo círculo da compreensão desde o detalhe da formação linguística da obra até o máximo raio de ação de seus significados, pode ser, decerto, encarado como uma decorrência da própria natureza das relações entre o abstrato e o concreto na poesia, tantas vezes vista sob a forma do universal concreto.

De qualquer modo, neste caso, o deslocamento da perspectiva crítica, nem um pouco abstrato ou arbitrário, nasceu de uma necessidade interna da abordagem de se adequar ao modo de ser e ao ritmo profundo da obra de Bandeira, poeta por vezes considerado equivocadamente menor (como ele, aparentemente, se considerava), mas, realmente, dos maiores que produziu a lírica em língua portuguesa. É que nesse movimento se descobre o esforço para *desentranhar* a poesia característico da obra bandeiriana, ela mesma marcada pelo paradoxo da forma de revelar o que tende a se ocultar. Na visão teórica do poeta e em sua prática específica do poema, a poesia é feita de "pequeninos nadas", mas se abre, pelo clarão do alumbramento — eclosão da emoção poética —, ao que, com Valéry, se poderia definir como uma "sensação de universo". Por outro lado, pelo próprio modo de ser de seu estilo humilde, o grande tende a se ocultar no pequeno, assim como o complexo no simples. De repente, a exemplo do que ocorre com o poema "Maçã", analisado um pouco adiante, o infinitamente grande se revela no interior do infinitamente pequeno, do mesmo modo que uma concepção geral de poesia toma forma específica no poema.

Conjugada a esse movimento, a operação crítica da análise por assim dizer se empenha em desmanchar o poema até os detalhes significativos, da mesma forma que a interpretação busca reintegrá-los no todo. À primeira vista, pode chamar a atenção do leitor a utilização heterodoxa do comentário crítico, em geral apenas uma explicação prévia e exterior de dados objetivos do texto que possam impedir a compreensão dos elementos internos e sua organização estrutural, alvos da análise e da interpretação. Aqui, porém, o comentário parece abrir-se a toda sorte de materiais: indagações gerais da teoria poética; aproximações entre poesia e pintura ou entre poesia e música; elementos da biografia e da vida literária; referências à tradição literária, ao contexto histórico-social etc.

Todos esses dados, na aparência só informativos, periféricos ou laterais, podem sugerir uma tendência à digressão ou à extrapolação por excesso de meios. Na verdade, entretanto, eles servem a um esforço de contextualização e particularização decisivo para que se cumpra o movimento entre o particular e o geral e a integração das partes no todo. O comentário não é apenas um levantamento esclarecedor de aspectos teórico-críticos e factuais, mas um fator de integração crítica na consideração do processo constitutivo da lírica bandeiriana, armando uma estratégia mais geral para análise e preparando a direção do movimento interpretativo, que busca apreender o todo. É, pois, um recurso fundamental do método de trabalho, que procura proceder dialeticamente, acumulando dificuldades a cada passo para melhor superá-las. Essa dinâmica corresponde a uma visão que se quer inclusiva da obra literária e a uma tentativa de compreensão tanto quanto possível integradora, lastreada num ponto de vista histórico, para o qual a autonomia da obra é relativa, avança com o processo histórico moderno, definindo-se a cada momento diante do que lhe é heterogêneo. *Por assim entender, cada poema é reconhecido como uma mônada, mas isto não lhe tira o caráter problemático, pois no processo mesmo de constituição de sua forma monadológica esta vai além de si mesma. Não pode ser absolutizada e deve abrir-se à reflexão social, sem a qual não pode ser compreendida em si mesma como forma particular de um determinado conteúdo.* A análise imanente, praticada com o máximo rigor com relação à relativa autonomia da estrutura estética, encontra, porém, o seu limite, e o comentário funciona aqui como um instrumento crítico para transcendê-la, precisamente pelo que contém de relativo.

A articulação dessas três operações fundamentais da abordagem crítica — o comentário, a análise e a interpretação — é, então, buscada em cada um dos ensaios, de modo a transformar cada um deles numa tentativa de apreensão do todo. Através da desmontagem, contextualização e remontagem das partes (movimento com que se espera produzir o inteligível), cabe a cada ensaio individual a função de resumir, esquematicamente, e ao mesmo tempo generalizar a partir do detalhe concreto a visão da totalidade, enredada entre todos.

Assim, nas três partes do livro, as três operações se combinam em cada um dos três ensaios. Todos centrados em poemas e, uma só vez, na prosa de Bandeira, não para se reduzirem ao exame acabado de estruturas verbais autônomas, mas para tentarem, pelo móvel tateio, o reconhecimento do sentido que tudo atravessa.

Ao leitor, se pede ainda mais do que paciência: o gosto e o esforço da decifração, de seguir o movimento dos ensaios em busca de algo que se esquiva, entranhado nos poemas, mas pode, quem sabe, revelar-se como uma iluminação. Foi o que senti, ao ler muitas vezes, sempre com prazer, a poesia de Bandeira. Este livro é um pouco a história dessa leitura.

PRIMEIRA PARTE

A fonte escondida
(A humildade)

Quero a solidão dos píncaros
A água da fonte escondida
A rosa que floresceu
Sobre a escarpa inacessível
A luz da primeira estrela

Manuel Bandeira, *Belo Belo*

1. Ensaio sobre "Maçã"
(Do sublime oculto)

MAÇÃ

Por um lado te vejo como um seio murcho
Pelo outro como um ventre de cujo umbigo pende ainda o cordão placentário

És vermelha como o amor divino

Dentro de ti em pequenas pevides
Palpita a vida prodigiosa
Infinitamente

E quedas tão simples
Ao lado de um talher
Num quarto pobre de hotel.

Petrópolis, 25/2/1938.[1]

1. OLHAR E FASCÍNIO

Logo à primeira leitura, o poema chama a atenção pelo aspecto visual. A figura da maçã se impõe ao leitor desde o princípio, como um objeto para o olhar. Ela é visada diversas vezes, por partes, no todo e por dentro, até ser situada no espaço, perto de outras coisas. Assim é vista por fora, mediante comparações em que se distinguem, antes, suas formas por lados opostos; em seguida, a plenitude de sua cor. Depois, é vista por dentro, até a intimidade das sementes e a latência de vida em seu interior. Por fim, se integra com perfeita harmonia plástica, numa visão de conjunto do ambiente. Sempre como algo que se dá a ver. O efeito geral é o de um quadro estático, onde apenas se desloca o olhar e palpita a vida latente — espécie de natureza-morta.

Por diversos lados, a poesia pode lembrar aqui a pintura. *Ut pictura poesis*: assim como a pintura, a poesia; a fórmula mágica, tomada de Horácio para insinuar um paralelismo entre as duas artes, poderia valer neste caso. Ou quem sabe, a antiga comparação que faz da pintura poesia muda, e desta, imagem que fala.[2] Infelizmente, porém, embora sugestivas, ajudam pouco a compreender o que o leitor experimenta no ato de leitura e o que tem diante dos olhos. Ele é levado a situar-se como espectador, como quem olha um quadro. E mais, é levado a seguir um olhar, cujo movimento de mudanças bruscas, conforme diferentes ângulos de visão, deve modular de algum modo o ritmo dos versos que só se aquieta na última estrofe, dando a impressão de regularidade, justamente quando a visão do detalhe se integra à unidade do todo. Essa modulação pelo olhar sugere que o resultado — a sensação de quem observa um quadro — pode depender de procedimentos de composição *análogos* aos da pintura. Aceitando-se o paralelismo — o poema é como um quadro — feito um caminho para se compreender, cabe refazer a analogia até o pormenor.

De fato, desde os primeiros versos o poeta lembra a arte de um pintor, pelo modo de ver e de compor a natureza-morta a que o poema dá forma. Como um pintor que, partindo da imitação do natural, fosse delineando uma imagem na tela, a maçã no branco do papel. Parece mesmo ter ido buscar um pedaço da natureza para compor com ele o motivo central de uma paisagem interior, onde a maçã, isolada de seu ambiente natural, se mostra despojada, despida pelo olhar, até permanecer simplesmente em seu lugar no quarto pobre, formando, pela humildade de seu modo de ser, uma unidade harmônica com o ambiente, sobre o qual só então se aquieta o olhar. Ao proceder como um pintor, o poeta paralisa sob o crivo dos olhos todo movimento do que vê e descreve (a não ser o da vida latente). Diz e representa ao mesmo tempo, como se pintasse o pensamento, fixando-o em imagem. O poema se faz um *hieróglifo*, cujo significado se imprime de algum modo na expressão, em sua forma visual e sonora, diagrama de seu conteúdo.[3] O discurso não progride em sucessão: cada verso equivale literalmente a um retorno, a uma retomada do olhar a partir de um ângulo novo sobre a mesma fruta, justapondo-se faces de um mesmo objeto como um recomeço sempre nascente da percepção, até completar-se o quadro, retrato do interior de um quarto humilde.

Ao se entregar à leitura e ao prazer da contemplação de uma natureza-morta, o leitor desliza, por assim dizer, na direção que lhe sugere o olhar, encadeado pelo fascínio da fruta, fixada como centro da atenção em sua vida silenciosa. Ali ela permanece como uma figura hieroglificamente cifrada, à medida que por todos os lados os olhos a desvelam, buscando descobri-la para o espírito. A maçã vermelha se torna um objeto de conhecimento, no qual é preciso penetrar para conhecer. Paradoxalmente, o sentido se cifra, enquanto ela se mostra na exterioridade das formas e da cor. Por isso, é preciso ceder à sedução e penetrá-la, como faz o olhar que a cinge e desveste até fundir-se no mais fundo dela, até a semente — limite do inacessível nela, coração do movimento oculto da vida. E só então repô-la em seu lugar simples, onde fica com a humildade com que sabe guardar o prodígio. Assim o movimento do olhar arrasta o leitor para a sedução da fruta até o encontro de outro movimento mais fundo e só depois se aquieta no quadro de vida paralisada, que é a natureza-morta. Acompanhando esse movimento, que se processa por justaposição de imagens, não se pode escapar à imagem maior que se forma afinal, com uma poderosa sugestão pictórica: a cena prosaica de uma refeição frugal, imobilizada por um instante na moldura do quarto.

Ao ler, vão se formando as várias faces da mesma fruta, recortadas pela visão, até seu enquadramento final nesta cena maior. Tirada da natureza, a maçã se acha no interior de um quarto de hotel, onde, embora isolada, parece compartilhar o destino provisório de um observador tão pobre e solitário quanto ela própria e o quarto que ele, aparentemente, habita de passagem. É o movimento do olhar desse observador que se acompanha pela leitura. Um vínculo latente o prende à sua volta. É por seus olhos que se vê a maçã: as formas contraditórias, conforme os lados; o vermelho da cor; as pequenas pevides de dentro; a localização por fim no quarto. O interior do quarto, onde se situa a maçã, representa o limite de seu olhar, como uma dimensão de sua subjetividade. Ao se fixar sobre os traços de seu ambiente como que espelha seu modo de ser íntimo. Mais uma vez o quarto surge, em Manuel Bandeira, como o reduto da interioridade do sujeito: espaço lírico por excelência, onde se recolhem as impressões da realidade e se gera a poesia; lugar principal da experiência, de onde o poeta olha o mundo e se debruça sobre a vida. Desta vez, ali se fixa o tempo, no instante iluminado de uma cena prosaica, num momento de vida retida.

O Eu que olha a maçã, enquadrando-a nos limites do quarto, não é apenas um observador. É também quem fala, voz central característica do poema lírico, que, no caso, se dirige diretamente à maçã, como se esta fosse um ser de sua intimidade, uma mulher quem sabe, ou um tipo de interlocutor mudo, interpelado num diálogo fictício. Este tratamento dispensado pelo sujeito da enunciação ao seu objeto, a maçã, confere à fruta um traço de humanidade, envolvendo-a na interioridade subjetiva, da mesma forma que ela parece objetivar traços do modo de ser do sujeito. Tal tratamento se reforça com a comparação do aspecto exterior da fruta a partes do corpo feminino e com o realce dado à sua vida interna, tudo tornando a maçã um ser harmonicamente assimilável ao universo humano, ao espaço interior do quarto, dimensão subjetiva do Eu lírico. Por outro lado, o caráter dialógico da linguagem, sua função apelativa, voltada para o interlocutor do discurso, dá ao poema o aspecto de cena virtualmente dramática, de repente paralisada e desvendada aos olhos do leitor, além do mais, receptor privilegiado de uma fala que na verdade é íntima, solitária e, sobretudo, meditativa. Desse modo, o olhar que penetra no interior do quarto até o miolo da fruta reverte sobre si mesmo, uma vez que desvenda o espaço de sua própria interioridade.

Aceita a analogia com a pintura e recomposto o quadro com a cena parada num quarto de hotel, o leitor pode ser tentado por uma interpretação imediata do conjunto, associando a maçã ao fruto proibido, conforme um lugar-comum da tradição cristã medieval, até hoje persistente. A tendência seria então para uma tradução redutora do sentido global, com base no estereótipo que logo vem à mente, num tipo de interpretação alegórica de uma cena de amor furtivo e fugaz. Dada a conotação erótica da maçã, esta acabaria personificando a mulher (a cujas partes é de fato comparada), de preferência a mulher caída, de acordo com o quarto e o fruto, favorecendo-se, desta forma, uma visão sublimada da queda, através da elevação em imagem poética de um amor proibido e prosaico. Teríamos, em síntese, uma leitura espiritualizada do resgate da degradação pecaminosa pelo sublime do amor divino (mencionado no texto), tudo condizente com uma concepção da poesia em que esta consistisse em elevar o baixo até o sublime, em poetizar a banalidade cotidiana, a realidade decaída do mundo. Assim no poema não se produziria nada de novo; antes, pelo contrário, ele seria rigorosamente a transposição metafórica do sabido, como se recobrisse pela imagem poética o pré-dado. Na verdade, porém, uma leitura como essa é incapaz de dar conta da real complexidade do texto; deixa de lado uma quantidade de detalhes significativos fundamentais; não percebe o essencial: a força de revelação e conhecimento da forma nova, verdadeiramente nova. Para que a leitura seja um ato de invenção, é preciso transgredir, diante de uma maçã tão simples, a real complexidade do poema como um todo significativo.

Desde o princípio do texto, o leitor está diante do registro de um momento de reflexão (como tantos em Bandeira) sobre uma cena exteriormente estática. A cena toda se inclui num instante como que intemporal, recortado do fluxo do tempo, como um instantâneo, mas demarcado pela subjetividade que dirigiu o recorte. Daí o ar de coisa parada, em expectativa, que tem o quadro no conjunto, enquanto o movimento implícito do olhar esquadrinha, de ângulos diversos, a fruta e o ambiente, arrastando-os para a intimidade do Eu que olha, recolhendo-os na corrente do pensamento e das associações mentais. É esse olhar meditativo que susta todo movimento aparente da cena, só desvelando a palpitação latente na entranha da fruta — coisa viva no centro do quadro.

É aqui que *a poesia dá a ver*: ao mesmo tempo e sob a mesma luz, o olhar *desentranha* unidos os interiores da maçã, do quarto e da consciência, num único instante lúcido e fixo — *alumbramento*. Este instante de iluminação em chão profano é também o foco da interpretação.

A maçã nada mais é que um pequeno detalhe de uma cena maior, envolta na subjetividade do observador. Tal cena, por sua vez, inclui quem a observa, já que seus limites são propriamente os da interioridade do Eu — o quarto. Ela não se mostra, porém, como objeto explícito da representação literária. Ao contrário, é o pormenor, a maçã, que tudo domina, em destaque, desde o começo. Um simples pormenor e, no entanto, se transforma no centro de todo o interesse, assenhoreando-se de nossa atenção, no coração do quadro. Por um instante, a fruta é pinçada e alçada ao primeiro plano, antes de voltar ao lugar humilde que lhe cabe na vida de todo dia, entre coisas banais. Ela se dispõe primeiro livre para o olhar e o espírito: quase abstrata apesar dos atributos tão concretos, no desconcerto de seus lados contraditórios, na intensidade transcendente de sua cor e na pequenez milagrosa das sementes de sua entranha. E só então é colhida pelo olhar mais abrangente no interior do quarto, ao lado do talher como um simples alimento, já quase nos moldes de um quadro de gênero, realista e prosaico, com o qual se casa, contudo, perfeitamente bem. Assim o ser que momentaneamente se descobre como guardião das sementes da vida não destoa da simplicidade com que se integra em seu pobre ambiente cotidiano.

Pelo contrário, a maçã se dá a ver como um fascinante motivo pictórico, pois nos seduz pela visão e nos põe diante do mistério da simplicidade com que oculta naturalmente o sublime. Como tantas de Cézanne, também esta maçã vermelha de Bandeira atrai e mantém cativo o olhar. É que tem o fascínio do ser que encarna o desejo — foco da vida e da paixão numa natureza-morta.

2. EVOCAÇÃO DE CÉZANNE

Por outro lado, a poesia lembra ainda aqui a pintura. O leitor, dado à contemplação do quadro, pode muito bem evocar imagens conhecidas da história da arte. Como se sabe, maçãs sempre foram motivos exemplares para naturezas-mortas, e estas, enquanto gênero, sempre foram uma constante ao longo da história da pintura ocidental, desde a Antiguidade aos nossos dias.

Muitos pintaram maçãs; provavelmente nenhum pintou tantas e tão belas quanto Paul Cézanne (1839-1906). Quando já nos habituamos a vê-las sem espanto como um assunto convencional e comum da pintura figurativa, tradicional ou moderna, podem ainda deslumbrar. Assim, de repente as maçãs de Cézanne, *pobres e poéticas*, pintadas obsessivamente até constituírem um tema maior do grande artista. Há decerto nelas um fundo senso erótico e um enorme poder de sedução, difíceis, como sempre, de entender e explicar. Mas na complexidade que encerram de forma despojada, se dispõem no espaço com tal simplicidade, que chegam a exprimir a mais ampla gama de estados de espírito, os mais sutis sentimentos, até o mistério vibrante de sua imóvel presença.

Foi preciso que uma longa história passasse para se chegar até elas. Trazem a marca da vagarosa duração, do trabalho manual repetido e custoso, do amadurecimento demorado dos frutos da natureza e da experiência humana. Cézanne costumava insistir no estudo contínuo *"sur nature"* e nas dificuldades do lento avanço.[4] Mas, com seu esforço penoso e persistente, conseguiu transfigurar a velha arte da natureza inanimada no início dos tempos modernos. A natureza-morta tinha, de qualquer forma, um comprido passado, que nos ajuda a compreender a arte do pintor em pontos fundamentais. E, ainda por analogia, nos permite entender, por essa via inversa da pintura à poesia, alguns aspectos da humilde maçã de Bandeira, que se situa no fim da década de 1930, quando ainda a natureza-morta era um gênero dominante na pintura moderna, em boa parte por obra de Cézanne.

Desde o século XVI, o gênero tem autonomia, havendo alcançado grande voga no século seguinte, talvez por estímulo do interesse crescente que o espaço interior foi ganhando na vida burguesa.[5] Esta sempre se mostrou aferrada ao resguardo dos traços individuais no ambiente privado e ao valor prático e concreto dos objetos de uso do dia a dia, como instrumentos de trabalho ou de lazer. São precisamente os objetos que se acham ao alcance da mão — artificiais ou naturais — os que se convertem em motivos característicos da natureza-morta: a mesa com comida e bebida, as flores e as frutas, os livros, as louças, os utensílios domésticos etc. O olhar ganha para a reflexão e para a contemplação estética o que se destina ou se dispõe para o trabalho das mãos, para o uso diário. Os objetos como que se congelam sob a visão no momento em que são arranjados aparentemente com um propósito, por mais arbitrária que seja sua disposição. Desse modo, se dá estrutura artística, representando-as mimeticamente no espaço do quadro, às coisas palpáveis de uma realidade empírica e próxima, quase sempre recorte do interior doméstico.

Espécie de ícone da vida privada, a natureza-morta, explicável dentro do quadro maior da sociedade burguesa, tal como se mostrou a partir dos *bodegones* maneiristas e barrocos, até Chardin, Cézanne e os modernos, aparece como um espaço privilegiado para a reflexão sobre as complexas relações entre arte e realidade, entre estilização e natureza. Seu próprio modo de ser propicia uma permanente oscilação de ênfase entre o aspecto formal da convenção pictórica e a semelhança mimética com o tema representado. Entre a tendência para a estilização mais abstrata e a inclinação para um ilusionismo do tipo *trompe l'oeil*, há com certeza lugar para muita meditação. Mais do que em outros gêneros, aqui é nítida a tensão entre os procedimentos de composição artística e a realidade objetiva do assunto, o que tem servido de explicação para a sua extraordinária constância entre os pintores de todos os tempos e sobretudo entre os modernos, como os cubistas, que levaram adiante a pesquisa plástica de Cézanne, no sentido dos contrastes simultâneos e da busca de configurações geométricas subjacentes à realidade exterior.

Repetindo até certo ponto a opinião corrente na crítica de arte, observou Northrop Frye que o apego dos pintores à natureza-morta não depende tanto do interesse que possam ter pelo conteúdo do assunto representado quanto daquele que revelam pelas relações formais entre planos, volumes, cores e espaço. Mas Frye encara a natureza-morta como o gênero onde se exprimem os princípios formais da pintura, onde se equacionam as regras da gramática da pintura.[6] A imobilização da vida que é característica desse tipo de obra pictórica (a vida tranquila ou silenciosa do seu nome em alemão e inglês — *Stilleben, still-life*) tende a realçar os princípios abstratos da estrutura, a unidade formal das imagens que compõem o tema e não propriamente o movimento da "narração", que as integra num desenvolvimento dinâmico de representação do assunto. Assim, num quadro de natureza inanimada, com frequência se quebra a ordem de sucessão linear da realidade empírica, por uma nova ordem que reorganiza arbitrariamente o espaço, mas representa ainda, de forma abstrata, a unidade essencial do tema. Tal como no mito e no conto folclórico, formas descarnadas e abstratas de narrativa, também na natureza-morta se evidenciariam os princípios estruturais da arte, espécie de fonte arquetípica a que retornam sempre os artistas quando, buscando a renovação, se desviam da verossimilhança realista, do efeito ilusório de acercamento à realidade sensível, para descobrir a convenção artística num nível mais fundo de abstração. Nessa direção se poderia compreender a busca de Cézanne, como se configura na natureza-morta, rumo à descoberta de formas geométricas latentes na natureza, às quais se reduzirá a realidade na visão analítica do Cubismo, que parte do mundo empírico, mas recorta-o em imagens justapostas, de uma variedade de ângulos.

Um crítico importante de Cézanne como Lionello Venturi, mesmo sem propor uma teoria arquetípica da arte como a de Frye, se inclina para uma explicação semelhante sobre a preferência pela natureza-morta. Para ele, desde 1860, o artista demonstrava um interesse predominante pelo estudo da forma, simbolizado na pintura das maçãs, que constituiriam um *motivo simplificado*, especialmente propício à concentração no problema.[7] Também para Jean Leymarie, os "volumes simples e primordiais" corresponderiam a uma necessidade de concentração do pintor e às suas exigências de "densidade concreta" e de "estabilidade". O confronto obsessivo entre a arte e a natureza tenderia a se resolver no que Cézanne chamou de *"harmonie parallèle à la nature"*.[8] No mesmo sentido ainda, Charles Sterling vê a natureza-morta do grande artista como "suporte de harmonias plásticas".[9] Contudo, Meyer Shapiro reconhece uma complexidade maior tanto na escolha do gênero quanto na do motivo da maçã, em Cézanne. Seguindo Baudelaire, admite a importância da escolha do assunto na determinação do modo de ser de um artista. Tende a interpretar psicanaliticamente a presença recorrente da fruta como produto simbólico e inconsciente do desejo sexual reprimido, mas levanta igualmente um grande número de móveis conscientes para essa escolha. Sempre atento para a dimensão social do gênero e para o enorme leque de qualidades e significações de que uma simples fruta pode ser portadora no espaço do quadro, procura não reduzir as dimensões do problema, matizando-o por diversos lados. A transferência do interesse erótico na escolha da natureza-morta com maçãs aparece então num painel amplo de relações que a vinculam ao simbolismo tradicional dessa fruta — que tem frequentemente um sentido erótico no folclore, na poesia, no mito, na linguagem e na religião do Ocidente —, assim como às questões propriamente formais, uma vez que a pintura das maçãs pode ser vista como um meio deliberado de autocontrole e distanciamento emocional do pintor.[10] Na verdade, a interpretação abrangente de Shapiro tem o grande mérito de colocar a questão da natureza-morta na complexidade das forças contraditórias que ela estrutura, ao nos aproximar, de forma estilizada, dos objetos da realidade cotidiana e, ao mesmo tempo, da intimidade pessoal do artista, de que ela tende a se tornar um símbolo latente. Sua compreensão do sentido da natureza-morta acaba por identificá-la a um campo vasto de experiência e aprendizagem, onde se pode buscar o domínio dos meios no exemplo da impessoalidade da matéria, a concentração, na sóbria objetividade das coisas, e o despojamento, como Cézanne, nos humildes objetos à nossa volta. Resultado de um processo quase ascético de autossuperação dos impulsos que rebentam de forma agressiva e bastante sombria em certos quadros iniciais, as maçãs de Cézanne surgem com a beleza da plenitude artística, fruto amadurecido da experiência no confronto com a natureza, em dura luta pela perfeição.

Do êxtase à forma pacata; da turbulência do espírito à solidão serena; da mais profunda natureza ao conhecimento; do apelo erótico ao místico; da pulsão latente à cor chamejante, as simples maçãs de Cézanne mantêm a força do sentido pelo fascínio do olhar. Ao se debruçar sobre a "Maçã" de Bandeira, o leitor poderá recordar na simplicidade das palavras um caminho semelhante e o encanto ainda vivo das imagens já vistas, abrindo para um mistério comum na iminência de uma análoga revelação.

3. MÉTODO

Observando-se melhor, se percebe que "Maçã", por sua analogia evidente com a pintura, não é um poema isolado na obra de Manuel Bandeira. Ao contrário, em sua arte se revela uma tendência poderosa para a composição na forma da natureza-morta, como já assinalaram Gilda e Antonio Candido, em sua "Introdução" à *Estrela da vida inteira*.[11] Essa tendência se mostra como um pendor para a reorganização arbitrária do espaço poético, imitando o espaço pictórico, de modo que seres e coisas, atos e sentimentos, retirados de seu contexto habitual, passam a figurar num contexto diverso, ao mesmo tempo depurados de toda ganga bruta e imantados por nova e forte carga expressiva. O procedimento implica uma redução drástica ao essencial ("só pronunciar as palavras essenciais", conforme a lição aprendida pelo poeta) e, ao mesmo tempo, a coadunação dos elementos significativos num espaço novo, de forma a obter uma estrutura concentrada, coerente e poeticamente eficaz.[12] Esta coadunação de elementos extraídos de um contexto anterior em outro se assemelha muitíssimo à técnica do pintor de natureza-morta que, diferentemente do pintor de paisagens ou de quadros históricos, tem em suas mãos o arbítrio para dispor dos objetos, sempre disponíveis em outro tipo de arranjo, conforme o desígnio de quem os pinta.

Por vezes, como também notaram os críticos citados, essa técnica lembra o fracionamento cubista da realidade exterior, com sua visão por lados diversos, conforme se dá nos primeiros versos de "Maçã" ou no retrato de mulher de "Peregrinação". Certamente, a retomada de elementos anteriores, por assim dizer "desrealizados", num contexto novo, arbitrário e às vezes insólito, faz pensar sobretudo na técnica de montagem surrealista, discreta mas profundamente arraigada em Bandeira, sempre tão sensível à poesia do onírico, do ilógico, do absurdo e do nonsense. Basta recordar poemas como o "Noturno da Parada Amorim" ou a insólita revelação do "Noturno da Rua da Lapa", e tantos outros.

No mais profundo, porém, este método implica um acentuado trabalho pessoal do poeta, sua longa aprendizagem das palavras e das relações de sua poesia com outras artes e esferas da realidade, contendo, a uma só vez, o mais íntimo de sua experiência poética e o mais aberto para diversas saídas da arte moderna. É aí sobretudo que lembra a posição de Cézanne, sempre tão encafuado em si mesmo e tão anunciador do futuro, este nosso "São João Batista" do Modernismo. Selecionando, depurando, evitando todo ponto morto como no bom desenho (segundo disse) e simultaneamente reorganizando num todo coeso os elementos poéticos, Bandeira acabou forjando um método de construção que consistia em *desentranhar* a poesia do mundo, como quem tira ouro da ganga, a golpes de bateia.[13] Esse verbo, que ele gostava de empregar para designar o ato decisivo que definia seu ofício de poeta, guarda sob sua feição *material* de "tirar das entranhas" o valor *expressivo* de "tirar do íntimo ou do coração", e ainda a ligação profunda com o sentido *cognitivo* de *dar a ver*, de dar a conhecer ou trazer à luz, de revelar o oculto (como o vidente que lê o mistério oculto nas entranhas). Assim se reúnem nessas acepções três modos de conceber a poesia, implicados nos próprios meios de buscar o poético e de dar forma ao poema, conforme os concebeu um dia o poeta.

Em primeiro lugar, o procedimento de desentranhar a poesia como quem tira o metal nobre das entranhas da terra, como uma garimpagem do que é raro e difícil de conseguir, implica, em seu sentido material e concreto, a noção da poesia como um fazer. Os elementos desentranhados são o produto de um trabalho de busca e, simultaneamente, partes de um todo que se constrói. Por outro lado, na acepção de "tirar do íntimo" aflora a noção de poesia como expressão, sempre tão viva em Bandeira, que a todo momento parece prolongar a linhagem romântica, reconhecendo-se como poeta de "circunstâncias e desabafos".[14] Por fim, um significado mais sutil de *desentranhar* nos conduz à concepção da poesia como forma de conhecimento, como revelação de um sentido oculto, ao qual se chega por um movimento de penetração até a entranha do objeto e por um movimento de saída à luz e ao conhecimento assim *desen-*

tranhado. O ato do poeta equivale, pois, a uma percepção penetrante do outro, do objeto, a um "habitar as coisas" que é, a uma só vez, o desvelamento de sua natureza mais profunda, do que são.[15] Entendido deste modo, ele é ainda, rigorosamente, uma forma de imitação, de *mimesis*, no sentido aristotélico.

Em *desentranhar* se fundem, portanto, concepções diversas da poesia na ação única de fazer exprimindo-se e revelando o outro a um só tempo. O mesmo movimento que constrói revela a interioridade do sujeito e do objeto unidos, em amorosa e iluminada entrega. Representar mimeticamente um objeto equivale, neste caso, a penetrar até o seu modo de ser mais íntimo, a imitar a natureza, no que se revela, simultaneamente, o modo de ser do imitador, do sujeito que constrói a imitação. Ao falar do outro, o poeta fala de si mesmo; ao falar do mundo, a poesia de algum modo fala também de si mesma, porque há um momento em que tudo é um só, para uma tal concepção do ato poético. Por isso, diante da entranha aberta da maçã o poeta talvez pudesse dizer, com Cézanne: "Sinto-me colorido de todos os matizes do infinito. Nesse momento, eu e o meu quadro somos um só. Somos um caos irisado. Vou ao encontro do meu motivo, perco-me nele".[16]

Ao construir o poema como um *hieróglifo*, o poeta imprimiu na figura sua marca e a do objeto que procurou representar, cifrando no todo o sentido que tudo une e atravessa. Ao fixar os olhos agora sobre o poema pictórico, o leitor busca refazer o percurso, a direção ali impressa pelo outro olhar, desde os mínimos traços significativos até o desenho total, a figura completa, atrás de um sentido que a maçã tão simples guarda naturalmente.

4. CONSTRUÇÃO

Assimetria

O caráter visual de "Maçã", tratado até aqui em analogia com a pintura, nasce de uma certa configuração da linguagem poética, por efeito de determinados procedimentos miúdos de sua construção e, provavelmente, ainda, por sugestão metafórica do todo. A relação com a pintura resulta, como se disse, de uma afinidade analógica, também ela construída por meios verbais, e por isso consiste, antes de mais nada, numa ilusão decorrente da representação literária:

o conteúdo figurativo da natureza-morta é uma projeção do significado das frases e de suas partes, em determinadas relações; o espaço poético é apenas representado à maneira do espaço pictórico; a maçã, enfim, é feita de palavras.

Neste caso, porém, quem sabe levado pelo reforço da ilusão de estar diante de um quadro, o leitor tende a encarar o aspecto visual do texto num sentido mais concreto, como se ele estivesse inscrito nos signos e no espaço, na forma material das palavras e do poema como um todo, destacado contra o branco da página. Por certo, este modo de ler um poema é já corrente, tendo entrado para o hábito do leitor atual, depois que a Poesia Concreta, que tanto interesse despertou em Bandeira no final da década de 1950, integrando tendências latentes e difusas na história da poesia moderna e mesmo anterior, nos acostumou a ver no espaço um elemento significativo na estrutura do poema. Hábito de espera que se quebra pelo inesperado, quando de fato irrompe a poesia como surpresa viva. Em "Maçã", datada de 1938, a poesia nascida por um modo peculiar de dar forma às palavras (que pode lembrar ainda o *impasto* denso de Cézanne ou a pincelada saliente do começo do século para realçar a natureza-morta como coisa material), a poesia traz consigo um impulso para a expressividade visual, legível em configurações elementares e geométricas, gravadas na estrutura material dos signos.

No seu ensaio sobre a poesia de 30, Mário de Andrade, ao lidar com o verso livre enquanto aquisição de ritmo pessoal, chamou a atenção para um aspecto característico de Bandeira, aproximando a rítmica áspera do poeta ao físico do homem, marcando ainda o caráter *tipográfico* de sua poesia, capaz de dispensar qualquer doçura de ondulação e até de prescindir do som, oferecendo-se à "leitura de olhos mudos". À parte certo exagero quanto ao som e à ondulação, que Bandeira sabia manipular como bem queria, Mário definiu com a agudeza de grande crítico: "Ritmo todo de ângulos, incisivo, em versos espetados, entradas bruscas, sentimentos em lascas, gestos quebrados, nenhuma ondulação".[17]

Essa espécie de expressão corporal do ritmo encontra em "Maçã" um momento típico, uma vez que o poema começa por se distinguir visualmente, chamando a atenção pelo perfil anguloso dos versos livres, muito discrepantes na extensão. A combinação de número arbitrário de sílabas poéticas, característica desse tipo de verso, é empregada aqui em sua máxima incerteza, produzindo os "versos espetados" e as "entradas bruscas" que Mário notou tão bem.

O resultado é que são de fato ásperos e bastante intratáveis, mas também belos, em sua perfeita adequação ao tema. É preciso olhá-los mais de perto.

Em 1917, Pound restringia o emprego do verso livre somente para os casos em que realmente se deve, isto é, por necessidade intrínseca da "coisa", quando dá um ritmo mais belo que o metro, ou mais real, por integração à emoção poética de que se trata, sendo então mais ligado, íntimo ou interpretativo que a medida regular. Lembrava a frase famosa de Eliot, segundo a qual não há realmente verso livre para quem quiser fazer um bom trabalho.[18] Em 30, Mário começava por criticar o abuso ou mau uso do verso livre entre nós. Bandeira, que foi dos primeiros a usá-lo e bem, na poesia brasileira, em 38 era senhor absoluto da técnica, e aqui logo se vai perceber por quê.

O poeta parece ter posto em destaque o caráter prosaico do verso livre, que é "como botar prosa no verso,/ como transmudá-la em poesia", para dizê-lo com outros versos paradoxais de João Cabral. A cena realista e prosaica que se forma aos nossos olhos começa pela dicção também prosaica dos versos livres, logo acentuada pelo contraste de tamanho dos dois primeiros versos:

> Por um lado te vejo como um seio murcho
> Pelo outro como um ventre de cujo umbigo pende ainda o cordão placentário

Eles formam um dístico como que isolado no início do poema, já que o terceiro verso parece ter se desprendido deles, em sua singularidade, rompendo o esquema dominante no resto do texto, onde os versos subsequentes se dispõem em duas estrofes de três versos cada uma. O poema pode sugerir à primeira vista uma distribuição ternária dos versos, acomodada às três direções principais do olhar, o qual, como se apontou, parece modular o ritmo neste caso. Nos três versos iniciais, temos a observação exterior da maçã; no terceto central, a visão interior; por fim, nos três últimos, a localização da maçã no ambiente. Esta ruptura da ordem ternária das estrofes restantes realça a irregularidade inicial, apontando já talvez para o papel relevante da assimetria no todo do poema. Por outro lado, o par do começo é marcado pela forte assimetria do comprimento, de modo que somos levados a encarar com estranheza a continuidade de prosa do segundo verso, que, na edição citada, não chega a caber no espaço da página, fracionando-se e deixando pender literalmente o cordão placentário, que transfigura metaforicamente o cabo cortado da maçã.

Este recorte irregular, dependente do número aleatório de sílabas de cada verso, parece materializar ainda outro contraste mais importante no plano semântico: é que *os versos contrastantes contêm visões contrastadas da maçã*. Sua alternância introduz uma contradição fundamental no nível do sentido, ou seja, a percepção contraditória dos dois lados da fruta. Tal contradição salta ainda mais aos olhos porque deriva de versos cujo contraste se apoia em semelhanças igualmente evidentes. Se não, vejamos.

A parelha de versos começa pela expressão correlata (*Por um lado / Pelo outro*) que a liga internamente no contraste, feito assim de membros equivalentes, e prossegue com idêntica construção sintática e literária: a comparação introduzida pela conjunção *como*, que constitui propriamente uma imagem, um símile, ou seja, uma comparação com força metafórica, capaz de aproximar seres de esferas diferentes do conhecimento, vinculados pelo nexo explícito da conjunção comparativa. Esta semelhança dos componentes dos versos opostos se apoia ainda no vocabulário parecido que serve às comparações correlacionadas: *seio* e *ventre* são partes do corpo humano, assim como os demais elementos (*umbigo*; *cordão placentário*) que compõem a oração adjetiva introduzida por *cujo*, oração essa equivalente ao adjetivo que qualifica *seio*, no primeiro verso: *murcho*. Entre esta palavra e a oração adjetiva correspondente podemos perceber desde logo uma oposição semântica forte, uma vez que *murcho* conota a vida que se extingue, ao passo que na oração em contraste se sugere o nascimento recente; em termos mais gerais, um contraste entre o movimento para a morte e o movimento para a vida. A noção de movimento temporal parece estar latente tanto em *murcho* quanto na ideia do *cordão placentário que ainda pende*, como um aspecto incoativo das ações que implicam: perecer ou nascer. No entanto, o adjetivo *murcho* não pertence à mesma esfera ou ao mesmo campo semântico das demais palavras que se prestam à comparação das formas exteriores da maçã. Em geral, em seu sentido próprio, não se liga a partes do corpo humano; quase sempre se prende a seres do reino vegetal, para designar o viço, a frescura, a cor ou a beleza. Ou seja, *murcho* parece implicar a destruição que vem *naturalmente* com a passagem do tempo: sugere a morte como uma fase do ciclo natural. Por isso, não introduz apenas a ideia de um movimento para a morte, mas a noção mais abstrata do movimento cíclico da morte na natureza. Considerado com relação ao corpo humano, constitui um ponto de assimetria dentro do contraste fundado em semelhanças e, provavelmente por isso, nos chama a atenção ao surgir na poderosa imagem do verso inicial: *como um seio murcho*.

Ela logo nos choca, pois parece insinuar um contraste entre o substantivo *seio* e sua qualificação, uma oposição assimétrica já dentro do primeiro verso. *Murcho*, por estar empregado no sentido próprio, se destaca em meio à linguagem figurada do símile que transpõe a maçã, por sua forma, ao plano humano. Leva a maçã de novo à sua origem vegetal, ou melhor, reaproxima a fruta humanizada à natureza, de onde se desprendeu, revelando, por assim dizer, seu teor natural sob a forma humanizada. A comparação metafórica tem por base uma qualidade física, a redondez da maçã, que permite a analogia com *seio* e depois com *ventre*, mas essa redondez é aqui assimétrica (como em tantas maçãs de Cézanne) e significativa: a palavra *seio*, que se associa facilmente à ideia de desejo, de maternidade, de vida, ao unir-se ao adjetivo *murcho*, aparece então sob a forma do que definha a caminho da destruição. Há, portanto, no uso de *murcho* uma grande precisão vocabular (que de resto se percebe mais claramente depois em *pevide*, semente dos frutos carnosos como a maçã, ou no verbo *quedar-se*, que se ajusta com perfeição à vida tranquila ou silenciosa da fruta na natureza-morta). Essa precisão só faz ampliar o halo significativo da palavra: é que a fruta, comparada ao universo humano, como parte do corpo, é vista sob a mira da morte, mas dentro da perspectiva do ciclo natural. A assimetria de sua forma exterior é um sinal de vida — de redondez erótica e maternalmente plena — e de destruição, conforme o processo normal de desaparecimento dos seres vivos na natureza.

Já nesta primeira visão, a maçã surge assim com grande complexidade, pois suscita a imagem simultânea de morte e vida conforme o ciclo natural. Tal complexidade se materializa numa assimetria formal da fruta, dos versos e dos componentes linguísticos, numa quebra da forma redonda que parece funcionar como índice da destruição natural, do que potencialmente se destina ao desejo e à reprodução da vida e já caminha naturalmente para a morte.

Através da maçã, o olhar capta, no limite mais abstrato, os movimentos das formas naturalizadas, quer dizer, assimiladas ao processo da natureza, *como no mito*, em que o conteúdo natural toma forma humana na figura do deus: Apolo, luz encarnada, de Delos, a brilhante. A forma humana da fruta aproxima de nossos olhos o conteúdo natural, o processo de perecimento e nascimento da natureza, paralisado na visão da maçã, em cuja redondez assimétrica, imagem uterina onde se renova o ciclo, se exprime *emblematicamente* o movimento perene de destruição e regeneração da vida na natureza. Percebemos então que a imobilidade e a assimetria da fruta são meios simbólicos de exprimir abstratamente a generalidade do conteúdo temático. O olhar fixa na exterioridade da maçã próxima um fundo oculto, que se evoca, paralisando nela o movimento natural da vida: a natureza-morta nos põe diante da contemplação do processo imobilizado da natureza, em sua força latente de construção e destruição. A primeira visão da maçã, por lados contrastantes, como na fragmentação cubista da realidade exterior, recorta a contradição na simultaneidade dos seus polos antitéticos, ao congelar o movimento dos opostos. A maçã assim visada adquire a dimensão arquetípica de uma imagem que é concreta e abstrata ao mesmo tempo: é sensível e concretamente a fruta sob o olhar e, a uma só vez, a figura exemplar da fonte da vida, espécie de emblema, tomado ao mundo natural como um modelo.

Arquétipos

No entanto, esse polo antitético da vida (do *seio*), dado assimetricamente em *murcho*, contrasta fortemente com a longa frase do segundo verso, onde a pequenez do adjetivo é confrontada com o longo cordão placentário que liga a maçã à redondez plena do ventre, ao desejo corporificado, à imagem uterina e maternal do nascimento. Essa plenitude da forma da fruta se preenche pela cor, no terceiro verso, posto isoladamente em destaque:

És vermelha como o amor divino

Este verso, eliminando a correlação inicial dos lados da fruta, impõe-se como um juízo abrangente e genérico, com base na plenitude da cor, dando-nos uma visão totalizadora da maçã, mediante a mesma construção sintática comparativa e literária do símile. A sugestão erótica, que já se insinuava nos dois primeiros versos, agora se torna ostensiva, ao ligar o vermelho da cor ao amor, dando-se a este, porém, a dimensão transcendente do sagrado. Aqui se torna aguda a tensão entre o aspecto sensível da imagem e sua dimensão exemplar de arquétipo, anteriormente assinalada: o erótico na concretude da cor chamejante, aspecto sensorial e sedutor da figura, e um fundo oculto, agora ostensivamente sacralizado na expressão *amor divino*. A ênfase não está mais na contradição dos lados, mas na afirmação plena (feita na forma de juízo) da dimensão arquetípica. A fruta, imagem sensual, em sua totalidade concreta, se faz suporte do desejo sacralizado. Salta à vista, coagulada na superfície vermelha, a profundidade mítica da maçã, como que atualizada no fascínio erótico da cor.

Sensivelmente menor que os anteriores, quanto ao número de sílabas, e deles separado por um espaço maior, o verso se concentra na cor e no símile mitificante. Com ele, o poema começa a afunilar-se, em ângulo agudo: à saliência em cotovelo do verso anterior, segue-se esta entrada súbita, tendendo ao perfil geométrico. Paradoxalmente, porém, à concentração corresponde uma visão máxima da generalidade convencional da fruta. A imagem colorida da maçã, posta em relação com o sagrado, evoca outras imagens semelhantes, de outros tempos distantes, primordiais. De certo modo, a fruta regride a *fruto* divino, embora próximo sensorialmente.

Motivo central de uma natureza-morta, a maçã, agora em sua totalidade (em contraste com a visão fragmentadora do dístico inicial), nos faz concentrar sobre ela toda a atenção, ao mesmo tempo que realça suas relações com o passado mítico. Ao surgir por inteiro como um fruto (de *fruere*, fruir) tentador faz ecoar o fundo arquetípico, a latência de seu simbolismo tradicional, extraordinariamente amplo, do mesmo modo que evoca outras maçãs da história da pintura e da literatura (como um motivo recorrente, tópico ou chavão; como arquétipo).

Pomo da discórdia; fruto proibido da Árvore da Ciência; pomo de ouro do jardim das Hespérides, com o poder da imortalidade...[19] Na direção que aqui nos interessa, isto é, ligada ao amor como se acha no poema, ela aparece ao longo de toda a história da literatura, rodeada de ressonâncias bíblicas e clássicas. Não é apenas um dos atributos de Vênus ou um objeto ritualístico das cerimônias de casamento, cujas raízes remontam provavelmente aos cultos de fertilidade e aos festivais de aldeia.[20] (Nos primeiros versos, há uma clara tendência, como se viu, a encará-la como um motivo relacionado ao processo natural de reprodução da vida.) No *Cântico dos Cânticos*, idílio cheio de imagens da poesia pastoral, é várias vezes termo de comparação para a amada, com evidente conotação erótica, e, segundo Orígenes, uma encarnação da fecundidade do Verbo divino. Ela aparece, por exemplo, ao lado do cacho de uva e da romã (*malum punicum*, na tradução latina da Vulgata, expressão em que entra também o termo latino que ali designa a maçã: *mālum*), em relação com partes do corpo feminino e, pelo menos uma vez, nitidamente como oferenda de amor.[21] Na poesia pastoral clássica, como em Teócrito, ela surge exatamente com esse duplo sentido, ligada aos seios da mulher e como dádiva de amor. Transformou-se num claro tópico para os seios femininos na poesia do Renascimento, como se vê na *Aminta* (1573) de Tasso e, com certeza, por essa via foi diversas vezes glosada ao longo da história da literatura, conforme se observa ainda na "gigantesca natureza-morta" que Zola retratou em *Le ventre de Paris* (1873), onde comparece entre tantos produtos vegetais, exposta com *"rougeurs de seins naissants"*.[22]

Shapiro, ao estudar as maçãs de Cézanne, parte de um quadro de assunto aparentemente mitológico, *O julgamento de Páris*, onde a fruta é tratada como uma oferenda de amor, vinculando-se, na verdade, às leituras que fez o artista da poesia bucólica clássica, segundo mostra o crítico. Ou seja, a maçã parece ser um motivo proveniente da convenção pastoral, esse gênero de poesia baseada na imitação da vida rústica, espécie de construção artificial de um´desejo de proximidade da natureza, perpassado por um imaginário ainda perto do mito, e de tão grande importância na tradição artística do Ocidente e na formação do sistema literário no Brasil.[23] Shapiro, contudo, não parece tirar todas as consequências dessa filiação que estabelece para o motivo das maçãs, levado como foi pela tendência a interpretá-lo no sentido de um símbolo da vida pessoal e íntima, como imagem de um interesse sexual reprimido.

William Empson, num livro decisivo sobre a tradição da literatura pastoril, cujo estudo ele soube renovar em profundidade, *Algumas versões da pastoral* (1935), analisa o conjunto de propriedades convencionais que em geral se toma pela essência do gênero como elementos relacionados numa estrutura particular (no que hoje talvez se pudesse chamar um arquétipo literário), capaz de sobreviver, estendendo-se para além dos limites estritos dos próprios gêneros bucólicos. Essa estrutura consistiria fundamentalmente numa *organização do complexo no simples* (*"putting the complex into the simple"*), isto é, num modo recorrente de dar forma, de tal sorte que amplos e intrincados problemas contextuais se articulem num padrão textual simples.[24]

Vista nessa perspectiva, como um componente da tradição da pastoral, a maçã aparece de fato como um motivo "simplificado", conforme a crítica tendeu a assinalar no caso das maçãs de Cézanne e se poderia ver também no de Manuel Bandeira: simplificado e, no entanto, portador da maior complexidade. No *Cântico dos Cânticos*, muitas das comparações da amada a elementos do *hortus conclusus*, do jardim ou do pomar de inspiração edênica, vêm acompanhadas, na tradução latina da Bíblia, da expressão *absque eo quod intrinsecus latet*, ou seja, "sem falar no que está escondido dentro de ti" (conforme as traduções correntes).[25] Esta espécie de duplicidade da linguagem, que lembra imediatamente a noção de *ambiguidade* considerada por Empson entre as próprias raízes da poesia, num livro anterior, tem a peculiaridade de sugerir, neste caso, que o melhor não está ainda à mostra, que *o maior valor é o que se oculta*.[26]

Esse ocultamento do sentido mostra a potencialidade simbólica ou alegórica da fruta como motivo artístico e literário, no qual se percebe de algum modo o vínculo com a tradição clássica. Mostra ainda sua função potencial na estrutura da obra como fator de despojamento da linguagem e não apenas como tema, já que traz consigo um modelo de tratamento, até certo ponto determinado, como parte que é de uma tradição cultural e histórica. Esse modelo se traduz numa tendência para a simplicidade natural, obtida no entanto por um esforço de estilização abstrata e idealista, próxima dos esquemas arquetípicos do mito. Por fim, enquanto imagem recorrente de duplo sentido (o simples que esconde o complexo), vem envolta no fascínio do mistério e da revelação: do que atrai, por se esconder.

Por este último aspecto, se reveste da seriedade do sagrado (do *amor divino*) própria de um tópico da tradição mítico-religiosa. Como observa Shapiro, a maçã identificada com o fruto da árvore do conhecimento no *Gênesis*, arrastando consigo a duplicidade do mal, seria propriamente um produto da tradição, influenciada pela conotação erótica da fruta na mitologia grega pagã e, na Idade Média, pelo trocadilho entre as palavras latinas *mālum* = maçã e *mălum* = mal, uma vez que não encontra apoio na Bíblia. Nos primeiros escritos judaicos, o fruto da árvore do conhecimento é a uva, o figo, o trigo ou outros, mas não a maçã. Um dos primeiros textos cristãos a estabelecer a ligação com a árvore do conhecimento é o de Comodiano, provavelmente do século IV, onde se contrastam as maçãs que trazem a morte ao mundo e as que trazem a vida, por conter os preceitos de Cristo.[27]

O texto de Comodiano é um exemplo, entre outros, da transformação fundamental do motivo operada pelo cristianismo, que injetou sangue novo numa antiga imagem da tradição clássica: a duplicidade erótica da maçã serve agora ao desígnio da verdade espiritual, sem perder seu poder de aliciamento pelos sentidos. Essa ambiguidade essencial se torna inerente ao tópico, como se a fruta com seu apelo natural ao amor físico se fizesse veículo do verdadeiro amor conforme o espírito cristão. Uma oferenda do amor pagão se torna uma dádiva do amor divino. Em sua simplicidade natural se oculta a lição de Cristo. Uma verdade elevada se esconde no coração de uma simples fruta. *Na maçã humilde se oculta o sublime.*

Por certo, a transformação cristã do tópico clássico faz parte de um contexto muito maior: o da metamorfose que o cristianismo operou na retórica clássica, ao procurar veicular uma doutrina complexa e de caráter elevado mediante palavras simples, através do que Erich Auerbach estudou nos termos do *sermo humilis* (discurso humilde), presente em todas as formas da literatura cristã da Antiguidade tardia e no início da Idade Média.[28] Assim um tópico como o da maçã também parece marcado pela mescla estilística própria dessa forma de discurso, em que os objetos humildemente cotidianos podem trazer consigo o sublime, do mesmo modo que os mais altos mistérios podem habitar as palavras mais singelas, tornando-se acessíveis a todos. Assim também nela se faz evidente a tensão característica desse discurso entre uma base concreta, realista e material e o sentido espiritual que nele se insere ou se revela.

Mas o leitor brasileiro ou familiarizado com nossa cultura percebe, por fim, ainda uma ressonância mais próxima e, de certo modo, mais simples nessa imagem vermelha da maçã que se dá a ver. Agora, porém, no sentido da tradição religiosa popular. Trata-se de uma sugestão de identificação com a *imagem* do coração de Cristo, tal como aparece nas figuras do Sagrado Coração de Jesus, "entronizado nos lares", até nos mais humildes, pelo Brasil afora, multiplicado e banalizado em toda sorte de reproduções, como nas folhinhas e outras formas de representação que popularizam esse símbolo da paixão de Cristo. Provavelmente por via do interesse modernista nas formas da vida brasileira, sobretudo a partir de 30, ou do acercamento do próprio poeta ao cotidiano do pobre, a verdade é que se nota na maçã de Bandeira uma forte latência da imagem visual do amor divino tão conhecida de todos em todas as partes do Brasil, como uma relíquia da religiosidade popular, misturada a outros quadros da iconografia cristã, trazidos à vida comum, junto com objetos de uso diário ou de enfeite de todo dia. Nesse chão tão humilde do imaginário popular o poeta parece ter ido colher a sugestão de metáfora visual, a conotação em que as figuras se fundem imaginariamente, dando à maçã a cor de sangue da paixão e a dimensão elevada do divino. Uma imagem que tem uma base material efetiva no cotidiano popular, onde se mistura a outros objetos que servem ao trabalho ou simplesmente matizam com sua beleza ingênua e a cor do sagrado a existência banal.

Entranha

No poema de Bandeira, essa base material da imagem tende a ser reforça-da desde o início (apesar do vínculo espiritual explícito ao *amor divino*) não apenas pela comparação da maçã ao corpo feminino, mas pelo procedimento geral de apresentação da fruta, mediante imagens diferentes e justapostas, o que arma um jogo metonímico entre ocultamento e revelação. Com isto, cer-tamente, o aspecto lúdico e o erótico surgem entrelaçados numa espécie de estrutura de enigma, onde as formas exteriores parecem excluir-se pela con-tradição; a cor, atrair para a dissolução em outras imagens; o essencial, escon-der-se. Mas, na verdade a maçã nos atrai pela totalidade sugerida pelo jogo das partes. A atração do que se esconde se mantém pela sugestão de alumbramen-to a cada instante: pelos lados, pela cor, pelo interior de repente revelado, como num mostrar-se intermitente de estrela, gravada a fogo na entranha da fruta. A maçã é comparada a partes nuas da mulher: equivale ao nu, mas o recobre pela cor, atraindo para o mais fundo. Desse modo, se estabelece uma tensão entre o exterior e o interior, o ostensivo e o latente, a poesia e o conhecimento. Alvo de conhecimento, ela é um convite à penetração, que começa pela sedu-ção do olhar e se abre até a entranha mais íntima. Assim ela aparece por den-tro, no meio da construção, no coração do poema, que são os três versos cen-trais, no momento de maior concentração do texto, dos versos mais breves:

> Dentro de ti em pequenas pevides
> Palpita a vida prodigiosa
> Infinitamente

Nesta admirável estrofe do meio, chama logo a atenção a diminuição pro-gressiva do número de sílabas poéticas dos versos livres, também muito dis-crepantes quanto ao tamanho, como se reproduzissem em pequeno o aspecto de todo o poema — aproximadamente a figura geométrica de um trapézio. O primeiro deles tem dez sílabas; o último, cinco; o do meio se equilibra entre ambos. Este constitui uma sorte de *eixo de simetria* de toda a composição, uma vez que em sua posição rigorosamente central é precedido e seguido por quatro versos. Posição significativa, pois nele se representa também o centro mais íntimo da fruta, o recesso onde se acha latente o movimento da vida, único movimento objetivo do quadro, apanhado então pelo movimento subjetivo do olhar que nele se projeta e se funde.

A estrofe, com seu geometrismo implícito, se encaixa assim no todo, repetindo em menor o princípio de organização geral, como embrião ou semente ela também do organismo total a que pertence. Como falta ao poema qualquer pontuação que não seja o ponto final, os versos livres flutuam no branco da página, chamando ainda mais nossa atenção para o seu alinhamento paralelístico em unidades recortadas tipograficamente, que devem ser significativas, já que para isso foram assim cortadas e dispostas. A visualização da linha tende a ser aqui mais importante do que no caso de versos regulares, quando o metro define a linha de antemão. Salta, portanto, aos olhos a importância dos cortes, que, distribuindo os elementos da frase na linha, aliam vigorosamente a sintaxe, o ritmo e o sentido. A disposição de cada elemento vira um elo significativo.

Nessa estrofe do meio, os versos de fora coincidem quanto à função de adjuntos adverbiais (de lugar e modo, respectivamente), enquanto o verso central reúne os componentes também centrais da oração, assim retalhada, para realce de suas partes, pela segmentação dos versos livres. Nesse verso medial, se acham o predicado verbal (*Palpita*), destacado enfaticamente pela inversão sintática à testa da linha — expressão que é do movimento decisivo —, e o sujeito (*vida*), acompanhado de seu adjunto adnominal (*prodigiosa*). A palavra *vida*, termo essencial da entranha mais funda da fruta, se destaca ainda uma vez, no centro do verso do centro, onde recebe o acento também central do ritmo do verso, por conter a quarta sílaba de um verso de oito:

Palpita a vida prodigiosa

No terceiro verso, a sabedoria construtiva de Bandeira pôs em realce o advérbio (*infinitamente*), muito valorizado por preencher todo um verso. Provavelmente atento ao uso ímpar que poetas anteriores, como Cruz e Sousa e Augusto dos Anjos, haviam feito dos advérbios em *-mente*, em versos metrificados, Bandeira tira deles os mais sutis efeitos no verso livre, como se pode verificar em "Profundamente", "Momento num Café" e vários outros de seus melhores poemas. Aqui, *Infinitamente* constitui o verso mais curto do poema (o seguinte tem as mesmas cinco sílabas, mas é visualmente maior). Com ele, a estrutura toda encontra seu ponto máximo de concentração. Contraditoriamente, porém, corresponde à máxima expansão do sentido, que aí se faz ilimitado, equivalendo assim, por sua dimensão, à pequenez das pevides no primeiro verso dessa mesma estrofe. Também as pevides são pequenas, mas portadoras do valor mais precioso. O paradoxo do pequeno que contém o maior repete na dimensão física das sementes e dos versos a mesma forma paradoxal da complexidade que se contém no simples. Por esse paralelismo analógico, a dimensão física do espaço adquire uma enorme força significativa, capaz de transpor metaforicamente num traço significante e concreto a expansão absoluta e abstrata do significado. O infinitamente grande é visto na perspectiva do infinitamente pequeno: o maior de todos os mistérios, o da vida, se concentra numa parte ínfima da fruta. *Nas pequenas pevides se oculta o sublime.*

E aqui, vibrante em sua latência, o sublime se deixa ouvir. Ao contrário dos versos anteriores, estes se distinguem pela sonoridade: o movimento da vida aparece marcado na aliteração forte das consoantes e na corrente assonante das vogais que recebem o apoio rítmico (como os *ii*). As oclusivas dentais surdas e sonoras, (*t*) e (*d*), inauguram um movimento de conluio dos sons com o sentido; a oclusiva bilabial surda (*p*), que faz parte da palavra decisiva para o movimento, o verbo *palpitar*, se repete cinco vezes nos três versos, e duas vezes em posição simétrica, como fazendo ecoar a pulsação essencial:

> DenTro De Ti em Pequenas PeviDes
> PalPiTa a viDa ProDigiosa
> InfiniTamenTe

Na expressão *pequenas pevides*, além da posição simétrica dos pês, paralela à que apresentam em *PalPita*, há a repetição expressiva da vogal *e*, de modo que um fino enlace sonoro parece tecer um vínculo entre o substantivo *pevides* (tão notável em sua rareza e precisão) e o adjetivo *pequenas*, que exprime sua dimensão significativa. A aliteração trava materialmente uma aliança forte, no plano dos significantes, refletindo uma relação dos significados entre palavras próximas, como se o sentido feito corrente elétrica roçasse as pequeninas sílabas, desencadeando nelas a força significativa que as transforma em partículas de um mesmo todo. A segmentação mínima do verso parece também ganhar sentido em função do todo, que, por sua vez, depende de cada partícula: cada sílaba, cada som pode vibrar com a corrente vital que por ela passa expressivamente. Assim, a sílaba tônica central da mínima pe*vi*de se destaca, em relação de equivalência com a sílaba forte de *vida*, articulando a direção do sentido através de *tI, pevIdes, palpIta, vIda, prodIgIosa* e *InfInItamente*. Esta cerrada coesão dos elementos linguísticos significativos exprime de forma concentrada, no momento central do texto, na entranha da fruta, a coerência orgânica do poema, sólida construção humana sobre o modelo natural da maçã.

No eixo de simetria, o adjetivo que se liga à palavra *vida* (*prodigiosa*) chama a atenção: é o único, além de *pequenas*, e está preso ao substantivo que ocupa o meio do verso e o núcleo do sentido. Um adjetivo decerto fundamental, num texto de palavras essenciais, contadas e precisas. Seu significado corrente designa o que sai do natural: o sobrenatural, o maravilhoso, o milagroso. O fato de que a vida se encerra na pequenez da semente, da qual depende todo o movimento de regeneração da natureza, implica um paradoxo: parece impossível que possa dar-se naturalmente. A vida é um prodígio; espanta que possa simplesmente acontecer. A maçã resguarda, em sua forma uterina, maternalmente, esse prodígio. Contra toda expectativa dentro da ordem natural, a vida brota com sua razão oculta na natureza. *A vida é um milagre*, diz o poeta noutro verso. A maçã, em cuja intimidade ela se renova, misteriosamente, milagrosamente, a abriga, renovando o ciclo, contra o esperado. A primeira visão que se dá da maçã é a do ser que tende para a morte. A redondez plena de seio da fruta é quebrada pela assimetria, pela flacidez dada em *murcho*, pela marca da destruição nela inscrita. O motivo clássico (e depois cristão) desde o primeiro verso já aparece ferido de morte, trazendo o sinal da contingência moderna. Ao que possa haver de primordial e imutável na maçã, o primeiro olhar que a acaricia acrescenta o peso do circunstancial, da passagem do tempo, do destino das coisas perecíveis. No entanto, esse sentimento moderno da contingência e da fugacidade implícito no olhar inicial logo reconhece o movimento de regeneração que também habita a fruta em sua vida silenciosa. O lento caminhar para a morte é superado, no mais íntimo da maçã, pelas *pequenas pevides*. No infinitamente pequeno, se renova a vida da natureza, germina o futuro infinitamente. É o infinitamente pequeno que constitui a vida, princípio infinitamente grande que na maçã se exprime. Na particularidade concreta desta imagem, pintada até as minúcias, a elevação do sublime encontra sua expressão humana, terrena e humilde. O todo depende do mínimo, onde se cumpre o milagre. Na maçã as pontas da morte e da vida se unem naturalmente, com toda a simplicidade.

Pela sábia união do infinitamente grande ao infinitamente pequeno o crítico dinamarquês Georges Brandes procurou explicar a grandeza de Shakespeare.[29] Não se pode buscar explicação melhor para a arte de estilo humilde de Manuel Bandeira. O restante do poema o comprova.

Desentranhar a poesia

A última estrofe sugere uma regularidade inusitada dos versos, ou seja, uma certa simetria final, em contraste com o resto, como fica visível no recorte mais ou menos equilibrado das linhas. Uma pequena diferença no número de sílabas, em ordem crescente, marca esses versos:

> E quedas tão simples
> Ao lado de um talher
> Num quarto pobre de hotel.

O número de sílabas varia de cinco a sete, mas sem grande alteração rítmica, como se nota pela regularidade na distribuição dos acentos, já que todos eles começam por um tempo forte na segunda sílaba: *E quédas/Ao ládo/Num quárto*. O último, mais longo, repete ainda uma vez o mesmo pé jâmbico inicial: *Num quárto póbre*. Além disso, rima discretamente com o anterior pela vogal tônica final idêntica (rima toante entre *talher* e *hotel*). Por fim, parecem contribuir para a impressão de regularidade e simetria todos os substantivos e adjetivos e o único verbo da estrofe, compostos sempre por duas sílabas e dispostos também em posição simétrica dentro dos versos e do terceto:

> E *quedas* tão *simples*
> Ao *lado* de um *talher*
> Num *quarto pobre* de *hotel*.

Ainda no mesmo sentido e ao contrário da estrofe do meio, agora a disposição dos elementos sintáticos obedece à ordem de importância na frase, sem qualquer inversão de expectativa: sujeito e predicado vêm em primeiro lugar e só depois, os adjuntos adverbiais. Nesta ordem equilibrada e sem surpresa tende a se completar de fato o quadro imóvel de vida tranquila ou silenciosa da fruta, que tanta impressão nos causa desde a primeira leitura.

Agora se nota mais concretamente que essa impressão de tranquilidade deriva em grande parte da estrofe final e da mudança de direção do olhar que nela se dá. A visão já não se concentra sobre a fruta; pelo contrário, desloca-se para situá-la no interior do quarto, em harmonia com o ambiente, numa disposição definitiva que sugere a mesa arrumada para a refeição solitária, onde cumprirá seu destino de simples alimento humano. Mas o que importa é o momento de espera muda e sem ênfase, em que a maçã se imobiliza diante dos olhos na simplicidade de seu modo de ser. Esta permanência momentânea, "suspensa no ar" do quarto, vem expressa pelo verbo *quedar-se*, que a torna intemporal, como se a maçã se fizesse uma dádiva eterna em sua quietude de objeto que se entrega humildemente à necessidade humana, sem ostentar o bem mais precioso que traz em si.

O contraste entre a revelação do valor extraordinário da maçã nos versos anteriores do poema, sobretudo na estrofe central, e sua simplicidade quieta na estrofe final é a assimetria maior do texto e, com certeza, também o paradoxo essencial do modo de ser da fruta, o que a torna exemplar aos olhos de quem a observa. Trata-se, portanto, de um segmento decisivo para a compreensão do poema como um todo, visto que por ele se passa de um instante de máxima intensidade, na estrofe do meio, à tranquilidade do fim. Ou seja, o segmento da passagem marcante entre um breve momento de iluminação em que, por um contato instantâneo, se dá o conhecimento mais profundo da natureza da fruta, e a quietude da volta à simplicidade corriqueira. Na verdade, um contraste entre o momento sublime da paixão e a aparente impassibilidade de todo dia, entre o instante de alumbramento e a humildade cotidiana. Assim o estilo humilde parece ser a única forma de expressão possível para uma natureza que se realimenta da fonte escondida do sublime.

Esta última parte do poema se caracteriza, portanto, pela oposição com relação ao restante, conforme deixa ver a conjunção coordenativa *e*, com valor adversativo (= mas), que a conecta ao todo. De fato, nela a maçã, por assim dizer, se recolhe a seu lugar no espaço do quarto. Agora já não é um objeto do olhar carregado de ressonâncias arquetípicas clássicas e religiosas, mas um alimento comum de todo dia: o fruto sagrado desce à condição cotidiana de fruta, ao lado de coisas semelhantes, num tempo presente e num espaço determinado pela forma de vida e a condição social. A maçã é agora "localizada e datada", perto do chão comum e de quem a contempla, na sua proximidade de objeto ao alcance da mão. Deixa de ser, pois, o objeto de uma representação estilizada, abstrata e idealista, que a fazia eco de imagens primordiais, para ser representada de forma realista, no espaço interior burguês, onde um pobre poeta de passagem a apascenta com os olhos em seu canto. Completa-se no recolhimento desta vida silenciosa e contemplativa o quadro de uma natureza-morta.

A colocação final integra também a maçã à dimensão subjetiva do olhar, revelando, pelo exemplo da fruta, a atitude do Eu lírico, com ela identificado, e que por ela se exprime. Sujeito e objeto aparecem aqui reunidos no reconhecimento profundo de uma natureza, de um modo de ser, desentranhado como símbolo poético. A maçã surge como um objeto de imitação da natureza, exemplarmente representado; mas surge também como um objeto pictoricamente construído, como uma "harmonia paralela à natureza"; e, finalmente, ainda como uma forma de expressão de um sujeito lírico, como símbolo de uma emoção pessoal.

No modo de ser humilde da maçã, se pode reconhecer uma ética, para a qual o valor mais alto é o que não se mostra ostensivamente. Um sentido político democrático, pois supõe e descobre o valor no dia a dia do povo, entre os pobres. E uma poética, uma concepção do fazer poético, para a qual o sublime se acha oculto no mais humilde cotidiano, de onde o poeta o desentranha. Assim na maçã se encerra uma lição de vida e de poesia, pois imitando-a, se reconhece um ideal de estilo na simplicidade natural. E por ela, por fim se entende que a poesia, como a natureza, ama ocultar-se.

2. Paixão recolhida

Une lente humilité pénètre dans la chambre
Qui habite en moi dans la paume du repos.

Tristan Tzara

A DÚVIDA

Lembra Manuel Bandeira que uma vez, ao tentar definir a poesia, embatucou. Já era poeta feito, escrevia versos desde os dez anos e não sabia como sair dessa. Lançou mão do expediente comum, o das definições conhecidas, como por exemplo uma famosa de Schiller, mas foi obrigado a pensar, "por experiência própria", que na verdade a poesia tem uma "maneira inapreendida de ação".[1] Considerou-se incapaz de explicar a súbita presença da emoção poética ao ler certos versos ou dar com certas combinações de palavras. Embora admitindo que a poesia possa nascer "em pleno foco da consciência" e concretamente de uma colisão de vocábulos, sua tendência foi sempre a de aceitar alguma espécie de "mistério poético".[2] Confessa-se à mercê dos desígnios do "subconsciente" e do sonho, difíceis de decifrar, como se seu caso fosse sobretudo o de um poeta repentinamente alumbrado.[3]

Parece imprescindível considerar a importância dos elementos pré-conscientes e da velha noção de inspiração e seus avatares para a concepção bandeiriana da lírica. Aqui o que importa, porém, é essa experiência da incerteza na procura de uma poesia que nunca se sabe bem onde se esconde.

Há um momento, que se repete com frequência, em que uma dúvida radical assalta o poeta, qualquer poeta: é quando o reconhecimento da poesia, para não dizer o reconhecimento de sua própria vocação, se torna problemático. Parece uma volta obrigada à *fonte escondida*, ao momento primeiro da criação ou do encontro, que revêm na perplexidade do instante decisivo, como um recomeço necessário e incerto. Então cada verso — palavra que etimologicamente significa retorno — recoloca a questão do princípio, como se a cada passo o poema arriscasse a não tomar forma; o poeta, a perder-se de si mesmo; a poesia, a não ser. É que o poeta parece forçado a reinventar-se a cada instante, na busca de si mesmo, do poema e da poesia. É por essa experiência profunda que toma rumo e passa sua vida.

Paul Valéry chamou a atenção para essa busca a que não pode se furtar todo verdadeiro poeta ou pintor: a busca da própria poesia ou da própria pintura. Nestas artes, diz ele, é preciso criar tudo: a necessidade, o fim, os meios, até os obstáculos... Como se por elas poetas e pintores tivessem de viver da incerteza e da paixão da procura, a passagem de uma indeterminação máxima à extrema determinação. Seguros apenas da própria incerteza e de uma entrega apaixonada à busca.

De olhos sempre atentos nos limites da literatura, Maurice Blanchot percebeu, ligada a essa experiência da incerteza, sugerida por Valéry, uma outra forma de experiência, formulada por Rilke: "versos não são sentimentos, mas experiências", como deixou escrito o autor de *Malte Laurids Brigge*.[4] "Para escrever um único verso, é preciso ter visto muitas cidades, homens, coisas..." Não que seja o caso de se tomar, necessariamente, o verso como expressão de uma personalidade rica e vivida, comenta Blanchot. Mas, porque as lembranças são necessárias para serem esquecidas, para que "nesse esquecimento, no silêncio de uma profunda metamorfose, nasça por fim uma palavra, a primeira palavra de um verso". *Como se fosse preciso um contato com o ser para, no recolhimento, restituir em poesia o que se foi.* Em ambos os casos, tanto para

Valéry quanto para Rilke, como ainda observa Blanchot, a poesia (a arte) implica uma experiência, concretizada na busca determinada por sua própria indeterminação, uma busca que "passa pela totalidade da vida", mesmo se parece ignorá-la.

Hoje se pode achar espantoso que Bandeira tenha deixado de quarentena, conforme escreveu, o "Poema só para Jaime Ovalle", antes de incluí-lo em *Belo Belo*, na segunda edição de 1951. Embora já estivesse escrito então, o poema não fazia parte de *Belo Belo*, quando este livro apareceu pela primeira vez nas *Poesias completas* de 1948. Aparentemente vivendo sua obrigada incerteza, o poeta não sabia avaliar se prestava, se estava ou não diante da poesia:[5]

POEMA SÓ PARA JAIME OVALLE

Quando hoje acordei, ainda fazia escuro
(Embora a manhã já estivesse avançada).
Chovia.
Chovia uma triste chuva de resignação
Como contraste e consolo ao calor tempestuoso da noite.
Então me levantei,
Bebi o café que eu mesmo preparei,
Depois me deitei novamente, acendi um cigarro e fiquei pensando...
— Humildemente pensando na vida e nas mulheres que amei.[6]

Na "Introdução" que escreveram para a *Estrela da vida inteira*, Gilda e Antonio Candido se referem ao "traço linear" desse texto, "cuja insinuante poesia não se percebe de onde brota".[7] Quer dizer: com sensibilidade, reconhecem de imediato a presença da poesia, mas não chegam a determinar-lhe a fonte, como se, paradoxalmente, brotasse oculta sob uma forma simples.

À primeira vista, o leitor se encontra realmente diante do mero registro de um momento banal. Trata-se do instante do despertar de um sujeito solitário em seu quarto, numa manhã escura e chuvosa, quando tudo parece convidar ao recolhimento e à prolongação do repouso. E de fato o Eu que nos fala apenas repete atos rotineiros de todo dia e logo se deita novamente, pondo-se a pensar na vida e nos amores que teve. É como se o leitor se encontrasse diante de um quadro figurativo e prosaico — do despertar em meio à manhã ainda cheia de noite até a volta ao repouso e o abandono à meditação —, quadro onde a vida tivesse se coagulado numa imagem parada, tomada do cotidiano. Com a aparência de uma cena, apresentada diretamente em linguagem denotativa, recortada como uma "fatia de vida" capaz de reproduzir, de forma realista, um aspecto da realidade empírica, tal como se mostra a cada dia, sem surpresa, aos nossos sentidos. E, no entanto, um dos mais altos poemas de Bandeira, decisivo para a compreensão de toda a sua obra. Como duvidar de que é poesia e da melhor? Aqui repousa o mistério a que provavelmente aludia o poeta.

O desconcerto inicial de Bandeira é agora também o do leitor. A observação crítica citada parece exata, sugerindo a dificuldade: simplicidade evidente da composição; poesia que vai emanando lenta e sutil, mas firme, de onde menos se espera. A primeira impressão é a de que o poético tarda aqui a se revelar, como se penetrasse devagar por interstícios secretos, insinuando-se por via oblíqua, em contraste com a expressão supostamente direta.

Se o leitor insiste, repetindo a leitura e detendo mais a atenção, vai sendo minado por uma emoção distinta, que é antes a sensação de um mundo formando-se, de uma totalidade complexa, primeiro imprecisa e vagamente entrevista, por fim poderosa iluminação poética de todo um universo de elementos significativos, travados em constelação. Paradoxalmente, a complexidade se exprime no simples, no "traço linear" do quadro banal.

Nesse paradoxo — a expressão simples de uma totalidade complexa —, se acha um aspecto essencial do poema, por onde se começa a divisar sua fisionomia peculiar e ao mesmo tempo tão característica também da fase madura do poeta, claramente definida a partir da década de 1930. O mistério se resguarda na simplicidade, em sua secreta transparência. A aparente impressão de nada que fica não poderia ser mais enganosa: será só isso o essencial — a poesia? Na forma paradoxal do simples onde se depura o complexo se cala o mistério. Por aí quem sabe, se possa ter acesso à fonte escondida da arte de Manuel Bandeira.

ESPAÇOS MISTURADOS

1.

Para se compreender um traço essencial, como o sublinhado, é preciso considerar o todo orgânico que é o poema. A simplicidade é fruto da experiência; tarda a ser colhida. É o resultado de um longo e lento processo, de uma busca. Surge como efeito de operações complexas de condensação e depuração em que entram elementos variados e heterogêneos: estes, sem perder os atributos da diferença e, por isso mesmo, sem eliminar as contradições do contato, acabam por integrar a harmonia tensa da forma poética. Por ela percebemos uma "estrutura de experiência" capaz de nos dar a "experiência da estrutura", para citar livremente palavras sábias de Robert Penn Warren. O efeito de simplicidade do todo não descarta, portanto, a existência de partes e de suas relações; ao contrário, depende da organização interna dos múltiplos elementos significativos num resultado que, sendo uno e coerente, é distinto e mais inclusivo do que os componentes que entram no processo de sua constituição. O paradoxo do resultado — o simples, na dependência do complexo — vira alvo da interpretação. Compreendê-lo não significa eliminá-lo, mas passar pelas partes e pelo modo como se organizam no todo. É preciso saber que partes são essas: que elementos compõem o todo e como entram em sua composição.

Esse movimento em busca da simplicidade tem de fato algo de misterioso, na medida em que evita todo mostrar-se ostensivo, seja pelo espetáculo da forma ou da emoção, para recolher-se ao redor do essencial, do reduto último daquele "luzir sensível da ideia" (na expressão de Hegel), despojado de todo brilho fácil. Sugere, em troca, outro tipo de facilidade, enganosa, porque esconde a verdadeira dificuldade no mais fundo. Assim é um movimento que avança enigmaticamente — toda poesia é enigma, como reconheceu Mallarmé — no rumo do limite, roçando a substância de silêncio ou sombra com que sempre confina a iluminação suscitada pela palavra poética. Na "coisa simples" se reduz, transformada e secreta, a experiência.[8] Nela, por assim dizer, desaparecem os esforços de condensação e depuração, de modo que o resultado, sempre surpreendente, pode provocar a indagação perplexa, assinalada por Drummond: "Mas é somente isso? Não há mais nada?", a que o poeta responde com humor: "Havia; mas o gato comeu (e ninguém viu o gato)". Pela análise, porém, se pode buscar a compreensão dos meios de estruturação da experiência na forma simples.

No caso do "Poema só para Jaime Ovalle", logo se pensa nas relações entre a forma e a experiência (ou numa "estrutura de experiência"), porque já o título sugere um vínculo exterior com o mundo pessoal do poeta e com a tradição histórico-cultural brasileira: a evocação de Jaime Ovalle.

O texto se abre por uma referência ao contexto, espaço biográfico e cultural exterior a ele, mas que com ele se comunica mediante o título, bastante parecido com os versos seguintes. Por meio destes, precisamente, se representa um outro espaço no interior do poema: o ambiente íntimo onde se recolhe o sujeito solitário e meditativo — o quarto. Embora não haja nenhuma alusão explícita a ele, está ali pressuposto, como uma dimensão interna: o Eu que desperta, que reproduz atos de todo dia e volta a deitar-se, decerto se encontra no recesso da casa, na intimidade do aposento de dormir, recolhido numa atmosfera íntima, cuja interioridade tende a crescer à medida que se menciona a chuva caindo lá fora — espaço natural igualmente representado como uma dimensão interna do texto.[9]

Assim se correlacionam três espaços distintos: um externo ao texto, evocado por meio de Jaime Ovalle; dois internos, representados em contraste — o interior do quarto e o exterior, da chuva; espaços, respectivamente, do sujeito lírico e da natureza. Em síntese, são três espaços que se misturam, verdadeiros *vasos comunicantes*, pelos quais a difusa matéria do vivido penetra de algum modo na interioridade lírica do poema, a qual, por sua vez, toma forma à imagem e semelhança do processo que se mostra no universo físico da natureza.

O título atua, pois, como ponte entre o exterior e a interioridade, a qual, por seu turno, se acerca do mundo físico. Na verdade, o título introduz um dado prévio, anterior ao poema, que a ele se enlaça. Traz para o presente um espaço que é também feito de tempo: o passado. Funciona como um gancho da memória, com que se fisga um pedaço de vida escoada, do vivido.

Para se entender o papel que um dado prévio como esse pode desempenhar no interior do poema, é preciso conhecê-lo melhor e, para isso, se torna indispensável uma explicação periférica, isto é, um comentário, discurso crítico sobre o espaço de fora, que pode, contudo, levar para dentro. Comentar significa, deste ponto de vista, suscitar fatores contextuais que possam se relacionar internamente no texto, de tal modo que seu esclarecimento objetivo ajude e prepare as operações internas de análise e interpretação. Mas significa também um procedimento dialético de acumular dificuldades para melhor superá-las na abordagem histórica do texto poético.[10] Aqui a elucidação de certos elementos factuais fisgados na história anterior, mas cerzidos à tessitura textual, se torna decisiva, quando se percebe que a evocação de Ovalle está longe de ser única e casual no conjunto da obra literária de Bandeira e, além do mais, arrasta consigo um retalho intrincado da história do tempo. O fio que o liga ao contexto forma um complexo trançado a que se vincula até certo ponto o simples desenho do texto.

Jaime Ovalle é uma presença marcante e constante no universo bandeiriano: são inúmeras as referências a seu nome, nos poemas, no *Itinerário de Pasárgada*, nas crônicas e nas cartas do poeta. É, por assim dizer, um personagem de Manuel Bandeira. Essas referências e alusões reiteradas frequentemente, pelo modo como se processam e pelo que envolvem, acabam por transfigurar o dado de fato, de modo a se reconhecer nele um elemento de cunho literário, paraficcional, que é preciso distinguir e entender. Em primeiro lugar, é claro que elas estabelecem vínculos da pessoa empírica do escritor com a circunstância histórico-cultural brasileira, delineando traços da biografia e da época do autor e daí podendo servir de explicação para alguma faceta obscura do poema. Sua importância vai, entretanto, muito além do plano estritamente biográfico; ultrapassa mesmo o campo das relações do poeta com a vida e a tradição literárias de seu tempo. Tendem a definir também um dos aspectos característicos de sua personalidade literária, tal como é projetada a partir dos textos que escreveu, o que certamente tem a ver com o modo de configuração da obra e pode, por isso, nos ajudar a penetrá-la. E mais: referências e alusões como essas acabam compondo uma imagem recorrente intrínseca à obra, uma figura do imaginário bandeiriano que toma forma no texto, fazendo-se uma espécie de entidade paraficcional, cujo estatuto se assemelha ao dos verdadeiros personagens de ficção e cujo entendimento pode ser decisivo para a compreensão da obra como um todo.

Nesse sentido, Ovalle, tanto quanto Irene, Rosa, Dona Aninha Viegas, Totônio Rodrigues e várias outras pessoas da roda familiar e do círculo de amizades do poeta, por ele sempre evocadas na poesia, tem a consistência ambígua dos seres feitos de palavras e imaginação. Ovalle, como os outros, mesmo mais do que eles, conseguiu desvencilhar-se do excesso de peso da realidade factual, para pairar suspenso no ar como o quarto do poeta. Figura como as demais meio mágica, passou a pertencer à estrita mitologia pessoal que Bandeira soube incorporar não apenas a seu afeto de homem, mas à intimidade de seu universo poético, onde lhe deu a sobrevida dos símbolos. Eram todos seres de carne e osso e um dia desapareceram; mas viraram frases e palavras, para viver para sempre ou, ao menos, enquanto durarem nos poemas os seus nomes.

Para que tivessem uma vida ficcional plena, esses seres teriam, sem dúvida, de habitar um mundo autônomo, objetivamente distanciado com relação ao sujeito lírico, formado apenas segundo o desígnio do narrador demiurgo. É evidente que isto aqui não se dá. Mas, embora fundamentalmente lírico, o mundo poético recriado por Bandeira nos dá a sensação de universo configurado — individual, algo misterioso e resguardado no mais íntimo, mas ao mesmo tempo familiar e acolhedor para quem dele se aproxima e é recebido com simplicidade natural. Logo o leitor se familiariza com suas peculiaridades e com as figuras que o habitam; estas retornam periodicamente ao seu convívio como se fossem entes imaginários, verdadeiras imagens, submissas ao ritmo da expressão lírica. Nesse mesmo sentido, a prosa do poeta funciona como um meio auxiliar na sustentação desse mundo poético, pelas persistentes referências cruzadas, pelo comentário paralelo, pelo sopro confessional, como se verifica sobretudo no *Itinerário de Pasárgada*, mas também se confirma nas crônicas, nas cartas e no tipo de ensaio crítico ligeiro que o escritor soube praticar com lucidez, graça e finura.

Assim na obra de Bandeira, Ovalle é mais do que o amigo real e próximo. É mesmo mais que o músico do "Azulão", o poeta de inspiração bíblica, o boêmio das madrugadas da Lapa, o funcionário exemplar, o múltiplo Ovalle que tanto encantou também outros poetas e artistas do Modernismo brasileiro e das gerações próximas que se seguiram. Ali ele parece surgir transfigurado, apenas de vez em quando, mas como se fosse sempre, vivendo a vida simbólica das palavras. Ou seja, tem um modo de ser parecido ao *como se* característico dos personagens de ficção, que aparentam a realidade (são, por assim dizer, como se fossem realmente), sendo fictícios, e se reanimam a cada releitura. Pertencendo ao mundo real do poeta Bandeira, transmuda--se, porém, com facilidade numa figura recorrente do seu universo imaginário, tomando forma nos textos, onde passa a valer sobretudo pela força simbólica com que atinge o leitor.

Por certo essa força é a resultante de procedimentos intrincados da construção literária, dependendo de fatores diversos. A menção ao nome conhecido traz à tona do texto vários círculos de conotações, por via de sua associação a diferentes aspectos da realidade mais ampla que a ele se prende, realçada pela reiteração periódica ao longo da obra. A simples evocação do nome de Ovalle desencadeia, portanto, o eco repetido de inúmeras passagens. Construída pelas diversas facetas que dela assomam, ao reaparecer em pontos luminosos dos poemas, onde a intensidade lírica abre um claro no mundo sob o prisma subjetivo, sua figura vibra também intensamente, revestida por todo o seu forte halo significativo. Através dela se processa uma espécie de osmose entre o espaço exterior da realidade empírica e o espaço da interioridade lírica no poema, mediante um tratamento semelhante ao da ficção. É que através da evocação do amigo distante, o poeta resgata a memória de um passado vivido, ritualizando-o na intensidade de um momento presente, fixado num quadro para sempre, como no "Poema só para Jaime Ovalle".

A tendência para a representação ficcional, evidente nessa operação de recuperação do passado pela memória, faculdade mestra do narrador, encontra afinidade aqui com um tipo preciso de formação lírica que é o poema pictórico ou imagético.[11] Já se notou como o leitor, no caso do "Poema só para Jaime Ovalle", se sente diante de uma imagem visual semelhante a um quadro recortado da realidade prosaica. Na verdade nele se narra alguma coisa, uma breve história condensada da existência miúda de todo dia: a de um sujeito solitário que, ao despertar numa manhã de chuva, depois de alguns atos corriqueiros, se põe a pensar na vida e nas mulheres que amou. Tal quadro é pintado sobre a figura humana, sobre a própria figura do Eu e tem como destinatário ideal, conforme o título, o amigo distante, Jaime Ovalle, a que o corpo do poema não faz referência alguma.

Sugere-se, portanto, uma cumplicidade latente entre o que efetivamente se diz com esta imagem de aparência banal e a realidade do amigo distante, na qual é provável que se ache uma raiz do sentido à primeira vista também ausente do quadro. O que Ovalle significa para o Eu deve ter, pois, importância fundamental para a compreensão do significado de alguma forma oculto no quadro e na historieta nele contida. A relação do Eu com o passado, em que entra

Ovalle, pode iluminar o presente do poema, onde sua presença pode ainda estar implicada. Para que seja o seu destinatário ideal, nesta espécie de retrato da intimidade, a referência a Jaime Ovalle perde o seu caráter estritamente factual e se transfigura, por força da imaginação e por meio da construção literária, numa parte integrante e significativa do todo formado que é o poema.

2.

O processo de passagem, delicado e sutil, de um dado factual para a esfera lírica supõe uma afinidade profunda entre o poeta e o aspecto da realidade próxima a que se liga, para que se produza uma escolha tão significativa e ao mesmo tempo tão pessoal e íntima. Mas supõe também o reconhecimento da potencialidade literária da circunstância real, de onde se tira o elemento incorporado à construção poética. Isto decerto implica um modo de conceber a literatura que tende a ir além da mera escolha individual e é em parte determinado pelo momento histórico e pelos rumos gerais da produção literária do tempo.

No caso, esse modo de conceber a literatura não se desprende da direção tomada pela literatura brasileira durante o Modernismo. Uma das características fundamentais do período modernista, quando se define, afirma e enriquece extraordinariamente a obra de Bandeira, sobretudo a partir de *Libertinagem*, na década de 1930, é que *a vida de relação, tal como se mostrava no dia a dia, se torna matéria literária.*

Essa aderência do escritor a temas de sua realidade imediata e do mais "humilde cotidiano", como disse certa vez Bandeira, significa, antes de mais nada, uma conquista de liberdade de criação, com relação à obrigatoriedade convencional, anteriormente dominante, dos temas considerados de antemão poéticos. É óbvio que isto representava apenas um deslocamento da convenção, no plano literário, mas implicava muito mais e dele resultava praticamente uma ampliação real do espaço da literatura, que ganhava um terreno até então indevassado ou pouco palmilhado.

É evidente que Mário de Andrade tem nas mãos um assunto apaixonante, quando trata tão gostosamente de sua vida caseira ou dos projetos, opiniões, comportamentos, futricas e fuxicos do grupo modernista ou da vida literária em geral, além da reflexão crítica sobre a arte e seus problemas. Na vasta matéria tirada da vida de relação e largamente tratada em suas cartas se percebe *uma profunda mudança no conceito de literatura, com uma clara expansão do que até então se havia considerado como especificamente literário,* o que só poderá marcar fundo o restante de sua obra dita propriamente de criação. Mas o interesse que despertam essas mesmas cartas é ainda de natureza literária, indissociável naquele momento de outros aspectos, cuja mescla só podia aumentar a complexidade da literatura. A atração que exercem até hoje sobre nós, para além do seu teor factual, informativo sobre o escritor e seu tempo, reside no modo de ser do próprio assunto, ao contrário do que se poderia pensar, rico e importante em si mesmo e intimamente ligado à linguagem nova que parecia exigir como tratamento, tudo demonstrando o aumento do foco da literatura para fora dos limites estreitos antes bem demarcados.

Em Bandeira, principal ou um dos principais correspondentes de Mário, o mesmo interesse temático é nítido e vivo, como atestam, além das cartas, o *Itinerário de Pasárgada*, as crônicas e o restante da obra, de forma menos óbvia. As crônicas, favorecidas pelo modo de ser do gênero, que desde o século XIX vinha abrindo espaço para a entrada do prosaico e outros aspectos da vida moderna na prosa literária, demonstram como a observação do cotidiano não se desgarrava necessariamente da intenção artística e podia dar com a mais alta poesia no terra a terra, constituindo, por isso mesmo sem desdouro, um terreno propício para a sondagem lírica. Da mesma forma, um escritor moderno que é principalmente cronista, como Rubem Braga, formado sob a influência do Modernismo, poderá aprender muito com a lírica de Bandeira e o mistério da simplicidade de sua forma poética, construída em grande parte com palavras simples e imagens de todo dia.

Mas a aproximação ao prosaico e à realidade misturada do cotidiano, onde o poeta pode de repente detectar o sublime da poesia, conduz à utilização de uma nova técnica poética. E esta será fundamental para a poesia de Bandeira de modo geral e, especificamente, para a compreensão do "Poema só para Jaime Ovalle": o verso livre.

A penetração desse novo e poderoso instrumento no quadro da literatura brasileira, dominada ainda no princípio do século pela rigidez da norma parnasiana de versificação, pouco abalada entre nós pela vaga fluidez musical dos simbolistas, dependeu em grande parte, como se sabe, do esforço pessoal de Bandeira.[12] Ele começou a quebrar a métrica tradicional por volta de 1912, produzindo de início antes versos libertados que propriamente livres: polimétricos, ou no fundo sujeitos ao senso da medida. Aos poucos foi avançando com passos seguros no progressivo domínio do verdadeiro verso livre, com sua cadência rítmica irregular, mas ainda deliberada; suas rimas aleatórias ou ausentes; sua multiplicidade de tom; seu corte arbitrário, mas quase sempre em aliança com a sintaxe e o sentido, na busca de adequada expressão para o impulso lírico; sua aproximação à prosa, contrariada pela prosódia visual, destacada pela convenção tipográfica do alinhamento paralelístico. Já com este tipo de verso, Bandeira alcança algumas de suas obras-primas na década de 1920, como se vê pela admirável "Noite morta" e outras composições da época. Mas só na década seguinte, a aprendizagem do verso livre parece estar cumprida, a ponto de se tornar então para ele uma prática comum, convertendo-se numa dominante técnica, perfeitamente assimilada às suas necessidades individuais de expressão e extremamente eficaz, do ponto de vista estético geral. Embora não tenha sido o primeiro poeta a empregar esse tipo de verso, entre nós, certamente é de longe o poeta mais importante a tê-lo feito então, antes que o procedimento se rotinizasse na literatura brasileira, com a prática dos modernistas.

Por outro lado, como se vê, a aquisição da nova técnica do verso até sua incorporação madura como uma técnica ao mesmo tempo pessoal e genérica, no sentido de um recurso particular ajustado tanto à expressão singular de emoções quanto à sua universalização na forma simbólica, foi coisa de muitos anos: "uma conquista difícil", no dizer do próprio poeta. Também aqui estamos diante de um processo longo e complexo de condensação e depuração, até uma forma acabada e inteiramente dominada pelo poeta artesão.

A princípio Bandeira deve ter se sentido estimulado pela leitura de poetas estrangeiros de sua predileção no momento — Guy-Charles Cros (hoje quase desconhecido), Mac-Fiona Leod, Maeterlinck, Laforgue, Apollinaire e outros —; depois deve ter ido descobrindo por si os recursos e possibilidades do verso livre para sua própria expressão e a de seu tempo, mediante uma relação profunda e orgânica entre o novo meio e a matéria nova que tinha em mãos. A principal característica desse novo meio era precisamente sua estrutura mesclada onde se misturam poesia e prosa, o verso abrindo-se para o prosaico, a prosa mudando-se em poesia. *Em profundidade, o meio compunha com a matéria também misturada do prosaísmo cotidiano, onde de repente se descobria a poesia mais alta.*

É claro que esse deslocamento do foco de interesse literário para o prosaico e a vida de todo dia fazia parte de um contexto mais amplo, dominado pela preocupação com a *realidade brasileira*. É sabido como esta expressão serviu como uma espécie de farol para uma tentativa de redescoberta do país e para uma visão modernizante de nossa sociedade, inquietações que se radicalizaram sobretudo a partir da Revolução de 30 e se impuseram fortemente à consciência dos escritores, dilatando muitíssimo o repertório de seus temas e o alcance de sua linguagem, tocados pelo desejo de novos horizontes. A nova técnica literária, vinda com os ventos do futuro da poesia moderna, assentou-se aqui provavelmente atraída, entre outras coisas, pelo fascínio modernista com a *fala brasileira*, isto é, com o discurso falado não artístico, que parecia, porém, brotar idealmente da boca do povo:

Porque ele é que fala gostoso o português do Brasil

A imitação do discurso prosaico não organizado artisticamente, como o coloquial brasileiro, é que constitui o procedimento básico no caso de um novo modo de organização artística do tipo do verso livre. O paradoxo decorre do fato de o novo meio intrínseco à linguagem poética (e por isso organizado artisticamente) nascer de uma aproximação com o que está dado fora dela: o falar corriqueiro e prosaico, não artístico. Essa aproximação se faz através de uma relação imitativa com a linguagem oral, baseando-se exatamente no que nela é ausência de construção artística, do ponto de vista da arte do verso. Ou seja, o princípio de repetição periódica que rege a construção do verso não atua na continuidade cursiva da prosa, mas é esta que se traz para dentro do verso livre, tratado no entanto como uma unidade rítmica repetida a cada linha, apesar da variação do número de sílabas poéticas, da cadência e do tom.

Desta forma, o verso livre parece formar-se de uma correlação contraditória e tensa entre a poesia e a prosa, sem que se conheça o exato meio-termo entre o princípio de ordem do verso e a dissolução prosaica. O elemento prosaico é, pois, um ruído que penetra no som do verso e, a uma só vez, o ameaça e o renova.

É sintomático, portanto, do modo de ser da nova técnica que, para conquistá-la, Bandeira tenha sido obrigado a um esforço de superação do antigo hábito do verso regular, construído segundo os cânones da versificação tradicional, através do que ele mesmo denominou uma *prática de aproximação* do verso livre. Essa prática consistiu na descoberta de manifestações da poesia fora da esfera onde habitualmente era esperada, preparando o poeta para o reconhecimento do poético entranhado no prosaico, para uma poesia misturada e difusa no mundo, a poesia que "está em tudo — tanto nos amores como nos chinelos, tanto nas coisas lógicas como nas disparatadas".[13] Esta descoberta que tantas consequências pode ter no âmbito da poética teórica, da concepção geral do fazer poético, teve para ele também imediatos resultados práticos na técnica do verso (sem falar na latente noção de montagem surrealista aí implicada).

Tendo percebido na prática que não era preciso conservar o mesmo metro para manter o ritmo, Bandeira estava apto para captar também no espaço do verso a poesia do prosaico que havia experimentado na forma de *estranhos dessensibilizantes*, como os chamou, verdadeiros expedientes de mediação para seu achado fundamental: "traduções em prosa (as de Poe por Mallarmé), poemas *desavoués* pelos seus autores, como o famoso que Léon Deubel escreveu na Place du Carroussel às três horas de uma madrugada de 1900 (*"Seigneur! je suis sans pain, sans rêve et sans demeure"*), menus, receitas de cozinha, fórmulas de preparados para pele, como esta:

> Óleo de rícino
> Óleo de amêndoas doces
> Álcool de 90°
> Essência de rosas.[14]

Poderiam ser acrescentados outros tipos de fórmulas, fatos e retalhos de frases do dia a dia, de que o próprio poeta faria largo uso: anúncios (como o célebre do sabonete Araxá, ou o das pastilhas Minorativas e o da Sul América em "Dois anúncios"); sonhos ou pedaços de sonho ("Palinódia"; "O lutador"); trechos de prosa literária ou jornalística e fragmentos de conversa ("O homem e a morte"; "Poema tirado de uma notícia de jornal"; "Namorados"; "Pneumotórax"); versos extraídos de letras de música popular, cantigas de roda e folclóricas ("Na boca"; "Balada das três mulheres do sabonete Araxá"; "Evocação do Recife"; "Tema e voltas"); chavões surrados, frases feitas, lugares-comuns (como o *fiquei pensando na vida* do "Poema só para Jaime Ovalle") etc. No conjunto, uma série de estreitos contatos e relações com o prosaísmo da vida corriqueira com que se liga intimamente o modo de ser também prosaico do verso livre.

Desde as suas primeiras manifestações, na raiz da poesia moderna, com o versículo de Walt Whitman, com Rimbaud ("Marine" é de 1872), com Gustave Khan, com Apollinaire, com a linhagem coloquial-irônica de Laforgue, Cros e Corbière, com Eliot, com Pound e os imagistas, o verso livre parece que sempre tendeu a incorporar o heterogêneo. O estudo de Leo Spitzer sobre a enumeração caótica no verso whitmaniano e semelhantes apanha um aspecto dessa tendência geral. Através de um procedimento inovador como esse, fica evidente como a autonomia estética da obra literária se afirma em tensão dialética com o que lhe é aparentemente estranho: "A arte é para si e não o é; subtrai-se-lhe a sua autonomia, mas não o que lhe é heterogêneo", como diz Adorno.[15]

Em sua essência, o verso livre talvez exprima a inquietação moderna diante do reconhecimento da heterogeneidade do real, da natureza mesclada da realidade, sempre múltipla, muitas vezes caótica e aparentemente inapreensível em sua totalidade, conforme se mostra nas esferas misturadas da vida cotidiana. É como se encarnasse em sua estrutura também mesclada ou limítrofe, nas fronteiras entre a poesia e a prosa, os riscos de um desejo que não se satisfaz nunca e, consequentemente, também não nos limites formais do metro, traduzindo-se numa curiosidade mental sempre inquieta, que mergulha, com riscos de dissolução, no que ignora.

No Brasil, a aceitação do verso livre traz consigo a aproximação ao mundo prosaico e à mescla estilística característica dos modernos, articulando-se com a *forma mentis* renovadora do movimento modernista, em contato com as novas correntes artísticas e de pensamento do século xx. Os simbolistas foram decerto os primeiros a experimentar esse novo meio expressivo. São bem conhecidas as raízes simbolistas da poesia moderna. Entre os simbolistas brasileiros da segunda geração, como foi o caso de Guerra Duval e Mário Pederneiras, por exemplo, já se pode ver, conforme assinalei, como as tentativas de emprego da nova técnica se combinam, sobretudo no segundo, com o acercamento à simplicidade das coisas de todo dia e ao prosaico. Será preciso esperar, porém, a poesia de Bandeira para que se dê a aclimatação plena da nova técnica, com tudo o que ela implicava. E quando isto se dá, se tornam nítidas as diferenças do seu emprego no contexto brasileiro.

Aqui a direção do prosaico e do lugar-comum, associada à nova técnica, embora por vezes tomada ironicamente, parece demonstrar menor grau de negatividade com relação ao mundo dado do que o que se verifica fora. Entre nós, a busca do prosaico não é, na maioria dos casos, uma crítica de estereótipos da vida moderna e do avanço da reificação, mas, ao contrário, um meio de descoberta de ângulos novos da realidade brasileira, encobertos no processo histórico que gerou o atraso econômico-social do país. Assim, levados pelo desejo de integração nacional e de modernização da inteligência brasileira, nossos escritores assimilam a técnica moderna, mas mudam-lhe muito o sentido. É que fazem dela um instrumento de pesquisa e conhecimento de uma realidade também muito heterogênea e misturada, com aspectos desencontrados e muitas vezes inéditos até então para a consciência crítica nacional, aguçada naquele instante pelo sentimento do atraso e pelo reconhecimento da desigualdade do desenvolvimento entre as várias regiões do país.

Quando Laforgue exclama, lamentando o tédio do dia a dia (*"Ah! que la Vie est quotidienne…"*),[16] exprime ironicamente o conflito entre a poesia a que aspira o coração e a trivialidade prosaica do mundo burguês onde vive, o que, aliás, torna mais expressivo o vezo simbolista dessa Vida com maiúscula em choque com a tonta banalidade do cotidiano. Bandeira, que decerto aprendeu muito com ele sobre o verso livre, deve também ter aprendido bastante sobre a ironia moderna, de que o poeta de *Les complaintes* foi um dos arautos. É pela ironia que, em seus lamentos, este resgata a poesia fugitiva do mundo, introduzindo o terra a terra em contraste com as aspirações da alma. Mas Bandeira deu outro rumo a essa espécie de ritmo claudicante do espírito confrontado com a trivialidade da vida burguesa. É bem verdade que tem olho crítico para a rotina tediosa e o desencanto do dia a dia burguês, como se vê em "Pensão familiar", momento poético extraído do cotidiano mais prosaico pela fisga da ironia: um gatinho faz pipi e esconde, com elegância, a mijadinha:

— É a única criatura fina na pensãozinha burguesa.

É certo ainda que, a princípio, o contato com a poesia simbolista francesa, como a de Laforgue, deve ter acentuado nele o "gosto cabotino da tristeza", muito preso à psicologia desencantada do doente e, portanto, à singularidade do sujeito, agarrado à circunstância biográfica e ao seu próprio umbigo. É esse um momento claro da continuidade de uma atitude romântica que realimenta a superioridade do Eu em contraste com o mundo, sempre avesso ao desejo da alma. Com o tempo e o amadurecimento, o poeta tende a pôr de lado o desalento e o desencanto ressentido com a vida madrasta, descobrindo que ela pode ter outras faces, sendo mais complexa e contraditória do que apenas impiedosa. Então a ironia, sempre muito ligada ao verso livre, agora plenamente dominado, passa a corresponder nele a uma visão mais inclusiva da realidade e suas contradições, a uma atitude madura do espírito, repassada de experiência, aberta para aceitar a *vida, que é santa/ pesar de todas as quedas*. A ironia se torna um meio de objetivação da experiência vivida e da poesia entranhada no mundo.

Assim, num poema de *Libertinagem*, em plena fase madura, o "Comentário musical", contrasta ironicamente o que seria, por assim dizer, a aspiração sinfônica da alma, expressa pelo quarto aberto para a grandeza das paisagens do mundo, com a simplicidade prosaica do real próximo:

O comentário musical da paisagem só podia ser o sussurro da vida civil.
No entanto o que ouço neste momento é um silvo agudo de saguim:
Minha vizinha de baixo comprou um saguim.

A chamada aguda ao terra a terra tem aqui aspecto positivo, pois corrige a tendência à perspectiva mirabolante ou à elevação presunçosa do sujeito, num reconhecimento do peso da circunstância imediata do Eu e do valor da simplicidade com que esta se mostra.

Se a adoção da técnica da poesia moderna tende a acompanhar entre nós o movimento, encarado como positivo, para as coisas miúdas, próximas e mais simples, é inegável, porém, que significa também uma clara abertura para uma maior complexidade. O que se procura exprimir com um novo meio do tipo do verso livre é, evidentemente, mais amplo e complexo do que o anterior, conforme se pode ver pela própria dificuldade dos poetas para alcançar um ritmo pessoal e realmente livre de apoio da medida, como quem peleja para agir com liberdade no domínio do que mal conhece.

Ao aumento de liberdade de criação dos modernistas correspondia um aumento dos riscos e do esforço para se conseguir dar forma nova a uma matéria também nova, espécie de navegação em mar alto sem carta prévia. O verso livre buscava a proximidade do discurso ordinário, não organizado com fim artístico, tomando-o como objeto de imitação e, por essa via, se desgrudava do espaço seguro da métrica tradicional, abrindo-se à novidade de fora, de outra natureza.

No fundo, a liberdade de organização era determinada pela necessidade intrínseca da nova matéria, com a qual se relacionava a expressão, procurando conhecê-la e revelá-la. A nova expressão era a expressão de um novo conteúdo, mais amplo e complexo, ao qual só se chegava por essa forma. Assim, o verso livre implicou uma complexidade maior sob todos os pontos de vista; no entanto, traduzia-se, formalmente, numa aparente facilidade, como se resultasse de uma simplificação do verso regular em sua aproximação à ausência de organização artística do discurso prosaico corrente. Embora não fosse mais fácil (e Mário de Andrade logo criticou duramente o abuso oportunista da nova técnica quando desligada dos novos temas), o verso livre marcou uma cortante oposição ao estilo elevado da poesia parnasiana, aparecendo nitidamente como uma volta ao *natural* e à *simplicidade*. Ou seja, de algum modo condensava e depurava o mais complexo no mais simples.

Bandeira, poeta ponte na passagem da poesia brasileira para a modernidade, foi quem primeiro assimilou organicamente a inovação técnica à sua linguagem pessoal, buscando novos rumos mediante novos instrumentos. Em suas mãos o verso livre se fez o meio exato de expressão e descoberta de uma poesia que era possível *desentranhar* do mais humilde cotidiano. Superando o artificialismo da poética parnasiana, presa a uma concepção da forma como fórmula versificatória, mecanicamente dissociada do conteúdo, como se a linguagem poética fosse uma espécie de adorno postiço superposto à seriedade elevada dos temas previamente escolhidos, Bandeira, ao contrário, tornou o verso um instrumento afinado pela tensão harmônica entre os extremos da expansão libertária e da contenção organizada. Pôs a prosa no verso, dando a ver a poesia que pudesse conter entranhada. Logo que surgiu na cena literária brasileira, João Ribeiro soube perceber o que aquela poesia trazia de novo, voltando ao simples. O amadurecimento da obra só fez aprofundar esta tendência, para a qual o verso livre foi um avanço decisivo. Mais tarde, maduro e livre, o poeta pôde retomar, quando lhe pareceu o caso, seu refinado verso regular, demonstrando mais uma vez que a evolução literária está longe de se fazer como um progresso linear numa única direção e que a liberdade de experimentação depende intrinsecamente, para ser eficaz do ponto de vista estético, da matéria e da expressão como um todo orgânico. Por isso não se reduz a fórmulas; nem mesmo à do emprego obrigatório do verso livre.

Da prática de Bandeira com o verso livre se infere ainda algo fundamental: é que a compreensão de um procedimento aparentemente confinado ao espaço do texto, à primeira vista estritamente dependente de elementos intratextuais, na verdade pode depender de elementos de fora, ou seja, de relações extratextuais que acabam trazendo para dentro dados heterogêneos, transformados em partes integrantes internas, compondo significativamente com as demais, o todo formado que é o poema. *O verso livre se revela como um meio interno onde se produz a osmose dos espaços, abrindo-se para recolher o que está de fora, mas pode valer dentro.*

Por outro lado, nele se pode ver também um outro aspecto desta sorte de dialética entre o de dentro e o de fora. É que a sua expressividade depende em larga medida do que nele falta, com relação ao padrão característico do verso regular. O que o define é um quadro de ausências, com respeito ao outro: falta de um número fixo de sílabas poéticas; rimas ausentes ou aleatórias; pausas não marcadas etc. Nele quase tudo falta, mas ainda assim se afirma como verso pela disposição tipográfica. E em cada linha, como verso, a própria ausência do procedimento se faz significativa. Aqui o ausente se torna de algum modo presente, o que traz de volta a figura de Jaime Ovalle e o contexto modernista.

3.

No contexto específico de Bandeira, o verso livre abre, conforme se apontou, para os espaços do próprio escritor, em sua vida diária, muito destacada também pelos modernistas. Com os olhos voltados para o presente, confiantes na realidade brasileira do tempo, sem prejuízo da visão histórico-cultural da tradição do país que tanto enfatizam, buscando resgatá-la para a atualidade, eles deslocam o interesse da criação rumo à experiência cotidiana do escritor, que é, no caso, em grande parte uma experiência coletiva.

Ocorre então uma contínua troca entre o universo privado de cada um, o espaço público e o da experiência dos demais. *Há desse modo uma tendência bem marcada para a objetivação de fatos de ordem íntima, constantemente confrontados com a perspectiva dos outros, ao mesmo tempo que fatos da experiência alheia podem ganhar com facilidade a dimensão da intimidade solitária.*

A interferência da crítica, praticada entre todos e muito viçosa nesse solo propício, é neste ponto básica, pois cria o debate a todo instante, desimpedindo e alimentando o terreno novo da criação. Algo daquela fertilidade que pedia Machado de Assis ao tempo da então "nova geração" se desenvolvia agora, dando grande espessura e consistência à vida intelectual e tornando, por isso mesmo, fecundo o campo para o surgimento de obras mais fortes e complexas. A todo momento a consciência criadora se vê empenhada num movimento diante de si mesma, de seu saber acumulado e do objeto exterior, enquanto nela se produz e com ela se confronta o objeto novo do conhecimento.

Percebe-se que no âmbito dos contatos pessoais, com seus conflitos inevitáveis, é onde todos se enriquecem mutuamente, sentindo-se ligados num projeto até certo ponto comum e, por isso, mais estimulados a criar. Relações ainda muito marcadas por atitudes e comportamentos paternalistas nos moldes tradicionais de uma sociedade pré-capitalista que ia ficando cada vez mais para trás diante do avanço do industrialismo e do processo vivo das novas relações sociais dentro do espaço urbano das grandes cidades, onde se intensificam e se acirram os conflitos de classes e interesses. O tom conselheiral e paternalista do Mário de Andrade epistolar dos começos sofre profundas mudanças, ganhando sempre em lucidez e, infelizmente, também em sofrimento, aprendendo continuamente e apurando sua calorosa e extraordinária humanidade, ainda que através da experiência de choque de reveses e amarguras da vida pública.

Mas Mário é apenas o exemplo maior de como os focos de interesse dos modernistas se multiplicam, confirmando a tendência de todos para partilharem uma curiosidade mental que parece não se deter diante das barreiras de classe, de raça ou de região, como se cada qual desejasse ultrapassar seus próprios limites individuais. Essa espécie de crescimento coletivo e clara expansão do espírito crítico e criador tem como um dos seus correlatos, no plano espacial, a comunicação ou continuidade entre o espaço íntimo do escritor — sua casa, seu quarto, seu local de trabalho — e lugares de sociabilidade ampla. *A rua se torna verdadeiramente (como queria André Breton) o lugar da experiência válida, mas com ela se comunica a intimidade do quarto.*

Por toda parte, qualquer que seja o ponto de encontro onde se desenvolva a vida de relação durante o Modernismo, o espaço tende a se tornar diferenciado. Ali onde se desenrolam os acontecimentos miúdos da vida cotidiana e podem irromper também as "paixões sem amanhãs"; onde brotam ódios e rivalidades inconciliáveis, mas também se travam contatos fortes de amor e de amizade; onde habita o tédio da metrópole ou a "vida besta" da província; onde se roça com a burguesia endinheirada ou se penetra na vida pobre do povo, no universo de seu trabalho, de sua música, festas e dores, ali o escritor modernista, persistente "turista aprendiz" da realidade brasileira, viajante entre classes sociais, raças, religiões e paisagens do Brasil, descobre uma matéria nova e densa de criação. Nessa época, por tantas circunstâncias, a arte caminha de fato na direção da vida e se enriquece com esse contato.

A casa de Mário de Andrade, na rua Lopes Chaves, em São Paulo, vira um ponto de referência da cultura brasileira: nela se reúnem diversas gerações de intelectuais; por ela passam os amigos próximos e distantes, vindos das mais diferentes partes do país; nela se coleciona uma multidão de livros e objetos de arte que fazem de seu dono uma "salvaguarda de obras, valores e livros que pertencem ao público, ao meu país, ao pouso que eu gastei e me gastou".[17] O espaço restrito da vida individual se torna ao mesmo tempo receptivo e aberto para o mundo. Nele se espelha o projeto intelectual de Mário de integrar os múltiplos aspectos da realidade nacional do presente e de reatualizar o seu passado, referindo-o também ao presente, como tradição viva na consciência crítica. Essa potenciação simbólica da casa como fragmento concreto onde se sente o esforço de síntese simbólica da nação parece corresponder, no plano das imagens, a um mesmo desejo titânico — certamente com sua cota de idealização — de integração da multiplicidade na unidade de um verdadeiro rosto, em que se confundem o individual e o nacional, e ainda à extrema generosidade de uma paixão pelo humano em suas inúmeras faces.

Ao deixar São Paulo, no final da década de 1930, para morar temporariamente no Rio, muito machucado pelos desastres de sua atividade pública, Mário conserva, no entanto, intacta a curiosidade apaixonada pelo mundo onde vive e que tanto o gastou.[18] É o que se vê, por exemplo, numa crônica notável de 39, intitulada "Esquina", em que conta o que observava da janela de seu apartamento carioca, debruçado sobre a vizinhança da rua do Catete, muito parecida com a que rodeara Bandeira na rua do Curvelo, na década de 1920, e depois na Morais e Vale, na Lapa, já também na década de 1930.

Misturando de propósito esquina de rua e esquina de mundo, Mário cronista dá uma visão aguda da miséria e do modo de vida das classes sociais e das baratas que infestavam as imediações, com "assanhamento de carnaval". Interrogando-se primeiro sobre a classe a que pertencem os que moram no primeiro andar da rua do Catete, descreve com traços breves e incisivos uma sorte de lumpesinato, "gentinha de aluguel", "casta de inclassificáveis", cuja característica principal é a instabilidade de trabalho e moradia: costureirinhas, bordadeiras, chapeleiras, pessoas que vivem de biscates, bancam o que não são, se enfeitam nos sábados à noite e saem "feito gatos, buscando amor". E depois são os operários paralisados pela pobreza, "reumáticos de miséria", que nos dias de folga não vão além da esquina, mas mantêm um incompreensível bom humor que "pipoca em malícias e graças", amando-se indiscretamente à beira do mar do porto entre "exércitos de baratas".[19]

O tipo de curiosidade que aí se mostra, afiada pelos contrastes do cotidiano mais prosaico — do amor até às baratas —, com nítida preocupação social, refletida no interesse pelo modo de vida dos mais explorados nas relações de trabalho, se desenvolve num especial relacionamento do escritor com seu espaço íntimo, permeado, porém, pelo mundo de fora. Da perspectiva que aqui importa, é este um fato fundamental, que marca a atitude modernista diante da realidade brasileira e a heterogeneidade de seus espaços, com suas diferenças de classe e comportamento que vão se definindo nesse tempo no quadro da cidade grande e passam a constituir objeto de reflexão crítica e matéria importante da literatura.

O caso de Bandeira é correlato e bastante parecido, embora singularizado. Os quartos que habitou foram muitos; o poeta mudou-se muitas vezes, insistindo, porém, na ideia desse espaço restrito da intimidade: transformou-o em imagem idealizada, "suspenso no ar", mas o tornou também um espaço diferenciado e concreto, ao mesmo tempo de resguardo e de abertura para o mundo, privilegiado em múltiplas alusões literárias, a ponto de marcar sua presença implícita mesmo quando não referido ostensivamente. Espécie de microcosmo da interioridade lírica, ele é também o lugar onde se resume a vida, em vários sentidos. Não é difícil perceber que a significação ampla que foi adquirindo ao longo dos anos dependeu de diferentes funções cumpridas na existência material do poeta e do papel que exerceu sobre sua imaginação de homem que foi doente e aprendeu a sobreviver resguardando-se. Mas dependeu decerto também da própria consideração do espaço íntimo do escritor no período modernista e de sua curiosidade abrangente pela realidade de fora, pois está longe de servir como torre de marfim ou refúgio solipsista para o poeta. É rigorosamente um espaço de mediação entre a mais funda interioridade lírica e o mundo exterior, onde se processa uma metamorfose essencial do ponto de vista poético.

Embora possa corresponder, por traços circunstanciais, a quartos que são referentes reais da biografia de Bandeira, o quarto, como entidade poética, espaço representado no universo da literatura, é feito de imaginação e palavras como os seres que o povoam, como Jaime Ovalle e tantos outros, associando-se à mais profunda intimidade do Eu lírico, voz central dos poemas.

Muito embora Bandeira seja essencialmente um lírico e nos fale frequentemente a partir da perspectiva íntima da interioridade do quarto, está longe de ser um poeta da vida privada, no sentido em que, por exemplo, Kierkegaard é um filósofo do *intérieur*, como o mostrou Adorno. No seu caso, a interioridade, vinculada à metáfora do interior doméstico burguês, não significa uma limitação da existência à esfera privada, em oposição ao mundo exterior, enquanto espaço capitalista do trabalho e das relações sociais. Ao contrário, o poeta trabalha dentro uma matéria que tem tudo a ver com o que está fora. Seu quarto é um espaço arejado, onde o mundo penetra enquanto dimensão social e enquanto natureza. Talvez se possa dizer que, na essência, ele é o *espaço do recolhimento*, onde se enforma a experiência poética; onde a vida se aconchega, aninhando-se no mais íntimo, mas onde se entrega também ao mundo de fora, resgatando-o interiormente; onde se processa o movimento que enlaça o sujeito e o objeto; onde, enfim, o vivido se muda por palavras em poesia.

Por isso, acercar-se desse espaço é sentir logo a latência do sentido que aí ao mesmo tempo se vela e se desvela, aberto e secreto reduto da poesia de Bandeira, feito da complexa simplicidade de sua arte.

A casa e o quarto; a rua e o bar: espaços permeáveis da experiência literária modernista. A casa e a rua deixam de ser "dois inimigos" como eram no século XIX, conforme a expressão de Gilberto Freyre. Entre casas, quartos, ruas e bares, entre salões literários, prostíbulos, livrarias, cabarés e cafés-cantantes, como então havia, entre tantos espaços tão diversos de tantas cidades brasileiras, se construiu uma via de comunicação real e efetiva por onde passou a experiência coletiva dos modernistas. Por isso muitos nomes ainda vibram com a intensa ressonância do que ali foi vivido: o Franciscano, a rua Lopes Chaves, em São Paulo; no Rio, o Lamas, o Reis, o Amarelinho, a José Olympio, o Mangue, a Lapa, a rua Conde de Laje... Aí se travaram relações variadas entre mundos heterogêneos: salões da alta burguesia, da aristocracia paulista do café e movimentados focos da vida boêmia carioca, em meio à gente pobre, a Lapa... Salões, cafés, restaurantes, livrarias, cabarés e botequins não foram apenas pontos de encontro da roda literária dos anos 1920 e 1930; foram cadinhos de relações importantes, pessoais e sociais — de classe, de raça —, relações intersubjetivas, que acabaram por integrar a nova matéria artística, com sensível aguçamento da consciência do escritor com respeito à realidade em volta e evidente ampliação do próprio conceito de literatura.

A esse universo de espaços misturados, a que esteve intimamente ligada a renovação espiritual do Modernismo, pertence a figura extraordinária e distante de Jaime Ovalle.

PRESENÇA DO AUSENTE

Pertencíamos à boêmia artística, diz um verso de Di Cavalcanti, num poema intitulado "Peregrinações com Jaime Ovalle". E mais adiante:

> Oh, bela mocidade pervertida!
> Éramos personagens de romances
> Que nunca foram escritos
> ....
> Nós, heróis da Lapa,
> Os heróis da Lapa da Madrugada!
> Rua Conde de Laje,
> Rua Joaquim Silva,
> Travessa do Mosqueira,
> Rua Maranguape,
> Beco dos Carmelitas.
> A igreja azul da praça,
> A Rua Taylor.
> As escadas e as ladeiras
> Que subiam para Curvelo em Santa Teresa
> Onde morava o poeta Manuel Bandeira.[20]

Os versos livres e bissextos do pintor Di Cavalcanti, que desempenhou papel de destaque no movimento modernista, evocam aí um tipo específico de boêmia em seu espaço carioca característico: a Lapa. A tudo isso esteve muito ligado Manuel Bandeira, conforme esses mesmos versos deixam entrever ao indicar a moradia do poeta na década de 1920: o morro do Curvelo em Santa Teresa.

De lá podia ele descer diretamente ao ambiente boêmio embaixo, pela rua Manuel Carneiro, ladeira escarpada onde uma escadaria levava ao "coração da Lapa". Ali mesmo, na década seguinte, residiria Bandeira, na rua Morais e Vale. Nos versos, a enumeração dos nomes dos lugares, pedras lançadas no lago da memória de mais de uma geração, querem despertar ressonâncias do vivido num espaço distante no tempo.

Era essa uma "boêmia artística" nova na Lapa, pelo começo dos anos 1920. Antes o local "era ainda lugar de gente valente, refúgio de malandragem boê-mia, o 'pessoal da lira', como então se dizia, equívoca sociedade de desordei-ros, baderneiros, navalhistas e sambistas", conforme escreveu Luís Martins em seu *Noturno da Lapa*.[21] Essa nova geração de boêmios já nada tinha a ver com a boêmia dourada da belle époque, de Bilac, da confeitaria Colombo, dos bares como o Pascoal e o Castelões, das cervejarias e dos "clubes" da praça Tiraden-tes, nem tampouco com aquela dos grupos simbolistas dos "chopes" e cafés--cantantes da rua do Lavradio. Tempos em que a Lapa não figurava ainda co-mo ponto de referência dos cronistas da vida carioca, como se observa pelo silêncio de João do Rio. Os clubes noturnos chegavam até a rua do Passeio, bem perto, mas a Lapa propriamente era conhecida apenas como zona de prostituição.

Jaime Ovalle chegou ao Rio ainda na década de 1910, vindo de sua terra natal, Belém do Pará. Músico primeiro ligado ao piano e ao bandolim, iria se tornar conhecido também como o "Canhoto" do violão, nas rodas boêmias de seresteiros e sambistas cariocas.[22] O samba acabava de nascer naqueles anos e alguns de seus expoentes iniciais fariam parte do enorme círculo de amizades de Ovalle, como Sinhô, Donga e João da Baiana. Como essa outra "criatura fabulosa" que foi Sinhô, retratado diversas vezes nas *Crônicas da Província do Brasil*, Ovalle deve ter pairado bons tempos "no mundo noturno do samba, zona impossível de localizar com precisão". Mas caiu na Lapa, "a meio caminho da ladeira de Santa Teresa", na rua Conde de Laje, onde ficava a "casinha" do "místico", como o chamou Bandeira numa dessas crônicas. Ali o poeta pôde ouvir o amigo "cantar ao violão o *Zé Raimundo*, o *Como Chiquinha não tem, como Totonha não há* e tantas outras coisas que ele dizia ser do *folk-lore*, mas que em verdade parece que saíam inteirinhas de dentro dele". Numa parede, um painel de Cícero Dias "representava o Brasil abestalhado roncando ao lado de uma mulata nua debaixo dos Arcos da Lapa".[23] Sempre se despedindo para as longas permanências em Londres, os amigos o aguardavam como "aquele que melhor sabia comentar e interpretar para nós a vida da cidade carioca, porque a sentia de instinto melhor que ninguém. E sobretudo a vida da Lapa, reduto carioca, tão diferente de tudo o mais".[24]

Da roda de amizades de Ovalle fizeram parte outros músicos importantes, como Pixinguinha, Chiquinha Gonzaga, Catulo da Paixão Cearense e muitos mais. Mas os moços boêmios que nesse princípio da década de 1920 se reuniam com Ovalle na Lapa fizeram do bairro um espaço literário. Eram poetas, artistas, intelectuais: Raul de Leoni, Ribeiro Couto, Dante Milano, Manuel Bandeira, Sérgio Buarque de Holanda, Caio de Mello Franco, Osvaldo Costa, Di Cavalcanti, Cícero Dias, Villa-Lobos... A Lapa é um pouco criação imaginária deles, espécie de mitologia, com sua aura de encantamento, suas múltiplas histórias entretecidas, fruto sonhado de um grupo a que cada qual levou sua fatia de desejo, seu caso pessoal, sua narrativa, seu retalho de memória, sua verdade íntima, sua cota de paixão.

Nesse sentido, pelos depoimentos e memórias do grupo, a Lapa literária, tecida entre todos, lembra Pasárgada, com sua consistência de desejo e sonho, feita do tecido da imaginação, mas correspondendo a realidades profundas da alma e a aspectos concretos da vida material. Na verdade, se percebe o quanto a própria Pasárgada bandeiriana tem a ver com a atmosfera da Lapa literária e boêmia dos anos 1920, de modo que as aspirações singulares do poeta, barradas pela vida madrasta, se descobrem de repente realizáveis no mundo próximo e libertário da vida boêmia, no mais prosaico dia a dia do ambiente carioca. Como em Pasárgada, a Lapa tem *alcaloide à vontade e prostitutas bonitas/ para a gente namorar*, e lá também corre livre o desejo:

> — Lá sou amigo do rei —
> Terei a mulher que eu quero
> Na cama que escolherei

Eram de fato "personagens de romances" os figurantes da "grande ópera" da Lapa, como a chamou também Di Cavalcanti. Ou antes, personagens romanescos que são reis pelo tempo de um desejo, os "reis vagabundos", enquanto possa durar uma paixão. Jaime Ovalle, disponível sempre para qualquer chamado da "vida alegre" de então, encarnou a figura fabulosa entre todas, como um tipo de *magister ludi*, de guia para esse mundo noturno e dionisíaco, figurante central desse universo largamente imaginário e quase ficcional. E mesmo mais: parece ter encarnado, intermitentemente, como um símbolo vivo, a poesia difusa ao acaso das ruas e dos bares, coincidindo com o que para todos eles era um arroubo repentino, a manifestação súbita de um tempo forte e diferente, tempo do êxtase, para o qual a Lapa foi por um momento um palco propício.

Sem dúvida, Bandeira sentiu profundamente a latência da poesia nesse reino de Ovalle, nessa atmosfera onde a paixão do corpo se confundia com a emoção da alma e a luz do espírito, onde o poético abraçava de uma só vez o erótico e o místico, formando uma coisa só, onde os rituais do amor prostituído se cumprem no *Beco dos Carmelitas*, junto de paredes conventuais e sob a sugestão religiosa que estava no ar, banhado pela imagem luminosa da Nossa Senhora do Carmo na igreja vizinha.

Essa realidade misturada — a Lapa dos becos e das ruelas sórdidas, das "sarças de fogo" e das "paixões sem amanhãs", mas também da "luz mediterrânea", onde a Glória de longe cedia, ironicamente, seu alto encanto à vida humilde e prosaica a seus pés —, esse mundo mesclado de Ovalle podia de fato conter entranhada a mais rara poesia. A poesia que podia brilhar de repente numa "pura iluminação verbal como ocorre nos processos de poética *surréaliste*", como escreveu Bandeira. "O ambiente, de resto, favorecia as iluminações, que os rapazes estavam numa pensão da Lapa, aí pelas 2 1/2 da manhã", segundo emendou.[25]

Aos olhos do poeta, tudo ali parecia assim propiciar o *alumbramento*. Mas, por tudo isso, ficava mais difícil exprimir o que era a Lapa daquele tempo e talvez por isso ainda a figura de Ovalle se realçasse entre tantas: ele fazia parte desse espaço de poesia difusa e o representava a distância com a aura que dele trazia, impregnado até o mais íntimo pelo espírito do ambiente, que o animava como um verdadeiro modo de ser.

Nas crônicas de Bandeira a vida boêmia é evocada muitas vezes e com ela figuras de boêmios que ficaram célebres, como José do Patrocínio Filho. Mas, "terá existido um boêmio mais solto e mais completo do que Jaime Ovalle?", pergunta o poeta cronista.[26] Nenhuma dessas figuras tem para ele a aura de Ovalle. E esta parece aumentar conforme a distância, à medida que a imagem do boêmio se recorta contra um fundo perdido, esgarçado no tempo, feito um céu sempre móvel de nuvens fugidias. A vida boêmia, por sua própria natureza, é intensa, momentânea e instável. É num quadro como esse que se desenha e se desmancha a figura do então célebre boêmio, dependente como a própria poesia do momento propício, da súbita inspiração. Para Bandeira, uma profunda analogia tende a aproximar Ovalle de seu meio e da raiz da poesia, tal como um dia se encontraram nas madrugadas da Lapa.

Mas o boêmio tão acabado era também (é ainda Bandeira quem o diz) um "funcionário exemplar", nas horas de expediente da Alfândega, onde trabalhava como conferente, "uma fera de conferente, de probidade e diligência indefectíveis". Quer dizer, em primeiro lugar, em Ovalle se combinam, ao que parece, a face da ordem burguesa, do burocrata regular e eficiente no trabalho, e, contraditoriamente, a face do ócio, do tempo sem tempo para nada, sendo o de todas as solicitações possíveis, das grandes emoções, da paixão e do paroxismo de vida. Ovalle introduz assim na continuidade corriqueira da vida burguesa, na sua rotina de preocupações materiais e práticas, um tempo intermitente de excessos e efervescências, de música e poesia, de suspensão da ordem pela exaltação apaixonada, como se trouxesse a festa para o âmago do cotidiano. Por isso, aos olhos dos amigos (sua "linda curriola", no dizer de Vinícius de Moraes) tendeu a se tornar uma figura simbólico-mítica, o "mito Ovalle", na expressão de Drummond, em página admirável sobre ele.[27] Aparece então com frequência associado a um estado perene de poesia ou à inspiração mesma, como se resumisse em si o poder de penetrar por intuição a essência das coisas e insolitamente regenerar o mundo real, superando a dicotomia inscrita na vida de todo dia entre as obrigações da ordem e os chamados do desejo, entre a realidade e o prazer. Por isso ainda, uma frase sua podia valer como "uma iluminação lírica e humorística" da vida e dos homens.[28]

É claro que essa transformação do boêmio numa figura simbólico-mítica foi fruto do intenso relacionamento entre os modernistas, de mais de uma geração de intelectuais, e se originou no espaço da vida boêmia como uma operação coletiva, para a qual Bandeira, o grande parceiro, contribuiu certamente de modo decisivo. É aos olhos dos amigos e do poeta do morro do Curvelo que Ovalle se transfigura em guia para o sublime encoberto nas noites da Lapa, iluminando-se com suas madrugadas de paixão e sonho. A "Estrela brilhante lá do alto mar" se fez de fato estrela guia para o grupo todo nas peregrinações da Lapa, mas sobretudo para Bandeira, para o poeta que abandona de vez em quando o quarto para conhecer a efervescência da rua lá fora, que deixa momentaneamente o resguardo da vida precária para se arriscar na desordem boêmia e no "calor tempestuoso" de suas noites. Jaime Ovalle é, para Bandeira, uma passagem para o coração da Lapa e o mistério de sua candente poesia.

A visão simbólico-mítica que faz de Ovalle um ser capaz de superar contradições reais, como se fosse um personagem ficcional de Bandeira e dos modernistas, torna-se um meio de se sintetizar numa imagem fundamental uma vasta e complexa esfera da realidade da época. O historiador Otávio Tarquínio de Sousa, ao tratar das crônicas bandeirianas, referindo-se às que se aproximam com lirismo e humor, "naturalmente", do ambiente boêmio carioca — "O enterro de Sinhô", "Sambistas", "A trinca do Curvelo" —, lembra de forma significativa a figura de Ovalle como alguém que "tinha o condão de estabelecer contatos". Esse mesmo sentido se destaca da narrativa que Vinícius de Moraes deixou sobre o seu primeiro encontro com o "poeta louco".[29] Esse ser de mediação e passagem que nos surge dos depoimentos do tempo está também evidente nas páginas que Bandeira dedicou ao amigo, sobretudo na série de três crônicas que escreveu sobre a personalidade incomum de Ovalle, por ocasião de sua morte em 1955.[30]

Um dos aspectos mais expressivos nesse retrato de Ovalle por Bandeira é o do reconhecimento de sua "personalidade federativamente brasileira", como se no famoso boêmio se cumprisse o desejo de integração nacional tão vivo entre os modernistas: "nunca ninguém sentiu tão compreensivamente o Brasil", diz o poeta. Significativamente, a figura de Ovalle toma a mesma dimensão simbólica de Macunaíma. Na mesma direção, ele parece integrar as diferenças raciais do país, "de cuja formação étnica tinha uma consciência como que divinatória". O mesmo papel de elemento de ligação é o que parece desempenhar no âmbito religioso: seu Deus era "dulcissimamente humano, ou por outra e melhor, um Deus ovalliano, era Ovalle deificado"; "seu devanear místico" era "ortodoxamente católico, mas com uns ressaibos de judaísmo e de macumba". É, por fim, um elo entre as diferenças de classe e suas projeções na esfera do saber e da cultura. Ovalle, cujo nome completo poderia sugerir fumaças de velha nobreza espanhola (Jayme Rojas de Aragón y Ovalle), nasceu plebeu em Belém do Pará, como assinalou Ricardo Cravo Albin.[31] Chegado ao Rio, começou como "tocador de violão e boêmio notívago", e foi, conforme disse Bandeira, "desse chão tão humilde à música erudita (mas sempre fundamente enraizada no *pathos* popular)". Conseguiu ser "tão profundamente culto", "tendo tão pouca instrução, esse leitor de um livro só, a Bíblia".

Por fim, para Bandeira, em Ovalle o mais elevado se mistura ao mais humilde, de modo que ele acaba por resumir um estilo de vida e de arte: sua música mais famosa, o "Azulão", é parecida com a "Canção do exílio"; como no poema de Gonçalves Dias há em sua melodia *aquele inefável das coisas despretensiosas que pela simplicidade atingem o sublime*". Bandeira percebeu, portanto, que no amigo, em sua arte e modo de ser, se reuniam elementos contraditórios, vinculados de algum modo à realidade do espaço singular da Lapa, do país e de seu tempo, e percebeu ainda quanto isto conferia a Ovalle uma força significativa muito grande e uma dimensão simbólica exemplar. Reconheceu nele uma imagem particular e concreta do "prodigioso encanto" da Lapa, da intensa e difusa poesia da vida boêmia dos anos 1920 e 1930, da existência marcada pelo signo da paixão e da humildade, da iluminação poética de um momento. Em essência, intuiu que Ovalle era um catalisador do sublime. Os modernistas tinham, conforme notou, "uma desconfiança evidente do sublime", mas não, decerto, desse misturado ao prosaico de todo dia, bem perto do "chão tão humilde" do cotidiano.[32] É assim como imagem simbólica, capaz de recolher em síntese uma totalidade significativa, que a figura do boêmio penetra então na tessitura do texto bandeiriano, vinca o discurso evocativo do poeta, fazendo aflorar múltiplos significados à simples menção do nome. Nele, mais uma vez, se resume o complexo na simplicidade.

O que transfigura o nome em imagem é o tratamento literário que ele recebe na construção dos textos. Nas crônicas, nos diversos poemas, nas numerosas alusões ao nome do amigo, Bandeira transforma Jaime Ovalle numa figura propriamente evocada, porque já se foi ou está indo, repetindo um mesmo gesto momentâneo, imobilizado em eterna despedida. Ele é o interlocutor íntimo com que se conversa tanto, mas que está sempre ausente ou ausentando-se. A evocação de Ovalle se converte, desse modo, em linguagem sempre ambígua, feita de ausência e presença — pura imagem. Esta condição pascaliana da imagem (*Figure porte absence et présence*) foi percebida também por Drummond a respeito de Ovalle. Recordando o que sentiu diante do relato de Ovalle sobre a morte de Jorge de Lima, escreve o seguinte: "Nunca tive impressão mais nítida de fluido que se evola no espaço imenso do que esta produzida pela palavra de Ovalle, a sentir no ar a morte do amigo marcando ausência e presença".[33] E esta lembrança, também ela imagem, faz parte, significativamente, de uma crônica onde Drummond evoca a morte do próprio Ovalle. Ainda como reconhecimento da ausência e sinal de despedida.

Essas evocações modernistas (e sobretudo bandeirianas) do grande boêmio suscitam assim a presença e a lacuna, como se fossem tecidas pelo avesso, pelo lado da falta, como o lugar vazio do desejo que não se pudesse preencher jamais, decerto tomado pela morte. Na verdade, nelas Ovalle aponta como parte do enorme continente submerso das coisas "idas e vividas" e se de repente se atualiza na imagem presente, como símbolo ou iluminação poética, parece o resgate momentâneo de um fundo perdido, figura sob a luz que não pudesse se desvencilhar da sombra agarrada. Entre a face atual da imagem e seu fundo, se impõe o tempo, sempre roendo até os instantes de máxima intensidade, que a figura então representa.

Observou Luís Martins, em sua tentativa de reconstrução memorialística da Lapa de sua época (ele pertenceu a uma geração posterior e viu o fim dos dias de glória do bairro), que, na visão dos artistas e intelectuais que a frequentaram, a Lapa boêmia dos anos anteriores tinha sido um verdadeiro paraíso perdido. Feita de realidade e de imaginação como costumam ser os mitos, ela revive na lembrança dos seus participantes como um contato com a plenitude de um breve momento, sem se poder furtar à sensação do perdido, que, no entanto, ainda se deseja. Ovalle é parte desse breve momento e, por certo, também desse desejo; fragmento de uma história passada, tanto real quanto imaginária, ele é um símbolo desse passageiro contato com o ser. A iluminação poética que dele emana é uma dádiva da memória, ou do esquecimento. Em Bandeira, ela se reacende em instantes de alumbramento, que as crônicas registram e os poemas recolhem. Para o poeta, do homem que nas madrugadas da Lapa daquele tempo chegava a exclamar: "— Meu Deus, eu morro!", só pode ter ficado a imagem lírica, às vezes patética, às vezes humorística, em que a vida de repente exacerbada na paixão se mede com seu limite — a morte.

A NOITE PERMANSIVA

1.

No "Poema só para Jaime Ovalle", um mesmo quadro de ausência e presença aparece ambiguamente para o leitor. Ovalle não está; apenas se menciona seu nome no título. Mas esta espécie de apelo à sua presença torna ainda mais concreta sua falta no que vem depois e se recorta sobre um fundo de silêncio, onde se destaca a voz solitária do Eu lírico, ora realçada ora esbatida no que se cala.

Ao que parece, ele é o receptor ideal ou exclusivo para o que se vai dizer. Deixado em silêncio no corpo do poema, seu nome se projeta como significado latente. Ou antes, é o silêncio que se faz sentido, elemento constitutivo e significante nesse diálogo tácito, tecido no espaço vazio entre os sons das palavras. Um silêncio que se materializa nas pausas e cortes dos versos livres tão prosaicos que compõem o poema, em seu recorte irregular, em suas reentrâncias abruptas, frases curtas entremeando-se às linhas longas. É preciso reler:

POEMA SÓ PARA JAIME OVALLE

Quando hoje acordei, ainda fazia escuro
(Embora a manhã já estivesse avançada).
Chovia.
Chovia uma triste chuva de resignação
Como contraste e consolo ao calor tempestuoso da noite.
Então me levantei,
Bebi o café que eu mesmo preparei,
Depois me deitei novamente, acendi um cigarro e fiquei pensando...
— Humildemente pensando na vida e nas mulheres que amei.

Longo como um dos versos que o seguem, o título já predispõe o leitor para o desenho ambíguo do quadro, levando-o a hesitar na leitura dessa sílaba única e tônica da palavra *só*, oscilante entre duas classes de palavras: ou é adjetivo e prenuncia a solidão do quarto e do Eu, no poema; ou é advérbio e indica a exclusividade do destinatário ideal, fora dele. Ou talvez, ambas as coisas. Suspenso pelo título, o leitor fica à espera do que vem e ainda não sabe bem o que seja.

Pois o que vem é, à primeira vista, apenas aquele quadro de uma manhã de chuva, solidão, recolhimento e meditação contemplativa diante da vida e dos amores passados. Só esse interlocutor íntimo, estranho ao leitor, poderia quem sabe entender o que aí se cifra. No entanto, nada mais se diz dele. Ao seu silêncio e à sua ausência parece corresponder, porém, no final do texto, o objeto de meditação do Eu, em parte constituído pelo que tampouco está presente, pelo que já foi: *as mulheres que amei*.

Assim o título abre um espaço para a confissão íntima, na sua alusão ao interlocutor exclusivo ou ideal; o restante do poema apenas narra um momento banal de um homem sozinho, encerrado num quarto num dia chuvoso, cismando na vida e nos amores do passado. Inquieto pelo princípio, o leitor pode ficar pensando a seu modo no mistério desse quadro de ausências, evocadas pelo pensamento de um sujeito solitário, e pode cismar também numa chave que possa revelar, talvez, o segredo e só pode estar à espera, silenciosa e oculta, sob a aparente banalidade do todo.

2.

Embora conte alguma coisa, o poema dá primeiro a impressão de imobilidade, parecendo um quadro estático sobre uma figura humana. Ao fixar, porém, a atenção querendo compreender, o leitor percebe de imediato que o quadro começa por se mexer, que a figura representada se move: *Quando hoje acordei*. A abertura narrativa inicia-se pela notação da circunstância temporal e pela ação do despertar: quebra da situação de repouso noturno, tomada de consciência e disposição para os movimentos do dia. É como se o poema começasse realmente pelo começo, por um ato que dá início à vida diária, introduzindo a preparação para as atividades de rotina.

As ações que se seguem são de fato rotineiras, limitadas em si mesmas e quase mecânicas, sucedendo-se, pausadamente, na ordem trivial de todo dia. São ainda, em sua maioria, externas a quem as pratica desde o primeiro instante e, embora impliquem movimento, acabam por desembocar mais uma vez na situação de repouso (*me deitei novamente*), quebrada de início. Há, é claro, o movimento da chuva fora, no entanto ele é repetitivo até no modo como vem expresso pela reiteração de *chovia* e parece contribuir mais, junto com o escuro que o acompanha e rodeia desde o princípio o despertar do sujeito, para a impressão geral de tranquilidade, recolhimento e novamente repouso, como um prolongamento da noite.

Apenas uma ação é propriamente interna e concomitante ao quadro apresentado (por se dar no interior do quarto e do sujeito), contínua como a chuva exterior e o escuro que ficou da noite persistente e, de certo modo, voltada também para fora (a vida e as mulheres): o *fiquei pensando…* Ou seja, o único movimento que se prolonga, ligado ao presente do sujeito depois do despertar, é o da reflexão, cujo foco central, contudo, se situa no passado: a vida e as mulheres que *amei*, a outra ação interna do poema. Assim sendo, não quebra a situação de repouso do Eu nem destoa da atmosfera de recolhimento e calma do ambiente, antes a elas se casa perfeitamente, pois é um movimento interior, feito de recordação e contemplação, um tipo de ação enfim que decorre imperceptível no íntimo do sujeito.

Embora comece então como uma narrativa pelo movimento e pela indicação de dados circunstanciais de tempo e logo também de espaço (*fazia escuro*), o poema reverte para a intimidade do sujeito e a calma da interioridade lírica, onde pela memória se recolhe o passado. A impressão final de imobilidade do quadro é, portanto, produto e reflexo do próprio movimento sutil do pensamento, que torna imagem o que era fluxo, dando a ver o que tão íntima e calmamente se passou na alma, num certo momento de meditação sobre o passado. Na verdade, o poema que parece meramente um quadro prosaico depende da integração complexa desses múltiplos elementos discordantes — ausência e presença, movimento e repouso, exterioridade e interioridade, presente e passado —, sem falar em outros mais com eles implicados. Por todos eles passa seguramente o sentido. Mas a forma final do quadro, de simplicidade desconcertante, é o resultado do modo como aí se organizam essas contradições fundamentais até a harmonia tensa, porém, acabada de um todo tão bem-formado.

Vista por fim como um todo, a obra se mostra essencialmente lírica, pelo claro predomínio da expressão subjetiva e traços característicos da linguagem poética: brevidade, intensidade, ritmo, união entre som e sentido etc. No entanto, tem também um aspecto épico marcado, visível no modo como é representado o sujeito no interior de uma cena aparentemente ficcional por ele mesmo rememorada. Trata-se, conforme já ficou dito, de um *poema imagético* ou *pictórico*, em que, a partir de uma atitude visual descritiva, o Eu lírico se dá a ver como objeto de uma representação de tipo ficcional. No caso, por suas próprias palavras, visualizamos a cena do despertar de um Eu solitário. Esta é propriamente descrita pelo sujeito da enunciação como um quadro que ele recorda, num passado próximo (*Quando hoje acordei*). O Eu que fala representa o acontecido há pouco, como se se visse naquele instante e se a cena lembrada prolongasse o movimento da meditação iniciada então e se desse a ver agora como imagem recortada do próprio fluxo do tempo e do pensamento, retalho de uma reflexão subjetiva. Rigorosamente, se assiste à representação do iluminar-se do mundo no interior do sujeito lírico — o momento do despertar da consciência, que logo depois se volta sobre si mesma. Assim o sujeito se transforma em objeto da representação artística, como se fosse personagem de uma cena isolada, ao mesmo tempo que se constitui como sujeito lírico a que se assimila o mundo do quarto enquanto espaço da intimidade subjetiva e concha receptiva do universo de fora e do passado — tudo isto sendo uma imagem interior recordada pela voz da enunciação.

Na verdade, se observa, num momento imobilizado ou suspenso no tempo, um quadro onde ocorre um processo quase imperceptível de recolhimento e contemplação da emoção vivida no passado, que é ainda uma imagem interior recordada pelo Eu que nos fala. Movimento complexo e sutil da experiência, no qual o vivido é recolhido pela memória e retorna iluminado à consciência desperta do sujeito, como objeto de contemplação, ao mesmo tempo que o próprio sujeito se dá a ver na semiobscuridade de um quadro prosaico, em meio ao fluxo da rotina e dos atos inconscientes de todo dia, numa atmosfera de silêncio e solidão. Forma-se, então, uma imagem súbita do despertar da consciência, momento de recolhimento humilde do vivido, instante de iluminação lírica dentro do cotidiano mais prosaico, recorte de uma emoção recolhida na recordação.

3.

O poema começa por uma observação que faz o Eu sobre um duplo contraste: entre o despertar e o escuro ainda reinante; entre o escuro e a hora já avançada do dia:

> Quando hoje acordei, ainda fazia escuro
> (Embora a manhã já estivesse avançada).

A primeira oposição ocupa o primeiro verso e seria, provavelmente, quase imperceptível, dada a sua banalidade, caso não fosse reforçada pela segunda ação que opõe o verso entre parêntesis ao anterior. Esse segundo verso parece reatar, pelo caráter parentético, o tom confessional e íntimo anunciado no título, mas ao mesmo tempo realça e explica a oposição inicial. Quando, por isso, se repara melhor no primeiro contraste, logo se nota que ele é dado pela própria leitura, que deve se deter por um instante na pausa depois de *acordei*, marcada pela última sílaba tônica dessa forma verbal e pela vírgula, de modo que o verso fica dividido em dois segmentos rítmicos, contrastantes do ponto de vista semântico e quase perfeitamente simétricos na extensão:

> Quando hoje acordei, / ainda fazia escuro

Esta dicotomia, perceptível no plano do significado e do ritmo, torna-se ainda mais destacada porque contrasta, por seu turno, com o segundo verso, onde não se nota divisão alguma, como se devesse ser lido de uma só vez numa sequência sem quebra:

> (Embora a manhã já estivesse avançada).

Contudo, este verso está ligado sintaticamente ao anterior e tem o mesmo número de sílabas poéticas dele, ao mesmo tempo que a ele se opõe pelo ritmo, pela forma parentética e pelo significado. Esta espécie de explicação, dada numa única oração concessiva encerrada em si mesma, é como que soprada em surdina, mas está inteiramente de acordo com o tom confessional do poema. Excluído até certo ponto no parêntese, como um inciso, o verso se prende, porém, à oração principal anterior (*ainda fazia escuro*) e marca explicitamente o tom geral do discurso no texto: o de colóquio íntimo ou monólogo. Mas é mesmo pelo seu ritmo contínuo que se nota sua oposição ao primeiro, bem pausado, e de certo modo a todos os versos restantes. Ao contrastar com o que vem antes, torna nítida, como se observou, a segmentação deste, que é dominante no poema todo.

É que a divisão do primeiro verso parece introduzir uma modulação rítmica, um *tempo* ou medida de segmentação que funciona como princípio ordenador desses versos livres aparentemente tão irregulares e de extensão tão discrepante, conforme se notou anteriormente. Basta examinar o poema, a partir sobretudo do sexto verso, quando começa a sequência de atos rotineiros do sujeito, para se ter uma noção de como o padrão inicial tende a se impor a toda a série, pausadamente segmentada. É como se o primeiro segmento, marcado pela primeira pausa depois de *acordei*, desse esse padrão de ordem (ou de *tempo*, entendido como uma unidade rítmica) a que se assimila a cadência dos demais, independentemente da variação do número de sílabas e da irregularidade visual, como se devêssemos ler pausadamente todos os versos (exceto o parentético), aumentando a duração das pausas, na ausência das sílabas, ou acelerando um pouco nos segmentos maiores, ou ainda buscando a segmentação padronizada dos versos mais longos.[34]

Esse padrão ordenador contrasta, portanto, com a tendência à irregularidade silábica e acentual, estabelecendo uma tensão rítmica interna que perpassa o poema todo e parece corresponder em profundidade à integração das múltiplas contradições nele harmonizadas. Assim, desde o começo, a integração se faz dialeticamente mediante o movimento que inteira as partes contrastantes numa unidade superior. A consequência desse movimento de integração dialética é essencial, uma vez que rege o sentido. O ritmo é por si sentido, movimento para, significados mobilizados numa direção, concordância do discorde, tensão harmônica, através do que se obtém a unidade simples de uma totalidade complexa. Acompanhá-lo analiticamente é, portanto, decisivo, pois permite compreender os componentes em suas relações em movimento, até que se possa interpretar a direção dos elementos significativos rumo ao sentido. Mas é preciso caminhar por partes, voltando ao início.

No primeiro verso, cada um dos segmentos rítmicos contrastantes corresponde a uma oração — a subordinada adverbial temporal do começo e a principal do período:

Quando hoje acordei, / ainda fazia escuro

O contraste semântico e sintático entre os dois membros simétricos é também um contraste das formas verbais que constituem o núcleo de seus predicados, opostos pelo tempo verbal: o pretérito perfeito de *acordar* e o pretérito imperfeito de *fazer*. Essa oposição, no caso, é bem marcada do ponto de vista sonoro: as desinências verbais /ei/ e /ia/, encontros vocálicos também contrastantes (ditongo decrescente e hiato), ressaltam em função do acento, da posição e sobretudo da repetição ao longo de todo o poema. Como a primeira pausa rítmica coincide com o final de *acordei*, a última sílaba tônica dessa forma verbal é realçada, o que talvez não chamasse tanto nossa atenção se não fosse reiterado muitas vezes depois. O fato é que o /ei/ de *acordei* fica ressoando pelo texto todo, várias vezes em posição acentuada e como sílaba forte (levant*ei*; prepar*ei*; deit*ei*; fiqu*ei*; am*ei*), como uma rima interna e aleatória. A cada passo, ecoa o final do perfeito do primeiro segmento, espécie de unidade rítmica, como se assinalou, pontuando pela assonância constante as pausas principais de vários versos até o segmento final, que se encerra agudo com *amei*. A tensão rítmica, feita de ordem e desordem, mantém desperto o leitor por esse eco repetido do acordar no passado.

A cada repetição, sentimos um reforço do início e uma tendência para reavaliar, aproximando-as pelo sentido, as palavras que se relacionam pelo som. Trata-se, é claro, de uma série de verbos no perfeito, com o mesmo sujeito oculto, exprimindo a cadeia de ações do Eu lírico: por ela se caminha do *acordar* ao *amar*, ou seja, do ato de tomada de consciência até o objeto da reflexão no passado, atravessando-se as ações rotineiras e solitárias do meio, mas de alguma forma ligando tudo num mesmo movimento interior: o despertar da consciência para as emoções vividas no passado, o sujeito diante de seu objeto, ressoante na memória e nos ecos do texto.

Em oposição, a desinência /ia/ do pretérito imperfeito ressoa também no terceiro e no quarto verso, uma vez que em posição forte, marcada pela pausa acentuada do ponto final:

Chovia.

Um eco reforçado ainda pela reiteração anafórica do *chovia* seguinte. Quando se pensa nos termos que se ligam por essa repetição do hiato, se verifica que, ao contrário do /ei/ relacionado com o sujeito lírico, a desinência /ia/ aparece somente em verbos que designam fenômenos físicos e não têm sujeito, apenas apontando o aspecto cursivo do processo natural. Ou seja, a oposição entre esses dois verdadeiros motivos sonoros, fundamentais na estruturação do poema, como se vê por sua constante repetição em eco, opõe também o mundo do Eu ao mundo natural: *sujeito e natureza contrastam entre si pelas cadeias sonoras opostas.*

Ao se atentar melhor para o que indicam essas desinências verbais, valorizadas pela sonoridade e pelo ritmo, observa-se que elas opõem ainda dois *aspectos* do verbo, isto é, dois modos de considerar a ação verbal, quanto à sua duração, complementarmente à noção de tempo. O *acordei* tem assim um aspecto nitidamente pontual, de ação realizada instantaneamente, em oposição ao aspecto durativo também evidente do *ainda fazia escuro*, este idêntico ao do *chovia* que vem depois. Já a série de perfeitos que se segue (à qual se deve acrescentar os dois perfeitos em /i/, de *bebi* e *acendi*, meio-termo sonoro entre os perfeitos em /ei/ e os imperfeitos em /ia/) tem quase toda ela um aspecto concluso, desde o *levantei* até o *amei*. De modo geral, os motivos sonoros do /ei/ e do /i/ indicam, pois, uma sequência de ações acabadas no passado e referidas ao Eu, em contraste com o aspecto cursivo dos fatos naturais (o escuro, a manhã e a chuva), apanhados enquanto processo em duração. Uma única ação, porém, referida ao Eu pela locução *fiquei pensando* (repetida expressivamente pelo gerúndio, no último verso, destacado pelo travessão inicial) combina, contraditoriamente, a forma do perfeito concluso do verbo auxiliar com o gerúndio, expressão máxima do aspecto cursivo. *Por ela se exprime a continuidade do pensamento, análoga à do processo natural.* Isto demonstra, formalmente, que os opostos não são estanques e, ao contrário, se comunicam, aproximando-se num mesmo movimento comum. A única ação propriamente interna ao sujeito, por assim dizer em ato, se encadeia na série do passado, mas se assemelha pelo movimento à natureza exterior também se movendo. Ou seja, o pensamento captado em seu movimento de duração interior se assemelha à móvel continuidade exterior do tempo na natureza. Embora se dê no passado, a ação interna tem um aspecto durativo, reforçado pelas reticências ao final do penúltimo verso e pela reiteração do gerúndio no verso do fim, em notável diagrama da continuidade reflexiva, que retoma o passado na recordação, repetindo dentro um movimento parecido ao que reina fora no mundo natural.

Por esse movimento, a ação decisiva refere as demais ações do plano do Eu, a que pertence tão intimamente, ao mundo exterior, abrindo-se para este, por essa conexão, o mundo interior do sujeito. O movimento permite, portanto, a passagem do mundo interior ao exterior, da mesma forma que liga o passado aparentemente acabado ao presente, pela continuidade em aberto da reflexão, indiciada pela ação em curso do gerúndio. De algum modo o que findou no passado persiste no pensamento: *a vida inteira* e *as mulheres que amei, à semelhança do que ocorre no espaço de fora com o curso natural das coisas, onde o escuro permanece ainda dentro da manhã*. Forma-se desse modo uma espécie de equação entre o que se passa dentro e o que ocorre fora — espaços paralelos e contrapostos a princípio, mas, por fim, em plena comunicação, através do movimento semelhante em que se misturam.

O paralelismo analógico entre o mundo interior e o exterior, sob o aspecto da duração, acaba criando, assim, uma sugestão de identidade metafórica: o movimento supera as contradições entre o passado e o presente, bem como o interior e o exterior, para desembocar numa imagem maior e comum da duração permanente, fixada no poema como num quadro recortado da recordação. O que a princípio parecia se resumir completamente num quadro prosaico, em linguagem denotativa, se desdobra em conotações desencadeadas pelo sentido latente de um quadro móvel, em que espaço e tempo atuam como vasos comunicantes e a interioridade humana se relaciona ao mundo natural. Esta porosidade interna entre os componentes contrastantes do poema acaba transformando o traço linear da composição, como se se aprofundasse o próprio espaço interno do texto pela dimensão figurada da linguagem, nascida do paralelo analógico entre os elementos contrapostos. Para se compreender a complexidade da imagem geral que assim se forma é preciso penetrar mais fundo pela análise.

A desinência verbal /ia/, motivo sonoro contrastado com a longa série de perfeitos em /ei/, liga o *fazia escuro* ao *chovia* do terceiro verso. A continuidade entre o escuro da manhã avançada e a chuva a seguir forma uma sequência coerente e natural, reforçada no plano da expressão pela assonância sonora. O *fazia escuro*, com a precisão vocabular característica de Bandeira, acentua o aspecto cursivo buscado, ao substituir o *estava* corrente, mas sem movimento, pela mobilidade da fórmula menos comum com o verbo *fazer* impessoal, indicando fenômeno meteorológico. O segmento completo — *ainda fazia escuro* — introduz, além da notação do tempo meteorológico, o tempo como duração, tanto mais longa quanto oposta ao que vem no verso parentético.

Esse escuro que se prolonga é decerto uma metonímia, vinculada por uma relação de contiguidade à noite passada que penetra ainda no interior da manhã. A sequência coerente da chuva, sucedendo-se ao resto de noite persistente, permite avançar mais fundo na compreensão do significado do processo natural, tal como se configura nos versos seguintes.

O terceiro verso é o mais curto do poema e chama a atenção por isso:

Chovia.

Nele, o hiato em posição forte dentro da linha brevíssima se destaca, ecoando o *fazia* do primeiro verso, agora contra um fundo de silêncio, forçado pela pausa longa, equivalente em tempo à falta das sílabas que deveriam completar o padrão rítmico imposto de início pela segmentação do primeiro verso. A leitura é obrigada a se deter no silêncio, para manter o tempo aproximado do segmento padrão. E então se ouve o silêncio, crescendo em contraste com o som repetido da chuva e o eco sutil do hiato /ia/:

Chovia.

O que parecia uma simples informação meteorológica adquire de novo impulso para a dimensão figurada e a sugestão de um sentido latente. O eco se traduz numa figuração da falta, da lacuna; em sua presença se ouve o que não está, se nota o avesso, a ausência, o que já foi. O que seria pura informação se faz índice de uma atmosfera íntima, ícone de uma ausência sentida, evocação do que não está presente, imagem de uma experiência essencial. Ausência, presença: imagem. Nesse avesso de silêncio é ainda o tema de Jaime Ovalle que se escuta, a calada música de seu nome e do que evoca, correspondendo ao diálogo virtual proposto pelo título, mas feito de buracos de um *discurso elíptico*, no qual só se ouve a voz solitária do Eu.

A passagem da mera indicação da circunstância meteorológica à sugestão de imagem torna-se ostensiva no quarto verso:

Chovia uma triste chuva de resignação

Ocorre aqui uma mudança fundamental na linguagem, que passa visivelmente de direta a figurada. O verbo *chover*, utilizado no verso anterior na sua forma impessoal, não referido a sujeito algum, como o *fazer* do primeiro verso, a que se liga (pela terminação, pelo modo, pelo tempo e pelo aspecto), agora é empregado pessoalmente (chovia uma chuva) e seu sujeito é, por sua vez, personificado, tomando a dimensão de uma figura de sentimento: *uma triste chuva de resignação*. Trata-se de uma espécie de personificação (uma variante da antiga prosopopeia), mediante a qual são atribuídos traços de vida humana a um ser inanimado da natureza exterior. *Agora é a natureza que se move pelo sentimento, conforme o movimento da alma*. Impregnada de tristeza e resignação, a chuva deixa de pertencer exclusivamente ao espaço de fora para penetrar transfigurada no espaço interior do quarto e do Eu. Por esse meio, uma simples informação meteorológica é incorporada à dimensão humana do sujeito como um componente vivo de sua experiência.

O procedimento, tão velho quanto Homero na poesia ocidental, é ele próprio como que um eco da primitiva imaginação mitopoética capaz de dar forma humana ao conteúdo natural. Aqui a *chuva* é propriamente animizada, de um ângulo impressionista, conforme é captada pelo movimento interior do sujeito lírico, mas ao mesmo tempo parece objetivar o sentimento de falta ou ausência, como se desse expressão a uma sensação de perda, ostensiva no matiz de tristeza e, por sua vez, superada até certo ponto, em resignação.

A chuva introduz objetivamente o ruído, perceptível no próprio som repetido das palavras cognatas que a exprimem (*chovia, chuva*) e no eco da desinência verbal, mas serve à expressão subjetiva, casando-se ao silêncio que rodeia o curto verso anterior e à sugestão de uma imagem complexa do mundo interior que, como se observou, se vai formando. Vale, pois, como um índice da atmosfera íntima e ambígua de ausência e presença, de eco presente de um fundo calado e distante no passado, fonte escondida da emoção que subjaz à imagem, como uma nostalgia contida de uma plenitude perdida do ser, a que se responde pela resignação. A latência mítica da prosopopeia, figura que dá voz ao ausente, continua, ao que parece, vibrando sob o uso moderno que dela faz Bandeira.

À tristeza se soma a resignação: coerentemente, esses sentimentos carreados com animização do fenômeno físico são esbatidos, discretamente, como por um efeito ainda de surdina, contra o fundo de silêncio. É que são emoções passivas, afetos. São *paixões*, mas na acepção primeira que a palavra *pathos* tinha para os gregos, como para Aristóteles: o que se experimenta ao ser tocado ou afetado, eticamente neutro; ninguém podia ser censurado ou louvado pelos seus *pathe*, conforme assinala Erich Auerbach.[35]

A chuva se apresenta aqui como algo que penetra no espaço íntimo do Eu, tomando o matiz afetivo do receptáculo que a abriga: é uma chuva receptiva, repassada de experiência, de aceitação compreensiva do que foi, ainda que triste, marcada pelo sentimento da falta. Por isso se nota ainda que ela implica, além do afeto, algo de mais estável que uma paixão, uma atitude moral (um *ethos*, como disposição permanente do espírito). Seu movimento é análogo ao do pensamento, ao movimento da consciência, que se dobra, receptiva, sobre o fato contraditório, assimilando-o e superando-o por um saber mais inclusivo — verdadeiro movimento da experiência. A *chuva de resignação* supõe uma espécie de aprendizagem do que foi e falta, a que ela dá a continuidade de uma resposta compreensiva; sendo esta de aceitação passiva, envolve ao mesmo tempo, porém, a consciência acordada e em movimento, ampliando-se para abranger a contradição. Em surdina, no silêncio cúmplice do quarto se recolhe compreensivamente ao mais íntimo a emoção vivida e a mágoa que fica do que já não é.

O quinto verso se impõe desde logo pela sonoridade, em contraste marcado com a atmosfera silenciosa antes criada:

Como contraste e consolo ao calor tempestuoso da noite.

É com certeza o verso mais insistentemente sonoro de todo o poema, que ele parte ao meio como um eixo de simetria. Nele se completa a indicação do ambiente, que vinha se delineando com as referências de tempo e espaço, e a sugestão decorrente de uma atmosfera íntima. Depois dele vem a sequência de ações do sujeito lírico. Introduzido pelo nexo comparativo, se aproxima sintaticamente do verso anterior, para fazer ressaltar o oposto: *o calor tempestuoso da noite*. Coloca, portanto, o ambiente do quarto em contraste ostensivo com o passado, de que a chuva é, por assim dizer, uma continuação resignada.

A conjunção comparativa (*como*) introduz o verso e os fonemas nele dominantes, principalmente pela aliteração forte da oclusiva velar surda /k/, em destaque no primeiro segmento rítmico (*Como contraste e consolo*), ecoando ainda no segmento seguinte (*calor*), a que se acrescenta a assonância da vogal nasalisada /õ/. Os termos que marcam a diferença com relação ao passado — *contraste* e *consolo* — têm a mesma extensão silábica e apresentam a mesma sequência sonora inicial, combinando a aliteração e a assonância (/kõ/), mas mantêm no plano do significado o movimento contínuo de oposição e resposta resignada, tensão ressaltada no plano sonoro por seus finais também contrastantes: *contrAstE* e *consOlO*, com vogais abertas opostas simetricamente às fechadas. A palavra *consolo* dá continuidade, pela semelhança sonora (ao contrário da diferença gritante do termo *contraste*), ao *como* inicial, já por si só expressão da continuidade sintática e semântica, mediante a comparação. Por esta se mantém ainda o fundamental, isto é, a transposição metafórica da linguagem: o *calor* que contrasta com a chuva de tristeza e resignação tende a ser lido também, através da comparação explícita, no mesmo espaço interior da emoção, só que agora evocando o passado (a noite anterior). O *calor tempestuoso* (assim como o escuro persistente do início) faz parte da *noite*; mantém com ela uma relação de contiguidade como uma metonímia do que passou. Mas, pelo vínculo comparativo, em contraste com a chuva feita também de emoção, ganha força analógica como uma metáfora do ardor e da turbulência, do movimento desmedido da paixão, com a qual se confunde, ainda metaforicamente, a noite. Agora é a aliteração da oclusiva dental surda /t/ que dá continuidade, no plano sonoro, à agitação da emoção passada:

Como conTrasTe e consolo ao calor TempesTuoso da noiTe.

A noite se opõe à manhã, da mesma forma que, no plano interior, a agitação do espírito à resignação. Assim, vai se formando agora uma equação inversa: é o de fora que se mostra paralelamente ao de dentro, com a mesma sugestão metafórica. Identificada com a emoção poderosa do passado, a noite representa uma paixão oposta à da chuva. *Pathos* significa então (como para Epicuro ou para os estoicos, com seu ideal de impassibilidade) uma perturbação do espírito, súbita inclinação da alma, ou seja, uma emoção agitada por um movimento sem direção, sugerindo por vezes imagens de tempestade. Opõe-se, portanto, à atitude de compreensão passiva e sábia, encarnada na *triste chuva de resignação*. É no caso, porém, à primeira vista, somente um fato do passado, da noite que se foi, encontrando no presente seu contraste e consolo na atitude de aceitação compreensiva, na intimidade calma desse quarto solitário aonde vêm se abrigar apenas ecos da tempestade passada. Contudo, a noite não acabou completamente; ainda dura, como as coisas duram na natureza, sucedendo-se periodicamente em contínuo movimento. E assim ela penetra naturalmente com o escuro da manhã já avançada. A paixão vivida sobrevive ainda dentro da solidão do quarto, mudada em pensamento, recolhida na intimidade da recordação contemplativa, da mesma forma que a noite tempestuosa transfigurada na chuva do presente.

Por isso, a compreensão da ausência, do que foi no passado, é também compreensão do que ainda persiste apesar de tudo, do que fica no presente, ausência e presença na imagem e seu avesso feito de falta, só silêncio: figura e fundo ambiguamente misturados num só todo. Imagem da ausência e presença na qual se funde ainda a figura de Ovalle, com sua força simbólica do que vai e fica, da ardência da paixão que se recolhe e se ilumina mais uma vez na intimidade solitária do quarto, na mais funda e íntima interioridade do sujeito lírico, como experiência viva, momentânea e poética — *alumbramento*. Consciência desperta pela iluminação, capaz de resgatar no movimento interno da reflexão contemplativa a tempestade breve da emoção vivida. O fluxo da emoção se assemelha ao fluxo da natureza e assim como a noite penetra no dia, também a paixão se recolhe no íntimo do Eu. Mas o que fica, paralisado num momento como um quadro, resgate do que foi, eco sempre vibrante de um som passado, é uma *imagem simbólica* — poema, "Poema só para Jaime Ovalle".

O alumbramento aqui representa, portanto, uma espécie de atualização repentina de um sublime entranhado no passado, na forma de uma imagem, desenvolvida pictoricamente como num quadro que fosse um retrato da intimidade. A continuação do texto mostra que a revivescência do sublime se dá no espaço prosaico, perto do chão do cotidiano, numa cena concreta e realista da vida de todo dia. Esta se configura sobretudo mediante a sequência dos atos banais do Eu ao levantar-se, admiravelmente construída pelo prosaísmo dos versos livres:

Então me levantei,
Bebi o café que eu mesmo preparei,
Depois me deitei novamente, acendi um cigarro e fiquei pensando...
— Humildemente pensando na vida e nas mulheres que amei.

A primeira parte do poema, até o eixo representado pelo quinto verso, é composta por três períodos pontuados, em distribuição simétrica: a frase inicial cobrindo dois versos. Agora, nesta segunda metade do poema, apenas um longo período, com suas orações coordenadas, em pé de igualdade, se espraia nos quatro versos finais: o último, como uma onda recorrente, retoma o terceiro, aberto pelas reticências ao movimento solto do pensamento, para concluí-lo seco no *amei*, onde se ouve ainda martelar num eco final o *acordei* do início: a emoção e sua falta repercutindo ainda na consciência desperta.

Uma longa frase de cadência muito marcada pelos cortes, pausas virguladas e apoios sonoros nítidos, de modo que por ela se delineia, com traço simples e preciso, o contorno dos pequenos atos da vida cotidiana e, ao mesmo tempo, o perfil solitário e meditativo do sujeito que os pratica. Tendo sua atenção desviada do ambiente para quem nele se movimenta, o leitor se fixa agora nesse ser que parece inteiramente absorto na vida miúda de todo dia. E percebe então que nesses atos tranquilos, escandidos significativamente pelas pausas finais dos versos ou dos segmentos dos versos maiores, está ausente qualquer sinal de agitação emotiva. Aparentemente, o movimento do sujeito *elide* toda emoção que pudesse aflorar com referência à noite tempestuosa do passado.

Iniciando-se pelo advérbio *então*, o período dá continuidade no tempo e insinua a consequência lógica do que vem a seguir com relação ao anteriormente apresentado. De fato, os atos seguintes formam um desenvolvimento coerente, do ponto de vista físico, com a atmosfera propícia ao repouso e à meditação, integrando-se naturalmente nesse prolongamento da noite passada em manhã escura de chuva. Há neles a disposição natural para o recolhimento estimulada pelo próprio ambiente, em perfeita inteiração. Depois de pequenas atividades diárias (levantar, preparar e beber o café), o ato de acender o cigarro como que já dispõe para a atividade mental, para o devaneio e a recordação, para uma atitude receptiva, enfim, na qual o sujeito, de novo em situação de repouso físico, prolonga em pensamento a noite do passado, com a mais completa naturalidade.

Posto na mesma frase, dentro também de uma oração coordenada, na mesma sequência dos atos corriqueiros e prosaicos, o pensamento surge efetivamente como uma continuação natural destes, em pé de igualdade com eles, como se a atividade do espírito se acercasse da vida material e cotidiana. A longa frase descreve mesmo um movimento de descida em patamares cada vez mais baixos e amplos, desde o ato de levantar até o de deitar novamente, espraiando-se nos versos tão compridos do fim, onde o pensamento fica perto do mais chão, caracterizando expressivamente a atitude do sujeito como uma atitude realmente humilde (já que *humilis* remete a *humus*, chão). Atitude destacada pela ênfase do advérbio *humildemente*, colocado à testa do último verso. O pensamento é associado, portanto, à simplicidade do cotidiano, a que se casa perfeitamente a expressão feita *ficar pensando na vida*, prosaísmo da fala coloquial.

Mas é esse pensamento tão prosaico que resgata, com simplicidade humilde, prolongando-a naturalmente, a noite da paixão, conteúdo latente sob a aparência de simples traçado do quadro realista e banal. Seu foco central — *as mulheres que amei* — é mais uma das ações acabadas como as do cotidiano próximo e só aparece ao fim da cadeia de atos triviais, como um derradeiro eco desse passado perfeito, que volta com o som da rima à consciência acordada do presente. Um foco que deve ter sido ardência e tumulto do espírito, e também intensidade de vida, mas já era lume extinto quando de repente retorna à recordação, sob a sugestão da noite permansiva — passada, mas ainda atuante —, e ora revive na calma do pensamento como paixão recolhida, poesia que se resgata à ausência e à morte que nesta habita.

Na verdade, ao desviar a atenção do leitor para a sequência de atos corriqueiros e prosaicos a que não foge o pensamento, o poeta se desvia do tratamento imediato da paixão, da elevação do sentimento para o sublime, que permanece latente na noite prolongada, para só recobrá-lo no fim, por uma sorte de *elipse mental*, mediado pela atitude de serena e humilde aceitação do que findou no passado e só revive como emoção contemplada na recordação. Por esse procedimento, o tema elevado permanece oculto na máxima simplicidade.

Com as pausas que marcam o final de cada segmento rítmico e seu eco perfeito, se destacam os gestos acabados do cotidiano, modulando-se em silêncio o sentimento de ausência e solidão. Como neste verso admiravelmente simples e extraordinariamente significativo:

Bebi o café que eu mesmo preparei,

Nele, a explicitação do sujeito em primeira pessoa, única no texto, acompanhada do reforço do pronome pessoal, só faz crescer, mas ainda em surdina, a solidão e a sensação do acabado. É assim o avesso do tema da paixão e de Jaime Ovalle o que se modula também nesses versos, como se o desenvolvimento temático se fizesse agora pela sua falta, em movimento mais uma vez dialético, trazendo-se o sublime para o chão do cotidiano, onde sua presença se torna significativa por sua própria ausência. E, desta forma, o mais simples toma um sentido elevado.

Dessas ações passadas e acabadas, ressoantes contra o fundo de silêncio, se desprende obliquamente, então, a mesma sugestão simbólica anterior, acrescida pelo vazio do que se foi, como se no quadro banal, que elas tanto ajudam a compor, a sensação de intensidade de vida se misturasse por fim ao seu oposto, implicando o sentimento do que no breve instante da paixão já é morte. Com a tranquilidade pausada com que se desenvolvem no tempo e com a naturalidade com que exprimem o modo de ser prosaico dos atos miúdos da vida diária, esses versos estendem a resignação do sujeito como uma contrapartida da agitação passional, preparando a atitude humilde do fim — forma simples e natural de recolher, compreensivamente, a paixão que passou.

A resignação é o lado de sofrimento passivo, de padecimento, que se alia à própria paixão enquanto turbulência desmedida da alma, numa dialética que exprime o movimento interior do Eu diante da passagem inarredável do tempo e da morte iniludível. Por isso se agasalha no quarto do sujeito solitário com a mesma impressão de naturalidade que dá a noite ao mesclar-se à manhã, num processo exatamente inverso ao da paixão que, pela recordação, enquanto o dia permanece escuro, volta num eco à consciência desperta do presente.

No bojo da imagem simbólica por fim formada, essa dialética interior do sentimento e da paixão, que pertence ao próprio movimento da experiência do sujeito e a que se vincula inextricavelmente, pela evocação, a figura de Jaime Ovalle, parece alimentar-se, portanto, do exemplo da natureza, como se o poema como um todo imitasse no fundo o movimento natural que integra os opostos da noite e do dia. A humildade, como atitude última do sujeito diante da vida e das paixões que se foram, se nutre dessa correspondência metafórica com a natureza, num verdadeiro movimento continuado, que realiza *o poema como natureza prolongada*, ou como forma que cresce naturalmente a partir da própria natureza imitada.

A imagem resultante é, então, uma espécie de superimagem, com a força alusiva dos símbolos, por isso mesmo capaz de parecer apenas um quadro prosaico e, na verdade, remeter a um sentido elevado, a um *sublime oculto, ao que é no mais fundo e se confunde com a natureza*. Daí a forma natural e simples, condizente com uma atitude humilde fundada no reconhecimento da natureza, no modo de ser do que secretamente é no mais fundo. O quadro "real" se transforma, pela força da imaginação poética que o plasmou em imagem, em consciência da realidade, do modo de ser das coisas, o que permite a visão inclusiva das contradições, a compreensão dos limites da paixão, a superação da tristeza na resignação, enquanto aceitação lúcida do que passou como passam as coisas na natureza. Através do dobrar-se do sujeito sobre sua própria experiência, movimento perceptível internamente no poema, pela imagem recortada do próprio fluxo do pensamento e dada a ver como um quadro do espaço interior, a consciência "acordada" incorpora no presente de uma experiência já liberada pela compreensão a emoção do que se acabou no passado: paixão recolhida.

Em síntese, a imagem constitui de fato uma unidade complexa, porque integra múltiplos componentes contraditórios e heterogêneos — do mundo interior do Eu, do contexto cultural brasileiro, do tempo, do espaço, da linguagem e da própria natureza que lhe serve de modelo —, articulados coerentemente como um todo. É esse todo, cujo processo de estruturação se vem tentando revelar, que se apresenta como um recorte do fluxo do tempo e do movimento da consciência, dando-se a ver como um retrato imóvel da intimidade. Nele se coadunam ser e conhecer, existência e consciência, assim como se comunicam, em estreita liga, os espaços da cultura, do sujeito e da natureza.

Destacado do fluxo, ele surge como um momento imobilizado num presente intemporal — parada do próprio movimento da experiência que se torna consciente, exatamente quando se ilumina com o despertar; emoção viva de um passado acabado coagulando-se num instante de alumbramento.

O todo forma uma imagem ambígua e elíptica em que se combinam ausência e presença, rede armada contra o tempo. Imagem de um quarto feito concha, onde no fundo de silêncio vibra a música em surdina do que já não está — a calada música de Jaime Ovalle e das amadas ausentes. Aí ressoa a paixão vivida na noite do passado como um eco na memória: o que se resgata ao tempo com a humildade da compreensão, reconhecimento de nossos limites em face da natureza, que é perene movimento de superação dos opostos, esbatendo o escuro na manhã adentro, recolhendo no dia o que restou da noite.

O paradoxo do poema que se exprime por uma imagem como essa só podia ser o da complexidade do que se oculta sob a forma simples. Desta nasceu o desconcerto do poeta que um dia duvidou da presença da poesia nesse texto. Como não duvidar, à primeira vista, se o que se dá a ver aqui ao mesmo tempo se esconde? Como pode a poesia brotar da ausência, do que falta, do que já se foi? Que linguagem é essa que tateia sobre as marcas do silêncio?

O que flui secretamente de quase nada (do que restou do trabalho de condensação e depuração), o que resultou no mínimo que se vislumbra na elipse, no oco da ausência ou tão só no silêncio — disto está feito o "Poema só para Jaime Ovalle". Daí seu caráter enigmático de imagem cifrada, para a qual um portador exclusivo e ausente teria a chave precisa. Mas, mesmo ausente, é Ovalle que traz para dentro do quarto — forma ideal onde a poesia está suspensa por poucas palavras essenciais — a vida que nele ressoa com emoção (ainda uma vez, paixão recolhida). Aí se produziu a metamorfose que mudou em versos a experiência. Como desvelar o mistério?

3. Poema desentranhado

"O Brasil é um país achado."

Prudente de Moraes, Neto,

Historinha do Brasil

Do diário de um Tupiniquim

1.

Um achado

O pequeno "Poema tirado de uma notícia de jornal" indica ostensiva-mente, pelo título comprido e explicativo, em contraste com seu reduzido tamanho, a fonte e o método de que procede. Pressupõe que a poesia possa ser *tirada* de algo; no caso, inesperadamente, de uma coisa tão cotidiana, prosaica, heterogênea e fugaz como a matéria jornalística. Na sua forma descarnada e breve, feita de versos livres, tão irregulares e discrepantes no perfil, espetados no corpo seco e abrupto — poema só ossos —, de algum modo parece imitar o jornal de onde saiu:

João Gostoso era carregador de feira-livre e morava no morro da Babilônia num
barracão sem número
Uma noite ele chegou no bar Vinte de Novembro
Bebeu
Cantou
Dançou
Depois se atirou na Lagoa Rodrigo de Freitas e morreu afogado.[1]

À primeira vista, novidade, brevidade, simplicidade coloquial, clareza e objetividade na apresentação direta e impessoal dos fatos são traços da linguagem jornalística que aí comparecem de forma nítida. A "matéria" toda parece ter passado pela necessária *simplificação* para virar notícia. A morte inesperada de um pobre-diabo, logo depois de esbaldar-se, tem, pela natureza do assunto e dos dados escolhidos, o ar da ocorrência policial que tanto se presta ao sensacionalismo barato, comum em certo tipo de imprensa. O recorte aparentemente arbitrário do caso, contado a seco, sem comentário ou explicação, pode lembrar a falta de correlação entre as notícias tomadas isoladamente, cujo destino é serem lidas e esquecidas, passado o choque da novidade ou tão logo surjam outras novas. E o conjunto pode ainda sugerir, pelo aspecto visual, o esqueleto da diagramação de uma notícia na página do jornal. Mas nada disso funciona assim aí.

Raras vezes, Bandeira conseguiu tirar tanto de tão pouco. O seu achado se tornou tão seu, que é difícil não reconhecer-lhe os traços inconfundíveis do estilo pessoal, as características marcantes de um modo de conceber e dar forma à poesia que definem sua fase madura. Além disso, a total concentração do poema, fruto de uma poda completa, gera uma extraordinária intensidade do sentido, que só se expande, com essa máxima contenção. Um duplo paradoxo: por um lado, do achado supostamente casual de uma matéria jornalística, impessoal e não poética, se faz um poema com a marca personalíssima de um estilo e de uma poética; por outro, a simplificação da matéria achada, feita com suprema economia de meios, produz uma amplificação do sentido.

O resultado é um grande impacto sobre quem lê: o fim abrupto, sobreposto a um instante de festa, instaura uma situação contraditória que instiga a atenção, impondo-se à reflexão do leitor. O conflito e o desconcerto se irradiam à história toda dessa vida em resumo. Fica-se pensando no mistério dessa vida humilde, afogada pela morte inexplicável após um momento de máxima exaltação. Na forma breve, se condensa um verdadeiro enigma verbal, suscitando, retesado, as mais variadas representações. A contradição se estende à relação com o jornal: ao extrair dele um texto, o poeta muda o seu sentido. Ao invés de aparar o choque, lança-o além.

Tirado de uma notícia, o poema já não é notícia; não se esgota na informação sobre a morte singular de um joão-ninguém, expondo-a à curiosidade pública momentânea. Ao contrário: arrancada ao tempo e às circunstâncias fugazes que a transformaram em notícia, esta vira um caso ambíguo num presente intemporal, recontando indefinidamente o instante final do destino dramático e inexplicável de um pobre-diabo, renovando sempre o convite à nossa compreensão. Um poema desentranhado, para nossa surpresa, como uma semente, sempre capaz, em seu contido segredo, da prodigiosa germinação.

De algum modo, o poema busca assim a adesão do leitor, ferindo sua sensibilidade e imaginação, tendendo a gravar-se em sua memória. Na verdade, busca incorporar-se à própria *experiência* do leitor, pedindo-lhe uma resposta compreensiva, como algo que agora lhe pertence ou diz respeito à sua intimidade pessoal.

A exigência dessa resposta é como um desafio à interpretação crítica. Antes, entretanto, de ensaiá-la é preciso reconstruir um longo percurso histórico e teórico. Até os achados têm sua história. Comentá-la talvez possa abrir caminho para uma compreensão mais adequada e penetrante do modo de ser do poema, em que se revela uma concepção da poesia e da prática poética, decisiva para a obra do poeta como um todo.

Uma história que virou notícia

Tal como foi transcrito, o "Poema tirado de uma notícia de jornal" apareceu em *Libertinagem*, na primeira edição de 1930, no momento de adesão mais clara de Manuel Bandeira ao ideário estético do Modernismo. Sua história, porém, começa antes, ainda na década de 1920, quando a ordem do dia da vanguarda modernista era a irreverência como tática de combate, fazendo da experiência de choque sobre o público um meio de abrir caminho para os novos valores.

Naqueles dias, a prática de ruptura da velha norma estético-literária consistia, entre tantas outras coisas, em traduzir "para moderno" ou "pra caçange" (conforme o poeta chamou o "idioma nacional dos brasileiros") a linguagem poética tradicional. Na luta, se buscava ferir de morte a língua culta dos puristas, em nome da realidade brasileira e da fala coloquial de nosso povo, "porque ele é que fala gostoso o português do Brasil". Foi o que aconteceu, por exemplo, durante "O mês modernista", espaço aberto para o movimento no jornal carioca *A Noite*, em dezembro de 1925.[2] Ali, podiam os novos tomar suas liberdades, e ali se estampou, pela primeira vez, o poemeto, com seu ar de desabusada ironia, incluindo no jornal algo que se tirava dele.

Revezando com outros modernistas, Bandeira publicou diversos textos durante aquele mês propício, sempre com agudo senso da carga de poesia que pode haver nas piadas, contrariando a alta seriedade da herança parnasiano--simbolista que dominara sua concepção inicial do poético: "A uma das minhas quatro ou cinco crônicas chamei 'Bife à moda da casa' [...]".[3]

O poeta era então assíduo frequentador do restaurante Reis, no velho centro do Rio, onde, à roda do prato de resistência, costumava reunir-se com os amigos: Jaime Ovalle, Dante Milano, Osvaldo Costa, Germaninha Bittencourt... Na "mixórdia" que era aquele prato, cabia decerto até um "Poema tirado de uma notícia de jornal", fragmento de uma "crônica" e achado como um *objet trouvé* dos dadaístas, em meio à matéria mais heterogênea e prosaica do cotidiano, de repente transformada em *matéria literária*. Eram dias de vida boêmia, e apesar de todo o resguardo que tocava a um "tísico profissional", Bandeira descia do morro do Curvelo ao sorvedouro da Lapa e vizinhanças, à realidade misturada das "sarças de fogo" e das "paixões sem amanhãs", à vida pobre e corriqueira aos pés da Glória — o mundo de Ovalle, onde a poesia se mesclava a um pouco de tudo. No *Itinerário de Pasárgada*, o poeta se refere à importância que teve "o espírito do grupo alegre de meus companheiros diários naquele tempo" para a produção de muitos versos dessa época, que não teria escrito, não fosse isso, "apesar de todo o modernismo".[4]

A operação transformadora, de que resultou o poema, supunha uma mudança profunda da atitude estética, pois tornava o poeta o ser capaz de extrair poesia de onde menos se espera. Ou como diria Bandeira numa crônica de anos depois, fazia do poeta "um sujeito que sabe desentranhar a poesia que há escondida nas coisas, nas palavras, nos gritos, nos sonhos".[5] Ou ainda, mais genericamente: "A poesia que há em tudo, porque a poesia é o éter em que tudo mergulha, e que tudo penetra". Como "abstrator de quinta-essências líricas", o poeta devia estar sempre "atento a essa poesia disfarçada e errante" que pode haver em tudo e que, por isso, exigia dele uma atitude constante de "apaixona-da escuta" para dar com os "raros momentos" em que pudesse desentranhá-la do mundo.[6] Desse modo, já não é o ser exclusivamente voltado para si mesmo, na busca da expressão da pura subjetividade, mas antes um sujeito que se entrega ao outro, num movimento de abertura para o mundo, de que deriva uma espécie de *objetivação do lirismo*: "O poeta muitas vezes se delicia em criar poesia, não tirando-a de si, dos seus sentimentos, dos seus sonhos, das suas experiências, mas 'desgangarizando-a', como disse Couto de Barros, dos miné-rios em que ela jaz sepultada: uma notícia de jornal, uma frase ouvida num bonde ou lida numa receita de doce ou numa fórmula de *toilette*".[7]

Ao meter as mãos na matéria impura do mundo — ganga bruta de onde desentranhar o metal nobre e raro da poesia — o poeta se afastava de fato da esfera elevada onde tradicionalmente se situava o poético; o nobre e raro pro-duto do espírito de alguma forma, para ele agora, jaz entranhado no chão do cotidiano.

Uma tal atitude, cheia de consequências para os rumos da poesia brasilei-ra até hoje, seguramente tinha enormes implicações para diversos lados, desde o início. Implicava, desde logo, a linguagem poética, na medida em que torna-va possível perceber qualidade de poesia em formas linguísticas situadas num espaço muito além dos limites a que até então se restringia o discurso poético. A linguagem poética passava, por exemplo, a incorporar de repente, em arran-jos incomuns, lugares-comuns da língua falada. Mas implicava também uma quebra de convenções mais amplas da literatura, como a dos gêneros, uma vez que trazia para o universo da lírica, reino da subjetividade, o mandamento de objetividade épica, determinando, pela nova relação entre sujeito e objeto, mu-danças da zona de percepção de valores, da forma de apresentação no que diz respeito ao público, do tipo de imaginação e da própria posição em face da realidade. Na verdade, implicava algo geral e, ao mesmo tempo, muito particu-lar: uma abertura maior da vida do espírito para a realidade presente de um país largamente desconhecido de si mesmo e para a novidade de fatos palpá-veis da existência material de todo dia, tal como afloravam chocantes no espa-ço modernizado das cidades, ecoando nas páginas do jornal.

A fratura da antiga convenção poética coincidia com a brecha do novo, por onde os fatos do dia penetravam no universo da arte, exigindo um trata-mento artístico igualmente renovado, que já encontrava pela frente uma forma de organização dessa matéria na imprensa cotidiana. O jornal aparecia assim como um campo de exploração da nova percepção da poesia e ainda como espaço de mediação para a nova poética, entendida como uma nova atitude diante da obra a fazer.

Eis a poesia esta manhã

No âmbito internacional, já vinham de muitos anos, como se sabe, as relações próximas entre a poesia e certos canais da modernização, como o jornal e a publicidade, com suas atrações de *réclames* e *affiches*, com o magnetismo de anúncios e notícias onde a novidade dos fatos se confundia à das mercadorias, estampando-se como vitrines nesse espaço comum das metrópoles do capitalismo ocidental, irradiando-se até um país periférico como o Brasil. A verdade é que então a lírica se abria à novidade da experiência do homem na cidade moderna.

Em Paris, "capital do século xix", Baudelaire, no momento decisivo de formação da lírica moderna, leva muito adiante a proposta romântica de libertação da linguagem poética. Há muito tempo já, Victor Hugo afirmara que não havia diferenças entre as palavras elevadas e a linguagem cotidiana, mas nunca se havia ido tão longe nessa direção quanto o autor de *Les fleurs du mal*. Conforme apontou Auerbach, ele infringe toda ideia tradicional da dignidade do sublime poético, aproximando inesperadamente a poesia do terreno do prosaico, não apenas no poema em prosa, forma que ele ajuda a cristalizar após os experimentos importantes de Aloysius Bertrand e Maurice de Guérin, mas até em esferas de máxima seriedade e elevação artísticas, como na do horror sem esperança que se mostra, por exemplo, no poema "*Spleen*".[8]

Quand le ciel bas et lourd pèse comme un couvercle [...].[9]

O prosaico baudelairiano (capaz de trazer o céu para o nível de uma tampa de panela) tem suas raízes precisamente no chão da cidade moderna, na trivialidade do progresso, onde o poeta encontra por vezes o aroma surpreendente da beleza resguardada no "bizarro" ou o encanto novo da feiura, a mistura de demoníaco e idealidade no grotesco ou no absurdo, portas evasivas e chocantes contra a banalidade opressiva do real.[10]

Na dedicatória que escreve a Arsène Houssaye para os poemas em prosa de *Le spleen de Paris* (1869), ao revelar a intenção de realizar alguma coisa análoga ao *Gaspar de la nuit*, de Bertrand, aplicando-a, porém, à descrição da vida moderna, escreve Baudelaire:

"Quel est celui de nous qui n'a pas, dans ses jours d'ambition, rêvé le miracle d'une prose poétique, musicale sans rythme et sans rime, assez souple et assez heurtée pour s'adapter aux mouvements lyriques de l'âme, aux ondulations de la rêverie, aux soubresauts de la conscience?

"C'est surtout de la fréquentation des villes énormes, c'est du croisement de leurs innombrables rapports que naît cet idéal obsédant [...].*"*[11]

No espaço da cidade, a poesia que se acerca do prosaico das ruas, desse mundo de inumeráveis relações, dominado pelo movimento da multidão informe, sempre infiltrada na visão baudelairiana, tem que conformar-se às tensões contrastantes, às ondulações, aos sobressaltos, aos choques a que se submete o sujeito lírico. Deve-se perguntar como a poesia lírica poderia se fundar sobre uma experiência em que o choque se tornou norma, afirma Walter Benjamin, ao analisar a obra de Baudelaire.[12] O apelo ao leitor, no poema inicial de *Les fleurs du mal*, indiciava a dificuldade que, nos meados do século, a poesia lírica enfrentava diante do público: Baudelaire desejava ser compreendido e seu livro conhecerá o último sucesso de massa; no entanto, já a essa altura a lírica só excepcionalmente mantém um contato efetivo com a experiência do leitor. Esta havia se transformado em sua própria estrutura, e Benjamin busca justamente compreender a transformação por que passara a experiência do "hypocrite lecteur", com que o poeta sem disfarce se identificava, na abertura de sua obra. Encontra então no jornal um dos indícios daquela alteração profunda, que no momento do despertar da modernidade já definiria os rumos futuros da lírica na direção que aqui importa.

A questão colocada por Benjamin se baseava com certeza nas mudanças fundamentais ocorridas na vida mental dos indivíduos nas metrópoles do mundo moderno, com o avanço do capitalismo e as transformações da existência material, mudanças apontadas também, com extrema precisão crítica, por Georg Simmel, num estudo famoso do princípio do século XX.[13] Benjamin aproxima a noção de experiência da duração bergsoniana, tal como aparece em *Matière et mémoire*, e, levando em conta a crítica implícita de Proust a Bergson, também da noção de memória involuntária no romancista, em contraste com a memória voluntária, dependente da inteligência. Comentando o puro acaso que regeria, segundo Proust, as imagens que um indivíduo recebe de si mesmo, ao se assenhorear de sua própria experiência, observa como os eventos de nossa vida interior não têm, por natureza, um caráter inelutavelmente privado, somente o adquirindo na medida em que diminuem as chances de se incorporar os acontecimentos exteriores à experiência pessoal. O jornal representaria, exatamente, um dos índices dessa diminuição no espaço da vida moderna. Seu fito seria o oposto, ou seja, o de impedir a incorporação à nossa própria experiência das informações que ele fornece. Aponta como os princípios da informação jornalística — novidade, brevidade, clareza e, sobretudo, a ausência de correlação entre as notícias, consideradas isoladamente — contribuem para esse efeito, lembrando ainda as observações de Karl Kraus, no mesmo sentido.[14] A barreira entre a informação e a experiência seria a mesma que impede ainda a entrada dos acontecimentos noticiados no domínio da tradição, os quais, por isso mesmo, não serviriam como matéria-prima do narrador tradicional, carreador da substância viva acumulada na memória das gerações. Aparando os choques da novidade cotidiana, o jornal sustaria assim o processo pelo qual um leitor poderia narrar um fato, se o tivesse assimilado à sua própria vida. Substituindo a forma tradicional da comunicação que permite ao narrador oral contar histórias, a predominância da informação seria um índice decisivo da degradação crescente da experiência no mundo moderno. Degradação responsável, igualmente, pela crise da comunicação na lírica, conforme se verifica em Baudelaire e vai se acentuando nos modernos, que, sintomaticamente, incorporam em seus versos os traços dessa relação problemática com o jornal, na qual se espelham as dificuldades da poesia na modernidade.

Jules Laforgue, um dos pioneiros na utilização do verso livre e do poema em prosa, é também dos primeiros a incorporar citações de cartazes de publicidade em seus poemas, como se pode ver pela "Grande complainte de la ville de Paris", que traz o subtítulo significativo de "Prose blanche", em sua irônica aproximação desse mundo prosaico e heterogêneo, onde o bombardeio dos fatos não atinge a interioridade privada de quem os lê:

Bonnes gens qui m'écoutez, c'est Paris, Charenton compris. Maison fondée en… à louer. Médailles à toutes les expositions et des mentions. Bail immortel. Chantiers en gros et en détail de bonheurs sur mesure. Fournisseurs brevetés d'un tas de majestés. Maison recommandée. Prévient la chute des cheveux. En lotéries! Envoie en province. Pas de morte-saison. Abonnements. Dépôt, sans garantie de l'humanité, des ennuis les plus comme il faut et d'occasion. Facilités de paiement, mais de l'argent. De l'argent, bonnes gens![15]

No avanço desse processo, foi decisiva a reconhecida contribuição dos poetas do *Esprit Nouveau*, no raiar do século. Assim é o caso de Guillaume Apollinaire que, cansado "de ce monde ancien" e atento à nova experiência que se colhe no movimento das ruas da grande cidade, registra nos versos livres de "Zone", de seu livro *Alcools* (1913), a poesia dispersa que se estampa nas imagens da manhã:

Tu lis les prospectus le catalogues les affiches qui chantent tout haut
Voilà la poésie ce matin et pour la prose il y a les journaux[16]

Mas é o caso de Blaise Cendrars que aqui sobretudo interessa, dados os contatos diretos que com ele teve a vanguarda modernista brasileira, exatamente na época em que foi composto o "Poema tirado de uma notícia de jornal".

Numa carta de 1925, Prudente de Moraes, Neto, conta a Mário de Andrade como, plagiando Oswald de Andrade e *O Globo*, isolou "umas frases de um *fediver*" e tirou pronto do jornal um poema, intitulando-o "Suicídio":

Aquela janela fatídica
que se abre ao lado da mesa do identificador
olha entre as árvores para a praça Tiradentes
e já deu passagem a três desesperados
tragicamente

O acusado aguardava sereno
ao lado dos companheiros
o momento das declarações

O investigador chamou José Ferreira de Melo! mostrando uma cadeira

José Ferreira de Melo sentou-se
respondeu a todas as perguntas
depois assignou com mão trêmula uma ficha
deu um salto
e precipitou-se pela janela do cartório.[17]

As semelhanças com o poema de Bandeira são evidentes, tanto do ponto de vista temático, quanto por traços de linguagem e aspectos técnicos da construção, sem falar no vínculo análogo com o jornal. As diferenças, essenciais, que implicam também discrepâncias de qualidade, exigiriam análise detida, que não convém fazer agora. Entretanto, o comentário explicativo de Prudente ajuda a esclarecer a tendência da época que estava na base de ambos os poemas e se difundia entre os modernistas: "Senti que era quando li a notícia e não tive descanso enquanto não 'fiz' isso. Processo que o Osvaldo emprega às vezes mais (sic) saiu diferente do Osvaldo. Ele faz mais caricatura".[18] Em resposta a essa carta, no mesmo mês de novembro de 1925, Mário comenta, com aprovação, o achado de Prudente. E acrescenta: "Muitas vezes tenho vontade de fazer isso com certos 'fedivers' como você escreveu tão engraçado. Aliás nos *19 poèmes élastiques* tem um exemplo disso não se lembra? Não sei que outro, parece que dadaísta, Aragon ou Soupault, tem também um poema desses. Eu, duma feita fiz um lindinho poema dadaísta 'Parlons peinture' copiando na íntegra o sumário dum número do Bulletin de la vie artistique que não sei quem mandou de Paris".[19]

De fato, entre os *19 poèmes élastiques* de Cendrars, se encontra o poema "Dernière heure", datado de janeiro de 1914, ao que parece extraído diretamente do *Paris-Midi*. A novidade da poesia de Cendrars naqueles anos decerto não poderia passar despercebida dos brasileiros, alguns dos quais trabalhavam em direções próximas às dele, como era o caso de Oswald. Além disso, a presença física do inquieto poeta franco-suíço entre nós só faria intensificar o contato com aquela obra marcada pela experimentação de novos caminhos, obra que parecia encarnar na pesquisa estética o mesmo movimento da paixão pela viagem que siderava o autor de *Du monde entier*.

A grande repercussão de sua presença no Brasil foi admiravelmente reconstruída por Alexandre Eulalio, no livro *A aventura brasileira de Blaise Cendrars*. Em diversos textos ali recolhidos, se pode entender em profundidade o que significou para a poesia modernista esse contato importante com as novas tendências poéticas europeias. Ali se registram os pontos fundamentais da leitura crítica que os brasileiros fizeram de Cendrars, e por eles se pode compreender o que realmente deve ter interessado na novidade vinda de fora, o que repercutiu internamente e talvez se tenha incorporado de forma substancial à nossa própria tradição moderna, de que é um dos marcos o poema de Bandeira.

O poeta é notícia: Cendrars no Brasil

Oswald de Andrade é dos primeiros entre nós a saudar a novidade que representava a literatura de Cendrars, num artigo do *Correio Paulistano*, de fevereiro de 1924. Aponta nele a "sensibilidade contemporânea", o olhar do viajante que atravessa os trópicos e as cidades, que recorta "quadros modernos", numa "prosa aguda, telegráfica", em que a descrição, "cinematográfica, precisa", "abandona todo o verbalismo".[20]

"Blaise Cendrars explodiu de madrugada em nós", afirma Mário de Andrade ao tentar mostrar como a técnica de associação de imagens sem trava intelectual teria sido uma lição cendrarsiana para ele e, sobretudo, para Luís Aranha, que a teria convertido em princípio básico de sua própria poética, a partir da descoberta dos *19 poèmes élastiques*.[21]

No longo artigo que dedicou ao poeta visitante, na *Revista do Brasil*, em março de 1924, Mário faz finas observações sobre a poética de Cendrars, frisando aspectos tanto de sua prosa quanto de sua poesia, que vê ainda sob o signo de uma continuidade do Impressionismo.

Ao distinguir o pontilhismo de sua prosa do de Signac ou de Previati, nota sua técnica de composição por justaposição e síntese, em rapidez cinemática, capaz de criar a impressão de vida intensa, por uma espécie de "ultrarrealismo de objetivação dramática", combinando a secura de expressão a uma "ingenuidade primitiva, voluntariamente pobre".[22]

Quanto aos poemas, cuja expressão definitiva teria se firmado no decênio de 1910-1920, procura mostrar como se aproximam da fonte psicológica de um lirismo puro, pela exposição do subconsciente, numa espécie de simplicidade sincera e sóbria, que atinge um efeito de realismo ou mesmo ultrarrealismo, mediante o encadeamento de realidades, comoções, lembranças num todo harmonioso e coerente, obtido por essa ordem misteriosa das associações inconscientes. Cendrars teria, assim, chegado a um "ascetismo de expressão", tendendo a um poema de poucas linhas, esquemático, livre de toda retórica que não fosse a própria sistematização dos meios expressivos individuais, senhor de um verso livre rápido, elástico e certeiro, ponto culminante desta técnica poética. O resultado, na visão de Mário, é a "maneira direta de expressar a naturalidade irresistível, como inconsciente", dando a impressão de um "mundo apanhado do vivo, concreto", como se fosse naquele momento a "poesia mais representativa da Babel universal".

Vê, por fim, no poeta visitante não um modelo a imitar servilmente, mas um companheiro de viagem capaz de facilitar o caminho para uma poesia "livre, forte, vibrante, audaz e colorida" entre nós.[23]

Em setembro de 1924, Sérgio Buarque de Holanda publica, na revista *Estética*, uma breve resenha de *Kodak*, tentando caracterizar a modificação nos processos de Cendrars. Comenta, com alguma perplexidade, um certo "objetivismo lírico" do poeta, tornado então mais modesto e próximo à realidade: "*J'ai le sens de la réalité, moi, poète*".[24]

Em abril de 1925, novamente na *Revista do Brasil*, Sérgio Milliet, referindo-se às "notações rápidas e cinematográficas" de *Feuilles de route*, aponta a semelhança de técnica com *Kodak*, "pela mesma maneira direta e quase seca de apresentar a emoção", resultando na "síntese absoluta" de uma "simplicidade corajosa". Opõe, por isso, essa concepção de poesia de Cendrars ao "classicismo" de Valéry, cujo espírito de geômetra parecia buscar a obra-prima com a ajuda de arqueologia e abstrações, "como se a vida quotidiana e chã não fosse poética e sublime em si".[25]

Fica evidente até aqui como esse conjunto de observações críticas da poesia de Cendrars, cheias de pontos em comum, mesmo quando se nota diversidade na concepção geral de cada crítico (como no caso da ênfase psicologizante no conceito de lirismo puro de Mário), tem a ver provavelmente com o modo de conceber, com os meios técnicos e a própria forma definitiva do "Poema tirado de uma notícia de jornal", tal como surgiu em meados da década de 1920.

Em janeiro-março de 1925, Mário retoma o comentário crítico da obra de Cendrars, num artigo da revista *Estética*, debruçando-se sobre as *Feuilles de route* (*I. Le formose*) e *L'Or,* com um olhar mais acerado e de ponta mais restritiva que da primeira vez. Louva, como princípio estético pessoal, o esforço para se tornar simples, mas chama a atenção para os riscos de confusão entre o simples e o banal em que às vezes Cendrars incorreria. Reconhece "uma humildade poética emocionante" em *Le formose*, conseguida com "pobreza de efeitos, nudez absoluta, ingenuidade coitada que *Kodak* já prenunciava"; desconfia, porém, da validade, para a época, desse "primitivismo absoluto". A restrição ao primitivismo se transforma, por fim, numa crítica do lirismo puro, louvado anteriormente, mas agora confrontado com a necessidade de arte: "Por isso estou inclinado a ver em *Le formose* mais um livro de lirismo que um livro de poesia propriamente. Poesia é uma arte. Toda arte supõe uma organização, uma técnica, uma disciplina que faz das obras uma manifestação encerrada em si mesma". O abandono de Cendrars à realidade das sensações, o impressionismo do poeta viajante, já não lhe parece mais, portanto, bom companheiro de rota.[26]

Bandeira lê Cendrars

Manuel Bandeira relembrou, em 1957, num artigo do *Journal Français du Brésil*, as leituras da poesia e a figura insólita do poeta, com a manga esvoaçante sem braço dentro e com seu gosto das "deliciosas mentiras", frisando a influência que teria exercido sobre o Oswald de *Pau-Brasil* e todo o efeito que causou nos modernistas de São Paulo, antes mesmo de aqui aportar com a bagagem de Paulo Prado, em 1924. Pessoalmente, confessa então ter sido Cendrars que levantou nele "o gosto da poesia do cotidiano", estendendo a lição aos companheiros de movimento: "E foi sem dúvida de Cendrars também que veio em grande parte o gosto dos poetas modernistas pela poesia do prosaico cotidiano. E quem sabe se ainda o gosto pelo poema-piada?".[27]

No *Itinerário de Pasárgada*, anos antes, Bandeira já afirmara que esse gosto pelo "humilde cotidiano" lhe teria vindo não propriamente de uma intenção modernista, mas dos tempos de sua moradia no morro do Curvelo, do convívio com a gente pobre que ali vivia, de uma experiência da rua, de uma poesia dispersa num mundo ao rés do chão, em anos decisivos para a formação de sua obra madura.[28] Compreende-se a contradição porque a questão é complexa e envolve diversos lados, não dependendo exclusivamente de nenhum, mas da interação da personalidade do poeta com o contexto total, que não implica apenas a tradição literária, mas também o amálgama da experiência existencial, carreando elementos psicológicos, sociais e culturais no sentido mais amplo.

O Bandeira que então leu a poesia de Cendrars, pela mão do amigo Ribeiro Couto, é o morador pobre e solitário do morro do Curvelo, poeta já bastante experiente nos ossos do ofício, portador da herança simbolista e das inquietações modernas do tempo. Em janeiro de 1961, num artigo por ocasião da morte de Cendrars, já então um pouco esquecido, Bandeira relembra de forma breve, porém incisiva, a significação histórica daqueles versos inovadores que fizeram época, apontando, com extrema agudeza crítica, o fundamento de sua novidade: "A sua poesia impressionava então violentamente pela mistura do épico e do lírico: ao mesmo tempo que representava a vida moderna no que ela tinha de mais novo e mais chocante, sabia confidenciar os sentimentos mais íntimos do seu autor. Cendrars era um possuído da vida moderna". E mais adiante: "Lembro-me nitidamente do fervor com que líamos e relíamos os versos, tão surpreendentes para nós, de *Les Pâques à New York*, *Prose du Transsibérien* e *Le Panama*... Versos que hoje não me satisfazem mais, mas que naquele tempo punham em meu coração um frêmito novo...".[29]

Esses dois trechos de documento e crítica, notáveis também por seu caráter lapidar de prosa límpida e lúcida, são suficientes para demonstrar a profundidade da leitura que Bandeira fez da poesia cendrarsiana. Apanham realmente aspectos fundamentais, pois caracterizam o núcleo da poética que tanta importância teve para a definição dos rumos da poesia moderna na década de 1920: a matéria nova e chocante, cujo caráter jornalístico e prosaico marcava o deslocamento da noção de poético; o tratamento novo e também chocante dessa matéria, que implicava a mescla de gêneros, a liga entre o épico e o lírico, com a nova posição do sujeito, capaz de confidenciar emoções íntimas, aparentemente desaparecendo do primeiro plano. Notícias de jornal, fragmentos de conversa ou de escrita telegráfica constituíam os materiais preferenciais dessa abrupta simplificação da matéria poética. O objetivismo lírico fundava um modo paradoxal de dar forma, como se nota pela aparente contradição dos termos que definia essa voluntária pobreza do tratamento artístico. Matéria e forma novas, naqueles anos, que poderiam muito bem caracterizar o achado do próprio Bandeira no "Poema tirado de uma notícia de jornal".

Fazia muito tempo que vários fatores da formação pessoal de Bandeira pareciam encaminhá-lo na direção de um crescente despojamento formal, de uma simplicidade natural como meta de estilo. Desde *A cinza das horas*, em 1917, o olho crítico de João Ribeiro pudera detectar a marca da novidade bandeiriana nesta "volta à simplicidade e ao natural".[30] Mas é na década de 1920, quando se delineiam os traços principais de sua obra madura, que a busca de soluções formais no sentido da simplificação se acentua fortemente. É claro que o contato direto com uma poesia como a de Cendrars, assim como a repercussão dela e de outras manifestações da vanguarda europeia no meio literário brasileiro — estímulos poderosos para a criação poética nos rumos do futuro —, só podem ter fortalecido e direcionado a tendência da poesia de Bandeira num sentido semelhante, embora, no essencial, claramente distinto tanto em relação ao contexto brasileiro mais próximo, quanto no que diz respeito à tendência internacional que a obra de Cendrars tão bem encarnava.

A questão essencial está justamente na forma orgânica com que Bandeira conseguiu integrar ao desenvolvimento coerente de sua obra e às suas necessidades expressivas mais fundas as novas tendências da poesia moderna, dando-lhes um tratamento pessoal e até certo ponto único.

Mário foi provavelmente o primeiro a apontar esse feito, anos mais tarde, ao reconhecer no "Poema tirado de uma notícia de jornal" um dos poemas mais intensos e particularmente bandeirianos, apesar de limitado, na aparência, ao registro de um fato, pois nele apenas se "conta sem comentário um caso".[31] Entendeu que o poeta, ao se "inspirar" numa notícia ou num drama da vida real, na verdade conservava a "fluidez" originária das palavras. Por meio dela, podia realizar de forma concreta o "estado estético" em que se colocou, após ter percebido com "intensidade dinâmica criadora" o fato. Além disso, podia propiciar esse "estado de poesia" ao leitor, como uma efusão lírica capaz de suscitar "transferências intuitivas" para dentro da própria experiência de quem lê o poema.

Instigado por essa noção de uma fluidez "musical" da linguagem necessária à poesia, próxima da noção atual de ambiguidade poética, Mário toca, indiretamente, em aspectos paradoxais e profundos da forma poética de Bandeira, tal como se configura no poemeto. É que, ao observar o poder que o poema tem de suscitar forte ressonância na experiência do leitor, levanta também a questão funda da dificuldade de recepção da lírica moderna, como veio se mostrando desde Baudelaire. Com isto, envolve ainda a relação, neste caso básica e problemática, entre o poema e o jornal.

O tratamento poético da notícia opera sobre uma contradição essencial: retira o resumo do destino singular de um pobre-diabo do universo da informação jornalística, para transformá-lo na síntese de uma experiência humana, densa e complexa, mediante a forma poética. E assim fica ecoando no universo de representações do leitor. Um destino singular, virado notícia, é resgatado com força significativa de valor geral, que se impõe à compreensão do leitor. O choque violento da morte inesperada, afogando toda uma vida no mistério, deixa de ser aparado pela notícia sensacionalista; irradia-se no leitor com o poder de revelação. A complexidade de um destino e tudo o que ele envolve se condensa numa forma simples, desentranhada do jornal para ironicamente contradizê-lo.

É preciso penetrar mais fundo no poema para se compreender essa passagem de um caso singular a uma forma significativa de valor geral. Nela residem provavelmente as implicações maiores da poética que aí se exprime, cifrada na simplicidade com que se desentranha o sublime do mais prosaico e humilde cotidiano.

2.

O título e a matéria

Um dos modos de se fazer uma leitura analítica do "Poema tirado de uma notícia de jornal" é começar precisamente pela analogia com o jornal que, desde o título, chama tanto a atenção.

Já se observou como o próprio título está posto em destaque, em parte porque é longo, em contraste com o corpo do poema tão breve, mas em parte também porque explicita, de modo ostensivo, o vínculo de origem num contexto novo, onde esse vínculo é inesperado, dado o seu caráter absolutamente prosaico. É o que não se pode deixar de notar pelo tom trivial da explicação que ele contém, indicando a fonte da poesia e sugerindo, paradoxalmente, ao leitor, num banho de água fria, a expectativa de um poema feito de matéria não poética. O choque da novidade, tão característico do jornal, vem materializado, assim, na própria linguagem com que se anuncia de forma insólita o poema. É o que se vê, sobretudo, pelo emprego de um particípio como "tirado", corriqueiro e tão próximo da materialidade banal do ato que exprime, que soa como um golpe baixo em toda expectativa de elevada inspiração poética.

Essa entrada direta e abrupta no terreno de um discurso não organizado artisticamente como o do jornal devia ser, na época, ainda mais chocante, uma vez que, pelos padrões estéticos então dominantes, o discurso poético era tido como o espaço da máxima diferenciação com relação à prosa comum. As noções de poesia que predominavam entre nós eram, sabidamente, as da tradição parnasiano-simbolista.

A poesia, produto nobre do espírito, dependia de uma ideia elevada de inspiração, de um vocabulário escolhido e raro, de temas antecipadamente poéticos, de um desgarramento idealista de toda referência à realidade imediata, aspirando à pureza da linguagem da música, conforme a herança do Simbolismo. Por outro lado, a ideia mais clara de poesia então corrente era ainda a do soneto parnasiano, com suas regras estritas de versificação, seu fascínio do mundo greco-latino, sua retórica altissonante, seu culto do material nobre e da palavra escultórica.

Bandeira já havia passado por tudo isso, como se pode constatar pela fase inicial de sua obra, em que a técnica parnasiana do verso medido foi habilmente assimilada e superada por excepcional domínio do ofício, logo estendido também aos ritmos mais livres e à musicalidade encantatória do verso simbolista. Até chegar, mais tarde, por uma "prática de aproximação", começada por volta de 1912, ao verso livre.[32] Do mesmo modo, foi abandonando as tintas deliquescentes e crepusculares do penumbrismo, da vaga esteira pós-simbolista, em face das inquietações da sensibilidade moderna, despojando-se aos poucos do "gosto cabotino da tristeza", para terminar na recusa radical de todo "lirismo que não é libertação". *O ritmo dissoluto*, publicado na edição das *Poesias*, em 1924, marca o momento decisivo dessa transição, como o próprio poeta o reconheceu e esse título atesta, preparando a efusão modernista de *Libertinagem*, em 1930.

Mas já em meados da década de 1920, como se nota pelo poema em estudo, o processo está bem adiantado no rumo da nova poética. Sua direção principal parece ter sido a de um acercamento a uma matéria heterogênea e prosaica como era a do jornal, matéria bruta e impura, constituída de fatos até então considerados não poéticos. Com ela, no entanto, o poeta molda o verso livre, forma limítrofe com a prosa, e dela extrai os temas corriqueiros a que tão bem se casam as palavras simples de todo dia — ideal de linguagem que se firma doravante, acompanhando a nova descoberta. Pode-se dizer, portanto, que a descoberta da nova matéria, correspondendo a uma tendência ascética de simplificação, para que tantos fatores internacionais, nacionais e pessoais se combinavam, era também a descoberta ou invenção de temas, procedimentos e linguagem novos. E ainda muito mais: *o achado estético era também o achado de um país*, pois equivalia a um modo de tratar esteticamente uma visão do Brasil.

Nesse momento, que é exatamente o do poema em questão, Bandeira parece muito próximo de Oswald de Andrade e sua concepção do poema "pau-brasil", forma simplificada, de síntese fulgurante, capaz de fixar, através de uma drástica redução alegórica, um retrato da contraditória realidade nacional, apanhada sobretudo na confluência desencontrada de primitivismo e modernismo.

Antes de mais nada, a semelhança da matéria que Bandeira encontrava numa página de jornal ou que Oswald registrava em instantâneos telegráficos do *Pau-Brasil*, em 1925, parecia derivar do movimento comum e mais amplo da consciência poética e crítica dos modernistas em função da realidade histórica particular do país, que então nela aflorava como numa redescoberta e, por isso mesmo, impregnada de um entusiasmo que não arrefecia nem mesmo diante dos aspectos negativos com que vinha marcada, ao se considerar o seu atraso. Embora o tratamento que cada um dá a essa matéria seja, no mais fundo, muito diferente, em ambos a redescoberta entusiástica permite o reconhecimento de uma poesia nos fatos, como se estes estivessem imantados, em si mesmos, por sua novidade, de um potencial de surpresa estética. Isto fica patente, por exemplo, desde a abertura do "Manifesto da poesia pau-brasil" que Oswald lançou em março de 1924, valendo perfeitamente também para o achado de Bandeira: "A poesia existe nos fatos. Os casebres de açafrão e de ocre nos verdes da Favela, sob o azul cabralino, são fatos estéticos".[33]

A exigência de invenção, logo em seguida posta por Oswald, parece se satisfazer literalmente, no puro achado da matéria bruta, quando captada a partir de um "estado de inocência" ou ingenuidade primitiva, com a "alegria dos que não sabem e descobrem". Sabe-se muito bem os limites de toda ingenuidade, ainda mais num primitivo desta nova era. Apesar das críticas que logo recebeu, como as de Drummond, já em dezembro de 25, parecidas, aliás, às que se fizeram a Cendrars, a poesia "pau-brasil" de Oswald está longe de se reduzir pura e simplesmente à matéria bruta, estilizando sempre, através do corte e montagem das imagens descontínuas, os fatos, até obter a sua radical condensação "em comprimidos, minutos de poesia", de que falava Paulo Prado, no prefácio do livro de 25. Ao desentranhar o seu achado, Bandeira modifica-o profundamente, como já se sugeriu e se mostrará pela análise, estilizando-o também no sentido da simplicidade natural que é a sua marca de fábrica. Mesmo quando, em ambos, o procedimento de construção está muito próximo da colagem cubista, o recorte analítico e a reorganização do fragmento em um novo contexto indicam o evidente esforço de estilização.

De qualquer modo, porém, o fascínio que ambos os poetas revelam pela matéria tomada, à primeira vista diretamente, da realidade brasileira, é um resultado do deslumbramento que a redescoberta do país produz na consciência histórica do Modernismo, em meados da década de 1920. Era um país redescoberto no seu dia a dia, atravessado pelas contradições e desconcertos do desenvolvimento econômico-social desequilibrado, onde o avanço do processo de modernização se chocava com vastas zonas de atraso, emperradas desde sempre, de forma que pontas contrastantes de sua história, aliás mal contada, saltavam aos olhos, em misturas e interpenetrações peculiares do mais primitivo ou tradicional com o mais moderno. O país do "modernismo atrasado" a que se referia Oswald de Andrade, num artigo de 1924, sempre atento aos descompassos que a junção do mundo pré-burguês com o burguês determinava.[34] O processo de montar imagens descontínuas, tão importante para várias tendências da vanguarda europeia e norte-americana — desde a *immaginazione senza fili* dos futuristas, dos *papiers collés* dos cubistas, da montagem surrealista ou das fieiras de imagens concretas dos imagistas e dos ultraístas —, encontrava, sob a visada tão cinematográfica de Oswald, uma base real, bem concreta e próxima, nas descontinuidades contrastantes da própria realidade brasileira. Da reorganização dos fragmentos em atrito no âmbito do poema "pau-brasil", surgia a chispa generalizante da alegoria, alastrando-se em imagem total do país. A natureza dessa matéria e do procedimento oswaldiano foi agudamente pinçada por um crítico recente do poeta, Roberto Schwarz: "A sua matéria-prima se obtém mediante duas operações: a justaposição de elementos próprios ao Brasil-Colônia e ao Brasil burguês, e a elevação do produto — desconjuntado por *definição* — à dignidade de alegoria do país. Esta é a célula básica sobre a qual o poeta vai trabalhar. Note-se que a mencionada contiguidade era um dado de observação comum no dia a dia nacional, mais e antes que um resultado artístico, o que conferia certo fundamento realista à alegoria, além de explicar a força irresistível da receita oswaldiana, um verdadeiro 'ovo de Colombo' na acertada expressão de Paulo Prado. A nossa realidade sociológica não parava de colocar lado a lado os traços burguês e pré-burguês, em configurações incontáveis, e até hoje não há como sair de casa sem dar com elas".[35]

O tratamento que Oswald dá às imagens de mazelas e atrasos, gritantes nos contrastes da realidade nacional, assume uma surpreendente feição "otimista, até eufórica", que se transforma em alvo da crítica ideológica do citado crítico. Este a vê como um traço do comprometimento da estética "pau-brasil", em seu esforço para conferir relevância ao país, inserindo a experiência local no plano da cultura dos países centrais, com o "progressismo conservador da burguesia cosmopolita do café". A proposta de um olhar inocente, tão enfatizada por Oswald, acabaria então, fascinada pela pura presença das figuras, suprimindo-lhes muito da força contraditória e da negatividade, perdendo-se um pouco na irrealidade e no infantilismo, que só o tom de piada constante redime, em sua alta qualidade poética.[36]

Bandeira confere um tratamento distinto a uma matéria em tudo muito parecida a essa de Oswald, nesse momento. Para o reconhecimento crítico dessa diferença tão relevante, é preciso penetrar fundo na tessitura do poema em que a semelhança se espelha. Desde logo, esta se acha bem visível na própria situação que marcou a publicação desse texto bandeiriano.

No contexto onde surgiu, em 1925, no jornal *A Noite*, o "Poema tirado de uma notícia de jornal" fazia parte, muito significativamente, de uma "crônica" da vida brasileira, junto com outros textos: "Lenda brasileira"; "Dialeto brasileiro"; "História literária"; "Estilo"; "Trecho de romance" e "Sonho de uma noite de coca". Em todos eles, é clara a preocupação com a literatura, a língua falada e a realidade do país, aludidas na irreverência irônica do título geral, "Bife à moda da casa", expressão trivial da linguagem cotidiana, tirada diretamente, como se viu, da experiência boêmia do poeta, com seu fermento libertário e seu toque de humor dissolvente. Não é à toa que no "Sonho de uma noite de coca", um suplicante implora, com descaramento cômico, pelo "pó nosso de cada dia". Algo dessa dissolução que pode lembrar ainda a vida boêmia também está presente no "Poema tirado de uma notícia de jornal": a bebedeira que precede o afogamento de João Gostoso e que parece um desdobramento coerente do seu nome e dos traços com que se delineia a sua existência de marginal ou malandro carioca.

Mas outras afinidades sutis ligam em profundidade os textos da crônica. No "Trecho de romance", mais tarde incorporado à *Estrela da manhã*, com o título de "Conto cruel", uma criança implora a "Meu Jesus-Cristinho" pelo pai moribundo, e obtém como resposta só as palavras do narrador: "Mas Jesus--Cristinho nem se incomodou". O diminutivo da linguagem afetiva infantil, reproduzido mecanicamente pela voz do narrador, toma assim a feição de uma tirada de humor negro, misturando à seriedade dramática da situação a dissonância de uma comicidade irônica e cruel, desforra lírica ao mesmo tempo contra o destino implacável, como no "Pneumotórax", e contra a ineficácia do apelo religioso.

Noutro texto, "Lenda brasileira", depois também incluído em *Libertinagem*, a historieta de Bentinho Jararaca, que tem o cano de sua espingarda de caça comido "devagarinho" pelo demônio, aparecido sob a forma da expressão popular do Cussarui, corruptela de "coisa-ruim" por diabo, é um caso folclórico de sabor claramente pré-macunaímico. Parece ainda antecipar as narrativas exemplares de Riobaldo, no *Grande sertão: veredas*, tratando das artimanhas do demo. O nome do personagem junta, com graça contraditória, a lembrança de São Bento e o da cobra venenosa: como se sabe, na tradição folclórica, o santo é conhecido por afugentar ou imobilizar as cobras; na designação do herói já está sugerido seu destino irônico de caçador caçado — feitiço virado contra o feiticeiro. Mas, além disso, o nome de Bentinho Jararaca pode evocar o de outro personagem famoso na época, nas histórias de Cornélio Pires: Joaquim Bentinho, citado também por Mário de Andrade, na "Louvação da tarde", escrita provavelmente numa época muito próxima à do poema de Bandeira.[37]

Joaquim Bentinho, o "Queima-Campo", é o caçador mentiroso, cheio de preguiça e malícia, capaz de inventar as mais "estrambóticas aventuras". Ao que parece, moldado sobre diversas figuras de contadores de causos que teria conhecido o escritor e folclorista, inclusive a de seu pai, Nhô Raimundo. Desde a década de 1920, o herói se tornou célebre em várias regiões do Brasil, por onde passou o notável animador da cultura caipira paulista que foi Cornélio Pires, ele mesmo misto de narrador oral e rapsodo, que divulgou seu personagem de mil maneiras pelos quatro cantos do país, em livros, conferências, palestras em rádios e teatros etc., numa existência movimentada e repleta de lances de aventura, semelhantes aos de sua fantasia folclórica. O caso da "Lenda brasileira" lembra mesmo um episódio da vida do autor, que, quando menino, teria perdido no mato uma espingardinha, ao defrontar-se com uma jaguatirica.[38] Mas a caçada do Veado Branco já é coisa para o herói romanesco Joaquim Bentinho, em cujas mentiras Mário percebe a expressão de desejos profundos, uma espécie de utopia compensatória "do que me falta", como está dito no poema citado.

Nesse impressionante jogo de espelhos, de semelhanças, lembranças e evocações, fica muito clara a matéria comum sobre a qual trabalhavam os escritores modernistas, no seu aproveitamento culto do material popularesco, com intenções parecidas de simbolização, buscando, através de uma experiência coletiva, imagens reveladoras da realidade multifacetada do país. Sob um tipo de herói como Joaquim Bentinho parece encontrar-se o mesmo arquétipo do aventureiro astucioso, cujos traços de comicidade popularesca foram detectados por Antonio Candido no "romance malandro" de Manuel Antônio de Almeida e na figura simbólica de Macunaíma, ambos lembrando a figura do "*trickster* imemorial" ou a fisionomia de certos heróis populares como Pedro Malasarte, tão presente na obra de Mário de Andrade.[39] No caso da "Lenda brasileira", os ecos dessa tradição parecem igualmente presentes, sobretudo quando se considera que Bentinho Jararaca parece a contraparte rural, cômica e folclórica, do malandro urbano que é o João Gostoso do "Poema tirado de uma notícia de jornal".

O tratamento cômico-sério é comum a todos os textos dessa "crônica" brasileira, "Bife à moda da casa". Certamente algo da comicidade cruel e irreverente dos demais fragmentos contamina também a historieta de João Gostoso, no contexto primitivo em que foi publicado pela primeira vez. Mas a incongruência repentina que marca o destino do malandro logo gela o riso cômico e dá o que pensar, carreando a atenção para a esfera da seriedade dramática de um conflito sem saída, enigmaticamente acentuado pela quebra da expectativa, que faz a morte sobrevir à festa. Imediatamente, portanto, esse destino humilde se transforma num problema sério, tratado, porém, à primeira vista, com a isenção distanciada de uma voz narrativa, por assim dizer, em off, que se limita a narrar, sem qualquer comentário, aparentando a neutralidade pretensamente imparcial da notícia jornalística. O distanciamento do narrador, máximo na anedota lendária do folclore, que nisto ainda lembra o afastamento do mundo do mito, se repete aqui em outra chave, próxima, urbana e moderna. O *mythos* primitivo, dado tradicional da providência divina, com o qual se deveria compor a narrativa, conforme o conselho de Aristóteles, é agora a novidade prosaica e cotidiana do jornal: numa "era ímpia" como a nossa, dizia Karl Kraus, a providência é a imprensa, com sua suposta onisciência elevada em objeto de convicção, com sua missão de propagar o espírito, mas, ao mesmo tempo, de destruir também toda capacidade de assimilação da matéria nova que divulga.[40] O narrador ausente é sinal da objetividade isenta e ainda da transformação da experiência, matéria-prima do narrador tradicional, em pura informação, compreensível em si mesma e por si mesma, esgotável no ato da leitura — fósforo apagado no instante que segue a chama da novidade. Ao desentranhar, contudo, a matéria da notícia, dando-lhe a forma do poema, o poeta torna perene o foco da surpresa, realimentando-o pela complexidade ambígua da experiência humana que ali se condensa de forma inesgotável, em constante desafio à interpretação do leitor. O destino humilde de um malandro de morro carioca, imagem social da cara de um país que de repente se acha numa página de jornal, é agora um fato trágico que, ressaltado aos olhos do leitor, pede resposta.

A força simbólica do achado de Bandeira, que com ele arrasta o bloco de uma realidade muito mais ampla e complexa, demonstra a autonomia da forma significativa obtida pelo poema, ao desvencilhar-se do jornal e do caráter circunstancial da notícia de onde se originou. É preciso compreender, pela análise, como isto se deu. Uma vez considerada a analogia com o jornal, agora cumpre examinar a diferença essencial: o que mudou na passagem para o poema e com que sentido.

A forma e o sentido

Um dos aspectos fundamentais que ressalta quando se analisa o poemeto é o seu caráter narrativo. Ele é a história supercondensada de uma vida, em seu instante final, contada em terceira pessoa por um narrador aparentemente neutro, impessoal e distanciado — justo o que no texto se aproxima ao suposto ideal jornalístico de objetividade e isenção.

O que falta claramente, quando se olha o poema em si, é a característica fundamental do poema lírico: a presença marcante, em primeiro plano, da voz central do sujeito, que expressa seus próprios pensamentos e sentimentos, fundindo-se ao mundo pelo canto. Aqui, ao contrário, o sujeito lírico está, por assim dizer, oculto; suas emoções, seu estado de alma, ou mesmo suas concepções ou visões não se revelam à primeira vista. Percebe-se primeiro a história que é contada impessoalmente; as razões da seleção, da forma do tratamento da matéria e os possíveis vínculos de tudo isso com o sujeito permanecem subjacentes, embora, desde o início, o leitor possa intuir a corrente funda de emoção que ligou o poeta ao seu tema, mantendo, porém, essa identificação latente sob a forma que lhe deu. Ainda mais: o leitor pode supor que é esse um traço decisivo da forma lírica neste caso, correspondendo a uma necessidade profunda da expressão que só assim pôde se realizar, levada por alguma razão intrínseca, exigida pela própria relação com a matéria específica aí tratada.

O fato é que, em lugar da fusão lírica do sujeito com o objeto, surge a distância característica da épica, projetando o mundo narrado no primeiro plano, onde se desenrolam acontecimentos marcados por uma alta tensão dramática. Uma vida diante do fim, contada em resumo na brevidade de uma forma lírica, aparece animada pelo teor conflitivo dos elementos contraditórios que envolve. Na verdade, portanto, o que se nota, antes de mais nada, é essa mescla de elementos épicos e dramáticos, enquadrada na estrutura lírica, justamente a novidade característica de certos poemas de Cendrars que Bandeira e outros dos seus companheiros modernistas, com tanta agudeza, observaram.

Esse *objetivismo lírico* (para retomar os termos de Sérgio Buarque, aplicados a Cendrars), resultante da mistura indefinida e algo arcaizante dos gêneros, assim como da simplificação drástica de uma matéria já em si pobre — o destino de um pobre-diabo de uma favela brasileira —, confere ao poema de Bandeira uma feição *primitiva*, e, ao mesmo tempo, o aproxima de um meio moderno como o jornal. A singularidade de um caso da vida carioca, tirado da página do jornal, se estampa, no poema, com a elementaridade abstrata do destino universal do indivíduo que se encontra com a morte. *Uma notícia da vida moderna se transforma num* mythos *trágico, narrado como uma historieta numa estrutura lírica, cuja fonte (a posição do sujeito) permanece oculta.*

A junção paradoxal do primitivo e do moderno pode ser vista neste caso também como um produto da atitude primitivista que os modernistas assumiram, em parte por influência da voga europeia da arte primitiva e das manifestações arcaicas e populares, que exerceram papel importante, como se sabe, na configuração da arte moderna entre as correntes de vanguarda, representando uma ruptura e poderoso desrecalque de elementos até então reprimidos no contexto europeu. Antonio Candido observou como essa tendência encontrou aqui um chão propício e condições favorabilíssimas para se arraigar e expandir, uma vez que as culturas primitivas faziam parte de nossa realidade cotidiana e muitas das ousadias e transgressões da vanguarda europeia, nesse sentido, "eram, no fundo, mais coerentes com a nossa herança cultural do que com a deles".[41] O arraigamento em nosso solo dessa influência permitiria, por isso mesmo, uma reelaboração em profundidade, resultando na possibilidade de se forjar aqui uma expressão própria, ao mesmo tempo local e universal, pela penetração na particularidade concreta da realidade brasileira. Como diz o crítico: "É impressionante a concordância com que um Apollinaire e um Cendrars ressurgem, por exemplo, em Oswald de Andrade".[42] Seguramente é esse também o caso de Manuel Bandeira nesse momento, que o poema em estudo representa.

Mas essa junção do primitivo com o moderno, que faz parte da tradição moderna e foi uma das linhas de força de nosso Modernismo, permite ainda a compreensão de alguns aspectos importantes da inovação do tratamento lírico que o poemeto adota, em sua relação complexa de proximidade e afastamento do jornal. O objetivismo lírico, em sua forma simplificada e de gêneros mesclados, representa, evidentemente, uma novidade da técnica poética e uma mudança do meio de produção literária. Essa mudança, que é uma recusa do passado próximo, em seu impulso de modernização, é ao mesmo tempo uma volta a um passado arcaico, que aflora, despojado, no *mythos* trágico a que se reduz o destino do joão-ninguém, na concentrada e fatal efusão dionisíaca em que se manifesta.[43] No poema, a notícia se transforma numa história exemplar em que ressoam modelos arquetípicos. O que se tira do jornal, veículo moderno, onde transparecem contradições que dão uma fisionomia presente do país, é uma narrativa que evoca o mito.

Para se compreender a mescla de gêneros e a integração profunda dos elementos contraditórios na forma orgânica do poema, convém distingui-los pela análise miúda em suas funções precisas e no processo pelo qual se articulam no todo.

A ausência da linguagem expressiva ou emotiva é preenchida pelo discurso narrativo, responsável pelo desenvolvimento da história: o mundo narrado é que se projeta em primeiro lugar, sem que o narrador interfira, por isso mesmo acentuando a relativa autonomia do microuniverso ficcional e da ação dramática que aí se desenrola. A ação ganha em dramatismo ainda mais por efeito da brevidade, que aproxima, secamente, a rápida sequência de atos de João Gostoso (*Bebeu/Cantou/Dançou*), em sua aparente expressão da alegria de viver, manifestada num crescendo da expansão efusiva, ao abrupto desfecho do último verso. O despojamento ascético, a descarnadura esquemática, a condensação brutal dessa síntese brevíssima de uma vida, acentuam-lhe a incongruência conflitiva e o caráter enigmático por compressão, fazendo colidir a efusão do êxtase vital com a morte numa unidade maciça, que dependesse de uma ordem necessária e inevitável, sob o império da causalidade. A não intervenção do narrador abre espaço para o desenvolvimento compacto da ação dramática, que parece desenrolar-se por si mesma, num avanço ininterrupto rumo ao fim, a partir da chegada de João Gostoso no bar Vinte de Novembro. Na verdade, a unidade de ação parece vir de antes, desdobrando, coerentemente, traços do "personagem" e de seu espaço característico, apresentados na caracterização feita no primeiro verso, que abre a moldura narrativa do poema. Ainda uma vez aqui, como na antiga Grécia, nos primórdios da literatura ocidental, o "caráter do homem é o seu destino", conforme se lê numa máxima de Heráclito.[44] Os atos de João Gostoso seguem-se à descrição de seu modo de ser, apresentado de início, compondo com ele um bloco único.

De fato, o longo verso livre do princípio, com sua continuidade prosaica e seu caráter descritivo, não apenas lembra a ocorrência policial transformada em notícia de jornal, mas apresenta, por assim dizer, o *ethos* de um indivíduo, mediante a identificação pelo nome, pelo tipo de trabalho e pelo local de moradia. A informação do meio moderno de comunicação se abre para traços genéricos e abstratizantes de determinação elementar do indivíduo, que logo topará com a catástrofe e o desenlace de seu destino, de algum modo contido já nos elementos da descrição que o caracterizam.

Em primeiro lugar, a identificação pelo nome: a substituição do sobrenome por uma espécie de apelido e o caráter comum do prenome estão cheios de implicações. Indiciam, antes de mais nada, a condição social do indivíduo pobre, para quem não conta a distinção de família e o nome próprio corriqueiro é um modo de dissolver-se na generalidade do grupo. O adjetivo *gostoso* distingue o indivíduo por uma forma de consideração pelo grupo social, conotando um matiz erótico e popular, com seu lado meio gaiato, que faz logo imaginar o universo do malandro, cuja força de atração e poder de sedução têm decerto um fundo sexual importante. Esta característica se liga, sem dúvida, coerentemente, prenunciando-a, à inclinação do malandro para a diversão e a festa, a que se entregará em seguida, num espaço igualmente apropriado a seu caráter: o bar.

O subemprego (*carregador de feira-livre*), implicando a força física e a baixa remuneração, reforça o traço da condição humilde do tipo social e, indiretamente, o aspecto físico que o distingue, introduzindo ainda a nota da sua instabilidade e precariedade. Estas, por sua vez, aparecem enfatizadas pelo local da moradia, que é uma favela carioca (*morro da Babilônia*) e uma habitação tosca, provisória e imprecisa (*barracão sem número*). A falta do número parece frisada pelo contraste com o nome do bar que vem a seguir: *Vinte de Novembro*, em que a data sugere uma falsa precisão.

Na verdade, todo esse processo de caracterização está marcado por uma ambiguidade contraditória: os traços singularizadores e localistas que determinam o malandro carioca em seu espaço característico são ao mesmo tempo fatores de indeterminação genérica e abstratizante do tipo social, não deixando espaço para a diversidade individual. Ao chegar ao bar e se entregar à diversão, João Gostoso parece estar cumprindo o que estava predeterminado em seu nome e modo de ser, como um indivíduo que deixa atrás de si toda diversidade para ir ao encontro da universalidade de seu destino na morte. Um homem despido de tudo que vai irrevogavelmente rumo à catástrofe, que o aguarda em sua estranheza inesperada, como a diversidade máxima para alguém que caminha para o oposto: a exaltação vital da festa.

Essa caracterização generalizadora, baseada no paradoxo da determinação que indetermina, depende assim de relações cerradas e coerentes entre os elementos linguísticos que mobiliza, afastando-se obviamente das relações aleatórias, artisticamente não organizadas, do texto jornalístico, voltado apenas para a comunicação da informação de forma clara e direta. A ambiguidade deriva dessas relações intricadas entre as palavras, que apenas deveriam prender-se à referência informativa e, no entanto, acabam por relacionar-se entre si como se estivessem num campo oscilante de forças contraditórias.

A coerência própria da linguagem poética se mostra já no nível material do som, que, pela recorrência inesperada, quebrando a expectativa de uma linguagem prosaica como a do jornal, forma a cadeia verbal e ambígua do sentido. Assim, os índices que designam o local da moradia aparecem vinculados pela aliteração das bilabiais /m/, /b/, da nasal dental /n/ e da vibrante /r/: *Morava No MoRRo da BaBilôNia Num BaRRacão sem NúMeRo*. Trata-se, porém, de uma sonoridade expressiva, mas discreta, que apenas se insinua em meio a um verso de hausto longo e andadura prosaica, atulhado de dados factuais como um documento policial, virado do avesso pela indeterminação que torna a descrição ambígua. Por essa analogia com a ocorrência policial, ele se liga com verossimilhança ao título, fazendo eco ao jornal, ao mesmo tempo que cria uma tensão expressiva entre a prosa e a poesia, cujas características também aí se acham presentes e saltam à vista. Esta tensão, derivada das contradições, constitui a marca da construção do poema.

A atenção do leitor é chamada para algo que parece prosa, mas que se afirma como verso, pelo destaque tipográfico, que o mantém isolado como uma linha única (embora as palavras que o compõem não caibam nessa linha), e pelo corte, que interrompe a enumeração de dados, suspendendo a frase sem pontuação final. De certo modo, essa frase inicial se abre para as demais, nos outros versos, todos eles também sem pontuação, como se se ligassem por uma necessidade interna, num bloco de fato único, até o aparecimento do ponto- -final. A leitura deve percorrer rapidamente o todo, precipitando-se na descida, acelerando-se intensamente pela brevidade dos versos centrais, até distender-se no fim, com o desenlace. Assim fazendo, na realidade ela acompanha o movimento interno do ritmo e da ação, toda a trajetória em que João Gostoso cumpre implacavelmente seu destino para a morte. Numa descida inevitável e sem explicação, como a da pedra que rola morro abaixo por necessidade física, esse ser sem características precisas, sem nome próprio, sem moradia ou emprego definidos, também se precipita nesses versos livres sem pontuação. A passagem do ritmo lento dos versos iniciais, o primeiro longuíssimo e o segundo ainda longo, para os seguintes, curtíssimos, imita na expressão esse movimento, enfatizado até visualmente pela oposição entre a verticalidade rápida dos curtos e a horizontalidade espraiada dos longos, no princípio e no fim. Algo da dança de morte de João Gostoso se imprime nas angulosidades do ritmo do poema como um todo: um movimento que, do caos da vida sem rumo certo (*Babilônia*), mergulha no caos das águas fatais da Lagoa.

João Gostoso parte do alto, do *morro da Babilônia*, para morrer embaixo, na *Lagoa Rodrigo de Freitas*. Esses dois espaços, tensos e carregados com todo o significado que possam sugerir, por entrar significativamente no movimento do todo, são os marcos espaciais da ação, os limites de uma vida, em máxima compressão. Aí se percebe que a designação desses espaços se acha motivada dentro do poema, em virtude das relações laterais entre as palavras dentro do mesmo campo de forças do contexto comum. A descida de João tem uma coerência lógica férrea, pois parece obedecer cegamente, em primeiro lugar, ao desnível do espaço, submetendo-se a uma causalidade gerada pela necessidade física, como se se tratasse da *ananke* dos gregos, atuando como uma fatalidade material e bruta. Mas, ao mesmo tempo, o desnível do espaço é também um desnível social, determinado por condições históricas específicas do atraso social brasileiro. O modo de ser do malandro carioca condiciona-o a essa fatalidade, pois a condição precária do pobre o coloca à mercê da força fatal: obviamente, são sempre os desamparados os que mais sofrem com as catástrofes naturais. Nesse sentido, como tantas vezes na tragédia grega, o caráter é de fato o destino. O circunstancial ganha a dimensão trágica do inevitável: João Gostoso desce, implacavelmente, para a destruição, ao entregar-se a si mesmo, ao ir ao encontro do que ele próprio é. Aqui o caso singular, dado pela circunstância brasileira, encarna o arquétipo. Sua história adquire a proporção exemplar do *mythos* trágico. O destino humilde de um tipo popular de uma grande cidade, onde se chocam as contradições do desenvolvimento moderno e do atraso, não apenas evoca o esquema primitivo e arquetípico em sua trajetória exemplar rumo à catástrofe, mas se alça ao sublime da elevação trágica, ao revelar, pela seriedade do tratamento poético, a substância altamente problemática de sua condição humana. João Gostoso se acha numa situação de *hamartia* (para empregar o termo com que Aristóteles designou o erro trágico), não propriamente porque cometa um erro ou falha moral que o coloque num beco sem saída, mas porque sua situação é difícil de antemão, dadas as circunstâncias que o condicionam e determinam seu caráter. Não sendo especialmente bom ou mau, mas um ser naïf, um simples joão-ninguém, com a simpatia e a alegria de viver impressas no nome, basta que siga naturalmente seu modo de ser para que sobrevenha o descomedimento (*hybris*) que lhe é próprio, com seu terrível desfecho. Empurrado para baixo, sua vontade de viver o eleva por um instante, antes de destruí-lo.

A contradição entre o alto e o baixo, com tudo o que ela implica, no plano espacial, social e da representação literária da realidade, arma, assim, um poderoso campo de forças em choque, complexo e rico de sentido, cuja compreensão em profundidade depende da penetração nos detalhes concretos que nele se articulam significativamente. A começar, dos elementos espaciais, ao mesmo tempo ligados à circunstância brasileira e tensos pelos ecos dos arquétipos que evocam, ao se organizarem nesse contexto.

Babilônia designa, primeiramente, o conhecido morro carioca, que aparece também num poema de Drummond, um poema do *Sentimento do mundo*, com as marcas de sua história, seu encanto, sua paisagem e o ar festivo que a voz de um "cavaquinho bem afinado" garante, como "uma gentileza do morro". Mas no poema de Bandeira, *Babilônia* se opõe ao espaço de baixo, o da *Lagoa Rodrigo de Freitas*, e essa oposição suscita uma série de significados secundários que se associam aos termos, enriquecendo pela ambiguidade o sentido.

A Lagoa, designada pelo nome próprio de uma figura histórica, é um local de beleza e riqueza, no Rio de Janeiro, embora se situe embaixo, tanto no espaço real da cidade como no corpo do poema. Numa curiosa crônica de 1951, recolhida por Bandeira e Drummond numa antologia sobre a Cidade Maravilhosa, por ocasião de seu quarto centenário, José Lins do Rego capta o surgimento de uma favela em contraste com aquele local "de uma beleza de espanto": "Era o povo do morro que descera com os seus barracos na cabeça para enfincá-los ali".[45] Esse contraste, apanhado ao vivo pelo cronista, está contido no poema, onde se transforma num traço estrutural de valor simbólico. Por ele se relacionam dois aspectos opostos da realidade física, material e social — o morro e a lagoa; o alto e o baixo; a pobreza e a riqueza —, mas também as duas pontas da ação — o começo e o fim; a vida e a morte —, assim como suas implicações no plano simbólico, em que se juntam as duas dimensões de um destino humano ao mesmo tempo singular e universal, histórico e arquetípico, moderno e primitivo, e dois níveis da representação literária: o humilde e o sublime. O que permite que esses elementos contrastantes se relacionem e se integrem num todo orgânico é o princípio formal da ironia, capaz de articular dialeticamente as contradições numa estrutura mais inclusiva, cuja força expressiva reside justamente na amplificação do sentido ambíguo que propicia, potenciando a proliferação dos significados associados, numa cadeia poderosa de ideias ao mesmo tempo oponentes e afins. Uma ironia cujo eixo principal é o movimento inconsciente de um ser que caminha na direção de si mesmo, conforme as forças da vida, e mergulha na destruição.

Em contraste com o espaço da Lagoa, chamada pelo nome próprio (*Rodrigo de Freitas*), o *morro da Babilônia* é o espaço da favela e da miséria anônima, mas também da indeterminação, da confusão e do caos, significados contidos no termo, em seu emprego como substantivo comum, em que pesa ainda o eco degradado da Babel primordial. Ironicamente, o termo evoca ainda o passado histórico e mítico de uma cidade maravilhosa como o Rio de nosso tempo, coberta de luxo e riqueza — a cidade "tão magnífica", na descrição de Heródoto; a cidade dos jardins suspensos de Nabucodonosor; a cidade mítica, cujo nome, na origem, era uma *Bâb-ilâni*, uma "Porta dos deuses", conforme ensina Mircea Eliade.[46] A complexidade aumenta, e com ela a tensão das contradições, quando se considera que essa cidade também conhecida por "Liame entre o Céu e a Terra" ou por "Casa da base do Céu e da Terra", frequentemente assimilada à montanha cósmica, como um centro ou eixo do mundo, abria-se ainda para as regiões inferiores, pois teria sido construída sobre *bâb-apsî*, a "Porta de *apsû*", em que *apsû* designa as águas do Caos anterior à Criação. A duplicidade do simbolismo tradicional do termo Babilônia vibra, portanto, com toda a sua intensidade e poder de sugestão imaginativa no âmbito do poema, pois se casa ao princípio estrutural básico de oscilação entre o alto e o baixo, foco dos significados contraditórios, ironicamente harmonizados. A imagem de confusão e caos que projeta o *morro da Babilônia*, lugar de miséria situado paradoxalmente no alto, sugere antecipadamente algo da dissolução em que mergulhará João Gostoso, literalmente tragado pelo caos das águas da Lagoa, lugar de riqueza, mas localizado embaixo. De algum modo o fim está contido na origem. No meio da trajetória catastrófica, o momento de festa e de exaltação dos sentidos é o instante dionisíaco, ao mesmo tempo baixo e alto, em que o paroxismo de vida se mistura à dissolvência, preparando o fim, mas seguindo-se coerentemente à descrição do princípio.

Na verdade, um elemento de indeterminação, fluido e caótico, de dissolvência e progressiva "liquefação", liga as três partes do poema num todo coeso, como história que é de um processo de dissolução do indivíduo: o início, com a caracterização do primeiro verso, onde esse elemento está presente em vários traços da pobreza anônima, da insinuação erótica, da confusão e da própria tendência a dissolver o indivíduo no tipo e no grupo; a ação, que começa com a chegada ao bar, local "dissoluto", e se expande com os atos da bebida, do canto e da dança, manifestações todas da "embriaguez" dionisíaca; por fim, no último verso, a morte literal por água. Assim, a descida de João Gostoso do morro da Babilônia às águas da Lagoa Rodrigo de Freitas representa a *liquidação* do indivíduo, o mergulho do ser na indiferenciação caótica do mundo natural, como se nessa trajetória regressiva se desfizesse o processo de individuação. Este movimento, sugerido obscuramente no começo pelas condições que cercam o "herói", se clarifica no meio, como se aí, no encontro do indivíduo consigo mesmo, se revelasse um destino, cujos traços marcantes estavam postos desde o princípio, assim como ainda aí se retém, no mais fundo, a razão oculta da reviravolta do fim, em que o indivíduo por assim dizer se dissolve no seio da natureza. Uma análise cerrada do meio permite a integração das partes e uma compreensão mais completa do todo.

O movimento da ação tem início, como se observou, no segundo verso, com a chegada de João Gostoso ao *bar Vinte de Novembro*. Esse verso principia por uma das fórmulas características de começo da narrativa tradicional: *Uma noite...* Como outras similares (*Era uma vez...*), ela introduz um tempo indeterminado e vago, certamente incompatível com a exatidão que se requer de uma notícia de jornal, mas com poder encantatório e pressago de evocação (acentuado pelo sortilégio da palavra *noite*, sempre tão forte em Bandeira), capaz de cativar e manter em suspense o ouvinte, lembrando velhas raízes na tradição oral do conto popular, das histórias da carochinha e do mito.[47] A fórmula liminar acentua mais uma vez o caráter primitivo do texto, casando-se ainda perfeitamente, pelo traço popular e oral que traz consigo, à caracterização anterior de João Gostoso. Outros traços da linguagem desse verso reforçam esse aspecto. Com efeito, o emprego redundante do pronome sujeito *ele*, que se omitiria na linguagem culta escrita, e a sintaxe de regência do verbo *chegar* (*chegar em*, ao invés de *chegar a*) demonstram o aproveitamento de detalhes da fala cotidiana e popular, do "português do Brasil", em cujo emprego o poeta se achava então empenhado, conforme se notou.

Da mesma forma que essas características da linguagem dão sequência ao fio do discurso, combinando-se, coerentemente, com o quadro social anteriormente apresentado no verso de abertura, a chegada ao bar desdobra, com a mesma propriedade, um aspecto decisivo da caracterização de João Gostoso, sugerido desde a apresentação de seu nome: a inclinação para o prazer, para a vida festiva, para a dissolução. Em relação ao contexto coeso e coerente que assim se vai formando, os três versos subsequentes constituem uma sequência natural que o leitor tende a apreender mesmo como uma consequência necessária, cumprindo-se o princípio de causalidade da construção do enredo: *post hoc, propter hoc*.

No entanto, esses três versos se destacam, em nítida oposição aos demais que compõem o poema. Em primeiro lugar, visualmente, pois são de fato curtíssimos, se comparados aos outros, mesmo se se considera que entre eles e o primeiro, longuíssimo, o segundo, menos longo, atenua um pouco a passagem completamente abrupta. De qualquer modo, porém, eles chamam a atenção pelo tamanho contrastante, formando uma espécie de bloco uniforme, cuja impressão de verticalidade é realmente oposta à horizontalidade derramada dos restantes, sobretudo do primeiro e do último. Por outro lado, essa marcada assimetria que revelam com relação ao conjunto parece compensada pela completa simetria que mantêm entre si. Na verdade, são versos perfeitamente regulares, dissílabos, em contraste com o número inteiramente arbitrário de sílabas que reina entre os outros três. Além disso, do ponto de vista da formação morfológica, são totalmente homogêneos — três formas verbais, no mesmo tempo, modo e pessoa; três pretéritos perfeitos do indicativo, na terceira pessoa do singular: *Bebeu/Cantou/Dançou*. Do ponto de vista do ritmo e do som, a simetria não é menos marcante. São os únicos versos que rimam, perfeita ou imperfeitamente, no poema (*-eu/ou/ou*). E o acento rítmico incide sempre na segunda sílaba, formando a mesma sucessão de uma sílaba átona e uma tônica, ou seja, uma mesma célula rítmica repetitiva, um mesmo pé jâmbico: *Bebéu/Cantóu/Dançóu*.

Com sua simetria, uniformidade, regularidade e homogeneidade, os três versos curtos introduzem no poema um momento de marcada repetição em meio à diferença, com importantes implicações no plano semântico. É que representam a repetição de atos análogos num mesmo sentido, como se dessem forma, pela reiteração, a um movimento sempre numa direção idêntica. Na verdade, dão forma a um mesmo movimento ritualístico de atos repetidos e exemplares, encarnando os gestos efusivos da alegria e da exultação vital, constituindo a expressão *ditirâmbica* de um crescente entusiasmo. De fato, eles formam uma espécie de microestrutura climática, em crescendo, corroborada até pela ordem alfabética das letras iniciais, pela sugestão visual de verticalidade, pela acumulação de traços repetitivos, de sons ecoantes, exprimindo uma efusão progressiva do ser, desencadeada pela embriaguez até a expansão exultante do canto e da dança. Um movimento de ascensão para o êxtase, em contradição com o movimento de descida do pobre-diabo, *um movimento do ser humilde para o sublime — instante de alumbramento.*

Esse momento de repetição e elevação extática, aberto para um tempo diverso, o tempo da festa, com seu paroxismo de vida — tempo de embriaguez e descomedimento (*hybris*) fora do tempo habitual — está impregnado de sugestões arcaicas, evocando o mito e a presença do "deus estranho": Dioniso.[48] A sequência da bebida, do canto e da dança, em ritmo tenso e frenético, suscita a imagem primitiva do séquito orgiástico em louvor desse deus vindo do Oriente, estranho entre os gregos, sempre acompanhado desse cortejo delirante cuja pré-história, como observou Nietzsche, remonta à Ásia Menor e à *Babilônia*.[49] Dioniso, deus da vegetação, ligado à vida e ao vinho, é também um deus profundamente vinculado ao elemento da umidade, como o caracterizou Walter Otto, não apenas porque o mar foi o seu refúgio, como está na *Ilíada*, mas porque as várias versões de sua história o relacionam com águas de lagos ou lagoas, conforme atestam alguns de seus nomes: "Aquele do lago", "Aquele que nasceu no lago"...[50] Ligado, pelas águas, à vida e à morte. Um deus com o poder de misturar ao elemento líquido todos os sucos da terra e, assim, plasmar a vida. Um deus que desceu aos Infernos, às regiões ínferas do Hades, em busca da sombra da mãe, Semele, através das águas do Lago de Lerna. "Hades e Dioniso, no fundo, o mesmo".[51]

Nietzsche procurou mostrar, como se sabe, que a tragédia clássica grega era uma estrutura de tensões, resultante do embate entre o espírito apolíneo e a sabedoria dionisíaca, tensões nela harmonizadas *musicalmente*, com a força das dissonâncias e das energias contrastadas. Nessa forma de grande arte, o sonho apolíneo, entendido como a visão contemplativa e ideal que representa as coisas não como são mas como deveriam ser, se submeteria de algum modo ao impulso primitivo do dionisíaco, com seu fundo inconsciente de extravagância e violência, de raiz asiática, tal como se representava no cortejo orgiástico ao deus e se expressava com júbilo ou profunda tristeza nos ditirambos líricos. O trágico decorre dos ditirambos, assim como o coro dos sátiros, primitivamente um grupo de adoradores extáticos do deus, foi o "ventre do diálogo" da tragédia. Apolo acaba por falar a linguagem de Dioniso; dá forma à sabedoria dionisíaca no mito: o mito trágico não é senão "uma simbolização da sabedoria dionisíaca por meio dos procedimentos da arte apolínea".[52] Na estrutura de conflitos da tragédia se exprime "uma grande vontade de viver"; o trágico brota de uma força exultante: da alegria do êxtase.

Na interpretação nietzschiana do trágico, o deus, ligado frequentemente ao ciclo de morte e renascimento do ano, encarna ao mesmo tempo um princípio de destruição e regeneração, de modo que sua força de embriaguez e dissolvência na verdade é um modo de comunhão profunda com a unidade primordial da natureza. O dionisíaco é, nesse sentido, uma negação do princípio de individuação e pode representar um retorno do ser ao indeterminado. As contradições gritantes entre manifestações de dor e júbilo nos ditirambos, na raiz do trágico, implicam as contradições mais fundas e recorrentes entre vida e morte no bojo da natureza. A dor trágica vem com a exultação, do próprio nervo da vida.

O momento central do poemeto suscita esse fundo arcaico e poderoso com suas contradições fundamentais. O estilo, através dos recursos apontados, serve de mediação ou passagem para essas camadas profundas que, por assim dizer, se atualizam na historieta de um marginal de uma cidade moderna, ao mesmo tempo que a colocam na dimensão do universal e de uma vasta e complexa tradição. A serenidade épica com que essa historieta vai sendo narrada de um ponto de vista impessoal de repente se confrange na tensão lírico-trágica dos versos centrais e do desenlace, que não é senão o resultado natural do embate que se trava no meio, quando, pelo movimento da dissolução sugerido desde o princípio, a vida em sua máxima intensidade se faz morte. A irrupção do trágico em meio à vida de um pobre-diabo atua como uma dissonância (musical e irônica), revelando em sua miséria ordinária a elevação sublime. A intuição do poeta captou profundamente essa contradição essencial, num momento de festa, em que a efusão material dos sentidos é já anúncio da destruição. Assim, é esse também o instante de reconhecimento e elevação de um ser humilde, destituído de tudo, reduzido à elementaridade de seu destino humano, à sua miséria humana mais radical, mas alçado como um símbolo ao mesmo tempo de nossa condição e da face trágica de um país, cujo processo de modernização se faz às custas do sacrifício do pobre, com sua fragilidade exposta às forças elementares da natureza.

Ao nos revelar este rosto da miséria, o poeta, à primeira vista ausente, se solidariza no mais fundo com ela, confidenciando-nos contraditoriamente, pela ironia aparentemente isenta, a emoção que o irmana à substância trágica onde a própria face do homem se espelha, no processo mesmo de sua dissolução, em seu destino enigmático para a morte. Identificado com esse destino, ele o transforma em objeto de uma emoção pessoal, em achado lírico, e o passa ao leitor num concentrado enigma, como uma forma da experiência. Com isto, desentranha não apenas a imagem de um país ou a dimensão trágica universal de um destino comum, resgatando-os das páginas fugazes de um jornal para a perenidade da arte, mas também a poesia sublime que se oculta numa vida humilde e se mostra na forma simples das palavras de todo dia, cuja fonte pode se achar escondida na imprensa cotidiana. Poucas vezes a poesia brasileira soube descer assim fundo para subir tão alto, encerrando, com naturalidade, um todo tão complexo em secreta e sóbria simplicidade.

SEGUNDA PARTE

Instantes de alumbramento
(A paixão)

Noi siamo usciti fore
del maggior corpo al ciel ch'è pura luce:
luce intellettual, piena d'amore
Dante, *Paradiso*, xxx, 38-40

La gentilezza del morir comprende.
Tanto alla morte inclina
D'amor la disciplina.
Leopardi, "Amore e Morte"

4. A poesia em trânsito: revelação de uma poética

> "[...] *o julgamento do estilo é o resultado final de uma longa experiência.*"
>
> Longino, *Do sublime*

1.

Como um grande poeta, o poeta que foi Manuel Bandeira, concebeu a poesia? Que visão teve dela um homem que a ela dedicou a vida?

De algum modo, nesta questão estão envolvidos o olhar, a paixão e o desejo. De fato ela implica um objeto do olhar do poeta: o alvo de uma *visão*, de uma *teoria*, termo que, como se sabe, na origem significa precisamente visão. Mas também esse alvo para o qual se volta o olhar do poeta é o objeto de uma *busca apaixonada*, de uma perseguição de todos os momentos, de uma ideia fixa, que, no entanto, persegue sempre um alvo errante, o obscuro e móvel objeto do desejo. "Sou poeta de circunstâncias e desabafos, pensei comigo." "Não faço poesia quando quero e sim quando ela, poesia, quer." São frases de Bandeira, pinçadas de sua longa, constante e profunda reflexão sobre sua própria *experiência poética*.

Um dos meios de se encontrar uma resposta para essa pergunta inicial é procurá-la nos próprios poemas do autor, como se veio fazendo. Neles se acham decerto, implícitos na forma poética, os traços característicos de uma concepção da poesia, ou mais propriamente, no caso, de um modo próprio de conceber o fazer poético, isso que desde Aristóteles se chama uma *poética*. A leitura detida, a análise cerrada do modo de ser de um único poema pode muitas vezes revelar os traços fundamentais de uma poética, o risco geral de um projeto de obra, o sentido pelo qual determinada intenção construtiva tomou forma estética nesse objeto de palavras a que chamamos poema. Pode-se, porém, buscar uma resposta ainda na forma de uma visão específica da poesia, uma espécie de teoria poética, nas reflexões explícitas que o poeta porventura tenha formulado sobre a questão. E Bandeira, como afirmei há pouco, com frequência se detém nesse tema, em sua obra em prosa.

Nos ensaios, nas crônicas, nas cartas e num livro em especial, o *Itinerário de Pasárgada* (1954), ele se entrega a essa reflexão crítica sobre o próprio ofício, que é, aliás, uma das marcas da tradição moderna: a incorporação da própria crítica, sob formas variadas, no interior do projeto de construção da obra.

Depois de adotar a primeira perspectiva na busca da concepção bandeiriana da poesia — a que, acompanhando uma tendência da obra, se empenha em *desentranhar* os traços gerais de uma poética, através da análise interna dos poemas em que ela toma forma concreta —, trata-se agora de refletir sobre a teoria revelada pelo poeta em sua obra em prosa. O ensaio retoma aqui, em outro plano, o que se viu surgir das projeções da própria construção dos poemas, desdobrando-se em reflexos que se verão reiterados e desdobrados em novas imagens concretas em outros poemas. Momento de passagem, em que a síntese do mais fundo antecipa necessariamente o que virá, incorporando o movimento da experiência em que a substância do que foi lança as raízes do que será.

O caminho foi indicado pelo próprio poeta. Convém tomar-lhe a mão e seguir-lhe os movimentos da consciência artística.

O *Itinerário de Pasárgada* pode ser entendido como o relato de uma experiência poética: uma longa e lenta viagem em que o vivido, transmudado em poesia, se revela à luz da consciência que lhe deu forma; em que a prática do fazer poético se mostra à visão do fazedor, iluminada em teoria, mas numa chave modesta e simples, que não destoa do estilo humilde do poeta. É um livro extraordinário, muito peculiar no quadro da literatura brasileira, não apenas pela qualidade da prosa, mas pela forma rara em que se realiza enquanto gênero, transformando uma espécie de autobiografia confessional também na revelação sem pose de uma teoria da poesia.

Uma teoria assistemática, difusa, ligada à biografia e a um pouco de tudo, e sobretudo à prática concreta do escritor no seu dia a dia, ao longo de muitos anos, acompanhando a memória de uma vida, desde que nela surgiu pela primeira vez a emoção poética, até a comprida e difícil aprendizagem da linguagem poética, da técnica do verso, do caráter aleatório da inspiração. A teoria, enfim, que se encarna na formação do poeta, que nasce da leitura de si mesmo e de muitos outros poetas, do vasto contexto geral da literatura, e ainda de incontáveis circunstâncias de diversa natureza. Por isso, ela se mescla ou se confunde frequentemente com o discurso reflexivo sobre arte poética, no sentido mais prático e concreto que essa expressão pode ter. Por isso, se liga aqui também ao comentário crítico sobre poemas e poetas; à comparação e ao desvendamento de influências, técnicas e tendências estéticas da poesia moderna; à consideração de relações entre a arte verbal e outras artes, como a pintura e a música; à análise dos "pequeninos nadas" da linguagem poética, de que pode depender a eficácia do poema como um todo; a tudo o que pesou nesse lento processo de assimilação da experiência poética, até o progressivo domínio da palavra.

Uma teoria que remonta à gênese de muitos poemas e aos mistérios da inspiração, quando ela se faz propriamente visão da poesia: instante de *alumbramento*. Tudo isso numa prosa clara, limpa e precisa, de uma simplicidade natural que é a mesma marca de fábrica do poeta e seu maior enigma.

Na história da literatura, a narrativa do encontro com a poesia tem um modelo ímpar e altíssimo, a *Vita nuova* de Dante. Nesta, o texto em prosa, entremeado de poemas, assume a forma da mescla entre biografia e alegoria para expor os motivos da inspiração, da "razão", a partir da história da vida íntima do poeta, alçando-se da memória afetiva, enlaçada à imagem do encontro com Beatriz, ao esplendor da visão espiritual, da inteligência e do conhecimento, movidos pelo "amor racional" e voltados para a atração de Deus. Como observou Eliot, a obra combina a *confissão*, que é uma forma de prosa ficcional, que se aprendeu a reconhecer com Santo Agostinho e, modernamente, com Rousseau, à *visão*, um tipo de prosa visionária de longa tradição histórica, para tratar de uma espécie de *sublimação*, de uma experiência particular em que a experiência real se funde à experiência intelectual e imaginativa, ao pensamento e ao sonho, para virar outra coisa, mais alta, atraída para a causa final da divindade, permanecendo o resultado suspenso entre a "verdade" e a "ficção".[1]

Guardadas as proporções e as diferenças fundamentais de contexto histórico, o *Itinerário de Pasárgada* depende, enquanto gênero, de uma mescla semelhante, entre elementos diversos — o confessional, da memória biográfica; o poético-crítico, intelectual e imaginativo, a que não falta o caráter visionário ou onírico da consideração da poesia enquanto transe ou alumbramento — fundindo-se tudo numa forma especial de balanço de uma experiência poética. Sem causas finais e decerto sem nenhuma pretensão de imitar Dante, o poeta brasileiro, que humildemente se reconhece "poeta menor", faz, no entanto, seu balanço de uma vida dedicada à poesia, a partir da raiz da inspiração na memória afetiva da infância, revelando-se à mercê de um tipo de "iluminação profana" (como disse Benjamin da inspiração surrealista), que pontuaria, como o tempo forte do ritmo poético, sua existência de poeta dependente de circunstâncias e desabafos, de sopros de deus-dará. Ali estão unidos os impulsos do fato, da ficção e do sonho, misturados na forma livre de uma narrativa chã, cuja humildade deve ser considerada um modo de ser e um traço de estilo, a que a lembrança do grande modelo dantesco só ajuda a perceber melhor.

O título desse livro sui generis ao menos em nosso meio, *Itinerário de Pasárgada*, revela desde logo como ele pode ser entendido como uma caminhada rumo à poesia, como uma narrativa confessional que tende à ficção: rumo a uma terra de sonho, espaço de uma utopia pessoal, cidade do desejo, onde o impossível por fim se pode perfazer.

Desentranhado da memória infantil, o velho nome da cidade de veraneio de Ciro, o Antigo, lido casualmente numa aula de grego pelo menino Bandeira, volta transfigurado num "raro momento" da vida adulta do poeta: súbita iluminação, num instante de profundo desânimo, de necessidade irrefreável de evasão: "Vou-me embora pra Pasárgada".[2] A própria tessitura sonora dessa palavra rara e exótica, feita com a abertura maravilhada desses *aa* sucessivos — *Pasárgada* —, ecoando no contragolpe do acento esdrúxulo, encarna com magia evocatória um espaço imaginário onde pode reinar o desejo: no extremo, sempre *Pasárgada*.

A aliança secreta de som e sentido que define a linguagem poética; a descoberta da força encantatória de certas palavras ou de encontros de palavras, em imagens insólitas; o poder de revelação que, de repente, adquirem as palavras mais simples de todo dia, em instantes de iluminação, eis as metas desse itinerário que desemboca em Pasárgada e no reino da poesia. A visão teórica se constrói pelo caminho e, para melhor compreendê-la, é preciso ensaiar algumas voltas. Voltas em torno de alguns eixos centrais logo perceptíveis na visão bandeiriana da poesia. Por um lado, sua estrita aderência ao reconhecimento de uma realidade, do "humilde cotidiano", a que se prendem temas e linguagem de seu estilo simples, e, ao mesmo tempo, sua perseguição fiel do sonho e dos movimentos do desejo, que vão além da realidade do dia a dia. Por outro, que é retomada do anterior em outra dimensão, seu contínuo esforço para o domínio da expressão, que supõe o trabalho constante com as palavras, e, ao mesmo tempo, sua apaixonada espera do inesperado, da súbita inspiração. Ao que parece, portanto, faces opostas de uma mesma moeda, cujo modo de ser paradoxal é preciso compreender adequadamente.

Ao abrir a oficina poética de Bandeira ao olhar do leitor, revelando-lhe os bastidores da arte do poeta no processo mesmo de sua constituição, o *Itinerário* se converte num instrumento imprescindível de compreensão de sua poesia; ao mesmo tempo, porém, vale por si mesmo, sendo ele próprio uma forma estética de organização da experiência. Na verdade, por tudo que é, dá a medida humana e artística do universo particular do poeta, descobrindo como nele se interpenetram e fundem linguagem, realidade e sonho, por obra da imaginação criadora, cujo modo de proceder, transformando a diversidade da experiência na unidade da forma, nele se expõe abertamente.

Aceitar, pois, esse caminho para dentro do mundo bandeiriano é acompanhar os movimentos do desejo do poeta enquanto formador desse universo particular, de um cosmo próprio, em cuja raiz se acha a emoção poética. É dela precisamente que parte o *Itinerário*, como se no começo de tudo estivessem certas imagens em que o poeta aprendeu a detectar um tipo de emoção diferente da comum, mas com a insólita capacidade de *articular* a diversidade do real e do sonho, catalisando a multiplicidade no uno. Essa força unitiva, propriamente *erótica*, o poeta a radica primeiro em certas imagens da memória da infância antes de reconhecê-la em "raros momentos" da vida adulta, como se lê no belo início do livro, a que sempre é preciso voltar, quando se busca compreender a fundo a poesia e a poética de Bandeira. Por assim dizer, nessas sementes de poesia da infância já estão contidas as florações do desejo que se abrem e tomam carnadura concreta no reino de sonho de Pasárgada: no espaço mítico onde tudo pode por fim se cumprir, na cidade que a memória retoma, a imaginação planta de novo as imagens do desejo infantil impossível. Assim se ligam o passado mais recuado e a projeção imaginária do futuro, demonstrando que no espaço do mito poético o cosmo é um só. No *Itinerário*, se espelha, portanto, a coerência poética da unidade da obra como um todo, como se ao se iluminar o movimento profundo de uma consciência artística com ele viesse também à luz a projeção de uma cosmologia.

Valéry, que percebeu como a emoção poética se distinguia pela "sensação de universo" que é capaz de dar, observou também o caráter literário, de arte verbal, de toda cosmologia. Northrop Frye, que se serve desta última observação, no prefácio de seu grande livro sobre William Blake, procura distinguir as cosmologias, conforme os movimentos diferentes do desejo diante do mundo real que as determina. Assinala, então, duas espécies básicas: a que procura reconhecer o mundo tal qual é, sugerindo a aceitação resignada do que é, a aprovação do previsível e o medo do imprevisível; e a que busca transformar o mundo numa forma do desejo humano, caracterizando-se pelo movimento revolucionário da imaginação que não se acomoda ao reconhecimento das coisas como estão ordenadas, e, ao contrário, projeta a visão de como poderiam estar ordenadas.[3]

Como nada decerto tem a pureza dos esquemas mentais desse tipo, a obra de Bandeira é exemplo marcado das tensões entre esses polos extremos, em que se percebem reflexos de oposições tradicionais e mais fundas entre o real e o imaginário, entre ciência e arte, ou *logos* e *mythos*, ou ainda, noutro plano, entre conservador e revolucionário. No entanto, uma consideração esquemática como essa permite compreender a complexidade dos movimentos internos do desejo do poeta com relação a balizas fundamentais de seu mundo, como são a noção de poesia, tensionada ela própria pela mola do desejo até o momento da paixão — instante de alumbramento —, e o reconhecimento do inevitável, que é a morte, segundo se mostram na prosa límpida e simples do *Itinerário*. Refletir sobre este livro é, então, penetrar nesse núcleo das tensões fundamentais do universo bandeiriano e na própria interioridade da consciência artística que procurou dar-lhes forma significativa na linguagem do poema.

2.

Pode-se pensar que um meio de abordar, de modo compreensivo e adequado, a questão proposta é refazer o itinerário da pergunta (ou, neste caso de uma poética revelada, das respostas) sobre o que seja poesia para o poeta, no interior dessa obra em prosa, tentando-se penetrar pela análise até onde essa busca da poesia não apenas se formula enquanto uma indagação teórica, mas também se mistura à atividade prática e à própria vida do poeta. Aí se vê que a primeira noção de poesia que Bandeira nos apresenta se liga à experiência do momentâneo, através de imagens, elas próprias desentranhadas da memória de sua infância, como "raros momentos" de uma emoção diferente. O itinerário da experiência poética remonta de fato a imagens anteriores, fora do âmbito estrito do poema.

Será esta com certeza uma etapa decisiva no trabalho de análise e interpretação de todo o universo lírico de Bandeira, pois nela se procura entender como nesse universo se integram e tomam forma orgânica relações significativas entre uma concepção da poesia e da natureza, vinculada provavelmente a um fundo da experiência na memória infantil, subitamente recuperada no instante de inspiração, e uma particular prática poética, que venho tentando apresentar nos termos de um estilo humilde, fruto lentamente amadurecido de uma longa e complexa aprendizagem do mundo e da arte.

Tendo-se tomado um traço distintivo fundamental da forma de expressão madura do poeta — a simplicidade natural — já se pôde investigar as relações desse traço estilístico com a atitude de humildade diante da vida e da poesia que marca o poeta, desvelando-se suas determinações históricas, seus vínculos com a tradição literária, sua configuração formal significativa, elementos esses que se articulam coerentemente no projeto de construção da obra bandeiriana. Agora cumpre tentar entender como esse projeto construtivo se articula com uma noção instantânea da inspiração poética, tal como exposta desde o início da poética revelada no *Itinerário*.

Já deve estar claro, a esta altura, como o ideal da poética de Bandeira é de fato o de uma mescla estilística inovadora e moderna, perseguindo uma elevada emoção poética através das palavras mais simples de todo dia. É que para o poeta, a revelação simbólica da poesia, a inspiração repentina, se dá no chão do mais "humilde cotidiano", de onde o poético, como um *sublime oculto*, pode ser *desentranhado*, ou seja, *re-velado*, por força da depuração e condensação da linguagem, na forma simples e natural do poema. Por essa via, se poderá tentar, por fim, desvendar o sentido último e mais geral de todo o itinerário bandeiriano: como sua lírica meditativa, erótica e elegíaca se faz ao mesmo tempo uma forma de imitação da natureza e, enquanto tal, um meio humilde de preparação para a morte. Agora, porém, o *Itinerário de Pasárgada* oferece uma reflexão explícita sobre a inspiração poética, entendida como súbita iluminação, como *alumbramento*, que cumpre examinar em suas articulações com o problema da linguagem poética, enquanto produto de uma lenta aprendizagem.

No conjunto dos poetas do Modernismo brasileiro, Manuel Bandeira se destaca de fato pela naturalidade e, sobretudo a partir da afirmação de sua obra madura, nas décadas de 1920 e 1930, pela extrema simplicidade de expressão. Uma das características dos poetas surgidos nessa época é a "falta de jeito", transformada em móvel da obra, traço marcante do processo de dar forma, ou em tema importante. O cabotinismo em Mário de Andrade; a tendência paródica e o tom de piada em Oswald de Andrade; a questão do poeta gauche em Carlos Drummond de Andrade; a conciliação dos contrários em Murilo Mendes e Jorge de Lima, para só citar alguns dos principais, revelam focos de convulsão formal e temática. Em todos eles, a expressão da modernidade se traduz na consciência do estilo como algo problemático: a "sinceridade" pode virar um drama vital e, ao mesmo tempo, da expressão poética; a procura da poesia, uma luta diuturna e vã com as palavras, pois o trato com a linguagem se faz uma operação travada pela dificuldade, corroída pela ironia e o senso paródico e, em casos extremos, ameaçada pelos riscos do impasse e do silêncio.

À primeira vista, não se percebe a dificuldade de Bandeira. O "São João Batista" do movimento, como o definiu Mário, criou uma poesia que parece respirar na tranquilidade dos *Lieder* — lírica essencial. Ao primeiro contato, não se nota o lírico "intratável", mas a dicção límpida e aparentemente fácil, ainda mais se comparada, por exemplo, à expressão contraditória e paradoxal de Murilo ou a certas escarpas e perplexidades do discurso reflexivo de Drummond. O longo itinerário de Bandeira, através das fórmulas conhecidas da lírica parnasiano-simbolista até a ruptura mais radical da tradição, em *Libertinagem*, com a afirmação definitiva do poeta moderno, parece aplainar, além do mais, os obstáculos da passagem. Assim, o paradoxo essencial de sua forma é o da simplicidade que entranha a complexidade e depura a dificuldade em translucidez. Por aí é que o poeta é capaz de suscitar o mistério da poesia mais alta, *desentranhando-a* do mundo mediante a linguagem simples, como se o sublime, cravado na realidade pedestre do cotidiano, ficasse ao alcance do toque da expressão humilde. Nesse sentido, o poeta parece ter caminhado para uma forma peculiar de imitação da natureza, fazendo do despojamento ou da pobreza mais ascética um modelo para o feitio do estilo, modo de cavar *no que é no mais fundo*, no mais oculto, onde lateja a emoção poética e de onde pode brotar, clara e misteriosa, como "água da fonte escondida".

A noção de *sublime*, que vem da tradição retórica clássica, com sua distinção entre os três níveis de estilo (o alto, o médio e o baixo), foi associada, como se sabe, por Longino ou quem quer que fosse o autor do *Peri Hypsous* — o famoso ensaio "Do sublime", provavelmente do primeiro século da era cristã, no qual *hypsos* significa precisamente altura, elevação —, à questão da grandeza literária.[4] Concebendo-o como um "eco da grandeza do espírito", em princípio independente da técnica ou da expressão, Longino indica-lhe, porém, as fontes (grandes pensamentos; sentimentos nobres; figuras grandiosas; dicção elevada; composição dignificada), ligando-o, aparentemente, a traços formais de certas obras, de que apresenta comentários analíticos, por vezes de uma espantosa atualidade.[5] Considerando, assim, a sublimidade sobretudo como um estado de alma, capaz de gerar grandes concepções ou tomada pela paixão inspirada, mas também apontando-lhe o vínculo com a "arte" (pela formação de figuras, o tratamento da frase ou a *synthesis*, isto é, a composição), o retórico parece atribuir à categoria do sublime ora uma origem natural (ou seja, o gênio inato) ora uma origem artística, supondo a aprendizagem.[6] Uma oscilação entre a inspiração e o fazer (entre a espontaneidade e a convenção) que coloca a poesia numa gangorra entre a natureza e a linguagem, entre a elevação indefinível e a forma concreta. Sua agudeza reponta em diversas passagens, em que a oscilação fundamental, levada à consciência crítica, parece querer resolver-se: "A arte é perfeita quando parece ser natureza, e a natureza acerta no alvo quando contém a arte escondida dentro dela"[7] — frase admirável, com a qual é provável que Bandeira concordasse. De qualquer modo, onde Horácio propunha a imitação técnica dos clássicos, Longino parece deslocar a ênfase para algo emocionante, a inspiração ou poderosa iluminação, substituindo o ideal de *decorum* do primeiro, fundado na urbanidade, por um *decorum* do arrebatamento, que faz pensar na visão platônica do poeta *maníaco*, tomado pelo transe.

É importante frisar como a oscilação, posta pela primeira vez por Longino, entre a inspiração e o poema enquanto expressão linguística se reencontra ao longo de toda a reflexão bandeiriana sobre a poesia e, particularmente, no *Itinerário*. À concepção, na linha de Mallarmé, de que a poesia "está nas palavras, se faz com palavras",[8] dependendo da formação técnica e da aprendizagem, se junta a concepção da poesia como transe ou súbita inspiração, fazendo da encarnação da paixão no poema um dos problemas mais instigantes da poética bandeiriana.

A resposta prática à questão parece encontrar-se na própria constituição do estilo humilde do poeta. Ou seja, na forma de expressão estilística a que chegou pela lenta experiência, na qual o desejo de comunicação e de aproximação do leitor, traduzido na simplicidade natural, aparentemente "fácil", acaba por implicar uma complexidade escondida, um *sublime oculto*. O discurso humilde estabelece uma espécie de mediação baixa que tende a *conter*, no duplo sentido do termo, a elevação escondida. Quer dizer: o estilo chão tende a se converter num meio de atenuar o contato com a pura elevação, como se esta, em sua aparência imediata, implicasse um excessivo poder ou violência. Bandeira parece compartilhar, no mais fundo, a desconfiança moderna (e modernista) com relação ao sublime, como se aceitá-lo em sua imediata aparição significasse aceitar seu poder de dominação.[9] De algum modo, o poeta deve ter intuído na própria manifestação da poesia enquanto *alumbramento*, na irrupção da paixão no instante epifânico, o risco de uma violência extrema, equiparável à morte. É no mínimo curioso que o discurso humilde, meio que o cristianismo inventou, modificando a retórica clássica, pela mescla dos níveis de estilo, em que o alto pode ser contido no baixo, como uma forma de difundir facilmente uma doutrina complexa, como um modo de veicular amplamente um conteúdo divino, se preste aqui para dar expressão acessível e aceitável a algo que ao mesmo tempo se busca e se teme, num plano humildemente humano. Ao que parece, o poeta faz coincidir o momento da inspiração poética com uma manifestação epifânica, como se se tratasse de uma "sacralização do instante"; no entanto, sua linguagem para dizer o poético evita toda elevação, buscando na humildade do chão humano as palavras mais simples com que parece exorcizar a grandeza dominadora e a violência do sagrado, como que pressentindo nela a força destruidora da morte. Curiosamente à mercê da inspiração, sujeito ao arrebatamento da paixão, o poeta só pode encarná-la na linguagem do terra a terra: o estilo parece um meio de lidar com o excesso destrutivo. O mais alto mistério da poesia, sua irrupção repentina e inexplicada na inspiração se deixa colher, assim, numa forma profana de todo semelhante ao estilo da humildade que o cristianismo forjou para comunicar os mais altos mistérios de sua fé.

Auerbach, em seu estudo sobre o *sermo humilis*, chama a atenção para essa característica da sublimidade no discurso cristão de se equiparar muitas vezes ao obscuro e ao oculto, mas acentua ao mesmo tempo que também este não é um sublime de que nem todos poderiam participar; ao contrário, a humildade continua sendo o aspecto "onicompreensivo" desse estilo, cuja marca é a vizinhança humana, a imediatez do contato que estabelece, a universal acessibilidade que instaura. De forma análoga, nos termos bandeirianos, mesmo o que se oculta paradoxalmente se mostra simples.

Assim se pode falar numa espécie de dialética entre o simples e o complexo, como o processo que constitui a base expressiva do universo lírico de Bandeira. Esse fundamento formal é o produto de um trabalho profundo sobre os meios expressivos e a experiência, regido por uma determinada maneira de conceber e praticar a operação de dar forma à poesia, por um estilo. Por ele, o poeta altera os meios expressivos dominantes em seu tempo, a fim de exprimir uma experiência complexa, em termos naturais e simples, num *estilo humilde*, muito semelhante ao da tradição cristã. A operação tão importante para Bandeira de desentranhar o poema do prosaico, descobrindo o poético oculto no chão do cotidiano, exige um nível correspondente de linguagem. Esta deve exprimir com palavras também perto do chão (uma vez que *humilde* remete a *humus*, chão) tudo o que é alto e solene. Ainda que o assunto seja elevado, o tratamento deve ser simples, fazendo do *sublime oculto* uma condição primeira da linguagem poética do autor.

Não é nada fácil explicar a constituição de um estilo como esse no centro de irradiação do Modernismo brasileiro. E, no entanto, a posição de Bandeira foi decisiva para a invenção de caminhos para a poesia moderna no Brasil. A complexidade de seu itinerário deriva da conjunção de elementos heterogêneos, de diversa procedência, experimentados intimamente ao longo do tempo. Ou seja, seu modo de ser dependeu de um processo de condensação e depuração da experiência acumulada com o passar dos anos, dessa demorada assimilação do vivido, que, por sua vez, envolve fatores de toda ordem, nem sempre fáceis de precisar. Antes de mais nada, ela é uma experiência da ameaça da morte. Esta que é uma condição geral de toda existência humana se fez, no seu caso, um risco próximo e permanente.

A poesia de Bandeira, conforme nos contou tantas vezes, tem início no momento em que sua vida, mal saída da adolescência, se quebra pela manifestação da tuberculose, doença então fatal. O rapaz que só fazia versos por divertimento ou brincadeira, de repente, diante do ócio obrigatório, do sentimento de vazio e tédio, começa a fazê-los por necessidade, por fatalidade, em resposta à circunstância terrível e inevitável. O *Itinerário de Pasárgada* é o relato, também na forma do discurso humilde, dessa experiência poética dentro da moldura inarredável de sua condição trágica.

Ironicamente, a morte não vem; o poeta viverá oitenta e dois anos, e sua existência marcada estará obrigada ao convívio cotidiano com a ameaça fatal: o "mau destino", que se faz uma imagem sempre presente desde a "Epígrafe" de *A cinza das horas*, em 1917. A existência esvaziada pela doença é, por assim dizer, preenchida pela poesia, capaz, de transformar a sensação de perda numa forma de resgate de tudo, como se lê na "Canção do vento e da minha vida". Mas a ideia da morte, posta no horizonte de expectativa de cada dia, se transforma ela própria também, como tema poético de uma obrigada convivência diária, despindo-se de toda grandeza solene, como um risco que se fizesse, entre outros, um elemento do cotidiano, matéria principal, de onde o poeta maduro irá extrair sua poesia. Na verdade, a poesia que preenche o espaço da doença (como se a imaginação poética ocupasse o oco ocioso deixado ao doente) perfaz um longo e difícil percurso de *familiarização com a ideia de morrer, assumindo nesse processo uma forma humilde de expressão, nascida da elaboração artística de uma experiência acumulada em grande parte sob uma circunstância trágica, transformada em fato cotidiano.*

Nascendo junto com a circunstância adversa, a poesia é então percebida como um *desabafo* momentâneo, como se brotasse por uma necessidade íntima de resposta, por uma urgência do ser em risco, afirmando-se diante da morte onipresente. Por isto tende a se confundir, na essência, com um instante de alumbramento: momento de extraordinária intensidade vital, de súbita iluminação do espírito impelida por um movimento do desejo que de algum modo traz consigo imagens da memória do corpo e da necessidade material de satisfação. O "estado de poesia" equivale, assim, a uma espécie de estado de "transe", como diz o próprio Bandeira, no qual o poeta, imantado pela força criadora, fica possuído por um "deus do instante" (como poderia dizer um antropólogo), tomado por um entusiasmo vital.

O alumbramento seria, portanto, uma espécie de *epifania*, forma de manifestação do sagrado, que faria do poeta o ser *maníaco*, possuído pelo furor das musas, "loucura" momentânea, de origem divina, como se observa na concepção platônica da inspiração poética, cujos ecos atravessaram, como se sabe, os séculos, ressurgindo, com variantes e modulações, até em nossos dias. Mas, em Bandeira, conforme se pode notar pelo *Itinerário de Pasárgada* e pelo emprego do termo "alumbramento" nos poemas, a noção é essencialmente profana, ligando-se diretamente a uma raiz material no corpo e no desejo e identificando-se com a visão erótica, frequentemente siderada pela nudez do corpo feminino:

A maravilha astral dessa nudez sem pejo...

O alumbramento supõe uma elevação do espírito, num impulso ascensional para o sublime, mas as imagens que o desejo projeta nessa espécie de visão celestial, conforme se poderá ver no poema "Alumbramento", mais adiante analisado, guardam claros traços de memória da percepção do corpo, como se, partindo de baixo, evocassem num céu de sonho, enquanto signos alucinados dessa percepção material, a satisfação perdida de um momento de plenitude.

Muito diferente da iluminação religiosa, o alumbramento bandeiriano parece mais próximo da "iluminação profana" dos surrealistas, pela raiz materialista da inspiração, embora a dialética da embriaguez surrealista implique um caráter revolucionário da experiência que a iluminação do poeta não contém ou não busca desdobrar. Apesar de próximo das pequenas coisas humildes do cotidiano ou da miséria social da grande cidade, a que se liga com intensa solidariedade, o poeta não as converte, como fizeram os surrealistas, por exemplo, com as coisas antiquadas (as primeiras construções de ferro, as primeiras fábricas, as primeiras fotografias etc.) ou com a miséria social, em instrumentos de um niilismo revolucionário. Ao desentranhar o sublime oculto no cotidiano popular, certamente o poeta libera uma energia, cuja potencialidade política é um fato, mas não o faz com o sentido expresso de "mobilizar para a revolução as energias da embriaguez", conforme disse Benjamin.[10]

Tendo nascido no quadro de uma circunstância adversa, esta concepção da poesia como visão alumbrada faz da inspiração poética algo que nasce de dentro do poeta e, ao mesmo tempo, de fora, como uma forma de desabafo em função precisamente das circunstâncias exteriores. Nisto pode lembrar ainda a teoria surrealista da inspiração, que, utilizando interpretações marxistas de Hegel (como a do acaso objetivo) e ideias psicanalíticas de Freud e Jung, assentam-na tanto nos desejos reprimidos do poeta, quanto no espaço do conflito social, determinado pelas condições econômicas e políticas contra as quais o poeta se rebela, fazendo ressurgir a tradição romântica em plena modernidade.

No caso humilde de Bandeira, a circunstância terrível da doença isolava o poeta, deixando-o em princípio à margem da vida, condenado à frustração constante de todo desejo, ao "gosto cabotino da tristeza", à "vida inteira que podia ter sido e que não foi". O "acre sabor" de toda essa frustração está de fato presente em sua poesia, mas o que parece decisivo para sua afirmação, amadurecimento e qualidade foi exatamente a progressiva luta para a superação de tudo isso, pelo rompimento do enclausuramento do Eu que nela se observa, através do contato da substância mais funda e íntima da interioridade com o mundo exterior. Já procurei mostrar como esse processo de objetivação da experiência do poeta pode ser entendido a partir de uma dialética entre o espaço do quarto e o da rua, em sua lírica. Agora se nota que, na própria compreensão do processo criador, no miolo de sua teoria do alumbramento esse componente é igualmente fundamental, pois a inspiração para ele não se opõe ao movimento de "evasão para o mundo", conforme a expressão acertada de Sérgio Buarque de Holanda.[11] Ela não apenas responde a determinadas circunstâncias exteriores, mas também abre um claro no mundo, onde pode descobrir o poético.

Afastando-se propriamente da experiência religiosa, mas sem chegar à experiência revolucionária dos surrealistas, a iluminação bandeiriana se aproxima, no entanto, paradoxalmente, da noção de milagre. Sendo um instante de paroxismo de vida, ela contém, em contradição, o germe da morte. Ela é a intensidade momentânea da vida num quadro de morte onipresente. Nisto é análoga ao milagre, quebra momentânea da ordem natural das coisas, onde a morte, figura sempre recorrente, volta com a periodicidade da noite, que é também um dos seus nomes, como se observa ao longo de toda a lírica bandeiriana. Noite maior, que é condição, entretanto, da possibilidade do milagre, como se lê na admirável "Preparação para a morte".

A descoberta do milagre da poesia, equiparável ao milagre da vida diante da tendência de tudo para a destruição, é também a descoberta da fraternidade que liga o poeta aos homens diante do destino trágico que é a "humaine condition". Diferentemente de Montaigne, aqui não é a filosofia, mas a poesia lírica que nos ensina a morrer. O alumbramento é a inspiração terrena que, pela poesia do corpo, nos familiariza com a naturalidade da morte. O estilo humilde organiza esteticamente uma experiência cada vez mais próxima e familiar à ideia de morrer; com sua simplicidade natural a morte se torna um fato aceitável na ordem das coisas.

3.

O componente biográfico e social da experiência marcada pela morte, *fio narrativo importante do* Itinerário, *mas também decisivo na configuração da obra poética*, não é exclusivo e em si mesmo está longe de ser unilateral. Liga-se à memória da infância; ao imaginário da doença; à descoberta do corpo, do desejo e do amor; à pobreza do filho de família nordestina tradicional em decadência; à solidão do indivíduo ilhado como um náufrago num quarto flutuante, onde se resguarda para sobreviver, recolhendo no dia a dia as lembranças dos que se foram. E combina-se também com fatores de outra natureza: a tradição literária (lirismo português; poesia simbolista; vanguardas) e outros elementos de técnica expressiva, conquistados no trabalho constante pelo domínio da linguagem (a descoberta da poesia nas palavras; o estudo dos princípios de construção do verso tradicional; a aquisição penosa do verso livre; os contatos com a música e as artes plásticas etc.).

Considerado por este ângulo, o estilo simples de Bandeira aparece de fato como o produto de uma longa e difícil aprendizagem, como o resultado de uma lenta formação humana e artística, tal como aparece relatada, sempre em tom correspondente, na notável prosa confessional do *Itinerário*.

Assim, ao que parece, a concepção da poesia para Bandeira tem de fato uma dupla face. Por um lado, ela surge, como se se tratasse de uma manifestação espontânea, de uma súbita iluminação, o alumbramento. Dessa perspectiva, o estilo é a expressão pessoal de um poético cujo conteúdo emocional o poeta identifica na memória da infância. Por outro lado, no entanto, a poesia está nas palavras e é fruto de um saber e de um trabalho consciente de um poeta artesão, experimentado na prática do verso, capaz de dar forma a uma certa ordem de experiência da realidade, ou de desentranhar, após o exercício de longo aprendizado, a matéria preciosa metida na ganga impura do mundo. A tensão entre ambas as faces pode ser percebida claramente na postura que se exige do poeta, que, em pleno domínio da técnica verbal, deve estar sempre atento, em atitude de "apaixonada escuta", para um poético que pode brotar inesperadamente: pronto do sonho ou de um repentino "estado de poesia", semelhante ao "transe", como se viu, quando então o poema só se faz se ela, poesia, quer. A conciliação dessas faces, aparentemente contraditórias, é um dos golpes de grande poeta de Bandeira.

Na verdade, para ele o poema é forjado à custa de um trabalho minucioso com as palavras, na medida em que a poesia se faz com "pequeninos nadas", que ele aprendeu a investigar desde cedo no encanto de certos vocábulos, no estudo das variantes que melhoram um verso, na busca da beleza puramente verbal que o deslumbrava em tantos poemas, lidos, relidos, às vezes também traduzidos. Mas, ao mesmo tempo, o poema deve estar imantado pela força intensa e pelo sortilégio do alumbramento. Assim, improviso e construção refletida são polos em contato em sua naturalidade tão límpida, fazendo confluir técnica e inspiração e juntando duas imagens do poeta que costumam andar separadas ao longo da história da reflexão sobre a poesia. A imagem do poeta "maníaco" que nos vem de Platão, caracterizado nos textos de diálogos como o *Ion* ou o *Fedro*, e a imagem poderosa nos tempos modernos, do poeta "fazedor", que nos chegou do *poietés*, de Aristóteles, construtor de objetos verbais.

A tensão que se nota entre espontaneidade e convenção, ou entre artesanato e alumbramento, pode ser acompanhada por toda sua obra em prosa, quando fala da poesia. Foi enorme sabedoria a sua, tê-la forjado em forma concreta, simples e complexa, nos poemas. No enigma verbal que é o poema, técnica e inspiração parecem brotar naturalmente da mesma "fonte escondida".

No *Itinerário de Pasárgada* e em vários outros textos de prosa, se pode ler a história da aprendizagem dos meios técnicos, entremeada de observações sobre a natureza da inspiração, sempre considerada indispensável, como uma dádiva misteriosa, como uma facilidade momentânea que não se dispensa nem para atravessar a rua, quanto mais para o encontro da poesia. Esta, por sua vez, se encontra um pouco por toda a parte, entendida como um poético difuso no mundo, ela realmente "está em tudo": "Todos os dias a poesia reponta onde menos se espera: numa notícia policial dos jornais, numa tabuleta de fábrica, num nome de hotel da rua Marechal Floriano, nos anúncios da Casa Matias...".[12] Isto porque a poesia "é o éter em que tudo mergulha e que tudo penetra".[13] Ela pode estar tanto nas coisas elevadas como nas baixas, "tanto nos amores como nos chinelos, tanto nas coisas lógicas como nas disparatadas".[14] Mas ela é sempre inesperada, mostrando-se só de raro em raro, na surpresa de um achado: por uma "imagem insólita", "por um encontro encantatório de vocábulos", "pela atração que sobre nós exercem certas palavras". Esta poesia que impregna o mundo é "disfarçada e errante".[15] *No fundo, a poesia tende a ocultar-se*. Como o ser que, naturalmente, se esconde.

Esta condição, por assim dizer, heraclitiana da poesia, que está e não está no mundo, faz do poeta aquele que sabe *desentranhá-la*: "É um sujeito que sabe desentranhar a poesia que há escondida nas coisas, nas palavras, nos gritos, nos sonhos".[16]

É esse o objeto do desejo do poeta, de sua paixão e de sua *visão alumbrada*, tal como se revela nos seus textos em prosa.

A emoção poética se distingue da emoção banal, conforme a observação citada de Valéry, por nos dar uma "sensação de universo", por constituir um "mundo", na medida em que nela elementos díspares e até contraditórios se musicalizam, se harmonizam numa organização coerente, formando uma totalidade significativa.[17] É esse o mundo que Bandeira tirou de dentro do nosso mundo, ao revelar a emoção oculta num estilo humilde, e com ela o segredo sublime da poesia que pode conter a simplicidade. O caminho para consegui-

-lo é o que vem contado no *Itinerário de Pasárgada*, e aqui ficou resumido, sob a forma do comentário.

A rigor, o *Itinerário* é já em si mesmo o resumo do argumento central de uma vida dedicada à descoberta, compreensão e prática da poesia, na espera da morte. Ele contém o enredo total da vida de Bandeira em sua relação com a poesia e a morte. *Pode-se dizer que nele se encerra o mito recorrente que este ensaio glosa, a forma da imaginação que o desejo do poeta imprimiu à sua experiência conforme os ciclos de sua existência.* Por isso a trajetória termina justamente pela aceitação do destino que tornou sempre provisória a vida do poeta, completando-se no momento exato do reconhecimento do trabalho cumprido, da obra acabada.

A evocação final dos versos de "Consoada" atribui a esse poema a posição de fecho ideal da obra toda e da história dessa experiência poética. A conclusão do caminho abre a questão do sentido e dá a perspectiva de continuação deste livro, que sai em sua perseguição, desdobrando mais uma vez o mito nas imagens dispersas dos poemas, de onde deve prosseguir a tentativa de interpretação.

5. A visão alumbrada

1. FUNDOS DE GAVETA

No *Itinerário de Pasárgada*, ao comentar a falta de unidade de seu segundo livro de poemas, *Carnaval*, publicado em 1919, Manuel Bandeira diz ter aproveitado na coletânea "uns fundos de gaveta", a que não faltavam alguns pastiches parnasianos, ao lado de "Os sapos", evidente paródia antiparnasiana, transformada em manifesto modernista na Semana de 22.[1] Esta oscilação entre formas poéticas tradicionais e modernas se acentuaria no livro seguinte, de 1924, *O ritmo dissoluto*, ficando então mais patente que a gangorra do poeta se inclinava de vez para a modernidade, como se podia notar, entre outros traços, pelo uso mais seguro e amplo do verso livre. Tudo isto é história sabida e bastante contada, delineando a trajetória da ruptura em meio às convenções da tradição parnasiano-simbolista, tal como a traçou um poeta abridor de caminhos para a lírica moderna no Brasil.

Contudo, quando se observa melhor, tendo em vista os rumos que efetivamente tomou a poesia de Bandeira e a totalidade de sua obra poética, pode-se perceber como, desde esses livros iniciais, se revela uma extraordinária liberdade construtiva, particularmente visível na utilização libérrima dos materiais e dos meios técnicos à disposição, fossem dados pela tradição, descobertos na leitura de outros poetas contemporâneos ou surgidos de repente como novidades do momento.[2] Desde o princípio, Bandeira parece aberto ao que der e vier: ele imita, pasticha, plagia, parodia, traduz, cita ou incorpora, se é o caso, sem nenhum receio, sem discriminar a natureza ou o nível da fonte, sem se escravizar às receitas (tradicionais primeiro ou, mais tarde, modernistas), adotando uma completa independência de espírito diante da norma estética e uma total falta de pudor diante da heterogeneidade dos materiais e dos meios técnicos, o que constitui precisamente o fundamento de sua atitude técnica, no seu sentido mais geral, em face da obra a ser feita.

É decerto essa disposição de espírito que lhe permite a utilização maleável e precisa de diferentes níveis de linguagem, indo de registros cultos e eruditos até formas desabusadas da fala coloquial do português do Brasil. Com base nela, lança mão, despreconceituosamente, tanto do arsenal dos clássicos portugueses quanto de construções populares, de frases feitas, clichês, numa apropriação de virtualidades da língua, que transforma num instrumento pessoal de trabalho, a serviço de uma busca expressiva constante, cujo efeito final é sempre de uma naturalidade notável, sem acatar nunca qualquer norma definitiva no uso das palavras. Se nos primeiros tempos predominam os padrões cultos da linguagem poética tradicional, estes logo se combinam e se mesclam com formas mais pedestres e corriqueiras da linguagem cotidiana. Se nos anos de irradiação intensa do movimento modernista domina o aproveitamento da fala brasileira, nem por isso abdicará do uso culto, da sintaxe requintada dos clássicos, a que recorrerá frequentemente também nas traduções, mantendo sempre a admiração pela "beleza puramente verbal" que tanto pode estar na cantata "Dido", de Garção, quanto no realismo chão e forte de uma expressão popular, como a que o poeta ouviu um dia a um comerciante português: "O Seu Alberto está com os pulmões podres".[3]

O *Itinerário de Pasárgada* pode ser lido, segundo se assinalou anteriormente, como uma história da aprendizagem dessa liberdade no emprego da linguagem, como a narrativa da formação de um poeta, em sua luta com as palavras, até a forja de um meio de expressão capaz de exprimir, com simplicidade natural, sem preconceitos ou regras acabadas, a mais alta poesia. O estilo humilde do poeta maduro, forjado para dizer o sublime através do simples, é um produto dessa liberdade e da moralidade contida nessa atitude diante da linguagem, única regra áurea no ofício do poeta. A partir dela, pôde criticar, muitas vezes com razão, cacoetes modernistas, ou excessos artificiais e amaneiramentos no uso da fala brasileira — críticas cujos reflexos se fazem notar em certas passagens da correspondência com Mário de Andrade. O fato é que mantém sempre essa posição, o que fazia dele um poeta radicalmente moderno, herdeiro direto das ousadias da mescla linguística herdada dos românticos, radicalizada pelas vanguardas, e ao mesmo tempo um artista de equilíbrio clássico, resistente a toda prova.

Mas essa atitude básica, liberta e dúctil, guiada pela necessidade pessoal e profunda de expressão, adquire importância capital quando se consideram os recursos técnicos de construção do poema. É o caso, por exemplo, da técnica do verso, quando se verifica a mesma flexibilidade bandeiriana para passar do verso metrificado ao verso livre ou vice-versa, conforme as exigências expressivas de cada momento da obra, de modo que uma técnica dominada e útil em certa ocasião não se torna necessariamente uma obrigação definitiva ou de uso exclusivo. O mesmo se pode observar com relação aos modelos literários, da tradição ou da vanguarda, nas múltiplas formas de relações possíveis entre os textos (imitação, estilização, pastiche, paródia, tradução, citação...), e no aproveitamento da própria obra como material de construção de novos poemas. Pode-se perceber como Bandeira, desde o princípio, atua também livremente nas articulações de seus textos entre si ou com relação a outros textos de outros poetas ou prosadores que possa eventualmente utilizar, ou ainda com relação a outros materiais em princípio extraliterários, convertidos em matéria de poema, como notícias de jornal, bulas de remédio, fórmulas de *toilette*, frases ouvidas de passagem, pedaços de sonho, canções populares ou folclóricas, cantigas de roda, textos de publicidade etc. Na verdade, o aproveitamento abrangente e desembaraçado de toda espécie de material, mais ou menos próximo do âmbito específico da poesia, desde um ritmo musical, uma sugestão pictórica, até propriamente palavras, versos ou blocos de textos poéticos ou não (próprios ou alheios), de que a obra bandeiriana contém inúmeros exemplos, corresponde àquela mencionada concepção do poético que reconhece a poesia em tudo, podendo repontar onde menos se espera e fazendo do poeta o ser capaz de desentranhá-la do mundo.

Tanto essa concepção da poesia quanto a atitude a ela conjugada, relativa à posição livre do poeta diante dos materiais tão heterogêneos com que trabalha (nem um pouco evidentes de início, mas já utilizados desde os primeiros momentos de sua obra), implicam uma tendência fundamental em Bandeira para um determinado modo de dar forma ao poema, um princípio básico de construção ou estruturação da matéria poética, em que se convertem os materiais mais variados por obra exatamente dessa tendência tão funda e geral do trabalho do poeta. Desde o início, talvez ela se possa definir como uma tendência para o que se poderia chamar de *assemblage* livre, transformando-se depois propriamente em *montagem* (às vezes, em *colagem*), como um princípio geral e recorrente de construção, quando então o poeta opera com mais desenvoltura os materiais, deslocando arbitrariamente elementos de um determinado contexto primário para um contexto novo no âmbito do poema, criando uma lógica interna própria entre esses elementos de repente aproximados, modificados e harmonizados, independentemente das contradições e contrastes que mantenham entre si, tornando possível uma síntese do diverso, modo de encerrar, numa unidade determinada e particular, o universal.[4]

O que Bandeira retira, por assim dizer, dos fundos de gaveta pode equivaler ao *aproveitamento* mais inesperado de um ritmo, de uma rima, de um motivo temático, de uma ideia, de uma sugestão da realidade imediata, de um verso, de um fragmento de prosa, de uma frase ouvida, de um poema sonhado, de uma palavra rara, de uma imagem insólita, de uma peça musical etc. — e tudo isto, desde o princípio da obra. Como se pode verificar pelas anotações que o poeta fez aos poemas de *Carnaval*, em boa hora reproduzidas numa edição recente desse livro, fica patente a absorção desbragada dos elementos mais variados vindos da poesia parnasiana (pelo plágio, pela citação, pela paródia, pela "influência", passando por poetas como Martins Fontes, Hermes Fontes, Goulart de Andrade, Bilac, Emílio de Meneses...); da música e da dança (Debussy, Nijinsky); da poesia simbolista (Maeterlinck, Eugênio de Castro); da literatura clássica (Luciano); das técnicas poéticas importadas (rimas alemãs e inglesas; rimas toantes; poema em prosa); de cartas pessoais (sonho contado pela "mulher do 'alumbramento'"); de frases ouvidas; de invenções poéticas do pai, e decerto de muitas outras fontes não mencionadas diretamente, mas amalgamadas e transformadas na nova ordem do poema pelo trabalho de construção.[5]

Fica muito claro que esses materiais elaborados pelo poeta têm já uma história, ou são propriamente históricos, transformando-se no momento da operação que lhes dá forma nova no texto. O seu caráter variado e heterogêneo, combinando elementos temáticos e formais, e podendo resultar até da interferência de linguagem de outras artes, não fica decerto evidente desde o começo. Em poemas posteriores, caracterizadamente construídos com materiais intertextuais como a "Balada das três mulheres do sabonete Araxá" (colcha de retalhos de citações cerzidas pela ironia), ou com materiais intratextuais, como "Antologia", feito com versos famosos do próprio Bandeira, esse caráter se torna óbvio pela montagem convertida em princípio ostensivo de construção, beirando, no primeiro, a autoparódia cômica ao tornar explícito, pela repetição intencionalmente rígida e mecânica, o procedimento que serviu à sua elaboração.

No começo, porém, em que algo semelhante já se dá como atitude construtiva, mas o resultado esconde o jogo com os materiais alheios ou estranhos, dissolvendo-os na nova unidade do poema, os materiais elaborados perdem a evidência, por assim dizer funcionando apenas conforme a sua natureza de servir à nova construção. Isto não impediu, no entanto, que os novos poetas, futuros modernistas, percebessem de algum modo a novidade de Bandeira e saudassem desde logo um livro como *Carnaval*, aparentemente ainda tão marcado pelos tons crepusculares e pela melancolia da herança romântico-simbolista ou detalhes da preocupação parnasiana com a versificação. De fato algo de profundamente moderno se elaborava naquele amálgama, combinando elementos de conteúdo temático e aspectos formais tirados da tradição, mas com um senso muito livre e próprio da nova construção em que se fundiam e transformavam, adquirindo um sentido histórico diverso.

Por certo essa atitude moderna de aproveitamento ou reaproveitamento de materiais diversos, de tendência constante para a montagem de elementos descontínuos e heterogêneos, de trato com a poesia como se esta fosse um *achado* com que se pudesse topar inesperadamente e *desentranhar* da ganga bruta, envolve uma dimensão lúdica, com maior ou menor distanciamento irônico, que toda a obra do poeta só confirma e acentua. É o que se pode ver, por exemplo, na sua valorização reiterada da poesia de circunstância (de que o *Mafuá de malungo* é apenas um dos exemplos), da carga poética das piadas, dos sonhos, dos jogos amorosos, do poético aleatório e casual que se encontra tantas vezes na linguagem cotidiana, nos encontros fortuitos de imagens insólitas dispersas no mundo, nos nonsenses, nos trocadilhos, nos nomes, nas palavras mágicas que por vezes abrem misteriosamente a porta do reino da poesia, nos instantes de transe ou alumbramento.

Não se pode deixar de considerar o extraordinário peso que a difusão do Surrealismo, nas décadas de 1920 e 1930, terá exercido sobre uma atitude como essa, para a qual o poético é lúdico e libertário, combinando-se com o erótico, com o onírico, com o absurdo, com o humor. A poesia do encontro inesperado, do acaso objetivo, das analogias insólitas, no quadro da experiência do cotidiano das ruas, é um jogo com o desconhecido ou o desconhecido em jogo, ao qual os surrealistas se entregaram com o fervor de uma busca apaixonada de quem leva o desejo de conhecer ao mais fundo, sabendo perfeitamente o papel que nele desempenha o jogo com o incerto, em nome da verdadeira vida. A aderência estrita aos fantasmas do desejo conduz a um permanente jogo amoroso com o acaso, à exploração de uma realidade segunda sem se deter em nenhuma esfera da realidade ordinária, antes tendendo a misturar e combinar as diversas faces da existência empírica, em busca da revelação, como se vê no procedimento da montagem, essencial a essa atitude de espírito. A poesia participa do jogo; ela é uma *ars combinatoria* e joga com a realidade mesclada e descontínua de elementos heterogêneos. Nesse jogo roça o limite, querendo ir além, fundindo imaginação e desejo, dando carnadura ao sonho, fazendo-se imagem, convertendo o homem e o mundo em imagens do desejo. A poesia é, na verdade, uma dimensão fundamental da atitude surrealista diante do mundo, para a qual o conhecimento poético da realidade, por sua combinação de imaginação e desejo, é também um poder de transformá-lo. Por isto reencarna ainda o poder infantil de mudar o mundo, pela força mágica de suas imagens transformadoras, pela sua capacidade de conferir realidade ao sonho.

Não convém deixar de considerar o quanto estas noções, disseminadas no contexto internacional da poesia moderna, podem ter contribuído para formar o pensamento de um jovem poeta como Bandeira acerca da própria raiz do poético. Decerto lhe serviram de estímulo para uma concepção da inspiração poética em que parecem entrar tanto elementos de dentro como de fora, interiores como exteriores ao próprio poeta, dados subjetivos, até pré-conscientes (produtos secretos, oníricos, do "subconsciente", segundo ele mesmo afirma) e fatos tirados do mundo objetivo, combinando fatores psicológicos e histórico-sociais numa liga cerrada, vista tantas vezes como uma dádiva misteriosa dos esconderijos da memória ou do acaso.

Nesse sentido, é ainda importante observar como a primeira atitude de Bandeira diante da poesia tem raiz na infância e é essencialmente lúdica. Ela nasce de brincadeiras infantis, de versos humorísticos, de jogos de salão, das "óperas", como as chamava o pai do futuro poeta, que teve papel decisivo em sua formação mais funda, propiciando-lhe os primeiros contatos com a emoção poética, como se lê no *Itinerário de Pasárgada*. É o próprio poeta que ali se refere, com humor, ao fato de ter podido lançar "o *surréalisme* antes de Breton e seus companheiros", se com gênio poético levasse adiante as brincadeiras do pai, grande improvisador de nonsenses líricos.[6] A este atribui, ainda, a sua noção fundamental de que "a poesia está em tudo — tanto nos amores como nos chinelos, tanto nas coisas lógicas como nas disparatadas".[7] Aqui se pode observar claramente como a concepção lúdica do poético se articula em profundidade com a ideia da poesia mesclada à realidade heterogênea do mundo, de onde depois buscará o poeta desentranhá-la, ao mesmo tempo que a reconhece em qualquer nível do real ou da linguagem, misturada e impura. A essa mesma raiz profunda de sua obra posterior, ainda sob a influência do pai, Bandeira vincula seu gosto por certas palavras, então descobertas com "sobrosso" e encantamento como certas cantigas de roda ou contos da carochinha ouvidos nesses tempos de criança, ou os livros de imagens que despertaram no menino o sonho de "uma realidade mais bela".[8] Algumas dessas descobertas da infância poderá "aproveitar" mais tarde nos poemas, como no caso de "protonotária": vê-se que dos fundos da gaveta da memória o poeta poderá sacar o achado poético de um outro tempo, operando uma combinatória no *espaço* interno da obra, independentemente do passar dos anos.

Uma das consequências básicas dessa atitude de jogo livre com a poesia é, portanto, uma espécie de *espacialização* da obra, pela manipulação arbitrária da linguagem poética, numa tendência para o *lance caleidoscópico das formas*, regido apenas pela lógica interna da construção em obediência à necessidade íntima e momentânea de expressão, em resposta a determinadas circunstâncias. Assim se cria uma tensão permanente, intrínseca ao processo de criação de Bandeira, entre construção e expressão, ou entre convenção poética e espontaneidade, que ele deve sempre superar com a simplicidade de uma forma natural, resultado paradoxal do esforço construtivo do estilo, mediante o domínio técnico sobre a linguagem, e ao mesmo tempo cristalização repentina do mistério da inspiração nos instantes de alumbramento.

O *Itinerário de Pasárgada* contém, como se mostrou, uma teoria da poesia que implica essa visão da inspiração poética, entendida como transe ou *alum-*

bramento de um instante. No segundo livro de poemas de Bandeira, *Carnaval*, de onde se partiu, figura um poema precisamente com esse título, datado de Clavadel, 1913, que é com toda a probabilidade, por essa indicação, uma das primeiras composições do poeta. Publicado na coletânea de 1919 e não em *A cinza das horas*, de dois anos antes, onde foi reunida a maioria dos poemas compostos durante a estada do poeta na Suíça, o poema deve ter permanecido nos fundos da gaveta até seu aproveitamento posterior, como tantos outros textos do autor ao longo dos anos. Além disso, é preciso considerar que o poema, pela data de composição, pertence a um momento decisivo da carreira poética do escritor, pois foi escrito exatamente quando surge o poeta em Bandeira, coincidindo com o início efetivo de sua obra, que se dá simultaneamente ao aparecimento da doença que lhe ameaçará a vida.

Até ali a poesia tinha sido uma brincadeira de menino ou um jogo de salão; agora se transforma num jogo a sério para preencher o ócio de um doente condenado à morte, que fora justamente buscar em Clavadel a cura milagrosa para uma doença então fatal. Referindo-se às suas primeiras publicações em jornal, e em especial a um soneto erótico que ainda traía "as curiosidades sexuais da adolescência", numa época imediatamente anterior a esse período marcante de sua existência, Bandeira escreve no *Itinerário*: "Pouco tempo depois partia eu para São Paulo, onde ia matricular-me no curso de engenheiro- -arquiteto da Escola Politécnica. Pensava que a idade dos versos estava definitivamente encerrada. Ia começar para mim outra vida. Começou de fato, mas durou pouco. No fim do ano letivo adoeci e tive de abandonar os estudos, sem saber que seria para sempre. Sem saber que os versos, que eu fizera em menino por divertimento, principiaria então a fazê-los por necessidade, por fatalidade".[9]

Conforme ele próprio ainda nos diz, foi durante os treze anos que separam 1904, ano em que adoeceu, e 1917, quando publicou *A cinza das horas*, que formou sua técnica de poeta. Nessa mesma época teria ainda descoberto que "jamais poderia construir um poema à maneira de Valéry", por esforço consciente, dependendo sempre, ao contrário, do que lhe saía do "subconsciente, numa espécie de transe ou alumbramento", repentino estado de graça com que a poesia ao menos o aliviava das angústias.[10]

"Alumbramento" pertence, portanto, a esse momento decisivo e primeiro em que um homem encontra com seu destino de poeta, sob a pressão de circunstâncias adversas. Trazendo já no título uma palavra essencial para o poeta, pela noção de inspiração poética que desde logo sugere, pode, quem sabe, dar subsídios para a compreensão em profundidade da teoria da poesia e da atitude fundamental de Bandeira diante de sua arte, tal como se configurou implicitamente no poema desde os seus começos.

2. RELANCE ERÓTICO

ALUMBRAMENTO

Eu vi os céus! Eu vi os céus!
Oh, essa angélica brancura
Sem tristes pejos e sem véus!

Nem uma nuvem de amargura
Vem a alma desassossegar.
E sinto-a bela... e sinto-a pura...

Eu vi nevar! Eu vi nevar!
Oh, cristalizações da bruma
A amortalhar, a cintilar!

Eu vi o mar! Lírios de espuma
Vinham desabrochar à flor
Da água que o vento desapruma...

Eu vi a estrela do pastor...
Vi a licorne alvinitente!...
Vi... vi o rastro do Senhor!...

E vi a Via-Láctea ardente...
Vi comunhões... capelas... véus...
Súbito... alucinadamente...

Vi carros triunfais... troféus...
Pérolas grandes como a lua...
Eu vi os céus! Eu vi os céus!

— Eu vi-a nua... toda nua!

Clavadel, 1913.

O corpo e o cosmo

Desde a primeira leitura, o poema deixa transparecer seus vínculos com a tradição. É possível reconhecer, de imediato, a presença dominante da herança simbolista, combinada a certos traços ainda remanescentes da poesia parnasiana. Convém começar por um breve comentário descritivo desses aspectos tradicionais.

Os versos são regulares, e o metro adotado, o octossílabo, se não tão usual na tradição de língua portuguesa quanto, por exemplo, na poesia francesa, foi bem amado por nossos parnasianos, conforme atestam Bilac e Guimarães Passos.[11] Bandeira desde muito cedo se interessou pelo octossílabo, tendo entrado numa polêmica a propósito da acentuação e das possibilidades rítmicas desse tipo de verso, levado, segundo conta, pela leitura de poetas franceses e de Machado de Assis, que empregou esse metro, com maleabilidade rítmica, em poemas como "Flor da mocidade" e "A mosca azul".[12]

No texto, os octossílabos, com o acento predominante na quarta sílaba, não fogem à regra adotada pelos parnasianos e vêm dispostos em estrofes também regulares, tercetos perfeitamente uniformes, compostos bem ao gosto dessa mesma linhagem poética, segundo o padrão da terça-rima, sem romper, ao que parece, qualquer convenção tradicional: o verso do meio de cada estrofe rima com o primeiro e o terceiro da seguinte, até o fim, quando então um verso isolado rima com o do meio da estrofe precedente. Como se sabe, esta forma fixa, talvez de origem provençal, ficou famosa com Dante, que a utilizou na *Divina comédia*. Petrarca, nos *Trionfi*, e Boccaccio, em *L'amorosa visione*, continuaram empregando-a; depois, acabou quase abandonada durante séculos, só esporadicamente usada por alguns românticos ingleses e, na Itália, por Foscolo, até ser retomada com assiduidade pelos parnasianos franceses, ainda com seu célebre nome italiano de *terza-rima*. É esta, provavelmente, a fonte próxima de seus empregos mais recentes, no Brasil, como em Machado de Assis (na "Última jornada" das *Americanas*), embora em nossa língua houvesse o exemplo sempre atuante, sobretudo em Bandeira, de Camões, nas elegias e em parte das éclogas.[13]

Correspondendo a essa forma nobre das estrofes dantescas, o vocabulário é culto e escolhido, por vezes raro. E o tom do poema é elevado e emotivo, como logo se percebe pelas reticências insistentes e pela ênfase exclamativa da pontuação. O discurso, entrecortado por esses pontos enfáticos, tende a confiar a carga emocional que veicula ao poder sugestivo de palavras isoladas ou frases breves, em geral acentuadas no final e entremeadas de suspensões silenciosas. Estas são ainda mais marcantes pela segmentação dos octossílabos, com acento recorrente na quarta sílaba, sobretudo naqueles em que a cesura medial coincide com as pausas conclusas ou inconclusas indicadas pelos sinais de pontuação da oração. Pausas, aliás, várias vezes reforçadas por um mesmo segmento reiterado e pela rima interna, como, por exemplo, em *Eu vi os céus! Eu vi os céus!*, ou em *Eu vi nevar! Eu vi nevar!*, ou ainda em *Eu vi o mar! Lírios de espuma* […].

O ritmo é então o de ondas que vêm em crescendo para desdobrar-se em ecos persistentes no espaço das pausas ou das reticências, quando se quebra o movimento, mas ainda podem ressoar as rimas — melodia ondulada que vai arrastando para cima, para os ápices interrompidos, e nos abandona, a cada passo, no cume das ondulações, até a reveladora exclamação do fim. A forma da estrofação também colabora para esse movimento rítmico, suspendendo por assim dizer o sentido de terceto a terceto, mas mantendo a unidade rítmica pelo entrelaçamento das rimas, elos sonoros que operam a ligadura entre as estrofes.

Nesse meio-tempo, as imagens que configuram as sucessivas visões do sujeito, repetidas a cada estrofe, têm algo de *déjà vu*, exprimindo em padrões também convencionais a emoção de um Eu extático, presa de uma súbita visão arrebatadora, só revelada no final, mas multiplicada nas várias imagens que são vistas ao longo do texto.

Assim, tampouco a atitude do Eu lírico ou o tratamento temático parecem escapar do esperado dentro da mesma tradição da poesia finissecular, com sua estreita liga de Parnasianismo e Simbolismo, que no Brasil se dá desde a implantação desses estilos, persistindo na continuidade da penumbra pós-

-simbolista. Mas, apesar da conhecida tenuidade da experiência simbolista entre nós, é evidente em Bandeira, conforme se verifica aqui, a predominância do Simbolismo e de sua concepção fundamental da poesia, de que saem as raízes da lírica moderna. O poder de sugestão da linguagem, sua capacidade de alusão ambígua — condição essencial da poesia nessa perspectiva —, aparece, em "Alumbramento", apoiado na melodia que induz e nas imagens que dão forma à *visão*, unindo imaginação e sensibilidade, conforme a lição de Mallarmé: "Les deux, vision et mélodie, se fondent en ce charme indécis pour l'ouïe et pour l'oeil, qui me semble la poésie même…".[14] No caso, uma melodia que se interrompe e se reata, conduzindo, pela suspensão do som, às imagens visionárias: sonoridade fundida na visualidade. Música imaginária, que suspende para a visão dos céus.

Contudo, o caráter elevado do estilo, sustentado pelos traços apontados e por outros mais, muito condizente com o assunto ostensivo, ou seja, o deslumbramento produzido por uma visão excelsa, parece claudicar em algum ponto. Sobretudo pela força reveladora do último verso, que faz o leitor baixar dos céus à terra, para encontrar cá embaixo, no nível do corpo feminino, a razão material de tanta elevação. Na verdade, algo de mais fundo, entranhado no ritmo, na relação entre estrofe e metro, e em outros aspectos formais decisivos da construção, parece destoar da elevação geral, acompanhando a mudança do alto para o baixo, que ocorre no fim. A mescla bandeiriana dos níveis de estilo começa de fato muito antes do que se imagina.

Para não mudar a direção que o próprio poema imprime à leitura, pode-se entrar na análise pela construção da visão elevada, à primeira vista dominante no texto. Ela se baseia em primeiro lugar na escolha das palavras, *aproveitadas* da tradição e misturadas de um modo peculiar no poema. São elas que servem de material para as imagens fixadoras das impressões visuais do sujeito. Com muitos traços de semelhança entre si, organizam-se em núcleos significativos, gravitando encadeadas em torno do mesmo eixo repetido (*Eu vi/vi*), que marca a atitude do Eu lírico. Esta transparece na própria forma da enunciação, que aqui se manifesta como uma *anunciação lírica* de algo numinoso que toma e arrebata o sujeito, levando-o a exprimir-se num estilo elevado, pontilhado de imagens enaltecedoras do real até o nível da *visão*.[15] Retomadas da tradição, as palavras com o ar de velhas conhecidas reagrupam-se em imagens formadoras de uma espécie de constelação visionária, em volta dos pontos de manifestação do sujeito. A cada novo terceto, as imagens vão se formando como em múltiplas variações sobre uma mesma base analógica, modulando as impressões visuais ao redor do foco de emoção comum, repetido pelo movimento de retorno periódico do ritmo.

A primeira palavra a chamar a atenção do leitor vem logo no título: *alumbramento*. Sendo um termo que tanta importância vai adquirir na teoria da poesia de Bandeira, tal como surgirá mais tarde nas próprias reflexões explícitas do autor sobre poética, ela faz aí, num poema inicial, sua primeira aparição, despida de rodeios esclarecedores. Começa por abrir um halo de sugestões significativas que o corpo do poema só intensifica. Sua força sugestiva parece provir diretamente da tradição simbolista, siderada pelos vocábulos insólitos, cuja sonoridade rara parece associar-se inextricavelmente a uma carga semântica rica, vaga e ambígua, de alto poder encantatório. E de fato, o termo *alumbramento*, ligado pela origem latina a luz, como se vê por um dos seus significados correntes, que é "iluminação", contém uma carga semântica de forte poder evocativo e, ademais, uma insinuação de sombra (*umbra*) em sua tessitura sonora. Forma então um expressivo claro-escuro, que dá a impressão de casar-se admiravelmente bem ao leque de seus significados, onde a revelação luminosa pode velar-se pela sombra de um mistério, à medida que se passa da iluminação, na acepção própria e material, para outros significados espiritualizados a que a palavra também se presta, como "inspiração", "inspiração sobrenatural", "maravilhamento" ou "iluminismo", no sentido místico. Surpreendendo pela sonoridade rica e rara, cria assim, simultaneamente e de imediato, um campo de oscilações semânticas difíceis de precisar, como a brusca irrupção de uma luz indefinida, que vai do mundo material ao espiritual ou vice-versa, ferindo a atenção do leitor, suspenso diante das direções variáveis do sentido, da própria visão *alumbrada*.

Mas ao se buscar, ao longo do poema, correspondências que permitam uma linha coerente de leitura, logo se percebe uma série de outros termos semelhantes ao primeiro pelo traço visual, além de aparentados a ele pela filiação à tradição comum do Simbolismo ou ainda, em menor número, próximos dele pelo gosto parnasiano do vocábulo classicizante, nobre e pouco usual.

De fato, certas expressões como *angélica brancura*, *amortalhar*, *cristalizações da bruma*, *lírios de espuma*, *alucinadamente* ou *pérolas grandes como a lua* traem desde logo a fonte simbolista. O caricaturista Raul, irmão do poeta simbolista Mário Pederneiras, assinalou com humor, conforme recorda Bandeira, o "delírio de lírios" que marcou o Simbolismo nascente.[16] Fica-se pensando na *blancheur sanglotante des lys* ou nos *pâles lys* de Mallarmé. Mas são os ecos de Cruz e Sousa, com certeza bem lido por Bandeira, que repercutem no uso de *amortalhar* ou do advérbio *alucinadamente*, tão destacado, ou na fixação do branco, que *angélica brancura* evoca sem deixar margem de dúvida. Basta lembrar alguns versos do poeta catarinense: no "Sonho branco", se lê a expressão *infantilmente amortalhado*; em "Visão", *as almas castamente amortalhadas*; no "Triunfo supremo", *amortalhado em todas as mortalhas*, e assim por diante. Sem falar em como esses títulos de poemas já por si só sugerem a atmosfera de "Alumbramento". Não se pode esquecer tampouco a conjunção constante de brancura, névoa, luar, estrelas e lírios na poesia de Alphonsus de Guimaraens, que Bandeira tanto admirava.

Mas, noutros trechos deste texto, é o veio parnasiano que parece infiltrar-se, embora em menor escala, como se nota em *licorne alvinitente*. Aí o latinismo do adjetivo — embora o termo *licorne* faça parte do imaginário romanesco recorrente nos quadros legendários e medievalistas do Simbolismo europeu[17] — está bem ao gosto de Alberto de Oliveira, que escreveu, por exemplo: *Ao pé da porta a alvinitente clina/ Desenrolada de um corcel flutua*. Pode-se perceber ainda o timbre nítido de Bilac nessa *Via-Láctea ardente*, ou o reflexo da *Voie Lactée* de Sully Prudhomme. É claro que não são esses apenas os traços que marcam o poema com a impressão do *déjà vu*. Mas estes são já suficientes para demonstrar como o poeta lançou mão do léxico tradicional à disposição, recombinando-o livremente no texto, conforme uma lógica interna da construção em que é preciso penetrar.

Na verdade, são palavras isoladas ou componentes de expressões maiores, todas com o mesmo ar de família, uma vez que se referem a diversos aspectos comuns, sobretudo do universo físico (o céu, o mar, os astros), que pode aparecer fundido ao espiritual (*nuvem de amargura*), ou a este associado pelo traço material da cor (*alma* e *pura*, por exemplo, ligadas entre si e às demais pela sugestão implícita de brancura). De qualquer modo, em sua absoluta maioria, são predominantemente imagens do cosmo, e de um cosmo iluminado, exceto a do fim, que remete à nudez do corpo, vinculando-se, porém, às demais pelo mesmo facho de luz, revelado pela nudez, que uma rima, com valor semântico, ainda prende à luz da lua (*nua/lua*).

168

São todas, portanto, imagens que aparecem envoltas reiteradamente pelo mesmo halo luminoso e impreciso que rodeava o título, como se fossem portadoras de um foco de luz branca, irradiando-se em cadeia por todo o poema. Com efeito, desde a palavra *céus*, que logo parece contaminada pelo branco de *angélica brancura* e de outras palavras parecidas, *forma-se a sequência de termos afins, reiterando a mesma marca cromática, por efeito de sugestão ou poder evocativo, numa espécie de saturação da cor branca no texto todo*, independentemente da classe de palavra em que apareça: *véus; nuvem; alma; pura; nevar; cristalizações da bruma; amortalhar; cintilar; lírios de espuma; estrela; licorne alvinitente; Via-Láctea; comunhões; capelas; véus; pérolas; lua; nua.*

Perto dessas, outras palavras e expressões, como no caso de *céus*, parecem vistas também sob o aspecto do branco ou da luz, como *mar, flor da água, rastro do Senhor*, e até o advérbio *alucinadamente*, cuja constituição sonora sugere uma ligação com a luz, embora pela etimologia esta não se justifique. É que essa palavra se situa numa posição muito expressiva dentro do poema, deixando-se também contaminar pelo contexto. Antecedendo a visão já "delirante" do cortejo triunfal do último terceto, que precede, por sua vez, a revelação final da nudez do corpo feminino, o advérbio recebe toda a carga reiterada de luz branca, acendida como um rastilho ao longo das estrofes precedentes. Como o próprio Bandeira observou a propósito da "orquestração da linguagem" em Mallarmé, citando a prosa das *Divagations*: "as palavras se iluminam de reflexos recíprocos como um virtual rastilho de luzes sobre pedrarias".[18] O discurso, mais entrecortado pelas sucessivas reticências no terceto em que o termo se localiza em posição final e enfática, indicia a intensificação da emoção que no advérbio se concentra. Até a sílaba /lu/, que é a quarta do verso, parece iluminar-se pelo destaque do acento rítmico recorrente em todo o poema e pela assonância, que realça os /uu/ acentuados:

Sú*bi*to... al*u*cinadamente...

Assim se exprime uma obnubilação ou ofuscamento por excesso de repentina luz: turvação paradoxal do entendimento pela claridade descomedida; turbação da alma, posta em desassossego, diante do foco da paixão, prestes a desvelar-se. Só pode seguir-se a visão desvairada da estrofe do fim, capaz de subverter a ordem cósmica — *visão*, no sentido forte do termo:

> Pérolas grandes como a lua...

A preferência simbolista pela luz lunar, difusa e transfiguradora, se confirma nesse verso onde um elemento pequeno e baixo, do fundo do mar, assume a dimensão hiperbólica, gigantesca e elevada, do astro dos desvairados, do *sol da demência*, como escreveu Raimundo Correia no "Plenilúnio".[19] Desse modo se prepara a subversão maior do verso final, aonde vai desembocar toda a cadeia luminosa e deslumbrante, que desce dos astros ao fulgor do corpo por fim descoberto:

> — Eu vi-a nua... toda nua!

Aqui se inverte abruptamente a direção das impressões visuais: agora o foco de luz se expande de baixo para cima, substituindo-se as imagens do cosmo pelo olhar maravilhado do corpo nu, obrigando o leitor a refazer a leitura das imagens do mundo natural como transfigurações da visão da nudez feminina, encadeadas pelo feixe de luz branca alucinante. *Na verdade é a luz da nudez que se expande pelo cosmo. E esse clarão vindo do corpo, entretecido aos múltiplos elos luminosos, ligados entre si desde a primeira visão dos céus, configura uma irradiante cadeia metafórica, metonimicamente presa ao detalhe fulgurante e revelador da nudez.*

Provinda de baixo, do esplendor do corpo nu, a luz da revelação se eleva aos céus. As imagens cósmicas, transfiguradas pela súbita visão, se fazem imagens apocalípticas, metáforas da revelação. Enquanto linguagem, são palavras véus que cobrem o corpo com imagens do cosmo e ao fim se revelam como figurações da nudez movidas pelo desejo, no espaço imaginário dos céus. E assim, o universo inteiro se transfigura, *sublimado*, a partir de um *relance erótico*, cujo poder de revelação, por fim explicitado, se irradia ao poema como um todo, fazendo do próprio corpo e do cosmo, que nele se iluminam, um mundo transmudado em imagens do desejo.

O instante de alumbramento é, portanto, um momento de repentina revelação, de raiz erótica, pela qual as coisas se religam de outra forma, o mundo todo muda pelo impulso do desejo, se reordena sob o claro de luz transfigura-dora, pela força da visão. A *visão poética* tem o poder de reorganizar o mundo, conforme o movimento do desejo, pois o alumbramento é também a visão do poeta ou o poeta tomado pela visão que tudo muda. Alumbramento é inspira-ção poética, iluminação que transfigura, que faz do mundo imagem, metáfora. Alumbramento é ainda encontro súbito com o foco da paixão, com a poesia desnudada, descoberta, desentranhada do mundo, repentinamente revelada na instantaneidade da imagem. Alumbramento é, finalmente, iluminação es-piritual, mas iluminação profana, que vem de baixo, do corpo e da matéria, e se alça ao sublime. A inspiração poética, visão sublime, nasce do corpo. *Em sua gênese, a lírica, para Bandeira, se prende ao erótico, a um impulso que tem o poder de mudar o mundo, ao convertê-lo em imagem.*

Eliot viu no poder do poeta de religar experiências diferentes, formando novos conjuntos — em sua capacidade de *assemblage*, se poderia dizer —, um critério distintivo da sensibilidade poética, decerto influenciando com sua visão a concepção moderna da natureza da poesia.[20] Já num trabalho tão dos inícios do itinerário de Bandeira, é esse poder que se mostra não só como tema profun-do, uma vez que trata da própria inspiração poética nesse sentido, mas também como execução concreta na forma do poema. Convém examiná-la mais a fundo.

Caleidoscópio

Considerado em linhas gerais, o poema é uma *aparição* do mundo aos olhos de um sujeito, que, extático, anuncia sua visão de um momento, impul-sionado pelo vislumbre de um corpo nu. Enquanto *aparição*, o poema é de fato imagem, apresentação de um conjunto complexo de elementos sensoriais, intelectuais e afetivos num instante dado. Foi mais ou menos nestes termos que Ezra Pound definiu a imagem no começo do século, uma definição que muito importaria para os poetas imagistas e que, como se vê, era também per-feitamente conveniente para a prática poética de Bandeira nessa mesma épo-ca.[21] Nessa concepção da imagem, fica evidente a fusão de elementos díspares num todo apresentado *espacialmente* num determinado instante. O choque súbito sobre o leitor demonstra que a imagem não depende propriamente da sequência do discurso, contrariando a linearidade da linguagem, ao apresentar num todo instantâneo um conjunto complexo de componentes. E esse aparecer instantâneo de um mundo, sob a forma de imagem, é *alumbramento*.

No plano concreto, o poema é realmente uma sucessão de imagens visuais. Ou melhor, um conjunto de imagens visuais justapostas num determinado espaço. Imagens que, embora enumeradas linearmente no discurso poético, na verdade se subtraem à linearidade da linguagem, não dependendo tanto da sucessão temporal e da sintaxe discursiva quanto da justaposição espacial, ao se constelarem em torno de um centro fixo, que se repete ao longo dos tercetos, dado pela posição do sujeito.

As imagens se formam, a cada passo, à volta da expressão do sujeito, conforme o ritmo de retorno dos tercetos. A cada instante, com cada elemento do mundo natural, se retoma o processo de que surge uma nova imagem. As imagens aparecem conforme as ondas do ritmo. Desse modo, elas substituem-se umas às outras, remetendo-se umas às outras, enquanto grupo de palavras isoladas, vinculadas pela referência comum ao cosmo e pela luz branca, mas independentes da construção sintática, que acaba esgarçada ou esfumada.

É o que se nota, entre outras coisas, pela marca de suspensão ou fragmentação constante das reticências. No mesmo sentido, a ausência de verbos, com exceção do verbo *ver* sempre reiterado e do *vir*, paralisado numa perífrase (*vinham desabrochar*), indica a falta de ação propriamente dita ou o movimento travado, fato que o uso repetido da forma nominal do infinitivo (*desassossegar*, *nevar*, *amortalhar*, *cintilar*, *desabrochar*) não pode compensar em termos dinâmicos. Isto porque o infinitivo "é mais a enunciação indefinida de um processo do que a sua apresentação dinâmica"; desse modo, contribui para o mesmo efeito de travamento.[22] Um efeito acentuado, aliás, pela sonoridade expressiva das desinências dessas formas verbais que permanecem ecoando, pela rima interna em /ar/, ao longo do texto, como que marcando passo em paradas obrigatórias, onde só parece expandir-se a estupefação maravilhada, derivada do alumbramento.

Mas o procedimento técnico decisivo para esse efeito geral, capaz de permitir o realce dos recursos precedentes, é o próprio modo de ser da organização sintática, baseada na parataxe, feita de orações independentes e absolutas, coordenadas entre si, apenas somando, cumulativamente, elementos, sem subordiná-los ou determiná-los por relações de dependência, nascidas da sequência linear. *O resultado final é uma clara espacialização da forma, traço distintivo da poesia moderna*:[23] cada novo terceto funciona como um novo lance num caleidoscópio, em que se mudam as figuras, sem que se estabeleçam nexos de dependência em função da sucessão temporal. Nisto se percebe ainda o ritmo entrecortado, a melodia interrompida em recorrente suspensão, como se o próprio movimento, travando-se, servisse à configuração instantânea das imagens.

À volta do *Eu vi*, sempre repetido uma ou mais vezes a cada terceto, as imagens vão, por assim dizer, cristalizando-se, dispondo-se espacialmente, *fixando-se* num espaço determinado, este também imagem no âmbito do poema: o espaço dos *céus*, que abre e encerra o quadro visual aí apresentado, pela repetição do verso do início, ao fim do último terceto. É nessa região elevada e fixa que as imagens se configuram, no instante em que o sujeito as registra, a cada terceto. Mesmo as imagens do mar (*lírios de espuma*) ou da terra (*carros triunfais*), em princípio situadas embaixo, parecem tomadas por um impulso ascendente de surgimento ou exaltação que as eleva para a paragem excelsa, para o espaço imaginário elevado, cujos limites são marcados metaforicamente pela identificação com a visão dos *céus*. É este impulso para cima, já perceptível nas ondas do ritmo, que surge radicalizado na "alucinação" do fim, quando as pérolas tomam a dimensão da lua, convertendo-se um elemento das profundezas do mar em corpo celeste. *Aqui se revela mais claramente o que é perceptível em todas as outras imagens do poema, ou seja, sua tendência para uma transfiguração visionária*, alumbrada, da realidade em obediência a um movimento ascensional para o sublime.

Desnudamento

Esse impulso para cima é por assim dizer contraditado no verso final, que se opõe a todo o resto do poema, embora a ele se vincule pela rima, pelo ritmo e pela cadeia luminosa, de que faz parte — espécie de último elo metonímico que revela a base material de toda a figuração. A cadeia de metáforas apocalípticas, transfiguração do universo físico, com sua brancura espiritualizada, índice de uma plenitude exaltada — visão dos céus! —, se mostra presa a um elemento baixo e prosaico, à *memória do corpo*, como se fosse toda ela uma projeção "alucinada" de uma satisfação material originária, no caso de natureza erótica. As imagens são, portanto, signos de uma percepção fundamental ou percepções que *lembram* uma percepção básica, ligada a um prazer do corpo.

O feixe de luz branca é assim uma cadeia da memória, feixe de aparições que repetem uma aparição primeira, partículas luminosas ou vestígios mnêmicos, presos à lembrança prazerosa de uma experiência primeira de satisfação do corpo, fonte de luz, subitamente revelada aos olhos maravilhados de um sujeito. Como em outro poema famoso de Bandeira:

> Um dia eu vi uma moça nuinha no banho
> Fiquei parado o coração batendo
> Ela se riu
> > Foi meu primeiro alumbramento

Aqui como ali, o impulso lírico, configurado em imagem poética, resulta claramente do instante de alumbramento — suspensão do tempo, cravado pelo repentino irromper da paixão (*Fiquei parado o coração batendo*), expresso na sintaxe pela abolição de todo liame entre os dois membros da frase, justapostos em abrupto contraste de imobilidade e movimento. É quando a visão reveladora se funde com a imagem erótica do desejo, nascida da memória da infância, como uma súbita aparição paralisante em que se cumpre e se reencarna um movimento, uma moção, vinda de muito antes, mas reinvestida nessa imagem de lembrança da plenitude inicial. O desejo não se confunde com a necessidade originária do corpo; ele é moto e chama e se reacende com as imagens da memória, aparições instantâneas em que se cristaliza uma complexa experiência, aparições capazes de prismar os luminosos reflexos de uma completude do corpo livre da necessidade, despido de todo entrave em sua nudez fulgurante para a visão alumbrada do sujeito lírico.

O movimento do desejo tal como aí se configura pode fazer pensar na concepção dinâmica que Freud teve dessa noção fundamental, quando considera que o desejo inconsciente tende a restabelecer, no processo de sua realização, os signos ligados às primeiras experiências de satisfação. Ao tratar desta afirma, por exemplo: "[...] a imagem mnêmica de uma certa percepção permanece associada com o traço mnêmico da excitação resultante da necessidade. Uma vez retornada a necessidade, se produzirá, em virtude da ligação estabelecida, uma moção psíquica que buscará reinvestir a imagem mnêmica dessa percepção e mesmo evocar essa percepção, ou seja, restabelecer a situação da primeira satisfação: uma tal moção é o que chamaremos desejo; a reaparição da percepção é a 'realização do desejo'".[24] Fica evidente a diferença entre desejo e necessidade, e como o desejo se liga aos vestígios da memória, encontrando sua consumação na reprodução "alucinada" das percepções que indiciam a satisfação.

No poema em estudo, fica também patente a transfiguração de uma percepção inicial do corpo feminino, esse vestígio luminoso de uma lembrança prazerosa, em imagens análogas, possuídas de desejo, mas transidas da luz fria e espiritualizada da sublimação. Todavia, pela própria ordem interna do poema, o leitor é levado a percorrer o caminho inverso ao do processo de elevação das imagens. É que o verso final representa um papel decisivo de reviravolta na estrutura do poema como um todo. Já se observou como ele ao mesmo tempo se liga e se opõe ao restante do texto, prendendo-se pela rima à cadeia luminosa a que dá continuidade, mas rompendo-a, do ponto de vista do sentido. Chega-se a ele após o reforço, mediante repetidas imagens, da luz branca transfiguradora. Esta reiteração constante de um mesmo traço, como se fosse uma ideia fixa, é acompanhada por um crescendo emocional, indiciado no tom exclamativo e cada vez mais reticente, até a "alucinação". Uma espécie de desvario coerente pela fixação do branco. Neste momento final, é máxima a elevação que atinge mesmo os elementos mais baixos, como as pérolas das profundezas, alçadas em astros. Aí então ocorre o verso do fim, revelando o fundamento material do sublime, por assim dizer dessublimando a transposição metafórica das imagens pelo *desnudamento* do seu vínculo metonímico com a realidade que estava em sua base. Realidade da satisfação erótica que as imagens de algum modo evocam no plano elevado de um céu imaginário, como ecos de uma plenitude primeira. Assim, o desvelamento do corpo é também a revelação da matéria debaixo dos véus de uma brancura espiritualizada. Logo se vê que a tensão estrutural máxima do poema se mostra na duplicidade ambígua do branco, que reúne o alto e o baixo, o espírito e a matéria, quando, com o último verso, surge seu duplo sentido.

A complexidade dessa experiência lírico-erótica com que se identifica o alumbramento de Bandeira, com suas profundas raízes na poesia do corpo, pode caber toda numa única imagem, pela extraordinária fusão que esta produz, ao enlaçar elementos díspares e até extremos. Como no admirável poema que é "Boda espiritual", onde toda a cadeia imagética de "Alumbramento" aparece condensada num único verso, citado anteriormente, mas que é preciso repetir por sua bela e radiante síntese:

A maravilha astral dessa nudez sem pejo...

A fusão do elevado com o baixo, do cosmo com o corpo, no instante de alumbramento, supõe a transgressão da descontinuidade dos seres e a consequente superação da distância que os separa. O relance erótico do poeta alumbrado dissolve relativamente os seres constituídos na ordem descontínua, para fundi-los numa nova unidade. *No plano da construção poética, este é também o efeito da montagem.* Confundida com o desejo erótico, a visão poética, que reorganiza o mundo, rompe a estrutura fechada dos seres tal como se reconhecem na realidade banal, tornando-os porosos ao contato, abertos para a conjunção. Do mesmo modo que, na forma do poema, pela montagem se fundem os elementos descontínuos.

Não é por acaso que esse ato começa pelo desnudamento do corpo. "A nudez se opõe", como viu Georges Bataille, "ao estado fechado, isto é, ao estado da existência descontínua. É um estado de comunicação, que revela a busca de uma continuidade possível do ser para além do dobrar-se sobre si mesmo."[25] Abertura para o outro, para a posse do outro que equivale, na verdade, à despossessão de si, da individualidade durável e reafirmada: "Há, ao contrário, despossessão no jogo dos órgãos que se esvaem no rebrotar da fusão, semelhante ao vaivém das vagas que se penetram e se perdem uma na outra".[26] Anúncio de abertura e passagem, preparação para a entrega e a dissolvência, a nudez pode ser vista como um signo do movimento do desejo erótico em seu fascínio pela morte. "Há na passagem da atitude normal ao desejo uma fascinação fundamental pela morte. O que está em jogo no erotismo é sempre uma dissolução das formas constituídas", afirma ainda Bataille.[27] A visão alumbrada da nudez, com que se confunde a inspiração poética em Bandeira, pelo que se pode observar em "Alumbramento", se encontra no limiar desse fascínio — instante em que a claridade é tanta que é cegueira, buraco negro da fulgurante paixão — em outros momentos ostensivamente revelado, como se verá. O poeta intuirá a direção do movimento em cujo limite está a destruição: superação da individualidade descontínua pela fusão numa totalidade indeterminada. Como no "Poema tirado de uma notícia de jornal", em que o momento máximo de festa e paixão, de embriaguez dionisíaca, é já dissolvência fatal, desfazimento do princípio de individuação e regresso à natureza.

Mas a percepção desse movimento já está nitidamente delineada em "Alumbramento". Aqui a visão da nudez desejada envolve o universo (tudo se confundindo na luz branca), como se o mundo se tornasse transparente aos olhos que desejam, através do corpo desejado. O todo, a plenitude, se dá através do corpo da mulher (*toda nua*); o ilimitado se mostra através dessa *nudez total*, como que rompendo as barreiras entre os seres, superando a descontinuidade pessoal e permitindo a continuidade do ser no outro, nessa expansão sublime da brancura, irradiada pela nudez, no espaço sem limites dos céus. Brancura que, de tanta, turva.

A diversidade e a complexidade do mundo parecem superadas no instante dessa visão que tudo aproxima e funde na luz comum, simplificando-se ao olhar do poeta. Ao mesmo tempo, nessa eclosão de luz a própria visão tende a ofuscar-se, *alucinada*, perdida na fixidez do branco, beirando a aniquilação, pela fusão ou dissolução na continuidade sem limite desse objeto da paixão que engloba o universo todo.

Branco sobre branco

A tensão estrutural que o verso do fim estabelece, em sua relação de oposição e ligação com o restante do texto, permite compreender ainda aspectos menos evidentes, mas capitais para a configuração da forma do poema como um todo e o que nele se exprime sobre a natureza da inspiração poética enquanto visão alumbrada.

Em parte, essa tensão estrutural criada pelo verso do fim é um fato previsto pela utilização de um esquema como o da terça-rima. Um estudioso da versificação tradicional, Auguste Dorchain, citado por Bandeira, chama a atenção para isso, ao comentar esse tipo de estrofação que ele inclui entre os poemas de forma fixa: "É, enfim, absolutamente necessário que o verso final apresente um traço surpreendente de algum modo, seja pelo choque imprevisto do pensamento, seja pelo brilho da forma, e em todo caso pela sua profunda relação lógica com todo o poema. Se não, em lugar da alegria de um arremate, é a decepção de um abortamento que experimentaremos".[28]

Com certeza, o verso bandeiriano produz o choque imprevisto e tem o brilho formal requerido pelo modelo da terça-rima. Na verdade, a culminação da luz ao fim do poema é também um *splendor formae* da obra bem-acabada como um todo. Uma claridade que vem da contradição. Percebe-se logo o caráter fortemente paradoxal desse arremate, pois é ao mesmo tempo harmônico e dissonante com relação ao todo, articulando e ressaltando tensões fundas da forma total do poema. O efeito final, que é o de uma verdadeira revelação, depende dele, uma vez que o leitor permanece suspenso até chegar ao fim, quando só então as tensões acumuladas pelas imagens repetidas em cadeia parecem resolver-se, pelo golpe de uma tensão maior e contrária, numa estrutura acabada. Realmente, nele desemboca tudo quanto se pode esperar pela armação anterior do texto e ainda nele irrompe o inesperado com o seu poder de revelação.

Para se entender a função de um verso assim tão importante na estrutura do poema, é preciso, pois, considerar que introduz uma revelação a uma só vez inesperada e anunciada na sequência de imagens que trazem a marca material, porém espiritualizada, da brancura. Ele é a condição reveladora do caráter propriamente visionário dessas imagens e também a demonstração da força transformadora da paixão erótica, que transfigura o mundo em visão. Por ele ainda, o corpo nu da mulher se equipara, pelo brilho deslumbrante, às outras imagens do universo exaltado acima, as quais de certo modo anunciam essa revelação pela luminosidade.

Mas, é no seu movimento de trazer à terra, pelo desvelamento do corpo, as impressões celestiais antes enumeradas, que o verso final mostra todo o seu raio de ação e complexidade. À primeira vista, a ligação com o restante só se faz por um lado, o da luz que vincula as imagens ao corpo, traço de ligação também paradoxal, pois é através da materialidade da cor que se juntam impressões visuais tão heterogêneas e tão espiritualizadas. É pelo vínculo material que o espiritual se organiza em cadeia coerente, cadeia que a revelação do corpo não quebra, antes expande, momento culminante de irradiação de luz, *epifania* radiosa, em que o corpo, até certo ponto, parece surgir sacralizado, divinizado no esplendor da visão espiritual. Por outro lado, porém, é ao se mostrar vinculada ao corpo nu da mulher que essa epifania se dessacraliza como uma *iluminação profana*, se revela enquanto matéria em que se reencarna o desejo, base prosaica de uma exaltação sublime. Agora é a força unitiva do erótico que se mostra com toda a intensidade, o poder do corpo tão prosaicamente humano de se desnudar em luz capaz de transfigurar o mundo em imagens do desejo, de tudo ligar alucinadamente, pela amorosa visão, em luminosa harmonia universal.

Também esse lado "baixo" do foco do desejo vem anunciado antes; no caso, pelo prosaísmo dos versos octossílabos, em contraste com a nobreza elevada da terça-rima. Esta é tão condizente com as imagens visionárias que sublimam a luz emanada do corpo da mulher em *angélica brancura*, quanto a nudez literal e completa do fim parece longe dos céus e aferrada ao terreno comum do octossílabo. Na verdade, a visão angelical da mulher sugerida pelas imagens do branco, visão sublime e *perfeitamente dantesca*, conforme a terça-rima, se assenta sobre a base chã, pedestre, da mais prosaica de nossas formas poéticas segundo Castilho, o verso de oito sílabas.[29] Este "pária" entre nossos versos, no dizer de Said Ali, surge aqui no lugar do decassílabo de Dante ou do alexandrino parnasiano a que se casa também a terça-rima, unindo formalmente o elevado ao baixo, numa espécie de mescla já inteiramente moderna, fora dos parâmetros da convenção tradicional.[30] Esta dissonância, oposta ao sublime das imagens que elevam a visão da mulher para o espaço dos céus, é, no entanto, um elemento de harmonia com o desnudamento revelador do corpo enquanto origem de tanta brancura. A sabedoria construtiva de Bandeira aparece, assim, claramente nessa organização nova dos materiais aproveitados da tradição, integrando componentes contraditórios na tensão harmônica da forma poética.

A conjunção de uma visão espiritual da mulher, em luminosa aparição celestial, com a forma da terça-rima evoca efetivamente imagens de Dante:

> Quivi la donna mia vid'io sì lieta,
> come nel lume di quel ciel si mise,
> che più lucente se ne fe'il pianeta.[31]

Evoca aquela tradição da poesia visionária que surge já na *Vita nuova* e esplende em tantos momentos da *Commedia*:

> si vid'io ben più di mille splendori[32]

Num primeiro instante, a espiritualização das figuras no texto bandeiriano parece acompanhar o movimento ascensional da *sublimità* do grande "poema sacro", como Dante definiu sua própria obra. E as imagens finais do "Alumbramento", com sua sugestão apoteótica de *carros triunfais* e *troféus* que precedem a revelação da amada, podem até recordar aquela aparição do carro triunfal em que surge luminosa, em meio à maravilha de um cortejo insólito, uma mulher velada — Beatriz, logo em seguida descoberta: encontro de Dante com a amada inacessível antes de subir ao cume do Purgatório, lugar do Paraíso terrenal, onde a lua é sempre a "eterna pérola".[33]

Na verdade, no poema de Bandeira, sob as brancas visões evocadas da poesia simbolista, brilha a luz da visão dantesca — imagens que refazem camadas de branco sobre branco, demonstrando como, desde o princípio, o poeta soube ler fundo a tradição, incorporando-a e transformando-a pelo reaproveitamento de elementos num contexto mudado e novo. O substrato das imagens dantescas é aqui submetido a um movimento inverso ao da ascensão sublime, pela exposição final da nudez do corpo, revelação que ofusca como a luminosidade que emana de Beatriz (*ma quella folgorò ne lo mio sguardo/ sì che da prima il viso non sofferse*),[34] mas traz consigo o maravilhamento que o desnudamento repentino e completo sugere num relance erótico. A esse movimento invertido de dessublimação corresponde também a dessacralização da visão da mulher e da poesia, ou seja, um uso absolutamente moderno de um repertório de imagens tradicionais ainda marcadas pelo vínculo com o sagrado.

É sabido como a visão dantesca da mulher enquanto *donna angelo* dependeu da concepção amorosa dos poetas do *dolce stil nuovo* e da espiritualização da tradição medieval do amor cortês. Um precursor do *stil nuovo* como Guido Guinizelli, conforme observou Curtius, transformou a elevação da amada a anjo do paraíso num tópos da lírica italiana. Dante foi mesmo além, não só escolhendo a mulher assim enaltecida para guia numa visão poética do além-túmulo, vinculando-a à esfera da fé e do pensamento cristão, como inseriu Beatriz, segundo notou ainda aquele estudioso, no "processo objetivo de salvação", introduzindo na revelação um elemento mítico, contrário mesmo à doutrina da Igreja.[35] Fosse quem fosse, Beatriz Portinari ou uma florentina desconhecida, a amada, a *donna gentile* da *Vita nuova*, de mulher real se fez mito, e só através dela, na visão dantesca, a humanidade se eleva acima do que é terreno. Além disso, como apontou De Sanctis, na lírica de Dante, o objeto do amor é a beleza, mas não o "'bello di fuori', le parti nude"; mas uma beleza que se mostra apenas a quem a entende, um "dolce pomo" só concedido aos amigos da virtude: Dante não diz "sentire amore", e sim, "avere intelletto d'amore".[36] Segundo reitera ainda o grande crítico, na visão dantesca, para "appagare l'amore basta il vedere, la contemplazione". E avança: "Vedere è amore, amore è intendere". O entender liga o amor humano às inteligências celestes que movem as estrelas e o universo. A mulher, "nobile intelletto", é "il viso della conoscenza, la bella faccia della scienza"; ela é a própria ciência, a filosofia na sua bela aparência. Por isso, a filosofia, "uso amoroso di sapienza", é ciência tornada ação mediante o amor. A virtude é a sabedoria do viver segundo a ciência. O amante é o sábio e a amada, beldade que não é senão a aparência, o mostrar--se da sabedoria. E conclui De Sanctis: "Con questo misticismo filosofico si accordava il misticismo religioso, secondo il quale il corpo è il velo dello spirito, e la bellezza è la luce della verità, la faccia di Dio, somma intelligenza, contemplazione degli angioli e dei santi. Dio, gli angioli, il paradiso rappresentano anche qui la loro parte. Teologia e filosofia si danno la mano".[37]

O que possa haver de evocação dantesca em "Alumbramento" — e não se pode negar a evidência luminosa das imagens semelhantes, da própria atitude do sujeito, que anuncia a visão, e do esquema estrófico da terça-rima — reflete uma concepção exatamente oposta a essa visão espiritualizada da mulher e do amor: aqui é o espírito que surge como véu do corpo, desvelado por fim em radiante nudez. A visão dos céus culmina no mundo terreno por um esplendor da carne. As camadas de brancura celestial acabam por assentar-se na terra. O sublime baixa humildemente ao chão.

A raiz materialista desta visão alumbrada parece indiscutível. No entanto, se está longe de qualquer simplismo. Bandeira trabalha com a contradição, e a contaminação dos opostos, em sua complexidade, aparece resguardada na ambiguidade do branco, ao mesmo tempo material e imaterial, concreto e abstrato, aparência sensível e iluminação espiritual. Uma ambiguidade que brota desde logo, por efeito de sugestão, do próprio termo *alumbramento*, estendendo-se, em rastilho, por toda a cadeia de imagens em estreita correspondência, até o fulgor final da nudez, ela mesma anunciada e transfigurada pela luz que a precede e com a qual se confunde, integrando-se à visão total que é o poema.

Visto como um todo, "Alumbramento" pode ser lido, então, alegorica-
mente (para ficar ainda na evocação de Dante), em camadas — branco sobre
branco —, integrando níveis diversos, mediante uma espécie de montagem,
princípio geral de construção que aproveita materiais da tradição num contex-
to novo, formando uma complexa estrutura metafórica. Esta tem várias tradu-
ções alegóricas possíveis, desdobramentos metafóricos até certo ponto conti-
dos nas sugestões de sentido da palavra *alumbramento*, exatamente como foi
sendo mostrado ao longo desta análise: o poema é a anunciação de uma visão
excelsa ou de uma iluminação espiritual; é a visão de um encontro amoroso, a
partir da chispa de um relance erótico, ampliando-se numa fusão cósmica
através do corpo da amada, até o ofuscamento e o fascínio da aniquilação; é
uma visão da inspiração poética, que descobre a gênese comum de lirismo e
erotismo em imagens do desejo num momento de transe; é uma visão mística
de comunhão universal, projeção do desejo de unir-se ao todo, nascendo do
corpo, da matéria tocada de contraditória espiritualidade. Nenhuma destas
traduções do sentido dá conta, porém, da totalidade, demonstrando como
aqui a latência alegórica faz parte de *um processo mais vasto de simbolização*,[38]
que o princípio de construção adotado por Bandeira implica, ao espacializar a
forma, juntando o descontínuo, fundindo os opostos, somando as imagens nu-
ma superimagem, numa visão total e instantânea, fora do tempo e aberta ao
ilimitado, que é propriamente o *alumbramento*. Os significados alegóricos es-
tão contidos de fato no poema como possibilidades de leitura, mas não lhe
esgotam o sentido. As imagens aludem, parcialmente, a outra coisa — alegoria
significa dizer o outro —, mas acabam por desembocar numa imagem final,
esta sim, imagem sentido, que simbolicamente tudo recolhe, síntese da totali-
dade (*toda nua*), abrindo-se ao ilimitado.

A estrutura do poema, com seu verso final contraditório e surpreendente,
revela a nudez da mulher como síntese de todas as imagens do universo enu-
meradas ao longo do texto (numa cadeia que se diria ilimitada, recorrente
sempre como as ondas no ritmo dos tercetos). *Esquematicamente*, todo o uni-
verso se resume no corpo da amada. A amada não é aqui mediação para a
transcendência, passagem para o sagrado ou a divindade, como na alegoria
dantesca. Ao se revelar, em sua nudez, ela revela todas as imagens do universo,
pois nela se resume toda luz ilimitada do cosmo. Aqui o infinito é o finito; o
universal, o particular. Mas, ao mesmo tempo, ela é *simbolicamente* tudo, pois

é através de sua nudez que tudo o mais se deixa ver. O particular é o universal. *O corpo é o cosmo*. Ao se completar o poema, com o verso final, entende-se que a totalidade se dá a ver no instante do alumbramento.

Na mesma medida em que "Alumbramento" contém, implicitamente (alegoricamente), uma teoria da poesia, uma visão da inspiração poética enquanto instante de visão alumbrada — instante em que a totalidade se dá a ver ao poeta, em que o universal é o particular —, contém ainda uma teoria da imaginação simbólica impressa na própria forma como o poema se realiza enquanto todo, enquanto totalidade formada. "Alumbramento" anuncia como se dá a visão do poeta em transe, mas ao mesmo tempo se forma enquanto poema, enquanto todo orgânico, que não se limita a anunciar alegoricamente a gênese da poesia (de dizer o outro), mas é, em si mesmo, a totalidade no instante. A imaginação é a força que plasma na unidade acabada do todo o descontínuo e o diverso, operando, por montagem, a síntese do universal no particular.

Esta chegada, pela análise da construção do poema, a uma espécie de *en kai pan* (uno e todo), de lembrança goetheana, não formulada expressamente por Bandeira, mas desentranhável de sua prática poética e do seu modo de conceber a poesia ao mesmo tempo como resultado inconsciente de um instante de alumbramento (ou como resposta a uma circunstância momentânea) e como produto do trabalho consciente com as palavras, é decerto uma herança da teoria romântica da poesia, sobretudo visível nos termos em que esta se desenvolveu no Romantismo alemão e se divulgou através de Coleridge. Dessa herança, com certeza também faz parte a ideia do caráter simbólico do processo criador da imaginação, a que tampouco se refere diretamente Bandeira, mas que se acha implicado no seu modo de dar forma ao poema.[39]

Vê-se, portanto, por esse poema dos inícios do itinerário do poeta de *Carnaval*, como o seu modo de conceber a poesia é, pela prática efetiva, desde sempre fundamentalmente simbólico, o que lhe define o tipo de imaginação. Ele é um poeta do símbolo, dos instantes de alumbramento, embora a alegoria esteja tão presente em sua obra, como uma possibilidade latente do próprio processo de simbolização. Por isso, ao reaproveitar imagens e formas que parecem evocar o universo de Dante, muda-lhes completamente o sentido, desviando-se da tendência alegórica do cristianismo, em que o mundo terreno, finito e perecível, é um meio de aludir ao infinito e à transcendência — isto, muito embora sua obra esteja pontilhada de imagens tomadas à tradição cristã (certamente não apenas por via da obra de Dante, mas por razões históricas compreensíveis no contexto brasileiro de onde sai sua matéria poética) e sua forma de expressão madura se possa definir como um estilo humilde, na origem também produto das transformações que o cristianismo imprimiu à herança do mundo greco-latino, conforme apontou Auerbach. Por fim, seu modo simbólico de conceber e dar forma ao poético, tal como em "Alumbramento" transparece, se afasta também do símbolo na tradição mais próxima do Simbolismo, da qual ele parte, à medida que se distancia do alto espiritualismo dessa corrente, de suas "vagas nebulosidades", para apoiar claramente sua visão alumbrada não nas "quimeras do Desejo", mas no chão bem mais concreto e prosaico onde esplende o corpo nu de uma mulher.[40] (Uma mulher de carne e osso, por acaso aludida numa nota de um exemplar do *Carnaval*, tirado de um fundo de gaveta do tempo.)

O jovem autor de "Alumbramento", que em 1912, imobilizado pela enfermidade numa chaise longue, lia os versos apenas liberados de Guy-Charles Cros, sentindo-se "um pouco ressarcido de longas privações por aquela cínica atitude do poeta diante do amor e das mulheres" — ele cujas maiores liberdades não haviam passado da transgressão da cesura mediana de um alexandrino ou da pausa na quarta sílaba de um octossílabo —, era já, em 1913, um poeta moderno.[41] Um poeta que, só mais tarde, unirá ostensivamente transgressão formal e erotismo num livro desabusado e irônico com o título revelador de *Libertinagem*. Um poeta que, no entanto, desde o princípio, num livro também significativamente chamado *Carnaval*, buscou, talvez por compensação das "longas privações", a liberação poética do corpo e da visão amorosa, unindo-as formal e concretamente à manifestação da poesia. Desde então já sabia que, na iluminação de um relance erótico, por uma conjunção de palavras, podia tornar-se visível, catalisada e concreta, toda a poesia difusa do universo.

6. A simplicidade do amor e da morte

> *Eu trabalho nas ondas do mar*
> *Na volta que o vento vem*
> *Na volta que o vento dá*
>
> Ponto de umbanda[1]

1. CANTO E ENCANTO

O poema "Cantiga", de *Estrela da manhã*, dá a impressão de uma fala de devaneio, montada em três quadras populares de versos de cinco sílabas. A simplicidade é tanta que surpreende, até para uma poesia já de si tão simples. É como se o poeta conversasse consigo mesmo num entressonho, dando vazão ao que vai na alma, em quadrinhas despretensiosas, líricas e musicais:

> Nas ondas da praia
> Nas ondas do mar
> Quero ser feliz
> Quero me afogar.

Nas ondas da praia
Quem vem me beijar?
Quero a estrela-d'alva
Rainha do mar.

Quero ser feliz
Nas ondas do mar
Quero esquecer tudo
Quero descansar.

O sonho acordado se faz canção, música nascida da fala coloquial e composta na forma popular tão singela da cantiga, fundamente enraizada na tradição da lírica em língua portuguesa. A naturalidade da composição parece brotar tanto da fonte próxima da língua falada quanto dessa outra, espontânea, antiga e perene, da poesia popular, em que a voz individualizada do sujeito lírico tende a dissolver-se. Mais uma vez, o "grande lírico tão intratavelmente individualista", como notou Mário de Andrade, escolhe a forma em que se despersonaliza, em que é toda a gente, dando expressão a uma vontade de se generalizar, que entrega as emoções mais profundamente pessoais ao molde genérico de quadras para cantar:[2] *Lied* em que toma forma um lirismo essencial. Alta poesia lírica da canção, sempre pouca, rara e difícil, sobretudo com esta pureza e vigor de inspiração, posta na forma corriqueira e popular da quadra, conforme o estilo humilde do poeta, tantas vezes tomado equivocadamente por poesia menor.

Na verdade, é a música que aqui embala o sonho, suscitando com seu pulsar recorrente a expressão dos desejos. Frente ao mar, alguém que se enleva com o movimento das ondas exprime pelo canto um sonho de felicidade: o movimento da alma que busca enlaçar amorosamente a estrela, embebendo-se nas ondas; fusão dos céus e das águas num mesmo movimento interior, num único anseio, que é ao mesmo tempo de plenitude e repouso.

Música e sonho, com seu poder encantatório, parecem guardar ainda vibrantes no poema os ecos das origens simbolistas de Bandeira e, através delas, da primitiva fonte romântica. O despojamento absoluto, a contenção de todo sentimentalismo, apesar do tom ligeiramente melancólico, e a simplicidade natural da composição demonstram, no entanto, que o poeta está num dos grandes momentos de sua fase madura e moderna, independentemente da herança da tradição que soube incorporar como riqueza da expressão pessoal.

A que depuração não terá sido preciso chegar, para se obter o simples desenho rítmico desses versos de extrema intensidade lírica. Não é à toa que sua força delicada e envolvente enleia também o leitor no movimento de uma complexa interioridade desde o primeiro instante da leitura, embora a complexidade não se revele à primeira vista. Pela forma translúcida, ela pode mesmo confundir-se com uma facilidade aparente, que é, entretanto, como diversas vezes já se mostrou, profundamente enganosa. Mais uma vez o leitor se depara com a simplicidade capaz de conter o sublime.

O paradoxo da limpidez bandeiriana assume aqui um grau agudo, porque se está de fato diante da "verdadeira profundidade", que, na visão do próprio poeta, é aquela "profundidade límpida em que a areia pura do fundo tão fundo parece tão perto da tona e ao alcance da mão".[3] Esse grande artista moderno refinou sua arte no sentido de revelar o irrevelável, de dar a ver o que no fundo se concebeu, mas não se pode ver ou dar a ver enquanto tal, a não ser pelo paradoxo da forma de uma simplicidade natural, despojada de toda "afetação de sublime", como ele próprio diria, com a "desconfiança evidente do sublime" que reconheceu nos modernistas brasileiros e procurou contornar, através da expressão cotidiana, "valendo-se de imagens bem próximas da vida de todos os dias" e da fala coloquial brasileira.[4]

É tal o poder de encantamento deste canto, que mal se percebe de início o paradoxo que ele envolve em sua forma breve e reiterativa, onde uma contradição funda está, porém, todo o tempo contida e sutilmente repisada também no plano semântico, refletindo-se na ligeira melancolia do tom: o devaneio de felicidade, preso à busca amorosa de uma estrela — foco distante do desejo —, supõe o mergulho nas águas do esquecimento e da morte. A leveza encantatória da cantiga, na humilde despretensão da forma de seu devanear em linguagem coloquial e no molde popular da quadra em redondilha menor — modo espontâneo de dizer coisas vãs que nos passam como que gratuitamente pelo espírito —, cativa antes o leitor para só depois deixá-lo com o enigma de seu sentido, armado em segredo por suas palavras simples.

Mas a música não está desligada do sonho (e de seu conteúdo latente). A música da poesia, como lembrava Eliot, não é algo que exista à parte do sentido (como, de resto, talvez nenhuma música o seja):[5] som e sentido, abstrações do poema, estão aqui tão unidos na breve e depurada forma, como amor e morte se acham enlaçados no sonho enigmático que ela exprime. De algum modo, no som da cantiga que cativa se prepara a aceitação natural da morte com que enigmaticamente se sonha.

A depuração extrema parece ter levado Bandeira à força mágica e primitiva da poesia que é canto e encanto — *carmen*, canção e charme que encanta. Uma cantiga simples que arrasta, com poder hipnótico, para livres e fundas associações. Sedução que joga amorosamente com o fascínio da morte, implicada no *alumbramento*: atração da visão para o foco de luz; fixação apaixonada da estrela, estrela-d'alva longínqua — Vênus brilhante lá do alto-mar. Movimento rumo à luz que passa pela dissolução nas águas, no ruído branco das ondas do mar e da origem (fonte e sumidouro do som e da vida), de cuja branca espuma emergiu a deusa estrela, "rainha do mar".

A música de "Cantiga" suscita o livre devaneio diante do mar: segue o movimento natural das ondas, induzindo ao sonho, evocando, através dele, a deusa e o mito — volta às origens da vida e da poesia, ao primitivo poder de magia do canto, força de conjunção erótica, ligando o que está longe, o descontínuo, religando amorosamente em imagem os elementos materiais do universo, mudando o mundo pela imaginação. Estamos novamente diante de um instante de alumbramento, perto do centro candente em que se revela a poesia para Bandeira. É preciso ensaiar a penetração, tateando, às voltas com uma simplicidade que é o contrário da facilidade.

2. COMENTÁRIO MUSICAL

Tema e voltas

Convém começar pela atração do apelo musical, na raiz do encanto. O apelo parece vir do mar, do marulho das águas, do som sempre recomeçado das ondas, cujo movimento repetitivo aparentemente vem mimetizado pela reiteração dos versos no poema, como se a canção continuasse ecoando o movimento sonoro da natureza, embalada pelas ondas. O canto nasce inspirado do mar, da fonte natural. Desde o primeiro instante, "Cantiga" nos propõe o tema das relações entre poesia e música, assim como de seu vínculo com a natureza. A sonoridade tão marcada e expressiva sugere música, música vinda do mar e vazada na forma da simplicidade natural da cantiga, que o traço popular aviva. Somando-se a tudo isto, a marca da subjetividade, de um sentimento íntimo, impregnando o todo com o tom vagamente melancólico, evoca uma certa tradição da lírica. Pensa-se logo na da lírica romântica alemã, em que vários traços similares a esses aí predominantes aparecem associados de fato à música. A tradição dos *Lieder*, iniciada por Beethoven, cristalizada por Schubert e seguida por músicos como Schumann, Brahms, Hugo Wolf e outros compositores que musicaram a poesia de Goethe, Heine, Mörike e de tantos outros poetas, transformando pequenos poemas líricos em canções de câmara e, desse modo, reavivando velhas e profundas relações de afinidade entre a lírica e a música.

"Cantiga" foi também musicada pelo menos quatro vezes (por Camargo Guarnieri, Lorenzo Fernandez e, em duas versões diferentes, por Oswaldo Lacerda). À primazia aparente da sonoridade em sua constituição, destacada já no título, mas também evidente na repetição de partes e versos inteiros, veio associar-se depois a música propriamente dita, que integrou o poema à tradição brasileira da canção de câmara, para a qual, de diversos modos, tanto contribuiu Bandeira.[6] Embora não se trate de analisar o poema enquanto letra de uma canção, mas o texto em si mesmo, a música desenvolvida a partir do poema é índice de uma musicalidade nele implícita, cuja verdadeira natureza e função é preciso distinguir e compreender.

Poeta amante da música, autor de tantos poemas musicados, letrista, colaborador e amigo de tantos músicos importantes, crítico musical bissexto, Bandeira sempre contou com uma qualidade muito realçada, entre as qualidades atribuídas à sua poesia, que é essa espécie de musicalidade intrínseca, apta a ser desentranhada em música propriamente dita. Ela explicaria a preferência dos compositores por sua obra, de longe a mais musicada da poesia brasileira. As relações sutis entre poesia e música — artes sabidamente irmanadas nas origens e muitas vezes entrelaçadas ao longo de sua história — não escaparam à lucidez teórico-crítica, sempre discreta, mas bem-fundada na prática do poeta, que tratou desse tema disseminadamente por todo o livro e, de forma clara e precisa, num longo parêntese do *Itinerário de Pasárgada*.[7]

O exame dessas formulações explícitas sobre um problema teórico tão importante e intrincado permite perceber diversos aspectos da questão. São aspectos ora mais ora menos ligados, intrinsecamente, à natureza da poesia e à estrutura do poema, mas sempre relevantes para a compreensão da concepção poética bandeiriana, em sua relação com fatores extraliterários. Uma relação que "Cantiga", por sua vez, ilustra em profundidade, de forma concreta e admirável. Assim como em "Maçã" se pode perceber o realce do elemento espácio-visual como componente estrutural do poema, realizando uma das tendências da poesia moderna em sua aproximação à pintura, em "Cantiga" é nítida a propensão para a música, com o forte destaque da sonoridade expressiva e do efeito musical da composição. Em sua posição-chave na passagem para a modernidade, a obra de Bandeira contém em si as direções fundamentais de acercamento da poesia às artes vizinhas em seus experimentos de novidade formal, exigência artística que a vanguarda modernista se imporá, ao se conceber na ponta de um novo tempo ou no espaço de inauguração de um território ainda desconhecido. O elemento musical de "Cantiga", além de constituir um problema teórico e um aspecto técnico do modo de ser da construção do poema, implica, portanto, também uma dimensão histórica importante e uma preocupação fundamental da poética do autor.

Na exposição direta dessa preocupação no *Itinerário*, o problema, em sua dimensão teórica e em sua significação prática para a poética bandeiriana, é visto de diversos ângulos que, antes de mais nada, é preciso distinguir. Em primeiro lugar, Bandeira revela seu gosto preferencial pela música, reconhecendo nela o seu padrão ideal de expressão artística: "Sinto que na música é que conseguiria exprimir-me completamente".[8] O reconhecimento da influência da música em sua poesia é o passo seguinte, decisivo por sua repercussão interna na prática de construção do poema, conforme o desejo do poeta de se aproximar dessa arte padrão. Bandeira elaborou efetivamente, segundo conta, essa influência através do estudo de música, de tratados de composição (como o de Vincent d'Indy), de livros sobre teoria musical (como o de Blanche Selva sobre a sonata), do aprendizado de instrumentos (como o violão e o piano), procurando mimetizar a forma musical, mediante recursos técnicos da forma poética, mesmo percebendo que não lhe podiam dar senão um "arremedo" de música.* Depois vem o reconhecimento de uma música específica da poesia, distinta da música propriamente dita, mas que com esta se relaciona de modo

---

* Os termos entre aspas foram empregados pelo próprio Bandeira. Cf. op. cit., p. 36 ("arremedo") e p. 67 ("abismo").

sutil e complexo — relação que é preciso compreender em profundidade porque é o meio de se conhecer a afinidade íntima e o verdadeiro "abismo" que ora une, ora separa as duas artes. Por fim, a questão do acercamento do poeta à música é vista ainda como um meio de aproximação à tradição popular.

Essas colocações encadeadas formam um esquema coerente de pensamento sobre poesia e música, demonstrando que, para Bandeira, esta última não foi apenas um gosto e um prazer, ou uma fonte possível de inspiração poética, mas também um *objeto de imitação* (assim como a pintura). Uma linguagem afim cujo padrão estrutural e procedimentos de composição poderiam ser eventualmente imitados por recursos de técnica poética na estrutura do poema, buscando-se um efeito artístico análogo. Era esse, afinal, um modo de conhecer os próprios limites da poesia enquanto forma distinta, linguagem específica, ao mesmo tempo próxima e distante da música. Tudo isto aclara bastante como, para Bandeira, a arte do poeta e a do músico podem ser pensadas tanto no plano interno e afim das relações estruturais, quanto no plano externo e distinto da colaboração entre dois artistas que buscam, cada qual a seu modo, a adequação possível, o casamento por afinidade entre letra e melodia. Em função disto, o autor pôde separar sempre suas composições enquanto letrista, linguagem sem autonomia poética própria, das composições poéticas autônomas, que podem ter sido musicadas, tendo tido ou não influência da música em seu processo de elaboração ou em sua estrutura. O caso de "Cantiga" é exemplar, pois, sendo uma composição autônoma, foi musicada diversas vezes e mantém uma relação íntima com a música, podendo esclarecer o aspecto mais fundo da questão, que é precisamente o estrutural.

Música subentendida

Antes de avançar na análise desse poema que pode dar, quem sabe, a medida exata das relações entre as duas artes, tais como Bandeira as concebeu e realizou concretamente na prática da construção poética, convém considerar por um instante os comentários do próprio poeta sobre a influência da música em sua poesia, sobre a natureza da musicalidade poética e a questão das ligações de sua obra, por via musical, com o fundo popular.

Ao tratar de seus estudos musicais, realizados por volta de 1912, Bandeira aponta diversos poemas de *A cinza das horas* e do *Carnaval* (que deveria trazer como epígrafe a frase inicial do *Lied* "Der Leiermann", de Schubert) marcados por suas "veleidades musicais" nascidas daquele momento. Suas observações se referem sobretudo a tentativas de conseguir, no âmbito da poesia, equivalências com relação à estrutura de certas formas musicais como a sonata e o *Lied*. Com respeito à estrutura da sonata, de que teria feito derivar um poema depois destruído, diz, por exemplo: "Tomar um tema e trabalhá-lo em variações ou, como na forma sonata, tomar dois temas e opô--los, fazê-los lutarem, embolarem, ferirem-se e estraçalharem-se e dar a vitória a um ou, ao contrário, apaziguá-los num entendimento de todo repouso… creio que não pode haver maior delícia em matéria de arte".[9] Comenta ainda seu esforço para obter efeitos musicais através da repetição de um ou dois versos ou de estrofes inteiras, discorrendo longamente sobre a tentativa de alcançar um som abemolado, na "Evocação do Recife", pela variação dos nomes "Capiberibe/Capibaribe", em que a mudança do *e* para *a* "daria a impressão de um acidente, como se a palavra fosse uma frase melódica dita da segunda vez com bemol na terceira nota".[10]

Na verdade, toda essa busca de imitação de procedimentos ou efeitos próprios da música no âmbito da poesia parece refletir-se mais profundamente na concepção bandeiriana do caráter marcadamente relacional dos elementos que estruturam a linguagem poética. É nesse sentido muito revelador que o poeta se utilize da analogia musical para definir o que lhe parece ser um bom fraseado: "Cedo compreendi que o bom fraseado não é o fraseado redondo, mas aquele em que cada palavra está no seu lugar exato e cada palavra tem uma função precisa, de caráter intelectivo ou puramente musical, e não serve senão a palavra cujos fonemas fazem vibrar cada parcela da frase por suas ressonâncias anteriores e posteriores".[11] Ao mesmo tempo e no mesmo sentido, lhe acodem ao espírito as analogias com o desenho: "Não sei se estou sutilizando demais, mas é tão difícil explicar por que num desenho ou num verso esta linha é viva, aquela é morta". É exatamente ainda nessa direção (a das relações mútuas entre os componentes linguísticos da poesia) que falará da "orquestração da linguagem" em Mallarmé, voltando àquela passagem já mencionada das *Divagations*, em que o poeta francês acentua a necessidade das vibrações comuns percorrerem com seus reflexos recíprocos, como "frêmitos articulados", os elementos em jogo na linguagem poética: exatamente o que faria do alexandrino, por exemplo, na visão mallarmeana, uma combinação orquestral de doze timbres.[12]

Como se vê, se a busca da analogia musical produz em Bandeira um sentimento um tanto decepcionante de arremedo do que pode a música propriamente dita, por outro lado reforça no poeta artesão a consciência da necessidade de articulação interna dos elementos linguísticos, que as vibrações inter-relacionadas dos sons na música exemplificam como um parâmetro modelar para a estrutura do poema. Por isso mesmo, a utilização de uma estrutura musical como a da sonata pôde significar, certa vez, para ele, um corretivo ao sentimentalismo ou um princípio de contenção formal capaz de salvar um poema "de circunstância", escrito em resposta a um momento de crise sentimental em sua vida.

Assim, o aguçamento da consciência da própria linguagem poética, resultante dessa correlação com a música, deve ter valido como um verdadeiro reforço do princípio estrutural da imaginação poética, no sentido daquele caráter *esemplastic*, definido por Coleridge, que é a sua capacidade de coadunar elementos diversos, até mesmo díspares, num todo orgânico.[13] A música ajudou decerto o poeta a refletir sobre aqueles "pequeninos nadas" tão significativos para a poesia, bem como sobre o arcabouço geral em que se integram os múltiplos e diferentes elementos no contexto comum do poema. Acentuou-lhe, provavelmente, a percepção do senso de universo despertado pela emoção poética, segundo Valéry, apontando-lhe o caminho da integração unitária, da coadunação dos elementos "musicalizados" na harmonia tensa da forma do poema, onde também vibram em ressonâncias recíprocas as partículas que compõem o todo.[14]

Mas a reflexão de Bandeira sobre as relações entre as duas artes, tanto através de seus conhecimentos de técnica poética e musical, quanto de seus contatos variados com o mundo dos compositores, levou-o a pensar sobre a natureza específica dessas vibrações no interior do poema, do ritmo poético, da musicalidade inerente à poesia e fundamentalmente distinta da esfera da música propriamente dita.

Acompanhando o pensamento de Andrade Muricy, crítico interessado na questão e na preferência dos músicos que musicaram seus poemas, o poeta reconhece que a música dos compositores apenas se insere na "musicalidade subentendida, por vezes inexpressa, ou simplesmente indicada, da poesia".

E mais: "Foi vendo 'a musicalidade subentendida' dos meus poemas desentranhada em 'música propriamente dita' que compreendi não haver verdadeiramente música num poema, e que dizer que um verso canta é falar por imagem".[15] A constatação da impossibilidade de uma verdadeira melodia no poema leva-o, ao mesmo tempo, ao reconhecimento de uma espécie de sementeira de melodias latentes no texto, dependentes das direções de leitura dos compositores. Assim como o poeta é o ser capaz de desentranhar a poesia de onde menos se espera e até da música, o mesmo ocorre com o músico, que pode extrair do texto melodias implícitas: "O texto será um como que baixo-numerado contendo em potência numerosas melodias".[16] Ou ainda: "Assim como certos poemas admitem pluralidade de sentido ou de interpretações, como que em qualquer texto literário há infinito número de melodias implícitas".[17] Significativamente, a música parece compor com a ambiguidade que está na raiz da linguagem poética. Ela pode se enlaçar nos interstícios do texto, pontuando a seu modo as direções do sentido, mexendo com a ordem sintática, dando voz à mudez das palavras, vibrantes nos contatos mútuos (sobretudo nos inesperados), mas quando muito dançarinas estáticas, fremente bailarinas, paralisadas sobre o fundo de silêncio do branco da página. Na verdade, em termos linguísticos, a música não reconhece a palavra, a combinação dos fonemas na unidade do vocábulo, tão importante para a poesia; suas convenções se apoiam apenas no sistema fonológico, sem a repartição do vocabulário, fluxo desbordante da melodia.

Por isso, Bandeira vai além: percebe que, na ausência de autêntica melodia no poema, as melodias desentranhadas podem não seguir necessariamente o movimento rítmico ou as inflexões orais dos versos — o esperado pela "partitura" do texto — e, no entanto, interpretar fielmente o sentimento geral do poema. A perplexidade provocada por este desacordo demonstra a autonomia da linguagem das duas artes próximas, sua separação efetiva e também sua mútua comunicação e confluência mediante canais que nem sempre são os mais óbvios da correspondência ou da analogia imediata. "É que por maiores que sejam as afinidades entre duas artes, sempre as separa uma espécie de abismo. Nunca a palavra cantou por si, e só com a música pode ela cantar verdadeiramente".[18] Este reconhecimento teórico de limites intransponíveis para a música da poesia não tolheu, porém, os experimentos do poeta no sentido da exploração prática das afinidades entre as duas artes. E isto contribuiu decerto para aguçar-lhe ainda mais a percepção do ritmo poético, dos valores timbrísticos das vogais, dos jogos de assonâncias, aliterações e rimas, de toda a tessitura sonora do poema, cujas finas relações com o sentido soube captar em toda a sua dimensão e profundidade.

Ritornelo

Por fim, a exposição das relações entre poesia e música no *Itinerário de Pasárgada* permite compreender ainda como a aproximação de Bandeira à música significou também uma aproximação ao elemento popular, dando corpo a uma tendência forte do Modernismo e a uma inclinação funda de sua obra pessoal, que o poema "Cantiga" mais uma vez exemplifica.

Este fato da maior importância foi assinalado por Aires de Andrade e o poeta não deixou de frisá-lo, citando diretamente esse crítico, que via justamente no acercamento aos costumes populares, na memória do observador apaixonado das coisas do povo que foi sempre Bandeira, a razão da preferência dos compositores que musicaram seus versos.[19] Muitos deles levados nessa direção, aliás, pela influência de Mário de Andrade e por essa tendência do Modernismo que realçou, por vezes com empenho nacionalista, o fundo popular e folclórico das tradições brasileiras.

Com efeito, os contatos de Bandeira com a música e os músicos, com o filão musical do movimento modernista, bem como suas ligações profundas com Mário e com Jaime Ovalle, sob os diversos ângulos que assumiram, só podem ter facilitado a abertura do poeta para essa dimensão popular, que, por outro lado, as próprias condições de sua vida material também propiciavam. É o que já apontei em outros momentos, ao acentuar a importância do "humilde cotidiano" ou do mundo misturado da Lapa na formação do seu estilo maduro. Por esses contatos decisivos, que o poeta acabaria por transformar em vínculos fundos, ele não apenas descobre uma matéria particular, desentranhada ela própria da realidade histórico-social brasileira, fazendo aflorar um vasto e fértil temário, mas também dá com possibilidades concretas de formalização desses novos temas. O traço principal dessa formalização é justamente a simplificação característica do estilo humilde, decerto auxiliada pela aproximação ao cotidiano do pobre e às formas tradicionais de sua arte, de sua religiosidade e de seus costumes. Não sendo o fator exclusivo de motivação dessa tendência estilística do poeta, mas um dos componentes que entram na constituição complexa de um estilo pessoal de um poeta extremamente culto, a relação com a esfera da música modernista, entendida por sua vez como uma encruzilhada de relações variadas, é de fato peça importante na configuração formal do estilo humilde.

É realmente significativo, como notou Aires Machado, que os compositores tenham musicado sobretudo aquelas composições bandeirianas muito marcadas pelos temas e matizes de sensibilidade claramente extraídos do universo popular brasileiro, quando não diretamente de sua música. Contudo, mais importante ainda é entender, na direção oposta, a relação do poeta com esse universo, através da ponte da música, pois esse fato parece ter tido relevância para o próprio modo de ser da poesia de Bandeira. É que, num primeiro momento, somos levados a pensar que o encontro com o popular, tal como se dá na esfera da música, representa fundamentalmente a descoberta de uma matéria particular, historicamente determinada, quando na verdade ela é também, ao mesmo tempo, a descoberta de vias de acesso a uma forma universalizadora. Mário de Andrade intuiu com agudeza essa dialética da particularidade na forma bandeiriana, ao tratar do aproveitamento que Bandeira deu à frase "vou-me embora", verdadeira "obsessão da quadra popular nacional", proveniente do folclore ibérico. No "Vou-me embora pra Pasárgada", ele de fato faz coincidir, através dela, o chavão da tradição popular, o ânimo pessoal e um estado de espírito próprio do momento histórico, transformado num tópico pelos poetas contemporâneos. Dá, assim, a esse motivo recorrente sua "cristalização mais perfeita" segundo Mário, em que o poeta se perde de si mesmo para se generalizar, pelo poder socializante do ritmo, mediante uma forma métrica menos individualista, que é a redondilha maior, molde comum da poesia popular.[20] Como já se apontou de passagem acima, é este também o caso de "Cantiga", onde o desejo de aniquilação é um tema íntimo, subentendido no encanto das quadras para cantar, mas é também uma propriedade da forma popular da cantiga em redondilhas menores, em que se generaliza o sentimento subjetivo do poeta, esvaziado na voz desse alguém que se embala pelo movimento das ondas do mar, como se nelas pretendesse dissolver-se em busca de plenitude e repouso.[21] Chegando-se de volta à raiz primitiva do encanto do poema, convém retomar a análise.

3. ANÁLISE

Repetições e gênero: uma cantiga paralelística

Um fato que logo chama a atenção quando se observa, com olhar analítico, o poema, é a profunda alteração que teve de sofrer a fala comum para nos dar ali a impressão da mais límpida e espontânea simplicidade. Esta é o resultado depurado de uma refinada arte verbal. O paradoxo de uma simplicidade produzida por certos recursos linguísticos implica, certamente, o aspecto construtivo do texto poético, forma de linguagem convencional, finamente trabalhada para dar um tal efeito. Em primeiro lugar, a alteração da fala é produto das exigências de acomodação do discurso às necessidades do metro e do ritmo, fundados na repetição. Repetição, neste caso, de certos sons, de palavras, de segmentos de frase e de frases inteiras, donde a impressão de regularidade aumentada e de isocronismo a que está sujeita a língua falada no texto, submetida à volta periódica de muitos dos seus componentes. Verso, enfim, significa retorno.

Numa conferência importante sobre técnica poética, intitulada "Poesia e verso", Bandeira chama a atenção para os procedimentos principais que, na versificação portuguesa, costumam ser empregados como apoios rítmicos: "o número fixo de sílabas, a cesura, a rima, a aliteração, o encadeamento, o paralelismo e o acróstico", além, é claro, dos "acentos de intensidade bem marcados". Parte do fato de que a poesia, no sentido formal, "é linguagem dividida em unidades rítmicas", diferente da prosa, "linguagem continuada".[22] Nesse sentido, destaca o verso como uma unidade rítmica do poema — unidade que se funda na repetição, formando séries semelhantes ou dessemelhantes, pela flutuação das unidades constitutivas menores. Só então descreve os procedimentos enumerados para pôr em evidência o ritmo, frisando sobretudo o encadeamento e o paralelismo, recursos que "tiveram sua fase de ouro em língua portuguesa no tempo dos cancioneiros".[23] Fica claro que, para ele, o encadeamento "consiste em repetir de verso a verso, ou de estrofe a estrofe, fonemas, palavras e frases", enquanto que o paralelismo se limita à "repetição ideológica", reiteração do conteúdo semântico, apesar das ligeiras alterações fônicas, morfológicas ou sintáticas.[24]

Conforme essas definições, o poema em questão é verdadeiramente uma cantiga encadeada e paralelística, lembrando vagamente a velha tradição medieval da lírica trovadoresca. Não se identifica, porém, a qualquer das formas poéticas tradicionais da cantiga galaico-portuguesa (a cantiga de amigo ou de amor), ou à *cansó* provençal, ou ainda à canção ou ao *lai* dos *Minnesängers* alemães, formas que algumas vezes o poeta procurou imitar noutras composições, glosando até a língua arcaica.[25] Com certeza, pelo assunto, "Cantiga" poderia sugerir um tipo de cantar d'amigo galego-português como a "marinha" ou "barcarola", em geral de estrutura paralelística, tratando o desejo amoroso junto à paisagem marítima, mas faltam completamente os motivos específicos, característicos do quadro das relações amorosas cantadas nessa forma lírica. Sem se prender, portanto, a nenhuma forma especial dessa linhagem poética, "Cantiga" no entanto a evoca como um eco distante, reiterando certos padrões estruturais que nela se encontram com muita frequência, padrões de repetição, aliás, próprios de formações líricas próximas da música. E de fato, tanto pelo eco de uma tradição distante como a medieval, quanto pela proximidade de uma tradição moderna como a do *Lied*, "Cantiga" reafirma a ligação com a esfera da música, baseando-se, para isso, principalmente no mecanismo das repetições rítmicas de sua estrutura, marcada pelo encadeamento e pelo paralelismo.

Contudo, o que Bandeira chamou de encadeamento pode-se considerar hoje uma espécie ainda de paralelismo, princípio mais geral de organização da linguagem poética, "cânone poético de numerosos modelos populares", cujo emprego vem da mais remota antiguidade, como atestam os textos bíblicos, a mais velha poesia hebraica, mas também a poesia chinesa e a poesia oral dos mais diversos povos. É o que se pode ver, por exemplo, num estudo de Roman Jakobson sobre os aspectos russos do paralelismo gramatical.[26] Nele, esse estudioso das relações entre som e sentido na poesia refaz a trajetória da pesquisa erudita em torno desse procedimento fundamental da técnica poética, desde as investigações de Robert Lowth sobre a Bíblia e suas múltiplas ramificações, até a consciência atual do problema, tal qual já se revela, no final do século XIX, num grande poeta como Gerard Manley Hopkins, para quem "a poesia consiste num paralelismo contínuo". Do ponto de vista de Jakobson, o paralelismo é muito mais do que um meio primitivo de organizar formalmente o fluxo espontâneo da poesia; ele é uma espécie de "polifonia verbal", de grande potência significativa, em seu complexo jogo de invariantes e variantes que mobiliza todos os níveis da língua, soldando formas gramaticais e valores semânticos. Por isso, concorda com Hopkins, ao afirmar que de fato toda a arte verbal da poesia conduz ao princípio do paralelismo, pois através dele entidades equivalentes se põem mutuamente em destaque ao virem ocupar posições equivalentes, desta forma realizando uma das características básicas da linguagem poética, que estabelece similaridades obrigatórias entre sequências sucessivas.

Com efeito, o mais rápido exame de "Cantiga" revela de imediato que as repetições tão abundantes em qualquer nível do texto (fonemas, palavras ou frases) se dispõem, paralelamente, em padrões idênticos ou semelhantes, isto é, também repetitivos, do ponto de vista da construção sintática e poética: orações equivalentes em unidades sonoras recorrentes que são os versos e as estrofes regulares. Tanto do ângulo da seleção dos elementos linguísticos, cujas possibilidades são já reduzidas pela brevidade do texto (uns poucos elementos em jogo e assim mesmo repetidos), quanto do ângulo da combinação desses elementos, o poema se constrói mediante reiterações sucessivas, formando-se por agrupamentos ressurgentes, constituídos por núcleos invariantes apenas modulados por ligeiras variações. Por isso, à primeira vista e de modo esquemático, pode sugerir uma construção permutacional, em que o mesmo retornasse em posições diferentes, não fossem as pequenas variantes introduzidas a cada passo, decisivas decerto para o sentido, tecido pelo jogo de equivalências e oposições entre os componentes paralelos.

Uma construção como essa se reflete consequentemente no plano semântico ou dele decorre em concreto espelhamento: um tema fixo — aquilo de que se trata repetidamente — deve retornar, modulado ou não, a cada movimento. A analogia com a música é imediata: estamos diante de uma espécie de "tema e voltas", expressão tirada do universo musical pelo poeta para designar outro poema notável, também associado à música, pois incorpora versos de cantiga de roda numa estrutura reiterativa e igualmente paralelística.[27]

Construção: ritmo e sintaxe

Convém observar de mais perto, neste caso, a construção paralelística, em seu complexo jogo de equivalências e oposições.

A primeira quadra de "Cantiga" é composta por catorze palavras, seis das quais repetidas uma vez cada uma (na verdade são apenas onze vocábulos ocupando catorze posições), dispostas numa formação simétrica, de modo que os dois primeiros versos são constituídos por quatro termos cada um e os dois últimos, por três:

> Nas ondas da praia
> Nas ondas do mar
> Quero ser feliz
> Quero me afogar.

A simetria da disposição espacial das palavras é certamente reforçada pela medida regular de cinco sílabas poéticas que formam as linhas dos versos, em retorno constante ao mesmo padrão da redondilha menor. Quando se lê, o que se nota, porém, não é o quadrilátero quase perfeito que se vai formando, mas o movimento impresso pela medida recorrente que traz de volta essas palavras, por assim dizer boiando na página, sem qualquer pontuação a não ser o ponto final da quadra. A leitura em voz alta (ou a entoação) logo é tomada pelo impulso ondulante do ritmo. Se se atenta melhor, se percebe que o fluxo dos termos é impelido pelos acentos dinâmicos que recaem periodicamente sobre determinadas sílabas, com maior intensidade:

> Nas óndas da práia
> Nas óndas do már
> Quéro ser felíz
> Quéro me afogár.

A acentuação mostra diferenças, mas é ainda simétrica, pois a volta periódica dos acentos dinâmicos, não sendo uniforme em todas as linhas, opõe harmonicamente os dois primeiros versos aos dois últimos, contrastados já pelo número e a distribuição das palavras que se repetem. Assim o primeiro par se caracteriza pela sucessão de uma mesma célula rítmica inicial, constituída por uma sílaba átona e uma tônica, isto é, um pé jâmbico, e por uma sequência final de duas átonas e uma tônica, ou seja, um anapesto. O segundo par, ao contrário, principia por um troqueu, ou seja, uma tônica e uma átona, em simetria especular inversa com relação aos versos anteriores, seguindo, porém, da mesma forma que os precedentes. A distribuição dos acentos coincide, portanto, com a oposição dos termos equivalentes pelo paralelo: de um lado, as ondas (da praia ou do mar); de outro, o querer de um sujeito. Ou ainda: de um lado, um espaço; de outro, um desejo subjetivo, em movimento correspondente, mas oposto.

Do ponto de vista sintático, a quadra toda apresenta uma construção paratática (é composta por orações coordenadas absolutas, livres, sem qualquer vínculo conjuntivo ou mesmo sinal de pontuação). Entretanto, os dois primeiros versos também contrastam com os dois últimos, formando pares de membros equivalentes entre si, mas diferenciados dos demais, dois a dois. A diferença rítmica acompanha a diferença sintática. É que nos dois versos iniciais se encontram termos acessórios da oração (adjuntos adverbiais de lugar), enquanto que, nos dois finais, aparecem os termos nucleares da oração, em sua bipartição em sujeito e predicado. Contudo, o movimento do ritmo vai além das marcas sintáticas, estabelecendo articulações onde faltam os liames da sintaxe. Assim, os dois adjuntos podem servir de complemento a qualquer dos dois núcleos oracionais, mas permanecem completamente desligados destes, de fato como que flutuando em liberdade, paralelamente, do mesmo modo que as duas partes principais no fim tampouco se vinculam entre si, apenas afirmando coisas paralelas a propósito de um sujeito oculto. O ritmo, apoiado na construção paralelística, vincula-os, porém, como partes do mesmo todo. É ele o movimento que de fato faz ondular em correspondência as ondas e os desejos do sujeito. A quadra é, então, simetricamente formada por duas parelhas opostas, cada qual, por sua vez, constituída por elementos equivalentes entre si. A rigor, temos um acúmulo de elementos linguísticos heterogêneos, absolutamente independentes, mas relacionados pelo movimento rítmico que os integra, mediante as relações paralelísticas de equivalência ou oposição que organizam as repetições sonoras e sintáticas. São elementos aparentemente flutuantes em total independência, mas realmente articulados pela fluência lírica do ritmo, fundada na construção paralelística.

Quando, em busca do sentido, se observa mais a fundo e em detalhe a organização interna das parelhas contrastadas na quadra, a complexidade da construção se torna ainda mais evidente.

Os dois primeiros versos são compostos quase que pelas mesmas palavras com funções sintáticas iguais e idêntica repartição de acentos rítmicos, formando dois segmentos simetricamente equivalentes:

Nas óndas da práia
Nas óndas do már

A única variação é marcada pelos substantivos finais dos versos, opostos entre si, mas ligados por vários aspectos: pela posição equivalente; pela sonoridade — a rima toante, uma vez que apresentam a mesma vogal acentuada /á/, além de sons aliterativos próximos ou iguais (as bilabiais /p/ e /m/ e a líquida /r/); por fim, pelo campo semântico comum a que remetem. Trata-se, pois, de uma pequena variante (sonora e semântica) dentro de padrões fônicos marcadamente repetidos.

Por outro lado, os versos principiam idênticos, constituindo uma figura de sintaxe, a anáfora, que, pela iteração dos termos no início, realça fortemente o movimento do ritmo — *Nas óndas/Nas óndas* —, imitando as ondulações repetidas das águas, mediante a reiteração da mesma sequência de uma sílaba átona e uma tônica, características do pé jâmbico, como se assinalou. As sequências finais dos versos parecem continuar a imitação sonora do movimento natural, pela reiteração galopante dos anapestos — duas átonas e uma tônica (*- das da práia/- das do már*) —, reforçada pela aliteração de várias consoantes (a dental sonora /d/ e as bilabiais /p/ e /m/), até se espraiar ou quebrar em verdadeira harmonia imitativa pelo eco da rima toante em /á/, em contraste aberto com o fechamento do /õ/, que recebe o primeiro acento forte do ritmo.

Inserida nessas cadeias sonoras equivalentes, a oposição entre *praia* e *mar* ressalta ainda mais por contraste único, no plano semântico. Os dois termos, pertencentes ao mesmo campo semântico, vinculados pela equivalência perfeita da posição e da sintaxe, bem como pela semelhança sonora da rima e das aliterações, se opõem pela diferença de detalhe do espaço que representam: a orla e o interior do mar. Uma tal diferença, aparentemente insignificante, se torna extremamente significativa, ao ser retomada na estrofe seguinte, como se verá.

Ainda na primeira quadra, porém, a parelha dos versos finais se opõe, como já se assinalou, ao par do início, introduzindo duas orações absolutas, mas de construção equivalente, que poderiam compartilhar os adjuntos adverbiais de lugar anteriores:

Quero ser feliz
Quero me afogar.

Começando por uma nova anáfora (*Quero/Quero*), em que se reitera um mesmo sujeito oculto, apresentam, no entanto, maior variação nos elementos seguintes (*ser feliz/me afogar*), que não apenas são palavras de classes diferentes (o adjetivo *feliz* e o pronome pessoal *me*) ou estão em colocações diversas (*ser* e *afogar*, infinitivos, mas em posição invertida), como discrepam bastante do ponto de vista sonoro, apesar de constituírem perífrases verbais semelhantes (*querer ser/querer afogar*). A esses finais discrepantes entre si, corresponde, no plano semântico, a profunda contradição que opõe o desejo de felicidade ao desejo de morte. À identidade inicial do querer, reforçada anaforicamente e pelo impulso rítmico reiterado (a repetição do troqueu inicial), se contrapõem, portanto, os objetos contraditórios do desejo, referidos a um mesmo sujeito.

Essa parelha de finais contraditórios mantém, contudo, relações de oposição e equivalência importantes no que diz respeito à parelha anterior, a que, por seu turno, se justapõe paralelamente. É que a ideia de morte (que poderia ser também a de uma felicidade extrema, plenitude ou êxtase, vizinha da dissolução), introduzida por *afogar*, liga-se, pela rima, aos versos iniciais: rima toante, quanto ao primeiro, e consoante, quanto ao seguinte, com o qual, aliás, parece concordar mais perfeitamente a ideia de morte por afogamento (*mar/afogar*). *Afogar*, por outro lado, pertence ao mesmo campo semântico das palavras com que rima (*praia, mar*). Assim, o único verso solto dessa quadra é o que introduz o desejo de felicidade, cujo final agudo contradiz o ressoo duradouro dos *aa* em que ecoam, persistentes, as ondas do mar.

A quadra do meio retoma alguns elementos da primeira — o verso inicial em idêntica posição (*Nas ondas da praia*); a mesma abertura da segunda parelha (*Quero*); a mesma vogal tônica da rima (/*á*/); e em nova colocação, o segmento final do segundo verso (*do mar*):

> Nas ondas da praia
> Quem vem me beijar?
> Quero a estrela-d'alva
> Rainha do mar.

Quer dizer: esta estrofe ao mesmo tempo mantém e quebra o esperado pelo padrão construtivo anterior, estabelecendo um renovado jogo de equivalências e oposições paralelísticas. Um traço marcante da quebra é a separação dos elementos opostos no primeiro par (*praia/mar*), transformados em componentes extremos da nova quadra, que parece construída com base exatamente na *disjunção* desses termos, antes em posição equivalente e próxima e agora em colocação equivalente, mas *distante*, deste modo ajustados à oposição sonora e semântica que os caracterizava inicialmente. A disjunção espacial que os marca agora, no espaço da estrofe, corresponde, analogicamente, à diferença do significado que os distingue enquanto espaços próximos, mas distintos, ou seja, enquanto orla e interior do mar. E essa distinção se torna essencial porque dela parece depender o cumprimento do desejo expresso pelo sujeito, mais uma vez reiterado e, agora, com um evidente traço erótico (*beijar*).

O segundo verso, que rompe o esquema esperado, substituindo exatamente o verso conveniente pelo padrão anterior e pela adequação espacial (o espaço mais interior do mar oposto à praia), introduz, por sua forma interrogativa, a dúvida quanto à conveniência da praia para a intenção do sujeito. Os dois versos finais revelam explicitamente o foco do desejo (*a estrela-d'alva*), deixando insinuada a ligação deste alvo com o interior do mar, em sua oposição à praia, como se vê, pela posição dominante da estrela (*Rainha do mar*).

A contradição fundamental da segunda parelha da quadra inicial — a oposição entre o desejo de felicidade e a ideia de afogamento — surge agora, então, como necessária, uma vez que justificada pela disjunção do espaço: *para que se cumpra o desejo do sujeito, em busca da estrela, é preciso penetrar no mar*. A circunstância espacial e o núcleo do desejo, elementos semânticos da primeira quadra, apresentados nos dois pares paralelos e opostos, se cruzam assim nesta segunda quadra. E este cruzamento semântico vem concretamente expresso pela configuração sonora da estrofe, conforme se pode notar pela distribuição dos acentos rítmicos e das rimas, entrelaçados no corpo da quadra:

> Nas óndas da práia
> Quém vem me beijár?
> Quéro a estrela-d'álva
> Raínha do már.

Diferentemente da primeira, onde as parelhas de versos apresentavam distribuição paralela e oposta dos acentos (os dois primeiros versos abrindo-se por pés jâmbicos e os dois últimos, por pés trocaicos), na segunda estrofe, os versos exteriores é que se abrem por jambos (uma vogal átona e uma tônica), enquanto que os interiores começam por troqueus (uma tônica e uma átona).[28] Os interiores exprimem os movimentos alternantes (recusa e afirmação) do desejo, enquanto que os exteriores, as alternativas do espaço (a exterioridade da praia e a interioridade do mar). As rimas, apoiadas na uniformidade da vogal /á/, se diferenciam, porém, de forma cruzada, quanto à coincidência maior ou menor de sons a partir da vogal tônica (consoantes ou toantes) e à posição do acento na palavra rimada (femininas, em palavras paroxítonas, ou masculinas, em oxítonas). Assim, o primeiro verso rima com o terceiro (rima toante e feminina), enquanto que o segundo rima com o quarto (rima consoante e masculina). A maior coincidência de sons (rima consoante, entre *beijar* e *mar*), agudamente acentuada, coincide também com a concordância maior entre o movimento do desejo e a interioridade do mar, enquanto que a rima ligeira, apenas da vogal tônica (rima toante entre *praia* e *estrela-d'alva*), aparece ligada à expressão da impossibilidade de cumprimento do desejo no espaço exterior da praia.

Na primeira estrofe, portanto, o desejo contraditório é posto simplesmente em paralelo com a circunstância espacial, que implica espaços distintos mas equivalentes, da mesma forma que os objetos opostos do desejo também o são. Na segunda, a disjunção dos espaços opostos coloca a necessidade de opção do sujeito diante dessa alternativa espacial (*as ondas da praia* ou *as ondas do mar*), decidida na direção do mar, em função do foco central do desejo, a estrela-d'alva, "rainha" do mar. Esta opção pelo mar, em oposição à praia, por adequação ao objeto amoroso, representa também uma superação da contradição dos objetos iniciais do desejo (felicidade/afogamento), mas não pela escolha de um dos termos, como na disjunção dos espaços, e, sim, ao contrário, pela *conjunção* deles: *a busca afirmativa da estrela, no interior do mar, integra, ao que parece, as possibilidades de ser feliz e se afogar, sob a forma atenuada da morte como descanso.* Os pares paralelos da primeira quadra, cujos elementos de tensão permanecem quase imperceptíveis pelo movimento encantatório e integrador do ritmo, se desgarram na tensão explícita e disjuntiva da segunda estrofe — o próprio movimento rítmico é quebrado pela entoação ascendente da interrogação do segundo verso. Resolve-se, porém, pela resposta afirmativa do sujeito em sua fidelidade ao alvo da busca, o que representa uma aceitação dos termos contraditórios do desejo, afirmada com todas as letras na terceira quadra, onde a ânsia de felicidade, apaziguada a tensão, se identifica à vontade de repouso:

Quero ser feliz
Nas ondas do mar
Quero esquecer tudo
Quero descansar.

Os dois primeiros versos retomam o segundo e o terceiro da primeira quadra (um membro de cada uma das duas parelhas iniciais), mas invertendo a colocação, em belo efeito rítmico, com ênfase significativa na ideia de felicidade no interior do mar, agora como uma opção inteiramente assumida e afirmativamente reiterada. Os dois versos finais, presos anaforicamente ao primeiro, introduzem como que uma justificativa à busca da felicidade que implica a morte, mas é descanso; descanso com relação ao que não se nomeia e, no entanto, se quer esquecer. Mantendo o paralelismo por seu início e por formar uma locução verbal parecida a outras anteriores (*Quero esquecer/Quero ser/Quero afogar*), o terceiro verso apresenta, depois, uma variação importante no último vocábulo (*tudo*), inteiramente dissonante com respeito ao esquema rítmico do poema como um todo, já que até o verso solto da quadra inicial (*Quero ser feliz*) retorna pelo menos mais uma vez, na quadra do fim. Nessa dissonância do timbre vocálico mais fechado (/u/), em oposição à vogal mais aberta (/a/), dominante na ressonância das rimas do texto inteiro, em que se vai modulando um desejo de felicidade, parece exprimir-se por contraste, associada ao desejo do esquecimento mais completo, a cota de infelicidade ou frustração da vida toda, concentrada e calada no fundo indizível do pronome *tudo*, capaz de abarcar indefinidamente todas as coisas. Por isso, aí parece concentrar-se também o "acre sabor", tão bandeiriano, que perpassa pelo tom melancólico de "Cantiga", desde a contradição inicial que vincula o desejo de felicidade à ideia da morte. Nesse penúltimo verso, o poema joga com a força do que não nomeia expressamente, provavelmente com a dor que cala, para aspirar à felicidade na dissolução das ondas do mar, onde ela pode ser ao mesmo tempo esquecimento, mergulho completo na inconsciência, e absoluto repouso. A rima consoante de *descansar* com *mar* sela num acorde final a cadeia sonora de "Cantiga", onde o canto que exprime os movimentos do desejo não apenas se inspira, mas também se resolve no movimento e no som das ondas do mar.

A dança das palavras: imagens em movimento

Essa complexa construção verbal, de que o leitor não se dá conta a uma primeira leitura, uma vez que se faz com umas poucas palavras, corriqueiras e repetidas, em ritmo encantatório e hipnótico, serve à mobilização de apenas alguns elementos temáticos. São motivos, poucos e simples também, tomados do espaço natural (as ondas, a praia, o mar, a estrela-d'alva), ou da interioridade humana (o desejo, que implica amor e morte). O que se tem, em síntese, é o interior de um Eu articulado a algumas *imagens* do mundo natural. Esquematicamente, para efeito de compreensão, a expressão lírica pode ser reduzida, numa paráfrase, a esses escassos motivos enlaçados, quase como se fosse um breve relato, expresso pela voz central de um sujeito oculto: como num entressonho, um movimento da alma, um anseio, emerge ritmicamente com o movimento das ondas; esse movimento interior, desejo que se exprime como um sonho de felicidade, com algum travo de amargura, se volta para a busca amorosa de uma estrela através do mar, tendendo a dissolver-se nas ondas do esquecimento e do descanso final.

O impulso interior se exterioriza pelo ritmo que, por sua vez, o liga ao seu objeto, a estrela, reconduzindo-o de volta ao mar. O ritmo é o elemento concreto de ligação; é o que vincula, articulando-os coerentemente, o sujeito a seu objeto, o interior ao exterior, o humano ao natural, da mesma maneira que, no plano sonoro e sintático, coaduna os elementos isolados ou paratáticos, tornando-os balizas de um mesmo movimento ou partes de uma mesma unidade. Ou seja, trata-se de um elemento essencialmente *erótico*, tomando-se o termo em seu aspecto de força amorosa, sempre insatisfeita e unitiva, por isso mesmo capaz de enlaçar também a estrela parceira no mesmo movimento de conjunção, numa mesma dança rítmica. Pelo ritmo, nascido do fluxo das águas, o desejo reflui ao espaço natural; buscando a estrela, retorna às ondas do mar, origem do próprio ritmo. O ritmo é assim também retorno à origem (o verso, unidade rítmica, é volta, paralelisticamente reiterada). A canção vem do mar e ao mar volta. Alma e natureza se fundem no embalo comum; tudo eroticamente se une no discurso rítmico da cantiga. *Na verdade, o ritmo é retorno ao mito.* Ele dá forma humana, poética, ao conteúdo natural, imitando, por sua vez, um movimento da natureza, de que parece brotar espontaneamente, por isso mesmo, com toda a naturalidade. Ao enlaçar imagens da natureza em relação com o mundo interior de um sujeito individual, torna-as partes de uma história imaginária particular, de um devaneio configurado concretamente numa *ficção*, pois enreda-as num *mythos* poético (para empregar o termo com que Aristóteles designa tanto o enredo ficcional quanto a narrativa mítica propriamente dita), atualizando, ao mesmo tempo, o conteúdo arquetípico latente nessas imagens da tradição. Na forma particular do poema ressoam ecos generalizantes da mitologia tradicional, despertados pelas vibrações que o ritmo impõe às imagens postas em contato no movimento comum que as dirige para um novo sentido. Na música da canção renasce, de algum modo, o mito.

Como isso se dá concretamente na linguagem poética é o foco decisivo da interpretação do poema como um todo e implica necessariamente a relação das imagens naturais entre si e com o sujeito, por meio do ritmo que tudo mobiliza e enlaça na unidade da construção.

Ora, a base de apoio do ritmo é o paralelismo que relaciona esses poucos elementos independentes e descontínuos do poema numa mesma estrutura significativa, mediante o jogo complexo de equivalências e oposições que estabelece ao organizá-los em conjunto. Como a montagem, o paralelismo é um modo de *assemblage*; também forma conjuntos articulados; no seu caso, por meio da coadunação de elementos linguísticos repetidos conforme certa ordem, mas não, como na montagem, necessariamente deslocados de seu contexto original (além do que se pode montar paralelisticamente). Manobra rítmica por excelência, pois dispõe determinados componentes verbais segundo um princípio de voltas periódicas, que se cumpre ou não, criando o tempo de espera ou expectativa característico de toda experiência do ritmo. Procedimento, até certo ponto, homólogo à operação construtiva da música, enquanto formador de conjuntos articulados de sons, mas com uma diferença fundamental bem conhecida. A música compõe, partindo do sistema de intervalos entre alturas relativas (os sons musicais ou notas), a estrutura hierarquizada da escala como um primeiro nível de articulação, enquanto que o paralelismo poético se constrói sobre a linguagem articulada, o que supõe a dupla articulação do nível fônico (não significante) e dos morfemas (significantes) da linguagem verbal. A construção paralelística já se faz, evidentemente, sobre a base de significação intelectual das palavras e da sintaxe, implicando um terceiro nível de organização que decerto pode reforçar, modificar ou contradizer o sistema básico de significação da linguagem verbal pelo novo sistema de equivalências e oposições que com ele estabelece, como se pode verificar neste caso de "Cantiga". A melodia que porventura se casar à "letra" do poema, como se dá com o *Lied* ou canção de câmara, estabelecerá correlações com a organização das palavras na construção poética, conforme as direções variáveis do sentido de uma leitura interpretativa, "desentranhando" à sua maneira a musicalidade apenas subentendida no poema, como reconheceu Bandeira. Mas, independentemente da sobreposição de qualquer melodia em sua acepção estrita, a musicalidade implícita do poema pode, por seu modo de organização, sugerir metaforicamente a esfera da música, formando ícones ou diagramas, fundados na analogia com a construção musical propriamente dita. É nesses termos, sem dúvida, que Jakobson pôde falar em "polifonia verbal" a respeito do paralelismo. E é nesses termos ainda que se pode falar na música de "Cantiga", música feita de imagens em movimento, capazes de trazer de volta o mito.[29]

Analogias: música e mito

Aqui a música verbal exprime as tensões da alma e do mar (desejos e ondas), sua disjunção ou conjunção, assim como sua tendência à distensão final no descanso das águas, lugar de retorno do movimento à sua origem natural e horizonte do desejo individual: ponto de fusão definitiva do sujeito no seu objeto (ou no seu equivalente), extremo da dissolução do indivíduo na indiferenciação da natureza. Na verdade, desde o início, pelo encanto das repetições sonoras e rítmicas, o poema prepara o fim, organizando, mimeticamente, na música hipnótica da cantiga o marulho das ondas em que afinal o sujeito buscará descanso, como no sono sereno e definitivo da morte. Ou seja, por seu ritmo tão marcado, tão repisado, com motivos recorrentes, o poema parece preparar essa dissolução final da consciência. De certo modo, é este, desde o princípio, o seu *feitiço*, seu poder de encanto e fascínio subjugante também sobre o leitor; e é isto justamente que o faz assemelhar-se a certas formas da música "primitiva", de rítmica rebatida e incisiva, como é o caso, por exemplo, da "música de feitiçaria" dos cultos afro-brasileiros ou do catimbó. Essa força hipnótica faz da música "a companheira inseparável da feitiçaria", conforme observou Mário de Andrade, assinalando ainda que esse seu poder "não é propriamente sonoro, é rítmico".[30] O crítico insiste nessa "qualidade hipnótica procurada pela nossa música popular", sobretudo pela música de magia, como os pontos de macumba ou as linhas do catimbó. O poeta parece ter trabalhado no mesmo sentido, buscando analogia, pelo repique forte do ritmo, com esse poder de embriaguez da música ou da rítmica sobre a consciência. E mais: *parece mesmo ter buscado apoio nessa fonte popular, como se pode ver pelas imagens e expressões recorrentes que aproveitou diretamente dos pontos de macumba na articulação do movimento rítmico, pelo mito, enfim, que suscitou com os símbolos e o ritmo obsessivo, desentranhados da tradição brasileira.* É preciso, porém, avançar aos poucos.

A preparação da dissolução final da consciência pelo ritmo fortemente marcado desde o início é uma espécie de antecipação do fim, fundada no poder de sugestão rítmica, em si mesmo independente do conteúdo semântico das palavras em jogo. Digamos que a embriaguez ou entorpecimento da consciência é uma propriedade geral de toda rítmica muito acentuada. Esse efeito hipnótico que induz ao sono tem aqui, no entanto, força de imagem. Ele se coaduna, no caso, com o conteúdo temático do poema, pois se trata exatamente de um sonho de felicidade que acaba por se conciliar com a ideia de morte, sob a forma do esquecimento de tudo e do completo descanso final. O ritmo antecipa, metaforicamente, a imagem derradeira do descanso como morte, preparando a superação da contradição real apresentada na primeira quadra. Mas é na quadra do meio que se efetua a passagem decisiva para que a contradição seja superada e se possa aceitar a solução do fim. Ali se dá a mediação, que é preciso compreender.

No meio, o poema passa pela afirmação da fidelidade ao foco da paixão — momento máximo da tensão do ritmo e do desejo, atração da estrela que reconduzirá às ondas do mar. Nesta, aparentemente, se cruzam as possibilidades de ser feliz e morrer em paz. E desse modo, na música de "Cantiga" se prepara naturalmente a morte, por intermédio da atração erótica da estrela, que precede o descanso final na dissolução no mar. O ritmo está assim de fato profundamente vinculado às imagens que mobiliza. É que o impulso erótico nele se concretiza e, por isso, ele próprio é imagem do movimento do desejo em sua busca amorosa da estrela — o ritmo cria expectativa, suscita o anseio, aponta um sentido, em sua alternância de tempos fracos e fortes, de intensidades e pausas. Nesse sentido, ele funciona como mediação para a morte, pois é o movimento das imagens na direção do fim.

Com efeito, por meio de sua base paralelística de equivalências e oposições, o ritmo equaciona formalmente no poema complexas relações entre o plano do sujeito (do querer) e o mundo natural. Em primeiro lugar, o desejo de felicidade, expresso na primeira quadra e reiterado na última, implica, contraditoriamente, uma dissolução do sujeito no espaço natural. Essa vontade simultânea de plenitude e aniquilação, para que se realize, depende do espaço de fora, de elementos do mundo natural, que, no entanto, já no princípio atuam na esfera do sujeito, na própria forma da enunciação, por meio do ritmo. É que a voz lírica central, conforme se mostrou, se exprime numa espécie de devaneio, por uma enunciação a que se tem acesso como que furtivamente (como se se tratasse de uma fala solitária, monologada), mas que é desde logo ritmada à semelhança do movimento das ondas a que se refere desde o início. A impressão de entressonho parece derivar consequentemente dessa penetração do elemento natural, inconscientemente infiltrado pelo ritmo na esfera própria do sujeito. Esta mistura de consciência e inconsciência (sonhar e não sonhar simultaneamente), característica do devaneio, indicia de fato, desde o princípio da composição, a entrega dissolvente da consciência à indiferenciação do mundo natural, ao mesmo tempo que o ritmo, fundado no paralelismo, garante a coerência e unidade do discurso com a sua lógica interna de contrastes e correspondências. A lógica inconsciente que se exprime no ritmo representa uma articulação das imagens numa forma concreta que evoca o mito e a dimensão arquetípica dos elementos da natureza.

O paralelismo articula, assim, os elementos em jogo, que são em si mesmos descontínuos, heterogêneos e contraditórios — o querer do sujeito e os espaços naturais do mar e do céu — numa unidade, garantida pelo ritmo, capaz de fundir, mimeticamente, o movimento da alma e o da natureza — desejo, estrela e ondas — numa forma em que o plural se salva no uno.[31] Por esse movimento ondulante, fluxo e refluxo rítmico, a natureza, no universo do poema, surge de fato "animada", perpassada pela subjetividade humana, ao mesmo tempo que o sujeito se descobre, no mais íntimo, no espaço objetivo do mundo natural. O ritmo musicaliza, por assim dizer, as imagens da natureza, casando-as ao querer do sujeito que nele se encarna. O simples relato dessas relações na voz lírica que entressonha constitui a substância básica de "Cantiga" (o seu *mythos*).

Para interpretar o poema é preciso, pois, penetrar mais a fundo nas próprias relações entre os elementos articulados entre si, as imagens do desejo que o integram. Para tanto, convém relembrar o esquema dessas relações conforme a lógica interna já anteriormente descrita na construção paralelística.

Na primeira quadra, a relação entre o plano do sujeito, envolvendo em si mesmo uma contradição (*ser feliz*/*me afogar*), e o espaço natural consiste, segundo se assinalou, numa justaposição paralelística, que parece tornar indiferente, da perspectiva do desejo subjetivo, a oposição entre os locais equivalentes (*ondas da praia*/*ondas do mar*). Na segunda, porém, a disjunção dos espaços, reforçando a oposição entre os termos equivalentes, corresponde a uma opção do sujeito, cujo desejo aparece vinculado a um novo elemento cósmico, a *estrela-d'alva*, por sua vez ligado ao mar (*Rainha do mar*). A opção pela estrela e pelo mar leva, na última quadra, à reafirmação do desejo de felicidade no interior do mar, superando-se, ao que parece, a contradição latente na primeira estrofe, pela aceitação completa da morte, agora também desejada, *vista sob a forma atenuada ou eufemística do esquecimento e do repouso*. Assim, aparentemente uma vontade suicida supera uma contradição real entre o desejo simultâneo de plenitude e de destruição, *através de uma relação imaginária (com a estrela e o mar)*, capaz de tornar a morte ao mesmo tempo aceitável e apetecida. A estrofe central contém, portanto, uma passagem decisiva nesta curiosa dialética entre desejo e natureza ou, numa dimensão mais ampla, entre vida e morte.

O momento da passagem é também o momento da afirmação do desejo erótico (*Quero a estrela-d'alva*) e do vínculo explícito entre o objeto central do desejo (a estrela) e o mar (*Rainha do mar*). O desejo aparece transladado, metaforicamente, ao plano figurado (querer uma estrela). O próprio movimento da alma se faz imagem. Esta figuração do desejo liga o elemento humano ao mundo natural, "animando" o elemento cósmico, ao integrá-lo ao espaço da interioridade subjetiva, ao mesmo tempo que o elemento espacial exprime o humano no plano imagético exterior. Este momento de máxima intensidade afirmativa do desejo representa *simbolicamente*, ao unir os elementos heterogêneos e descontínuos, um processo de *elevação* do humano ao cósmico — o querer a estrela como extremo sublime do desejo —, mas, a uma só vez, prepara a sua descida ou queda, na estrofe final, rumo às *ondas do mar*, pois a *estrela-d'alva* se acha ligada, em relação ainda de equivalência paralelística, à interioridade do mar, por vínculo espacial e imaginário.

De fato, a *estrela-d'alva* está distante das *ondas da praia* (e do sujeito), mas em posição equivalente às *ondas do mar*, de que é, "animada" ou personificadamente, *rainha*. Sua situação elevada e dominadora com relação ao mar supõe ainda outro vínculo, de ordem imaginária, ou melhor, um vínculo arquetípico: a *estrela-d'alva* é Vênus ou Afrodite, a deusa do mar, a que nasceu, segundo a versão do mito narrada por Hesíodo, da espuma, ou do esperma de Urano — o Céu acasalado à Terra —, cujo falo mutilado por Cronos caiu ejaculando nas vagas do mar.[32]

Essa intersecção com o mito de Afrodite se dá, no entanto, através da expressão *Rainha do mar*, aposta à designação da *estrela-d'alva*. Ora, Rainha do Mar, Princesa do Mar, Sereia do Mar, Janaína, Dona Janaína, Dandalunda e ainda outras expressões sinônimas são formas de designação de Iemanjá, orixá marítimo dos iorubás, "a mais prestigiosa entidade feminina dos candomblés da Bahia", no dizer de Câmara Cascudo, a divindade popularíssima dos sincretismos religiosos afro-brasileiros.[33] Essa protetora do amor, que tem em sua falange a Estrela-Guia e recebe oferendas *no meio do mar*, ou na sétima onda, não apenas revela entre suas características, no poema, traços de assimilação do mito de Afrodite, como também é, na sua versão popular corrente, aí incorporada, uma espécie de sereia da lenda europeia, ou ainda de mãe-d'água ou iara iorubana, podendo apaixonar-se e carregar os amantes para o fundo das águas, que ela tradicionalmente simboliza.[34] Em "Cantiga", a *Rainha do mar* opera, pois, a passagem do céu à água, do alto ao baixo, do amor à morte, fundindo as direções do desejo, através do conteúdo arquetípico do símbolo, da latência mítica da imagem, *por via da tradição popular*. Em outro poema, "D. Janaína", de *Estrela da manhã* como "Cantiga" (e como esta, aliás, também várias vezes musicado), a divindade popular que "*tem muitos amores*" é invocada diretamente pelo poeta, numa forma de negaceio amoroso, com ares de um "candomblé de brincadeira":[35]

....

Saravá saravá
D. Janaína
Rainha do mar

D. Janaína
Princesa do mar
Dai-me licença
Pra eu também brincar
No vosso reinado.

Como se vê, a imaginação simbólica do poeta opera uma poderosa fusão de elementos de procedência diversa. Da tradição culta e clássica (aproveitamento de motivo do mito de Vênus ou Afrodite) e da tradição popular, dos cultos mágico-míticos afro-brasileiros (incorporação de motivo do mito das águas de Iemanjá), numa forma especial de *assemblage* ou de bricolagem, que vai fundo em busca de desígnios da expressão pessoal, como se inventasse, pela mescla redirecionada, uma mitologia própria. E, de fato, essa apropriação pessoal de motivos heterogêneos não só parece cumprir aquilo que Mário de Andrade tratou como um desejo de despersonalização, característico do poeta, pelo poder socializante ou generalizante do ritmo e da forma popular da cantiga aí incorporada, como dá curso recorrente a imagens muito pessoais, carregadas de latência simbólico-mítica, como é o caso da *estrela*, um dos símbolos centrais de toda a poesia bandeiriana.

Intermezzo: estrelas em fuga

A estrela volta sempre aos poemas e aos títulos de poemas e livros de Bandeira — *Estrela da manhã*; *Estrela da tarde*; *Estrela da vida inteira* —, e sempre com o mesmo poder de irradiação de sentido, como se concretizasse efetivamente um ponto luminoso da mais profunda necessidade de expressão pessoal, correspondendo às intuições mais íntimas do poeta. Como se pode notar bem em "Cantiga", os múltiplos e até contraditórios significados que ela enfeixa como "imagem sentido" (isto é, como símbolo capaz de exprimir a síntese de uma totalidade que não encontraria outra forma de expressão senão a encarnada nessa imagem) passam sempre pelas tensões do desejo. Antes de ser parte de um mito (tradicional e pessoal), motivo recorrente ou símbolo central de todo um universo poético, ela é uma figura ou metáfora do desejo, cujos atributos (a distância, a altura, o brilho, a ardência etc.) adquirem todos uma potência de significação metafórica em suas diferentes aparições nos poemas, forçando o desdobramento da imagem em complexa cadeia de associações de ideias.

No poema "Estrela da manhã", ela surge enredada nos laços do desejo, a que transmite a ardência desesperada da paixão erótica: personificada, erotizada em sua nudez esquiva, aparentemente perto do chão e mesmo *degradada* "até a última baixeza", como uma prostituta, ela se furta, porém, à busca amorosa do poeta, que em vão se rebaixa e faz promessas de humildade ("um homem sem orgulho"; "a ternura tão simples").[36] O negaceio erótico é aí também um negaceio do estilo adequado, como se a estrela alvo, mesmo degradada, escapasse intacta em sua alta pureza, para desespero do poeta, da armadilha humilde de palavras entretecidas pelo desejo. Num movimento inverso, em conjunção com imagens do mar, na enigmática e admirável "Canção das duas Índias", ela é metáfora, visionária e insólita, da altura inacessível a que se transpõe uma parte desejada do corpo da mulher:

> ....
> Sirtes sereias Medeias
> Púbis a não poder mais
> Altos como a estrela-d'alva
> Longínquos como Oceanias
> — Brancas, sobrenaturais —
> Oh inaccessíveis praias!...

Este sublime inalcançável — espécie de fundo desgarrado do desejo — que se cristaliza na imagem da estrela, ao mesmo tempo erotizada e pura, material e espiritual, ardente e fria, baixa e celeste, corporal e cósmica, pode de repente, num instante de alumbramento, tornar-se acessível — Vênus descendo até o poeta, como em "A estrela e o anjo":

> Vésper caiu cheia de pudor na minha cama
> Vésper em cuja ardência não havia a menor parcela de sensualidade

E então, no êxtase erótico, se cumpre mágica, enigmaticamente, o desejo humano, contraposto ao desejo divino, paradoxalmente insatisfeito:

> Enquanto eu gritava o seu nome três vezes
> Dois grandes botões de rosa murcharam

> E o meu anjo da guarda quedou-se de mãos postas no
> desejo insatisfeito de Deus.

Mas, quase sempre a estrela volta a brilhar inacessível nas alturas distantes, como se vê em "A estrela", reverberando sentimentos de frustração e mágoa, associando-se mesmo a ideias de fim e morte. Um dos momentos máximos de convergência de esplendor e êxtase com a morte se acha na aparição extraordinária de Vênus no "Poema encontrado por Thiago de Mello no *Itinerário de Pasárgada*":

Vênus luzia sobre nós tão grande,
Tão intensa, tão bela, que chegava
A parecer escandalosa, e dava
Vontade de morrer.

Nesse notável poemeto desentranhado da prosa bandeiriana por outro poeta, se encontra de fato um dos instantes de fulguração mais forte dessa imagem, com seu enorme e complexo halo de significados associados e aqui, mais nitidamente do que nunca, a sua conjunção com a vontade de autoaniquilação, mediada pelo erótico, como em "Cantiga".

Por esses exemplos e outros mais que se poderia acrescentar, se percebe como a imagem da estrela, ligada metonímica e materialmente ao alumbramento, à própria manifestação da poesia para o poeta, atrai para sua luz solitária e longínqua — tantas vezes dimensão da impossibilidade do que se quer —, como um verdadeiro foco do desejo, a paixão poética bandeiriana, siderada pelo êxtase carnal e a morte.

4. PARALELOS: AMOR E MORTE NO MAR

Rainha do mar
Oh! sereia do mar
Oh! sereia que nadas
No fundo do mar

Ponto de macumba

A relação do erotismo com a morte, um dos mais desconcertantes enigmas do homem desde suas mais remotas representações na arte, desde a pré-

-história, como se vê pela pintura rupestre — é aguda e reveladora, nesse sentido, até onde se pode desvelar o enigma, a interpretação feita por Georges Bataille das imagens pintadas na caverna de Lascaux —,[37] aparece no miolo significativo de "Cantiga", através dessa figuração do desejo, atraído pela estrela e o mar. Através da elementaridade destas imagens naturais, sob a sugestão dionisíaca da música, se renova mais uma vez aqui o mistério pelo qual o impulso de vida se faz morte.

A forma particular que essa questão universal toma no poema de Bandeira depende das imagens reunidas no texto sob o empuxo extasiante do ritmo — imagens que o poeta soube aproveitar, segundo se mostrou, tanto do mito e da religiosidade popular, quanto de sua própria expressão pessoal, em que por vezes o desejo se alça à busca desgarradora da estrela, por isso mesmo um de seus símbolos recorrentes.

Na passagem da *estrela-d'alva* para seu aposto, *Rainha do mar*, o poema desdobra o foco do desejo, fazendo-o recair no mar e tingindo-o com a aura do sagrado pela impregnação religiosa do símbolo com o mito das águas de Iemanjá. A elevação celestial da estrela é substituída pela profundidade do mar do orixá afro-brasileiro. Este *rebaixamento* do foco, característico do modo de representação do estilo humilde do poeta, equivale, no plano das imagens, ao direcionamento do sujeito para o informe e a inconsciência, para a imersão regressiva que significa a dissolução das formas e do ser na indiferenciação das águas. O desejo de apagar toda a vida pregressa (*Quero esquecer tudo*) revela esse poder *letal* atribuído às águas capazes de borrar toda a memória, garantia da identidade individual, preparando a liquidação completa do ser no repouso final no mar (*Quero descansar*), que pode representar esse regresso ao seio da natureza indiferenciada como volta ao regaço da "Grande Mãe", movimento de regressão que o simbolismo das águas e Iemanjá podem, por sua vez, muito bem significar.

A tendência para uma interpretação alegórica, por via psicanalítica, parece estar latente nesse movimento de retorno que o poema até pelo ritmo sugere. O próprio mito das águas de Iemanjá assim já tem sido interpretado, como, por exemplo, por Arthur Ramos, que parte da imagem do mar como símbolo materno (é essa a visão que deste dá Maria Bonaparte, ao interpretar a obra de Poe) para acentuar o aspecto de atração incestuosa nesse desejo edipiano inconsciente de volta ao regaço da mãe, considerando, por isso, explicada a morte implícita, exigida pela violação do tabu do incesto: os encantos da Sereia do Mar são ocultos e sua visão traz a morte, "porque o seu amor é tabu". O mesmo estudioso cita ainda Jung e Ernest Jones para correlacionar o mar e a morte (o radical ariano de *mar* significaria *morrer*, conforme o primeiro, e a raiz MR estaria presente em vários grupos de palavras de conteúdo sexual simbólico, na indicação do segundo).[38]

Contudo, se no poema a simples alusão à *Rainha do mar* poderia conduzir a essa linha de interpretação do simbolismo tradicional do mito das águas, na versão religiosa popular aí por certo incorporada, a verdade é que essa imagem da tradição se liga, no texto, antes à imagem da estrela, cujo raio de significação na própria obra bandeiriana constitui, pelo que ficou dito, um parâmetro básico de referência para a leitura interpretativa. Este fato torna ao mesmo tempo mais claras e mais enigmáticas as imagens simbólicas, com sua complexa união de erotismo e morte, mediante os elementos da natureza. É preciso, pois, aprofundar, noutra direção, a leitura.

Estrelas equidistantes

Num dos poemas anteriormente citados em função da imagem da estrela, a "Canção das duas Índias", também de *Estrela da manhã*, chama a atenção a presença de um complexo imagético análogo ao de "Cantiga", em que se relacionam o símbolo celeste e imagens do mar. Esse poema foi interpretado por Gilda e Antonio Candido, ao se deterem sobre o contraponto bandeiriano entre o tema da aspiração à plenitude e o "pungente sentimento de frustração", obsessivamente reiterado ao longo da obra e generalizado no verso famoso: "a vida inteira que podia ter sido e que não foi".[39] Observando a particularização desse sentimento na "Canção", em que ele aparece ostensivamente vinculado aos desastres do amor, analisam sua ligação com dois símbolos obsessivos do poeta: a rosa e a estrela, que se ligam, respectivamente, ora ao aspecto mais acessível do amor, ora a seu ângulo mais "atormentado" e fugidio, e ainda, por vezes, se conjugam na expressão do desejo insatisfeito. Salientam, então, como, nesse texto, o par rosa/estrela se troca em *púbis/estrela-d'alva*, numa "atmosfera de pesadelo", em que surge acompanhado de outras imagens "de uma precisão crescente e de uma crueldade progressiva". Detectando o balanço de onda do ritmo, alternado a um largo espraiar-se, frisam sobretudo o clima de alucinação que se cria no poema, sonoramente encantatório, mas ao mesmo tempo marcado pelas palavras ásperas, as imagens desgarradas, montadas em atropelo (*Sirtes sereias Medeias*), como que apanhadas em "voo rasante de câmara fotográfica", até o alargamento final da visão que "sobe primeiro ao céu, para, depois, descer até o horizonte distante, onde se perde no cansaço e na desistência". Dá gosto reler ainda uma vez o poema, que é dos mais altos de Bandeira, apanhado por uma prosa crítica cuja sabedoria parece residir na delicada e discreta penetração com que atinge em cheio a poesia, resguardando-lhe, porém, o misterioso poder de encanto:

> Entre estas Índias de leste
> E as Índias ocidentais
> Meu Deus que distância enorme
> Quantos Oceanos Pacíficos
> Quantos bancos de corais
> Quantas frias latitudes!
> Ilhas que a tormenta arrasa
> Que os terremotos subvertem
> Desoladas Marambaias
> Sirtes sereias Medeias
> Púbis a não poder mais
> Altos como a estrela-d'alva
> Longínquos como Oceanias
> — Brancas, sobrenaturais —
> Oh inacessíveis praias!...

Do ângulo que aqui importa, desde o início do poema chamam a atenção as imagens marítimas, algumas delas ressurgentes, se se considera o restante da obra, como é o caso das *Desoladas Marambaias*, cuja conotação próxima em outro contexto é ressaltada pelos referidos críticos, compondo o conjunto de obstáculos, "armadilhas do destino" ou índices da frustração que parecem interpor-se entre o poeta e o objeto de seu desejo. Mas é justamente na porção mais tumultuada do poema, expressa em ritmo entrecortado pela montagem abrupta das imagens, que reponta a *estrela-d'alva*. Ela surge como termo de comparação para a transposição metafórica de *púbis*, fundada na *relação es-*

pacial, ressaltando o inatingível pela altura, da mesma forma que outras imagens, também baseadas no espaço, insistem no inacessível pela distância, mas no sentido horizontal, em que se perde, aliás, a visão final do poema. Por assim dizer, céu e horizonte, dessa perspectiva também marítima (entre as Índias), são os extremos abstratos de uma paisagem marinha convulsa que se interpõe à realização do desejo: verdadeiros pontos de fuga em busca dos quais se perde o desejo, confrontado com a desmesura ilimitada que o transcende, *que o põe fora de si*. A atmosfera de alucinação decorre de uma projeção desse espaço, ambos funcionando como correlatos objetivos da exorbitação do desejo, que só se mostra metaforicamente por meio dessas imagens da natureza e do quadro alucinatório que formam, já que a única manifestação direta do sujeito é a de perplexidade diante da distância desmesurada. A paisagem tumultuada em que se exprime, então, a convulsão angustiada do desejo (opresso pela desmesura da distância em que ele mesmo se desgarra de si descomedidamente) coincide com a irrupção, precisa, violenta e cruel, de uma espécie de imagem de "pletora sexual",[40] traduzida num pedaço do corpo da mulher: o *púbis*, visto também sob o signo da desmesura ou do excesso (*a não poder mais*). Em seu apelo erótico ostensivo e cru, por isso mesmo transgressivo (na medida em que viola o interdito que obriga o ato sexual a ser secreto), esta imagem parece encarnar concretamente a desmedida ou o excesso do desejo, concentrado numa parte do corpo, por ele próprio, desejo, para seu próprio fim, partido — manifestação violenta da *hybris* (descomedimento) no centro mesmo da paixão:

> Púbis a não poder mais

Mas antes de se perder no inacessível do céu ou do mar, a que a estrela, as "Oceanias" e as praias remetem, numa forma de progressivo relaxamento ou esmorecimento que o próprio espraiar-se do ritmo também indicia nos versos finais, essa manifestação brutal do desejo erótico é precedida pelo atropelo das poderosas imagens do mar, aparentemente anunciadoras do momento de tensão máxima do poema:

> Sirtes sereias Medeias

A complexidade que se oculta nesse verso admirável depende decerto da montagem que integra elementos descontínuos e heterogêneos num movimento precipitado de atropelo que acaba por revelar-lhes a tendência comum, fundindo, sob sons parecidos, valores semânticos semelhantes, subjacentes na profundeza de seus significados. Ligando-se de repente pela sonoridade — a aliteração da sibilante /s/ e a assonância de vogais e grupos vocálicos (/i/ e /e/; /eia/ e /éia/) — e próximos pela contiguidade inesperada, esses três elementos díspares — da natureza, da lenda e do mito — se coadunam numa direção análoga de sentido, *num idêntico movimento para o fundo da destruição e da morte, com um mágico poder de sedução.*

O termo *sirtes*, achado da precisão vocabular bandeiriana, significa recife ou banco movediço de areia, envolvendo, no sentido figurado, risco ou perigo, ameaça de naufrágio: quer dizer, por um lado, se liga diretamente às imagens marítimas antes enumeradas no poema, reforçando a lista das "armadilhas do destino", como mais um dos escolhos do desejo; por outro, abre caminho para os termos seguintes, como um índice atraente da destruição insidiosa. Vinculada também ao campo semântico do mar e da navegação, a palavra *sereia* aprofunda essa direção do sentido, evocando não apenas o encanto temível da entidade marinha da lenda europeia, que pela sedução do canto arrasta à morte, mas ainda, como se viu, a divindade marinha do candomblé, Iemanjá, que assimilou a tradição da Europa (sem o detalhe do canto), confundindo-se, além disso, com a iara ou mãe-d'água da tradição folclórica brasileira. Nessa figura bipartida da *sereia*, metade mulher, metade peixe (ou pássaro, como na *Odisseia*), que às vezes aparece no culto aos mortos como divindade funerária, se enredam dois aspectos, aqui decisivos, da sedução erótica e da morte violenta, na qual, com frequência, é sugerido ou ostensivo o componente sádico do despedaçamento do corpo do amante incauto. A figura mítica de *Medeia* (posta no plural, em concordância com os termos anteriores, numa espécie de desdobramento das múltiplas versões do arquétipo) se vincula igualmente por parentescos mitológicos ao oceano e ao céu: é neta de Helios, o Sol, e filha de uma oceânide, a ninfa Ida, filha por sua vez do próprio Oceano, tendo desempenhado, por seus poderes de sedução erótica e mágica de bela feiticeira, um importante papel na aventura marítima de Jasão e os argonautas. Ela que diversas vezes parece um ser diabólico (que implica literalmente a divisão), valendo-se do assassínio para obter seus intentos, é também uma encarnação simbólica (pelos elementos que literalmente reúne) da dilaceração trágica: vivendo o extremo da paixão amorosa por Jasão, quando por ele abandonada, dividida entre o ciúme e a piedade, mata os próprios filhos, ferindo-os violentamente, como se vê pelas versões do mito na tragédia de Eurípedes e, sobretudo, na de Sêneca.

Com a alusão a Medeias, após os elementos anteriores, percebe-se como o verso de Bandeira estabelece uma gradação progressiva de aprofundamento no movimento destrutivo da paixão, levado pela atração insidiosa ou irresistível do excesso, expresso simbolicamente pela dilaceração do corpo, que as três imagens, em grau crescente e cada vez mais ostensivamente, sugerem. Esse movimento, por assim dizer, aflora ou emerge na imagem carnal nua e crua, material e terrena, da parte do corpo dilacerado que contém em si mesma a desmesura (*Púbis a não poder mais*) — foco da paixão e fundo inatingível do desejo que confina aqui com a morte —, antes de sublimar-se no inacessível da altura, da estrela-d'alva, ou de aplainar-se esmorecido no horizonte inalcançável das praias.

Esse movimento, que o ritmo exprime, em sua dinâmica de tensão e distensão, se sexualiza no instante de surgimento dessa imagem corporal alucinada. Então, é como se a paisagem convulsa se transfigurasse na representação metafórica de um ato sexual ou mais propriamente de uma cerimônia erótica. Nela o desejo, no instante mesmo de pletora sexual, irrompendo violentamente na dilaceração do corpo (com violência análoga à das cerimônias de sacrifício na experiência religiosa do sagrado), quer ir além, colidindo com a morte, único modo de ter continuidade na transcendência, de ultrapassar as barreiras da descontinuidade individuada do ser, perdendo-se na desmesura que o espaço natural simboliza. Totalidade inabarcável da natureza, fundo perdido do desejo. Momento caótico e obscuro que as imagens em atropelo representam: sujeito confundido com objeto num instante de dilaceração infernal trazida de repente à tona de um oceano do desejo, no qual, como que por irresistível encanto, Eros atrai vertiginosamente para Thanatos. Paradoxalmente, a pulsão de vida, a força unitiva de Eros, afirmada em seu próprio excesso, conforme ao curso do desejo em sua desmesurada busca do inacessível, fusão dilacerada e dilaceradora na parte sem alcançar a plenitude, se desfaz em pulsão de morte. Paradoxo desconcertante a que corresponde uma expressão equivalente, igualmente contraditória: o movimento para a dilaceração mortal que as imagens representam, mediante a evocação de arquétipos da divisão diabólica e trágica do ser, atraído irresistivelmente para a destruição, se exprime pela junção simbólica do descontínuo que dá continuidade ao sentido, sem tampouco determinar-lhe um limite acessível.

"Aprovação da vida até na morte" foi a fórmula melhor que encontrou Bataille para definir esse paradoxo do erotismo levado às últimas consequências, como parece ser o caso neste poema de Bandeira.[41] Dessa perspectiva, faz de fato sentido a afirmação de Sade, citada por Bataille, segundo a qual não haveria meio melhor para se familiarizar com a morte do que aliá-la a uma ideia libertina. O que parece uma aberração, na verdade pode conter uma iluminação de alguns dos aspectos mais fundos e complexos de nossas representações da vida e da morte, a que igualmente nos conduz a intuição alumbrada de Bandeira, e não apenas nesta extraordinária "Canção". Na despretensiosa e humilde "Cantiga" — agora é possível ver mais claro e mais fundo, na profundidade do que parece ao alcance da mão — é para a mesma questão que nos conduz a estrela do poeta, naturalmente, com toda a sua simplicidade: a secreta junção de amor e morte no mar.

Coda

A morte eufemística de "Cantiga", entendida como descanso final no seio das águas da *Rainha do mar*, se opõe à violência destrutiva das imagens marítimas da "Canção das duas Índias". Neste contraponto (em que se poderia ver, talvez, de uma perspectiva psicanalítica, a passagem de uma atitude sádica do sujeito a uma masoquista, à medida que desloca o impulso destrutivo para o exterior ou para si mesmo) se exprimem, provavelmente, ênfases diferentes nos polos opostos da questão, que envolve a afirmação da vida, mas também a aceitação da morte.

Em "Cantiga", o movimento descendente da estrela-d'alva para a Rainha do mar inverte a tendência de elevação, de sublimação, de púbis para a estrela, como se o poeta encontrasse, através da imagem popular do mito das águas, um meio de aceitar com naturalidade a morte, casando-a a uma ideia de plenitude para além da vida madrasta, das "armadilhas do destino" ou das frustrações do desejo individual (*Quero esquecer tudo*). A imagem erótica do mito o conduz, por via simbólica, a superar as contradições reais, atenuando ao mesmo tempo a imagem da morte, conforme à natureza. É como se pela dissolução final, a que volta inconsciente ou instintivamente pela repetição obsessiva e hipnótica, acabasse participando da "aspiração mais geral de tudo quanto é animado, a de retornar à quietude do mundo inorgânico".[42] Uma espécie de felicidade "para além do princípio de prazer" e de toda satisfação do desejo erótico individual.

No entanto, é também pelo erotismo que o poeta é levado a aceitar simples e naturalmente a morte no mar como repouso e felicidade. Movimento insaciável e destruidor do ser na "Canção", mas calmo êxtase na "Cantiga" — "aquela serena paz da morte absoluta:"[43] paixão e limite. Em ambas, contudo, transposta para a forma simbólica do poema (irmanada à própria raiz da lírica no alumbramento), a paixão erótica faz com que a poesia se torne um meio para o poeta se familiarizar com a ideia de morrer. Será isto talvez o que diz, por fim, em segredo, em sua límpida profundeza, a sedutora música do mar que fica ressoando em "Cantiga".

1. *Maçãs vermelhas*, Paul Cézanne, 1882 (?).

2. Manuel Bandeira em Clavadel, Suíça.

à Manuel Bandeira,
qui me révéla littéra-
lement mon amour
de la poésie
et des possibilités,
Paul Éluard

3 e 4. Dedicatória de Paul Éluard, seu companheiro de sanatório. Na página oposta, Bandeira na casa dos pais, Rio de Janeiro, 1926 (?).

9. Caricatura de Foujita, 1932.

5, 6, 7 e 8. Na sequência acima, Manuel Bandeira em São Lourenço, 1938.

10. Rua Morais e Vale, onde o poeta morou a partir de 1933. Desenho a bico de pena de Carlos Leão.

11. Manuel Bandeira e Jaime Ovalle, década de 1920.

12. Mário de Andrade em sua casa, 1935 (?).

13. Manuel Bandeira, caricatura de Di Cavalcanti.

14. Foto com dedicatória: "A Chico [Francisco de Assis Barbosa] e Eunice, afetuosamente / Manuel — Rio 1942".

15. No almoço em homenagem a Pablo Neruda, da esquerda para a direita: João Condé, Lia Correia Dutra, Manuel Bandeira e Astrojildo Pereira, Rio, 1945.

16. Óleo por Portinari, 1931.

17. Manuel Bandeira, década de 1940.

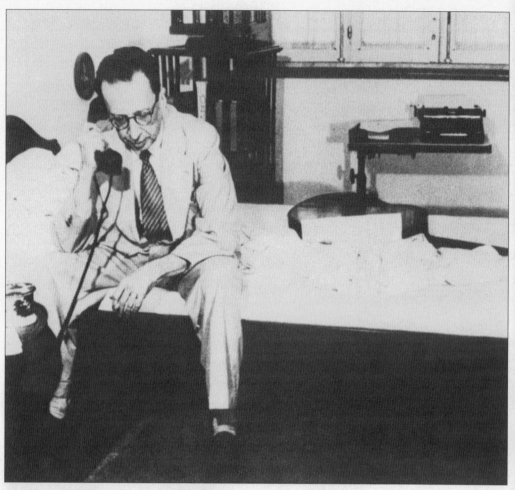

18 e 19. Bandeira em seu apartamento na avenida Beira-Mar, Rio de Janeiro, década de 1950.

20. Carlos Drummond de Andrade, José Olympio e Manuel Bandeira, Rio de Janeiro, 1955.

21. Carlos Drummond de Andrade, Guimarães Rosa e Manuel Bandeira, Rio de Janeiro, década de 1960.

22. O poeta em seu apartamento na avenida Beira-Mar, Rio de Janeiro, 1961.

23. Manuel Bandeira, Rio de Janeiro, década de 1960.

24. Bandeira em Petrópolis.

25. O poeta no apartamento de Maria de Lourdes, Copacabana, 1966.

26. Manuel Bandeira no largo do Boticário, Rio de Janeiro, década de 1960.

TERCEIRA PARTE

A morte em cena

Le corps, l'amour, la mort,
ces trois ne font qu'un. Car le corps
c'est la maladie et la volupté, et
c'est lui qui fait la mort, oui, ils
sont charnels tous deux, l'amour et
la mort, et voilà leur terreur et
leur grande magie!
Thomas Mann, *A montanha mágica*

7. A festa interrompida

> "[...] *o espaço e o tempo tornados sensíveis ao coração.*"
> Marcel Proust, *Em busca do tempo perdido*
> (*A prisioneira*)

PROFUNDAMENTE
Quando ontem adormeci
Na noite de São João
Havia alegria e rumor
Estrondos de bombas luzes de Bengala
Vozes cantigas e risos
Ao pé das fogueiras acesas.

No meio da noite despertei
Não ouvi mais vozes nem risos
Apenas balões
Passavam errantes
Silenciosamente

Apenas de vez em quando
O ruído de um bonde
Cortava o silêncio
Como um túnel.
Onde estavam os que há pouco
Dançavam
Cantavam
E riam
Ao pé das fogueiras acesas?

— Estavam todos dormindo
Estavam todos deitados
Dormindo
Profundamente

Quando eu tinha seis anos
Não pude ver o fim da festa de São João
Porque adormeci

Hoje não ouço mais as vozes daquele tempo
Minha avó
Meu avô
Totônio Rodrigues
Tomásia
Rosa
Onde estão todos eles?

— Estão todos dormindo
Estão todos deitados
Dormindo
Profundamente.

1. MATÉRIA E MEMÓRIA

Como a célebre "Evocação do Recife", "Profundamente" é, antes de tudo, um daqueles poemas que Manuel Bandeira vincula, de forma explícita, a circunstâncias biográficas, a lembranças de sua infância, passada em Pernambuco. No *Itinerário de Pasárgada*, o próprio poeta se encarrega de esclarecer quem são as figuras mencionadas no poema: Totônio Rodrigues, Tomásia, Rosa. Para isso recorda, com riqueza de detalhes, o ambiente da casa do avô materno, Antônio José da Costa Ribeiro, e a quadra decisiva, de 1892 a 1896, em que se constituiu o que ele mesmo chama de sua "mitologia". Figuras marcantes para a imaginação do menino que um dia pôde vê-las perambular pelo espaço "fabuloso" da rua da União e adjacências, em Recife — um mundo mágico, formado por outras ruas também de belos nomes: Aurora, Saudade, Formosa, Princesa Isabel...[1] Espaço não referido diretamente no poema, mas "ali tão presente", segundo diz, quanto no texto da "Evocação".

Na segunda parte do poema, a menção à idade (*Quando eu tinha seis anos*) parece confirmar esse comentário autobiográfico, permitindo situar com precisão cronológica, supondo-se uma relação direta com o plano da biografia, a festa de São João referida, que teria acontecido exatamente naquela quadra decisiva de sua infância, cuja riqueza e intensidade de vida ele próprio tratou de assinalar. Provavelmente nessa ocasião e noutros momentos de seu passado mais remoto, a que alude com frequência em toda a sua obra em prosa, se configuraram algumas das imagens mais profundas e recorrentes de sua poesia, elaborada, no entanto, somente muitos anos mais tarde, após a formação de uma ampla experiência humana e artística, de um grande cabedal de leituras e uma intensa prática poética. Ainda no princípio do *Itinerário*, o poeta remonta a essas velhas imagens da memória para confessar como nelas, pela primeira vez, descobriu com sobressalto a emoção diferente que depois aprendeu a associar à poesia. De alguma forma, para ele, o poético pode brotar dessas raízes fundas da infância, de uma terra encantada da memória, pois por vezes as imagens aí sedimentadas se revelam carregadas de uma emoção distinta das emoções comuns, uma emoção imantada, cuja força de atração se traduz em sua capacidade de instaurar um mundo, articulando os elementos mais heterogêneos em torno de seu polo essencial.

O retorno dessas velhas imagens ao núcleo central dos mais diversos poemas indica os caminhos sinuosos, aleatórios e obscuros que pode percorrer o processo de criação, sujeito, além do mais, a pressões das mais diferentes circunstâncias, obedecendo a razões nem sempre conscientes, como o próprio poeta frisou muitas vezes. No caso específico de "Profundamente", as imagens da festa de São João, sem dúvida herança direta da formação de Bandeira, em seus contatos com o passado regional brasileiro, desde os tempos de menino, ressurgem articuladas por uma explícita intenção modernista, dominante na fase de composição dos poemas do final da década de 1920, logo enfeixados em *Libertinagem*, livro elaborado, em larga medida, conforme ao projeto estético do Modernismo. Assim são imagens que fazem parte de uma matéria extremamente pessoal e íntima, mas ao mesmo tempo também histórica, dependente de um desígnio programático bastante acentuado, no sentido da recuperação do passado histórico e da tradição popular, como uma forma de tomada de consciência da realidade brasileira em todas as suas dimensões. Para o poeta era esse decerto um momento extraordinariamente propício, pois lhe permitia pôr-se de acordo com as inquietações poéticas do seu tempo, fundindo tendências nacionais e internacionais da vanguarda literária, e, a uma só vez, retornar à raiz de sua experiência poética, que justamente reconhecia nas remotas imagens da memória infantil, nas voltas inesperadas da emoção do passado, a fonte primeira da poesia. Ele podia, assim, reaprender os caminhos da infância distante e debruçar-se sobre o grande mundo, para o qual, já maduro e experiente, abrira o espaço da intimidade — o quarto, onde pôde resumir o passado, assimilando longamente o vivido ao universo da experiência pessoal, e onde se pôs em contato com o que vinha de fora, as novidades e circunstâncias do presente mais imediato.

Como essa matéria, rica e complexa em si mesma, tomou forma significativa no poema, integrando dados da memória pessoal e seguramente também muitos outros fatores de natureza diversa, sempre difíceis de precisar, é a questão crítica fundamental. De certo modo, se trata de sair em busca de um tempo perdido, de repente reencontrado no espaço de um poema. Talvez se possa dizer de antemão que o foco da compreensão não se centra sobre o resgate de um passado morto, cujo significado, idealizado pelo poeta a partir de seu presente, ele queira porventura recuperar, mas sobre o modo como o passado, para ele, não deixou de atuar, inserindo-se no presente como lembrança viva, como lembrança imagem (conforme talvez dissesse Bergson), capaz de, atualizando-se, tornar-se uma forma de percepção do mundo.

O ensaio é aqui uma tentativa de refazer caminhos da memória, investigando as voltas tantas vezes labirínticas que descreve a forma artística ao dar expressão a uma determinada emoção nascida do passado. Suas balizas são os traços concretos da formação linguística que é o poema. Sua matéria, o espaço e o tempo; ou seja, o fundo das "circunstâncias", a que muitas vezes o poeta atribuiu a origem da poesia.

2. POEMA DESMANCHADO

Construção da festa

Como vários outros poemas de Bandeira, "Profundamente" começa por uma espécie de fórmula de abertura, constituída por uma oração subordinada temporal, introduzindo a narração de uma situação ou *cena* parecida às da prosa de ficção:

Quando ontem adormeci

Já se apontou uma construção análoga, anteriormente, no "Poema só para Jaime Ovalle", caracterizado também pela introdução imediata numa cena, no caso, no interior de um quarto, onde um Eu solitário desperta para a consciência e a meditação, num dia chuvoso, mal saído da noite:

Quando hoje acordei, ainda fazia escuro

Esquema semelhante ocorre com o verso de abertura do "Soneto inglês nº 1", um notável decassílabo (distinto, portanto, dos versos livres anteriores):

Quando a morte cerrar meus olhos duros

Exemplo bem próximo deste último, pelo tempo verbal (futuro do subjuntivo), mas com o verso livre, é o de "Consoada":

Quando a Indesejada das gentes chegar

Voltando ao decassílabo, "Peregrinação", mais uma vez, insiste duplamente na fórmula, com o tempo passado, adotando perspectivas paralelas e contrastantes, num recorte cubista da realidade, parecido ao de "Maçã":

Quando olhada de face, era um abril.
Quando olhada de lado, era um agosto.

Outros exemplos ainda poderiam ser acrescentados, mostrando a recorrência do mesmo procedimento, como se o poeta com frequência fosse obrigado a lançar mão de uma fórmula liminar, característica da narrativa, para dar início à enunciação lírica. Uma vez notado esse recurso à fórmula inicial, logo se percebe que ele próprio pode faltar em outros casos, mantendo-se, no entanto, a mesma tendência para a configuração plástica de uma cena fictícia, de que ainda é exemplo o poema "Maçã". E, de fato, todos esses são poemas fortemente *imagéticos* ou *pictóricos*, para empregar termos utilizados por Kaete Hamburger na denominação desse tipo de forma mesclada, épico-lírica, próxima da balada e provavelmente derivada do epigrama, na qual o discurso expressivo em primeira pessoa se mescla a uma espécie de representação ficcional, avizinhando-se da prosa de ficção propriamente dita.[2]

Como se pode observar pela maioria dos casos citados, são poemas intimamente dependentes da memória épica, a faculdade mestra do narrador, e ao mesmo tempo muito visuais, evocando, com efeitos plásticos marcantes, eventos e figuras humanas, e tendendo à configuração pictórica ou à imitação da visualidade própria da pintura, como se contassem uma história, de teor profundamente subjetivo, por meio de quadros imagéticos. Como observa Hamburger, "o segredo consiste na evocação da figura como uma espécie de visão poética, elevada a uma plasticidade superior, e numa exploração dos recursos plásticos e ficcionalizadores da função narrativa, por assim dizer, dentro das suas possibilidades líricas".[3] Entre os poemas característicos, comentados por essa estudiosa dos gêneros, se acha o "poema-escultura" "Torso arcaico de Apolo", de Rilke, que Bandeira traduziu, revelando, talvez, uma afinidade eletiva mais funda do que a que se poderia imaginar num tradutor que nem sempre se regeu por uma escolha tão significativa para sua própria obra poética.

Ora, "Profundamente" é, no mesmo sentido de todos esses exemplos mais relevantes, um caso perfeitamente típico de poema imagético. Ele se constrói a partir da memória do poeta, com eventos do passado próximo e distante, ao mesmo tempo ligados à subjetividade individual e à coletividade — a festa de São João, como a evocação épico-lírica, fortemente visual e plástica, de uma cena em que o próprio sujeito participa e cuja repercussão na esfera da subjetividade é um dos aspectos decisivos da construção poética. Elaborado, como se notou, sobre uma matéria fundamental para Bandeira, tanto de um ângulo íntimo quanto histórico (à medida que articula elementos da história pessoal, da realidade brasileira e do programa modernista), parece representar também um modo de formar característico do método de trabalho do poeta, muito persistente ao longo de sua prática poética, ganhando, por isso, significação exemplar com relação a toda a sua poesia. É preciso, portanto, examiná-lo até o mais fundo, por assim dizer até a raiz das circunstâncias de tempo e espaço implicadas em sua composição.

Esquematicamente, o poema, composto em versos livres e estrofação irregular, é formado por dois grandes blocos, assimétricos na quantidade de versos, mas paralelos. Cada um deles tem, por sua vez, um mesmo número de estrofes (três)[4] desiguais no tamanho, com exceção da quadra final, repetida nas duas partes como um ritornelo, a despeito de variações internas, quanto ao tempo verbal (*Estavam/Estão*), em suas primeiras linhas. Logo se nota que, do ponto de vista temático, os dois blocos, embora bem distintos, também se correlacionam pelo desenvolvimento semelhante de um assunto comum a ambos — a festa de São João e seu fim —, seguindo-se, em continuação quase idêntica nas duas metades, a quadra refrão, com pequenas variantes verbais, mas ainda voltada para os participantes já ausentes da festa. Quer dizer: adotando uma construção muito livre e irregular, desde logo ostensiva, o poema, quando lido detidamente, vai mostrando uma série de similaridades e equivalências na sua organização geral e em seus componentes, baseando-se num paralelismo expressivo e temático, mantido tanto na arquitetura do todo quanto no interior das partes que o compõem.

Essas semelhanças na diferença, assim como as diferenças na semelhança, se realçam mutuamente pelo *paralelo contrastivo* que arma a estrutura toda, ao se contraporem, nos dois blocos, *cenas semelhantes em tempos diferentes, aproximadas espacialmente em confronto direto*. Desse modo, anulada praticamente a sucessão do discurso, o poema propõe à consideração do leitor sua *forma espacializada*, marcada plasticamente pelas imagens convocadas pela memória do Eu lírico ao espelhamento contrastante de suas partes, articuladas em contraposição. Convém então entender como estão feitos internamente os blocos em contraste e o que resulta, quanto ao sentido, dessa armação em confronto de cenas paralelas.

O primeiro bloco é ainda, em paráfrase esquemática, a evocação de uma festa de São João num passado recente; a descrição de seu final, no momento do despertar do sujeito, a que se liga uma pergunta pelo destino dos participantes; e, por fim, a resposta à pergunta sobre os ausentes. Estes desdobramentos temáticos correspondem exatamente à divisão em estrofes e, por certo, implicam aspectos mais fundos, pelo modo como são expressos, do que os declaradamente tratados no desenvolvimento do assunto geral (a festa), mera unidade sumária, abstraída dos significados ostensivos, ela própria não mencionada diretamente.

Com efeito, a festa é uma espécie de impressão de conjunto ou uma abstração, derivada do acúmulo de pormenores específicos, *enumerados* na primeira estrofe, formando propriamente uma cena, esta sim bem concreta e cheia de vivacidade, em seu forte apelo aos sentidos. A cena festiva resulta de uma *construção metonímica*, pela enumeração de partes contíguas, às vezes meramente justapostas, numa montagem, mas cuja integração final produz uma figura ou imagem atualizada ou presentificada da festa: a cena direta que a representa concretamente. Isto torna a evocação da festa aproximadamente um registro de impressões, como se fossem provenientes de um contato imediato da consciência do poeta com a realidade viva e palpitante de que ele trata, sem a intermediação de qualquer noção adquirida ou experiência entre as sensações e sua fixação na imagem. No entanto, sabemos que as partes enumeradas, detalhes particulares e concretos que configuram a cena, foram retiradas de um contexto originário, gravado na memória coletiva da tradição religiosa e popular, e que o processo dependeu decerto da longa experiência acumulada pelo poeta na sua relação com a realidade regional e seu folclore, desde os tempos de menino. Nenhum desses liames mais profundos com o passado, porém, ressalta de imediato quando se lê o poema; ao contrário, somos levados a nos fixar na impressão momentânea da festa de São João, guiados pela atitude visual-descritiva de quem nos apresenta a cena, como que trazendo-a ainda viva do seu passado próximo.

Isso significa que a matéria aproveitada da tradição e da experiência pessoal foi aqui submetida ao tratamento transformador de uma técnica que pode lembrar, antes de mais nada, pelas afinidades plásticas, a da pintura do Impressionismo pontilhista. Ou seja, o método de Georges Seurat, Paul Signac e outros pintores, que consistia, como se sabe, na divisão dos tons em seus componentes, isto é, em pequeninas manchas de cores puras acomodadas entre si de modo a recompor, no olho do observador, a unidade do tom (luz/cor). Diferentemente do primeiro Impressionismo, para essa pintura a sensação visual não se reduz à mera impressão, e, ao contrário, tem uma *estrutura* que se desenvolve num processo, de modo que o quadro deixa de ser a tela sobre a qual se projeta a imagem para constituir um campo de forças interagentes que configuram a imagem.[5] É análogo a esse o efeito obtido pela técnica de construção do poema, fundada também no acúmulo, pelo procedimento enumerativo, de pequenas "manchas" sensoriais, cuja interação acaba se organizando na imagem da cena festiva, desse modo, presentificando as sensações vividas, atualizando a memória do passado numa presença palpitante no presente da visão poética, *ainda quando esta se dá num passado próximo* (ontem), como é o caso nesse primeiro bloco.

Quando se observa em detalhe a primeira estrofe do poema, logo se nota a função construtiva do procedimento da enumeração, antiquíssimo recurso de repetição tão utilizado na Bíblia, aqui posto a serviço da organização das sensações numa unidade de tom, e, portanto, a serviço de uma técnica moderna análoga à do pontilhismo. O estudo desse procedimento no verso livre moderno, feito por Leo Spitzer, anteriormente mencionado, se refere sobretudo à modalidade da "enumeração caótica", à maneira do versículo bíblico de Walt Whitman, aproveitada em sua forma típica, com a mescla arbitrária de diferentes esferas da realidade, na "Evocação do Recife".[6] Neste caso, porém, a modalidade empregada é outra, menos arbitrária ou caótica, ligada a um verso livre mais curto, por vezes mesmo entrecortado, acentuando principalmente a reiteração dos elementos acumulados numa mesma direção ou em direções semelhantes. A cada elemento novo da enumeração, nessa primeira estrofe, a imagem vai aparecendo, a impressão de vida palpitante vai materializando-se, a cena festiva, configurando-se completamente. Logo se percebe que os elementos enumerados são índices de sensações, detalhes sensoriais, como se a festa consistisse realmente numa *explosão material dos sentidos*, e se fosse manifestando pelos dados relativos ao ouvido, à visão, atingindo até a sugestão do tato e do movimento, como um feixe complexo de impressões auditivas, visuais, táteis e cinéticas, fundindo-se na imagem unitária da cena festiva.

Um rápido exame do vocabulário mobilizado pela enumeração revela em seguida o predomínio de termos referidos direta ou indiretamente ao som, conjugados à expressão de um forte sentimento de euforia e interligados às sensações visuais: *alegria*; *rumor*; *estrondos*; *bombas*; *luzes de Bengala*; *vozes*; *cantigas*; *risos*; *fogueiras acesas*. Mas é integrado ao plano da expressão poética propriamente dita, mediante recursos de realce da sonoridade, que esse vocabulário reiterativo ganha toda a sua carga significativa, por assim dizer materializando a alegria da festa como um verdadeiro instante de paroxismo de vida, irradiando-se por todos os lados pelo burburinho, pela estrondosa expansão dos sons, junto com o clarão crepitante dentro da noite de São João. O poeta parece ter lançado mão de todo o arsenal de som e ruído de que dispunha, combinando aliterações, assonâncias, rimas internas em eco, toda sorte de efeitos contrastivos de timbres vocálicos, tudo dinamicamente coadunado no movimento do ritmo, correndo solto sem a pontuação, auxiliado pela falta de conectivos (apenas dois *ee*) e a montagem abrupta, que no meio da estrofe junta as duas expressões mais poderosas como efeito sonoro e visual da cena da festa (*Estrondos de bombas luzes de Bengala*).

Assim, a combinação de vogais nasaladas e consoantes nasais nos dois primeiros versos (sem falar no estrépito, algo abafado pela predominância das nasais, da aliteração das dentais /d/ e /t/) parece que culmina na sonora e grave rima em eco de *São João*, contrastada logo em seguida por outro eco agudo de *Havia alegria*, quebrado, por seu turno, logo depois, pelo final grave de *rumor*:

> Quando ontem adormeci
> Na noite de São João
> Havia alegria e rumor

Essa cadeia de contrastes sonoros desemboca no poderoso verso seguinte, em que ela atinge o máximo reforço. Nele, a repetição de duas vogais idênticas, fechadas e nasaladas (/õ/ e /õ/), fortemente destacadas pelos acentos dinâmicos do ritmo, apoiados justamente sobre as palavras mais explosivamente sonoras, do ponto de vista semântico (*estróndos* e *bómbas*), vem acompanhada pela vogal mais fechada e gravemente acentuada (/u/) e, de repente, em contraste violento, seguida pela vogal mais aberta, igualmente realçada pelo acento final do verso:

Estróndos de bómbas lúzes de Bengála

O efeito icônico, de verdadeira harmonia imitativa, conseguido por esse acentuado fechamento em crescendo das vogais, em confronto com a súbita e máxima abertura do /a/, cria a mágica fusão da explosão sonora com o deslumbrado espanto da visão dos fogos de artifício, superpondo-se pela montagem de sensações os dois mais intensos apelos sensoriais que caracterizam a festa evocada como uma euforia material dos sentidos. O burburinho humano que se segue mantém, de forma atenuada e inversa, o mesmo contraste de timbres que ecoa na festa, opondo uma vogal grave, mas aberta (/ó/), ao fechamento agudo dos /ii/:

Vózes cantígas e rísos

E o verso final da estrofe, embora conservando o contraste entre as vogais ritmicamente acentuadas (/é/ aberto, oposto ao progressivo fechamento do /ei/ e do /ê/), é sobretudo um verso visual, sugerindo apenas implicitamente o crepitar do fogo e o calor das fogueiras que se soma e se irradia com a alegria agitada dos participantes da festa:

Ao pé das foguéiras acésas.

Como se vê, o conjunto de uns poucos motivos sonoros e visuais, potenciados pelos recursos expressivos da linguagem poética, coadunados no movimento do ritmo, configura a impressão unitária da festa, encarnada como uma *presença viva* numa cena concreta. É fundamental observar que nesta presença viva, a participação humana é ela própria apenas sugerida por meio desses elementos sensoriais articulados à expressão da alegria. É, por assim dizer, a base material da festa que indicia o humano, ou por outro lado, essa presença apenas virtual se atualiza e transparece nos traços materiais de som, luz e movimento que avivam a cena como uma efusão da vida em sua aparência concreta e plástica. Percebe-se então a função ficcionalizadora da cena, que apresenta ou mostra um espaço humanizado, onde as coisas existem para o homem: exatamente como na prosa de ficção, em que o espaço costuma estar em função da personagem, cuja entrada em cena define o caráter de não realidade do mundo ficcional. Na narrativa ficcional, precisamente pelo caráter fictício, o pretérito da narração não equivale ao passado, mas remete a uma situação "presente", dando a impressão de que as coisas estão se dando num aqui e agora, em função das personagens que as estão vivendo, embora verbos e advérbios possam indicar o tempo pretérito.[7] A mescla desse tratamento próprio da ficção à enunciação lírica torna extremamente complexa a construção do poema, desde essa primeira estrofe, pois envolve o sujeito e as coordenadas de tempo e espaço de sua percepção do mundo, ainda quando, para o leitor, resulte a impressão aparentemente simples de uma festa evocada.

Com efeito, essa presença viva da festa é produto de uma evocação, baseada na reminiscência. Sendo um dado da memória do sujeito que a evoca, a festa ressurge como uma aparição de dentro da noite e do passado, mas com relação a um Eu que enuncia o discurso, que não é exatamente um Eu verídico ou real (por exemplo, o Eu do poeta enquanto pessoa empírica), nem puramente fictício, como no caso de uma personagem de romance, cuja natureza de *como se* apenas sugere a impressão de realidade (como se fosse realmente). Esse Eu é decerto ainda um produto da imaginação, um ente imaginário ou paraficcional em que se desdobra o Eu lírico propriamente dito ao ver-se a si mesmo enquanto ser que se recorda, no ato da rememoração. Diante de um discurso como esse, próximo da ficção, o leitor tende a ler o pretérito como se não fosse, isto é, o pretérito aqui já não designa o passado. Quando lemos a frase "Havia alegria e rumor...", percebemos que de fato o pretérito imperfeito está referido à situação da enunciação no passado (*Quando ontem adormeci*), que nos é dada a contemplar exatamente como numa obra ficcional nos é dado contemplar aquilo que se passou com uma personagem, a partir da perspectiva de uma voz narrativa em terceira pessoa. E exatamente como na ficção, lemos as coisas que aconteceram como se estivessem acontecendo aqui e agora, na medida em que acontecem à personagem. Embora a enunciação se faça, neste caso, na primeira pessoa, o Eu situado no passado, a quem foi dado viver a festa, nos é apresentado distanciadamente e objetivamente como aquele a quem ocorreram as coisas relatadas, supondo um outro Eu, que permanece oculto, num presente intemporal, o Eu lírico propriamente dito, mas metamorfoseado numa espécie de narrador em comunicação direta com o leitor, a quem conta um momento vivido de seu passado próximo, abrindo-lhe sua interioridade de ser que rememora o vivido, franqueando-lhe o espaço íntimo, a que traz de volta a festa do passado. O quadro que contemplamos é, então, uma cena palpitante dentro da moldura da subjetividade, apresentada diretamente através do espaço perceptível sensorialmente, de cujos índices dependeu para ser recriada pela memória como a aparência do que está de fato ausente, como *imagem*. Sons, ruídos, luzes, calor desabrocham, momentaneamente, em presença viva — fogos de artifício sobre o fundo da noite: *presença sobre ausência*.

A consequência deste uso ficcional do pretérito, que o destitui de sua característica gramatical de designar o passado propriamente dito, não é só a imediata atualização da cena; na verdade, o passado deixa de valer como a dimensão de profundidade da memória, para significar de acordo com a profundidade com que se imprime sobre a sensibilidade do Eu no presente, como memória viva. A ação inacabada, própria do tempo verbal empregado, em seu aspecto "imperfeito", continua repercutindo no presente. A evocação não sublinha a nostalgia ou a saudade do passado; antes, mostra a convivência deste com o presente, sua atuação presentificada, como a ausência que se faz presença, numa forma análoga à da "noite permansiva" do "Poema só para Jaime Ovalle".

Numa crônica de *Flauta de papel*, Bandeira, ao tratar de sua "sensação de velhice", explicita claramente sua concepção de passado numa passagem que poderia valer como um comentário direto ao que ocorre em "Profundamente": "Sim, estou velho, mas na minha sensação de velhice não entra absolutamente o peso morto do passado. Sou um velho sem passado. Quero dizer que o passado continua a existir para mim como um presente, digamos uma enorme paisagem sem linhas de fuga, uma paisagem sem perspectiva, onde todos os incidentes, os de ontem, os do ano passado, os de há cinquenta anos se apresentam no mesmo plano, como nos desenhos de criança".[8] Neste trecho fundamental, vê-se com toda a evidência como o poeta espacializa a dimensão do passado numa imagem plástica, a paisagem sem linhas de fuga, exatamente como procede no poema em foco, só que aqui mostrando-a na forma direta da cena. E também trata os diversos patamares do passado num mesmo plano, como nos desenhos de criança, mediante o paralelismo dos tempos diferentes no segundo bloco (o passado remoto da infância — *Quando eu tinha seis anos* — e o presente de *Hoje não ouço mais as vozes daquele tempo*), implicando o poema como um todo, conforme se verá. Antes, porém, é preciso prosseguir na análise da segunda estrofe do primeiro bloco, em que se evoca o fim da festa no passado próximo.

Desconstrução da festa

Um primeiro traço significativo que se nota na passagem da primeira para a segunda estrofe do poema é o marcado contraste que se estabelece entre elas, conservando-se, no entanto, o mesmo procedimento construtivo da enumeração:

> No meio da noite despertei
> Não ouvi mais vozes nem risos
> Apenas balões
> Passavam errantes
> Silenciosamente
> Apenas de vez em quando
> O ruído de um bonde
> Cortava o silêncio
> Como um túnel.
> Onde estavam os que há pouco
> Dançavam
> Cantavam
> E riam
> Ao pé das fogueiras acesas?

Como se pode observar, mediante o contraste, tudo o que na primeira estrofe é índice da presença viva da festa retorna agora em paralelo negativo. Os próprios remanescentes da cena festiva adquirem uma funda conotação de ausência, com o progressivo esmaecimento de tanta coisa viva, que é o fim de tudo e sua subjacente sensação de morte. Na verdade, parece ser o fundo silencioso, negro e oco da noite do passado que se atualiza no lugar das luzes ruidosas da festa. O procedimento da enumeração se transforma, também ele, numa espécie de procedimento menos (para empregar livremente uma expressão de Iúri Lotman), servindo ao esvaziamento da festa, ao invés de acumular elementos que a completavam, como se viu na primeira estrofe. Um procedimento em geral associado à enumeração, a anáfora, surge aqui (*Apenas.../ Apenas...*) como um fator de travamento do ritmo, agora bem pausado e lento, com cortes retardantes do verso livre, em nítida oposição a seu papel inicial, decisivo no burburinho trepidante e vívido da festa. E antes que se pergunte pela ausência dos participantes, tornada palpável nessa crescente desconstrução da cena, duas poderosas imagens (a dos balões e a do ruído de um bonde) cortam a paisagem esvaecida e desolada do final da festa. Convém examinar esse trabalho de desconstrução no detalhe.

Desde seu início, a segunda estrofe mostra que o contraste que logo se percebe entre ela e a anterior, pela oposição temática entre o auge e o fim da festa e pelo conjunto de procedimentos da construção, com sinal inverso, depende do paralelismo, vai até o pormenor e persiste mesmo no interior dos novos elementos linguísticos em jogo. Assim, no primeiro verso chama a atenção a forma verbal do pretérito perfeito (*despertei*), em oposição paralela e simétrica ao *adormeci* da primeira estrofe. O confronto entre esses termos em posição equivalente revela outras oposições mais sutis, mas não menos significativas. Nota-se, agora, de forma mais clara como a vinda ao sono do Eu se casava bem à noite, mas contrastava com a cena ruidosa do auge da festa; com a passagem do tempo, implicada na passagem da primeira estrofe à seguinte, o despertar coincide com o meio da noite, a que se opõe (a noite alta não parece adequada ao acordar), quando já a festa míngua e reina o silêncio, propício ao sono.

Esquematicamente, o paralelismo, com suas equivalências e contrastes, forma uma equação: a ausência do Eu (perda da consciência pelo sono) coincide com a presença viva da festa, enquanto que a presença do Eu (o despertar da consciência) coincide com os sinais de ausência da festa. O despertar no meio da noite, que equivale à tomada de consciência do fim da festa, leva assim direta e coerentemente à pergunta pelos que estavam presentes, bem como à resposta redundante, na estrofe seguinte, que reitera a ausência dos participantes pelo sono. A ligação entre a ausência e o sono se dá, pois, tanto no plano do sujeito, quanto no da ação representada pelos participantes da festa. E por essa via, portanto, o sujeito se coloca, potencialmente, em situação de equivalência com relação aos participantes, uma vez que todos se ausentam pela mesma razão, o sono, que não é apenas o índice comum da ausência, associado naturalmente à noite e ao silêncio, mas também o fator que interrompe a festa, suspendendo tanto a percepção do sujeito quanto a manifestação dos que estavam presentes. Tal como se dá nesse primeiro bloco, é somente a diferença de tempo do sono que torna apenas potencial a identificação entre o sujeito e os participantes e torna possível a festa enquanto presença viva.

O segundo verso dessa segunda estrofe (*Não ouvi mais vozes nem risos*) nega, conforme o princípio do contraste paralelo, a presença do som, justamente o elemento de maior realce da festa. As duas imagens seguintes, vinculadas pela anáfora (*Apenas.../Apenas...*), reforçam, com extraordinária intensidade, o motivo do silêncio, introduzido, de forma atenuada, pela litote, que, no verso anterior, anula o contrário do que se quer afirmar. São imagens muito complexas, com um halo expansivo de associações.

A primeira delas traz um elemento visual, ainda uma metonímia da festa (*balões*), mas com sinal negativo, já se desgarrando (*errantes*), para exprimir o silêncio mediante o movimento sem som — silencioso fluxo de tempo dentro da noite:

> Apenas balões
> Passavam errantes
> Silenciosamente

O ritmo entrecortado — trata-se de uma única oração escalonada em três versos (o sujeito; o predicado, acompanhado do predicativo do sujeito; o adjunto adverbial de modo) — e o abafamento das vogais nasaladas em assonância enfatizam a lentidão muda da passagem dos balões, culminando no advérbio final, destacado no isolamento de todo um verso, formando um primeiro eco paralelístico com o título. Feito com extrema habilidade, o corte do verso livre, apoiado na sintaxe, cria uma suspensão gradativa do sentido, que, para completar-se, depende da integração dos membros isolados da oração, que se deve ler verso a verso: o resultado não é só o andamento travado do ritmo, mas muito mais.

Torna-se inevitável uma ênfase sugestiva sobre os termos separados, cuja ressonância semântica aumenta com o isolamento, como é o caso, além do advérbio *silenciosamente*, do poderoso *errantes*, cujo significado se intensifica e se expande pela suspensão no final do verso, acompanhando a morosa subida dos balões com a nota profunda de uma ilimitada e desgarradora incerteza, fazendo com que esses pontos luminosos, últimos sinais de vida da festa, sejam vistos em câmara lenta, perdendo-se silenciosa e definitivamente na noite. Assim, pelo ritmo quebrado dos versos livres rompendo a continuidade sintática, o leitor é forçado a realizar no final uma espécie de montagem de percepções distintas — as figuras luminosas; a passagem vagarosa, sem rumo e sem termo; o silêncio —, cujo efeito último acaba sendo uma aguda sensação do tempo escoando-se num lento consumir-se, sem que haja qualquer referência direta ao tempo, apenas sugerido como medida do moroso movimento que a imagem espacial exprime. Percebemos então que *Time is flowing in the middle of the night*, como diz um belo verso de Tennyson, e com ele vem o profundo sentimento do fim, concretizado na lenta e silenciosa passagem dos balões, solitários e desgarrados remanescentes da festa.

Trata-se, evidentemente, de uma imagem *elegíaca*, em que o tempo, referido na passagem de uma estrofe a outra, por indicações dos primeiros versos (*Quando ontem adormeci* e *No meio da noite despertei*), comparece espacializado como o movimento que traz consigo o fim, princípio de desgaste e destruição a que se opõe precisamente a festa enquanto manifestação de um excesso vital, de uma efervescência de vida, mas que agora, no seu final, se reduz aos vestígios do que foi, centelhas de vida ainda, porém fugindo, em silêncio, errantes dentro da noite. A elevação da imagem dos balões, em movimento ascensional para o sublime, supõe aquela aspiração pelo ideal que Schiller reconheceu no fundo da elegia, que de algum modo implica o lamento pelo alvo inatingível do desejo, ainda quando tão contido como aqui. Nisto faz pensar em outras imagens bandeirianas, como a da estrela, que no mesmo tom elegíaco "tão alta luzia":

> Para dar uma esperança
> Mais triste ao fim do meu dia.

A imagem seguinte, contudo, obedecendo ao princípio dos contrastes que organiza a estrofe também internamente, volta pesadamente à terra, introduzindo um ruído estranho no espaço tradicional da festa, para realce do silêncio maciço que domina a cena:

Apenas de vez em quando
O ruído de um bonde
Cortava o silêncio
Como um túnel.

O ruído espaçado, maquinal e urbano do bonde, inteiramente estranho ao ambiente do festejo religioso e popular de São João, cuja tradição remonta aos primeiros anos do Brasil Colônia,[9] torna perceptível, ainda por contraste, o sólido silêncio instalado no espaço da cena festiva. Oposto aos balões silenciosos do fim da festa, o rangido mecânico do bonde parece anunciar outro espaço e outro tempo, o presente da cidade moderna, mesclando-se e em contradição com o mundo do passado tradicional (e da infância do poeta) que a festa representa e cujo processo de extinção ela própria indicia, neste momento de seu final que é ainda o do despertar do sujeito no meio da noite.

Ressalta, dessa forma, o teor elegíaco também desta nova imagem, que não apenas reforça o significado anterior, mas provoca uma expansão do sentido, uma vez que agora se vê que esta cena de fim de festa é parte de algo maior, que ela mesma é uma metonímia de todo um mundo esgarçando-se a caminho da destruição, que, na verdade, ela é uma *cena simbólica*. Ao despertar no meio da noite, o Eu toma consciência (ouve e vê) do fim de seu mundo, o mundo de seu passado, que, profundamente incorporado à sua experiência, pela intensidade de vida que para ele significa, se faz presente, mas, ao mesmo tempo, se revela em processo de extinção, frente ao ruído do presente propriamente dito, que um instrumento da modernização como o bonde introduz no espaço tradicional da festa feito um corpo estranho.

Na diferença de timbres entre os sons humanizados da festa que acabam em silêncio e o ruído mecânico e intermitente do bonde se exprimem tensões fundas, complexas e gerais, de um momento histórico de repente encarnado na imagem particular de um fim de festa. Este representa, assim, simbolicamente, o embate histórico das contradições da sociedade brasileira, cujo processo de modernização (ainda na forma provinciana da novidade do bonde), em que se misturam o tradicional e o moderno, é percebido pelo sujeito como o processo de desaparecimento do mundo em que se formou e de que é parte.[10] Como noutro poema importante de Bandeira, "O martelo", o rangido do bonde traz consigo algo de inevitável, anúncio de catástrofe trágica, de que só parece ser possível escapar pelo resgate dos valores humildes do cotidiano, tais como os que se resguardam no quarto, extensão e refúgio da intimidade do Eu, em face da implacável destruição dos anos:

> As rodas rangem na curva dos trilhos
> Inexoravelmente
> Mas eu salvei do meu naufrágio
> Os elementos mais cotidianos.
> O meu quarto resume o passado em todas as casas que habitei.

Mas, em "Profundamente", o processo de destruição de que o ruído do bonde é índice parece atingir em cheio o sujeito, enquanto parte do mundo que silencia e com o qual se identifica *profundamente*. É o que se pode ver pela velha metáfora do sono, latente neste primeiro bloco, mas já insinuando uma clara antecipação da morte e, por esse meio, levando o Eu a confundir-se com os ausentes da festa. Daí uma espécie de sensação de morte em vida que sugere a sequência da imagem. Nesta se enfatiza de fato, fortemente, o silêncio, pelo uso metafórico do verbo *cortar*, que materializa seu objeto, tornando-o sólido, maciço, como de terra, antes de sua união, pelo símile, ao *túnel*, meio de ligação entre espaços distintos, mas, ao mesmo tempo, imagem claustrofóbica e tumular de um verdadeiro enterramento em vida. Este silêncio que pesa como matéria bruta e só deixa espaço para um oco opressivo sela o fim da festa, fazendo da ausência um motivo temático ostensivo, reino da noite e do sono em que impera a presença virtual da morte.

A pergunta e a resposta que se seguem (e que depois se repetirão quase nos mesmos termos) modulam esse motivo elegíaco da ausência, mantendo-se a técnica enumerativa e o realce rítmico, obtido pelo corte significativo dos versos livres, com o isolamento dos termos fundamentais, do ponto de vista do sentido:

> Onde estavam os que há pouco
> Dançavam
> Cantavam
> E riam
> Ao pé das fogueiras acesas?

— Estavam todos dormindo
Estavam todos deitados
Dormindo
Profundamente

Na resposta, como se pode observar, o destaque rítmico-sonoro é ainda maior, pelo modo como as repetições se processam, através da variação paralelística de duas frases banais intercaladas: a primeira frase só se completa, com o desdobramento reiterativo do *dormindo/profundamente* (ambos os termos fortemente enfatizados pelo corte do verso), após a intersecção da outra variante (*Estavam todos deitados*), que retarda o fim da anterior, marcando passo e pondo em concreto relevo a própria noção de imobilidade que ela exprime e a que serve o travamento da aliteração das consoantes dentais (/t/ e /d/). Mediante essa espécie de cunha e por meio ainda do destaque dos termos finais, a primeira frase, na verdade uma frase feita da linguagem corrente ("dormir profundamente"), ganha uma tensão inusitada, a latência de um significado maior, que permanece no entanto em suspenso nesse final sem pontuação, como que abafado pela ressonância das nasais, insinuadas desde o princípio da estrofe e predominantes no fim, sugerindo pelo som repetido o sono pesado dos que jazem sob o silêncio reinante no fim da festa.

3. *UBI SUNT?*

Comentário à pergunta

Na verdade, o motivo da ausência toma forma no poema pela adoção de um padrão rítmico recorrente, o estribilho, que vale tanto para a pergunta como para a resposta em que se exprime o tema, em ambos os blocos da composição. Ainda mais: a configuração mesma do motivo na forma de uma pergunta enumerativa e reiterada, sugerindo o desaparecimento de uma série de indivíduos, cujos nomes acabam por formar uma lista exemplar propriamente interminável, seguida ou não de resposta, constitui já por si um padrão repetitivo ao longo da história literária do Ocidente (e não apenas). Trata-se de uma espécie de motivo recorrente que assume o tema da morte: um tópico ou chavão, que tem atravessado os séculos e que os estudiosos de literatura comparada reconhecem na fórmula do *Ubi sunt?*. Fórmula correspondente ao início de uma pergunta mais longa e mais difícil: *Ubi sunt qui ante nos in (hoc) mundo fuere?* ("Onde estão os que viveram neste mundo antes de nós?"), cuja origem, segundo o medievalista Etienne Gilson, remonta à Bíblia (Salomão, Isaías, São Paulo) e teria sido provavelmente divulgada por Boécio, fonte do emprego de tantos outros *topoi* rastreados por Curtius no seu livro monumental.[11]

Pergunta que ficou ecoando através do tempo — quase sempre sem resposta —,[12] para ilustrar-lhe exatamente o papel devastador, a fugacidade do homem e das coisas e a fragilidade de toda glória terrena. Pergunta perplexa, carregada de ressonância moral, especialmente vigente nas épocas em que o pensamento sobre a morte se impôs com necessidade obsessiva, como na Idade Média: sobretudo no século XV, quando um constante apelo de *memento mori* ressoa por toda parte e a morte se congela na ideia fixa de todo dia, conforme mostrou admiravelmente Johan Huizinga.[13] Para este historiador, é ele um dos três motivos centrais dominantes do declínio da Idade Média: um motivo tênue, em seu gracioso lamento elegíaco, se comparado com os outros dois — o espetáculo horrendo da beleza caída na decrepitude e a terrível dança da morte — a Parca arrastando para a destruição homens, mulheres e "até meninos", como diria o poeta de "A dama branca". Um motivo, portanto, que já era um completo chavão, como acentuou Augusto Meyer, quando recebeu tratamento original em versos inesquecíveis de François Villon e de Jorge Manrique, os dois grandes poetas daquele século.

Ao analisar, com a argúcia de sempre, a "Ballade de dames du temps jadis", de Villon, Leo Spitzer aponta, na mesma direção de Huizinga, essa função atenuante do motivo, rítmico e ligeiro como uma "dança de recordações", estudando-lhe as implicações quanto à significação histórica, através de detalhes formais e de seu modo de inserção no *Grand testament*: "notável e paradoxal expressão literária do testamento de um pobre-diabo que nada tem para deixar", mas que sente a morte iminente, considera a vida como um ir-se morrendo e padece o transe da morte corporal com todos os seus horrores.[14] Posto depois desta visão horrorosa da destruição material, o *Ubi sunt?* da balada de Villon, marcada pelo verso famoso — *Mais où sont les neiges d'antant?* —, se transforma então, para Spitzer, numa imagem bifronte entre o passado e o presente, espécie de dobradiça entre a Idade Média e a Era Moderna: junta o apego medieval a fórmulas jurídicas (a que tanto serve o procedimento da enumeração) com a solução dessas fórmulas pelo elemento pessoal e autobiográfico; mostra a desespiritualização da matéria, terrena e carnal, ao lado do senso espiritual da beleza como algo condenado a desaparecer; tudo culminando no verso célebre do estribilho, em que se resume a perplexidade de todas as perguntas e, resignadamente, se sugere a evanescência natural das coisas, conforme o ciclo recorrente da natureza.

Glosando o título do ensaio de Augusto Meyer, "Pergunta sem resposta", que foi o primeiro a dar, entre nós, uma síntese muito bem-feita, em sua justa erudição, desse tópico elegíaco e moral, Otto Maria Carpeaux, em sua "Resposta à pergunta", acrescenta alguns aspectos importantes à questão, aparentemente presa ao universo religioso judaico-cristão.[15] Enumera mais alguns poetas, medievais e sobretudo modernos, acrescendo a lista de Gilson, já aumentada por Meyer, que pensava no interesse de uma antologia das versões do tema. Lembra, por exemplo, William Dunbar, contemporâneo de Villon e Manrique, com seu "Lament for the Makaris", e também Byron, Banville, Carducci, assim como Dante Gabriel Rossetti, com sua versão de Villon, em "The ballad of dead ladies". Lembra ainda a articulação lúdica dessa pergunta, coberta de melancolia fúnebre, com a alegria de viver, tal como se exprime numa canção de estudantes alemães, do século XVIII, mas derivada de fonte medieval, e mais próxima, ao que parece, de outro motivo recorrente, o *carpe diem*, caracterizado pela afirmação da necessidade de gozar a vida enquanto é tempo. É que Carpeaux pretende frisar a diferença significativa, do ponto de vista ideológico, entre as respostas à pergunta, por vezes transformada em mero expediente retórico entre os modernos, como no caso de Banville ou Rossetti, mas cheia de grave moralismo cristão no castelhano Manrique, ou de um epicurismo melancólico em que parece insistir a canção dos estudantes ("*Gaudeamus igitur, juvenes dum sumus*"/"*Sejamos alegres enquanto somos jovens*"), bem como o exemplo de Villon, "estudante, por assim dizer profissional". Chamando a atenção para a hipótese controversa de C. H. Becker, que atribui a origem do tema a certos poetas árabes, como Abu Bekr, Carpeaux sugere a influência do averroísmo sobre o epicurismo melancólico ao que o vê ligado, pois, como se sabe, na doutrina de Averróis se nega a imortalidade das almas individuais. A passagem entre sensualidade brutal e tremores de dança da morte, característica do século XV, como se observa nas interpretações de Huizinga (ou na que Spitzer dá de Villon, estudante no meio herético da Universidade de Paris, por onde o averroísmo penetrava na Europa cristã), parece corroborar o ponto de vista do crítico. Este dá ainda sequência a sua interpretação, tentando mostrar a continuidade do averroísmo no estoicismo de certos modernos e também no do último romano a quem se atribui a difusão do tópico: Boécio, antes da vagarosa transformação daquela doutrina em materialismo moderno. O materialismo que se veria na resposta de Goya a essa pergunta recorrente: o Nada gravado pelo artista sobre a imagem de seu próprio túmulo.

Numa segunda versão de seu ensaio, primeiro publicado em *Preto e branco* e depois retomado em *Camões, o Bruxo e outros estudos*, Meyer se refere diretamente a "Profundamente".[16] Faz então finas observações sobre a intuição simbólica de Bandeira e seu emprego do advérbio, destacado desde o título e modificado significativamente nos dois tempos da construção do poema e da resposta ao *Ubi sunt?*, que envolve o passado recente e a recordação da infância do poeta. Acentua sobretudo a diferença entre o prosaísmo do primeiro uso, "sabendo a lugar-comum: *dormir profundamente*", e a retomada final, em que ressurge como se fosse outra palavra, "grave, tão solene, tão carregada de emoção, que só a compreendemos isolada no fim do poema, impondo silêncio". A leitura dos dois tempos e o emprego contrastante da palavra-chave lhe sugerem sobretudo a "inevitável ausência de todas as cousas: tudo passou, tudo passará", no sentido, portanto, da fugacidade temporal sempre muito presente no aproveitamento tradicional do tópico, embora reconheça o caráter "mais pessoal" e "mais profundo" da utilização que dele faz o poeta brasileiro, citado ao final do estudo, depois de um gazel de August von Platen.[17]

Num importante trabalho de investigação erudita, Franklin de Oliveira, mais recentemente, retoma os estudos de Meyer e Carpeaux, ao destacar, mediante a descrição de variados aspectos temáticos e formais dos poemas, entre os quais "Profundamente", o "medievalismo" de Manuel Bandeira.[18] Por fim, Ledo Ivo, poeta da geração de 45, pessoalmente muito ligado a Bandeira e autor de uma boa exegese do poema "Água-forte", volta ao tema, sugerindo uma "paráfrase inconfessada", ao aproximar "Profundamente" do poema "The hill", do norte-americano Edgar Lee Masters (1869-1950).[19] Este poeta, hoje um tanto subestimado, mas autor de um livro célebre, *Spoon river anthology* (1914) (depois *The new Spoon river* (1924)), marcou, como se sabe, a transição para o Modernismo poético em seu país, mediante o emprego do verso livre à maneira de Whitman (mas deste se afastando pelo pessimismo) e da técnica dos poetas de Chicago (Carl Sandburg, Vachel Lindsay), tendendo a uma visão prosaico-realista, com traços ruralistas e folclóricos, inspirados na vida de província.[20]

Evidentemente, as afinidades que o poema de Bandeira possa ter com o de Edgar Lee Masters não são maiores que as que tem com inúmeros outros exemplos de aproveitamento do tema ao longo da história da literatura. Separa-o deste, desde logo, uma diferença fundamental de qualidade — a que existe entre a grande poesia e a expressão mediana de um mesmo tema; além de outras, igualmente decisivas, de técnica construtiva e de sentido. Não é difícil perceber como Bandeira está livre do verbalismo sentimentalista que domina os versículos whitmanianos de Lee Masters, carregados de truques enfáticos para acentuar o apelo emocional da falta dos seres cuja ausência seu poema reiteradamente lamenta. A forma seca e elíptica que é a marca de fábrica da simplicidade bandeiriana não se desvia nunca do alvo; depende da arquitetura total do poema (e não apenas do modelo do verso, com ênfase farfalhante e algo exagerada do ritmo largo e cumulativo) e, economicamente, consegue, pela condensação, um efeito paradoxal e expansivo da emoção, configurada numa verdadeira visão de mundo. Além disso, a visão crítica não se pode deixar perturbar por semelhanças aparentes, como é o caso da mais ostensiva, a repetição enfática do gerúndio *dormindo* (*sleeping*), com que ambos parecem insistir na identificação metafórica entre o sono e a morte. A imagem, em si mesma cediça e, sem dúvida, das mais antigas da literatura, ganha uma forma renovada e complexa no poema bandeiriano, em virtude de relações internas que depois ficarão claras, de modo que, por fim, dela se pode dizer, com Horácio, que mesmo repetida dez vezes ainda agradará. Além do mais, se acha também implicada, sob forma ímpar, nas admiráveis *Coplas* de Jorge Manrique, porque, na verdade, está implícita nos próprios procedimentos que acompanham o tema, como adiante se buscará comprovar. Tampouco se pode atribuir um aproveitamento original do tópico ao uso aparentemente distinto que o norte-americano faz das figuras enumeradas (o qual poderia ter sugerido o de Bandeira), ao dar espaço na lista de nomes ilustres para pessoas sem fama, saídas ao que parece do círculo de convivência estritamente pessoal e íntima do poeta. O mesmo procedimento já se encontra em Villon, que combina nomes desconhecidos (ou de seu estrito convívio) com figuras históricas nas diferentes versões (a sério ou paródicas) que nos legou do tema, representando-o, aliás, conforme tendência marcante do seu tempo para ver a morte sob o aspecto do balanço autobiográfico da existência individual.

O que, de resto, garante a originalidade, até onde esta é possível ou interessa, é outra coisa, mais funda e geral: a forma do tratamento poético, com todas as suas implicações significativas, independentemente de detalhes coincidentes que fazem parte, como não poderia deixar de ser, do emprego de um evidente chavão literário como esse. Para isso, para se compreender como se constrói realmente em profundidade e generalidade o poema de Bandeira, apesar do motivo arquibatido que ele incorpora — no que revela a extraordinária liberdade de aproveitamento da tradição, própria de um poeta moderno muito consciente de seus meios (e do caráter problemático da própria existência), que nada tem, a meu ver, de medievalista, embora se sirva de fontes medievais (ou românticas, ou simbolistas, ou clássicas...) —, é preciso avançar na interpretação, com base no que ainda resta por analisar no segundo bloco do poema. Antes disso, entretanto, convém retomar o tema, sob outra perspectiva.

Ecos de uma resposta

Num estudo em que procura determinar por assim dizer formas embrionárias dos gêneros literários, como seriam o *encanto* (*charm*) rítmico-sonoro e o *enigma* (*riddle*), aproximando a literatura às outras artes, ora por suas associações musicais ora por suas afinidades pictóricas, Northrop Frye chama a atenção para as raízes mágicas e o poder hipnótico da camada sonora da poesia.[21] Em suas formas primitivas de encantamento, ela se baseia, segundo se sabe, no entorpecimento da consciência e no domínio da liberdade de ação pela sugestão do sono. É o que se pode perceber, por exemplo, na canção de ninar (*lullaby*); por vezes esse poder de sugestão sonora e simbólica da poesia se estende até a atração para a morte, como no canto sinistro da sereia e no próprio tom elegíaco. Neste, as associações sonoras parecem, de fato, a retórica apropriada para falar da morte e da evanescência das coisas no tempo, como é exatamente o caso da convenção do *Ubi sunt? na poesia medieval. Frye acentua ainda, através de exemplo do tratamento desse tema em The Faerie Queene*, de Spencer, o poder das associações de sons repetidos — mediante aliterações, rimas, assonâncias e estribilhos — de invocar uma disposição meditativa (própria, aliás, da elegia, como assinalou Coleridge), em tudo contrária às respostas normais que levam a despertar, assemelhando-se, sob este aspecto, ao aproveitamento de ecos (do tipo "do pó ao pó"), comuns nas fórmulas de serviços funerários. Observa, então, que essa retórica elegíaca pode ter valido, originalmente, como uma tentativa mágica para apaziguar um espírito sem repouso, ou seja, como um meio mágico de proteção contra a ansiedade mais funda trazida pela ameaça da morte. Paradoxalmente, essa "técnica" procuraria evitar uma ansiedade incontrolável, quase sempre traduzida em mecanismos verbais de dissociação e num estado mental obsessivo, capaz de levar à insônia ou ao pesadelo, como se fosse verdadeiramente uma espécie de fórmula de contraencanto (já que ficar cativo do encanto equivaleria a cair prisioneiro do horror real e da angústia obsedante que produz a ideia de morrer), induzindo ao apaziguamento do sono e da morte.

Provavelmente não será violentar a argumentação de Frye concluir, a partir dela, que na fórmula do *Ubi sunt?* se condensa, rotinizando-se como uma convenção, uma forma poética da lírica meditativa, pela união de um motivo temático a um recurso retórico encantatório, cujo papel mais fundo parece ser o de se tornar a morte um fato aceitável na ordem natural das coisas. É o que leva a crer o procedimento sonoro de indução ao sono. Mas é também o que se exprime pela serena metáfora das neves de outrora de Villon, fundada no movimento de destruição e regeneração dos ciclos da natureza. Entendida assim, a convenção do *Ubi sunt?* seria um meio entre outros que o homem encontrou para lidar com a morte, através da poesia, não tanto ou apenas para frisar o poder devastador do tempo sobre a existência humana e todas as coisas, mas antes para *instaurar a meditação capaz de tornar admissível a própria ideia de morrer*. Sua maior utilização na Idade Média coincide precisamente com uma época histórica em que reina uma enorme familiaridade com a morte e os mortos, conforme ensinam os historiadores que, desde Huizinga e sobretudo a partir da década de 1950, com a chamada história das mentalidades, vêm insistindo sobre o assunto.[22]

Como uma modalidade da forma por excelência da lírica meditativa, que é a elegia, o tópico do *Ubi sunt?* poderia ser visto, talvez, num quadro mais amplo, como um modo de aprender a morrer, anunciando neste sentido aquilo que a filosofia moral assumiu um dia para Montaigne: "*Que phi-*

losopher c'est apprendre à mourir". Na verdade, se trata de uma *fórmula de atenuação* da ideia da morte, a que serve de mediação natural o sono, propiciado pela sonoridade expressiva e entorpecedora, como se fosse *um meio de torná-la ou mantê-la familiar e próxima*. Como tal, ela exprimiria antes de mais nada uma atitude básica diante da morte, depois expressa por esse lugar-comum do "aprender a morrer", a que Montaigne, ainda marcado pela visão cristã da tardia Idade Média, bem concreta e realista, da união do espírito ao corpo, soube conferir a extraordinária verdade pessoal de sua "humaine condition". A verdade da experiência de uma vida própria e qualquer em toda a sua integridade, como apontou Auerbach, pois Montaigne apresenta, pela primeira vez, a existência humana como algo problemático, já num sentido que não é cristão, medieval ou clássico (embora estivesse impregnado pela exemplaridade da cultura clássica e se discuta até hoje o peso do estoicismo e do epicurismo em sua filosofia moral), mas moderno.[23] Dessa aprendizagem da morte — a que busca familiarizar-se a todo custo, tratando-a como algo sério e problemático, mas sem chegar ao trágico, através de uma mescla estilística que passa pela representação concreta do cotidiano, incorporando traços do *sermo pedester* ou *humilis*, como no discurso cristão —, extrai a condição mesma da liberdade através da meditação constante: "*La premeditation de la mort est premeditation de la liberté. Qui a apris à mourir, il a desapris à servir. Le savoir mourir nous affranchit de toute subjection et contrainte. Il n'y a rien de mal en la vie pour celuy qui a bien compris que la privation de la vie n'est pas mal*".[24] Da mesma forma que o tópico do *Ubi sunt?* se insere como um motivo suavemente elegíaco e meditativo entre os horrores da decomposição do corpo e da dança macabra, em contraponto com uma forte sensualidade vital como em Villon, na tardia Idade Média, assim também o lugar-comum do "aprender a morrer" ressurge com Montaigne, no Renascimento, em meio à visão concreta das doenças e da destruição do corpo, da morte sem redenção ou imortalidade, ao lado da volúpia, do gozo da vida e de si mesmo, no sentido mais material possível. Montaigne pode ser comparado, conforme diz ainda Auerbach, àquele que goza consciente da exiguidade do tempo que lhe resta para gozar, até o mais fundo, a vida e a liberdade, sem perder de vista o limite da "*condition de l'homme*", herança cristã que não o impede de inaugurar uma visão moderna do homem, só consigo mesmo, no meio do mundo, em perfeita solidão diante dos problemas e abismos da existência, aproximando-se da morte com voluptuosidade, habituando-se a ela e tornando-a familiar, até perder todo o medo do fim.[25]

As diferenças ideológicas que Carpeaux percebeu no tratamento dado ao motivo do *Ubi sunt?*, moduladas pelas diferenças de "Resposta à pergunta", têm, portanto, não só enorme importância para se compreender o aproveitamento do tema por um determinado poeta, mas também ressaltam a complexidade com que os diversos contextos históricos atuaram em sua significação, alterando a atitude fundamental diante da morte que o tema representa (independentemente de se aceitar ou não a hipótese interpretativa de Carpeaux sobre a migração histórica do tópico, da sua suposta origem averroísta, passando pelo estoicismo, até o materialismo moderno). Um historiador recente do problema, Philippe Ariès, que retoma Huizinga e as teses de Alberto Tenenti sobre a morte no século XV, baseando-se largamente em fontes iconográficas e literárias, chama a atenção sobre essa complexidade das imagens da morte, que estão longe de traduzir de forma direta as atitudes do homem diante do fim, configurando, ao contrário, uma linguagem cheia de astúcias e desvios. Ao reler as imagens estudadas primeiro por Huizinga e depois por Tenenti, que assinala a passagem da Idade Média ao Renascimento, pela oposição entre a vida terrena considerada como antecâmara da eternidade para uma concepção em que a morte deixa ser a inauguração necessária de uma nova vida, Ariès acaba traçando, numa visão diacrônica, um panorama das transformações por que passou essa atitude a partir do século XVI. Aponta assim para a união, a partir do século XVI até o XVIII, das imagens macabras a imagens eróticas como um signo da ruptura da familiaridade milenar entre o homem e a morte, mantida durante toda a Idade Média. No limiar da Renascença, as imagens macabras seriam o sinal de um amor apaixonado pela vida e da consciência de sua fragilidade, num sentido observado por Tenenti; no século XVIII, se aproximariam, conforme viu Georges Bataille, as duas transgressões da vida regular e ordenada em sociedade: o orgasmo e a morte, como um índice claro, no mundo do imaginário, do divórcio real que por fim se estabeleceu entre a morte e a vida ordinária. Do seu ponto de vista, a nova sensibilidade erótica do século XVIII e do início do XIX, estudada num livro célebre de Mario Praz, implicaria, portanto, a retirada da morte da vida cotidiana para reconhecer-lhe um novo papel no domínio da imaginação, inaugurando uma atitude que, através do Romantismo, persistiria até o Surrealismo. Na verdade, as imagens da morte iriam se tornando cada vez mais raras ao longo do século XIX, até praticamente desaparecerem no século XX, quando o silêncio que pesa sobre ela demonstra o caráter de interdito do tema, como se ela tivesse se tornado uma "força selvagem e incompreensível".[26]

O fato fundamental, observado por Ariès, é assim a ruptura moderna da familiaridade na relação entre o homem e a morte. Embora esse historiador não comente, na base da argumentação de Bataille sobre amor e morte se acha exatamente a noção, exemplificada em Sade, de que o melhor meio para se familiarizar com a morte é aproximá-la de uma ideia libertina (e a própria poesia de Bandeira fornece exemplos nesse sentido, como já se viu). Por outro lado, o vasto panorama traçado por Ariès parece confirmar, documentando-a em detalhe, uma aguda observação de Walter Benjamin, na década de 1930, a propósito da mudança da face da morte na sociedade burguesa, com a transformação histórica das forças produtivas, que excluiu o trabalho artesanal e rarefez, paulatinamente, a experiência de vida no mundo moderno. Partindo de uma afirmação de Valéry quanto à aversão moderna pelo trabalho prolongado, próprio da paciência artesanal do mundo dos artífices, o que teria determinado um enfraquecimento da ideia de eternidade, nota Benjamin a diminuição da própria fonte mais rica da noção de eternidade que é a ideia da morte, que vai perdendo, na consciência coletiva, sua onipresença e seu poder de evocação. A eliminação da morte pública e exemplar da Idade Média teria levado à exclusão mesma da morte do universo dos vivos, como que obedecendo a um desígnio secreto da sociedade burguesa de uma morte asséptica: "os burgueses vivem em espaços depurados de qualquer morte e, quando chegar sua hora, serão depositados por seus herdeiros em sanatórios e hospitais", interrompendo a cadeia de transmissão da experiência, de que depende a arte do narrador, o qual justamente tem na morte a sanção do que pode contar.[27] O longo processo de *desfamiliarização* da morte tem, assim, uma interpretação decisiva e amplamente esclarecedora, da perspectiva que aqui interessa.

Ora, o tema do *Ubi sunt?* representa, no universo da lírica, precisamente o momento de concentração e organização da experiência diante da morte, sob a forma da meditação elegíaca, quando é possível pensar o sentido de uma vida e da própria existência humana como um todo, quando o aprender a morrer se impõe como necessidade de pensar o horizonte da própria vida. Tornado um chavão no mundo moral do pensamento cristão da Idade Média, o tópico penetra, na Era Moderna, num mundo em que a morte, excluída progressivamente da convivência cotidiana, já não significa mais o limiar da transcendência, passagem para a eternidade. E ainda mais: trata-se de um tema cuja forma de tratamento implica, como se viu, um meio de instaurar ou manter a familiaridade tradicional com a morte. Quando se imagina então a situação de um poeta moderno como Bandeira, cuja obra lírica nasce diante da circunstância dramática da ameaça da morte iminente, como se preenchesse o vazio de uma existência condenada pela doença fatal, na obrigada espera do desfecho iniludível, *pode-se avaliar a importância não só do aproveitamento de um tema como esse, casado à condição básica da experiência poética bandeiriana, mas também de toda a linha de reflexão que ele envolve como um fator essencial para a compreensão do sentido mesmo da poesia na existência desse poeta.*

O aproveitamento levado a cabo por Bandeira representa uma renovação profunda do tópico, pela sabedoria construtiva com que soube inseri-lo numa nova situação histórica e pessoal, particular e concreta, para dele extrair sua mais íntima experiência, configurando, através da dicção humilde que lhe é característica, apoiada no lastro cotidiano de sua própria infância, uma atitude fundamental diante da morte. Ao associar o tópico ao universo infantil da casa do avô (*Nunca pensei que ela acabasse!*) e de uma festa da tradição cristã, popularizada no Brasil, insere o tema, de forma decisiva, no contexto histórico do país em processo de modernização, tornando-o um eco elegíaco de todo um mundo em processo de extinção, fazendo da história mais ampla de uma sociedade em transformação uma história pessoal e íntima e, ao mesmo tempo, generalizando a experiência individual, através do motivo recorrente da tradição, numa forma simbólica de alcance universal, exprimindo a atitude de um homem diante do fato inelutável e comum a todos que é a morte.

Como isto se dá concretamente na forma do poema, é o que convém agora analisar, voltando-se ao segundo bloco da construção, onde o tópico retorna como estribilho, fazendo ecoar o tema na sua feição tradicional.

4. A INFÂNCIA, O SOM E O SONO DA MORTE

O segundo bloco do poema se distingue, desde logo, por uma extrema economia de meios: toda a evocação da festa da infância é omitida, mas permanece latente no espírito, numa espécie de "elipse mental" (para empregar uma expressão do próprio poeta); tampouco o fim da festa é apresentado na forma direta da cena, embora seja mencionado indiretamente, ficando subentendido, como num zeugma. Começando por uma oração temporal análoga à do início e com isto mantendo o paralelismo com relação ao primeiro bloco, o poema adota, entretanto, uma *forma lacunar*, esburacada por ocos de silêncio, como se este agora tivesse penetrado no plano mesmo da expressão:

> Quando eu tinha seis anos
> Não pude ver o fim da festa de São João
> Porque adormeci

Omitidas sob a capa do silêncio, as duas cenas elípticas continuam, todavia, contrastando ainda com as cenas paralelas e opostas entre si da primeira parte, pela *diferença de tempo*, marcada no primeiro verso, que aprofunda o passado na direção da época do Eu menino. Essa diferença temporal mostra que o tempo deixou de ser apenas um elemento abstrato, possivelmente implicado na representação do tema como um fator de destruição, para se transformar num fator concreto da construção poética, num elemento estrutural, pois estabelece uma relação paralelística entre os dois blocos do poema e entre as cenas que os constituem, permitindo a organização de um contraste marcante na arquitetura do todo, com uma poderosa função significativa. À alteração do tempo corresponde uma mudança fundamental na atitude do sujeito, já que para ele, nesse passado remoto, a vinda do sono coincidiu precisamente com o fim da festa, em oposição ao que se observa no passado próximo, quando ocorre justamente o contrário e o despertar corresponde na realidade à tomada de consciência do fim. *Isto significa que o sono do menino é concomitante ao sono dos que participaram da festa da infância, e esta coincidência identifica, "profundamente", o Eu dessa época distante aos participantes da festa acabada, num sono comum.* A falta de ponto-final no terceiro verso dessa estrofe parece sugerir, muito expressivamente, a continuidade desse sono ao longo do tempo, fazendo permanecer a ausência de todos, o silêncio total do fim da festa da infância, através da própria lacuna do tempo que medeia entre esse passado remoto e o presente, referido de chofre na abertura da estrofe seguinte:

> Hoje não ouço mais as vozes daquele tempo
> Minha avó
> Meu avô
> Totônio Rodrigues
> Tomásia
> Rosa
> Onde estão todos eles?

Sem dúvida, este *hoje* não tem como referência o passado próximo da enunciação do primeiro bloco, mas antes alude ao presente intemporal do Eu lírico, muito distante *daquele tempo*. A *dêixis* — processo da sintaxe discursiva que cambia os elementos espaçotemporais do discurso, concatenando-os entre si — torna possível a *presentificação* do passado, mediante o emprego do advérbio e do verbo referidos a um presente da enunciação (*Hoje*; *ouço*). Por esse processo o sujeito pode perguntar, então, *aqui e agora* pelos participantes da festa *daquele tempo*, como se aqueles seres permanecessem encantados no sono do fim da festa da infância, jazendo parados em silêncio, *como num jogo de criança*. A diferença temporal conota real e inevitavelmente a presença da morte, sem que ela seja mencionada de forma explícita. Como se também ela permanecesse latente no oco do tempo, com seu poder paralisante esculpindo os seres em estátuas jazentes num sono sem fim. O poema assume então a configuração típica da fórmula do *Ubi sunt?*: apresenta a enumeração dos seres que um dia constituíram o mundo da infância do poeta — formando pela bela alternância das vogais ritmicamente acentuadas a cadeia sonora e hipnótica de uma ladainha —, seguida da pergunta característica do tema. Assim, a pergunta, formulada a partir do *hoje* do sujeito, *traz para o presente* toda a "mitologia" pessoal do mundo infantil do poeta, *como que ignorando a passagem do tempo*. Este procedimento de eliminar, imaginariamente, a perspectiva real do passado imita de fato os desenhos de criança, em que tudo se dá a ver no mesmo plano, sem ponto de fuga, de tal forma que o Eu parece conviver no presente com o passado distante, exatamente como se dizia na crônica "Variações sobre o passado", acima referida. Ao assumir

258

a visão infantil, tomando o mundo do passado como se fosse presente, o sujeito na verdade se reencontra consigo mesmo, com o menino que ele foi um dia, identificando-se ainda, consequente e *profundamente*, com os ausentes da festa, com todos os que viveram a festa e se acham agora reunidos no sono comum da morte, sentida como *duração da ausência*, que o presente do tempo verbal do estribilho, sonoramente encantatório e hipnótico, reitera e prolonga de forma indefinida e sem termo na resposta à pergunta:

> — Estão todos dormindo
> Estão todos deitados
> Dormindo
> Profundamente.

O fato surpreendente desta forma de construção é que a recorrência do estribilho num presente intemporal como que eterniza — sons indefinidamente repetidos — o sono que tomou conta do universo da casa do avô, onde, um dia, se revelou, às claras, para o menino o poder da morte, capaz de destruir mesmo o que parecia impregnado de eternidade, como se lê no final da "Evocação do Recife". A uma só vez, por esse modo de ser da construção, envolvendo a identificação do Eu com os seres queridos de seu passado familiar, o sujeito no presente como que assume a situação já alheia e distante de seu passado como própria e imediata, submergindo no mesmo sono sem fim, *aproximando-se da morte comum por essa via familiar e próxima* que a ausência dos seres amados da festa da infância, outrora tão cheia de vida, lhe propicia ao se instalar na intimidade do presente, esvaziado pela falta profundamente sentida. Uma extraordinária poesia emana dessa superposição do olhar infantil sobre a visão adulta, *revertendo sobre o poema como um todo*, pois permite resgatar, na forma da elegia, como um contido lamento sobre ausências, a presença viva da raiz mesma da emoção poética, enterrada no mais fundo da memória da infância.

5. O POEMA COMO UM TODO

Em diversos outros poemas de Bandeira, a ruptura dos laços afetivos do Eu com o mundo de seu passado, determinada pela perda dos entes queridos, é sentida como uma antecipação da morte do próprio sujeito, identificado com seus mortos, ou apresentada como uma sensação de morte em vida, até mesmo de inumação em vida, ou ainda, ao contrário, experimentada sob a forma do sentimento de divisão do ser e de perda de si mesmo. Assim, por exemplo, no "Poema de Finados", também de *Libertinagem*, se lê:

> Amanhã que é dia dos mortos
> Vai ao cemitério. Vai
> E procura entre as sepulturas
> A sepultura de meu pai.
>
> Leva três rosas bem bonitas.
> Ajoelha e reza uma oração.
> Não pelo pai, mas pelo filho:
> O filho tem mais precisão.
>
> O que resta de mim na vida
> É a amargura do que sofri.
> Pois nada quero, nada espero.
> E em verdade estou morto ali.

Mais um exemplo da mesma atitude se acha no grande soneto "Noturno do Morro do Encanto", de *Opus 10*:

> Este fundo de hotel é um fim de mundo!
> Aqui é o silêncio que tem voz. O encanto
> Que deu nome a este morro, põe no fundo
> De cada coisa o seu cativo canto.
>
> Ouço o tempo, segundo por segundo,
> Urdir a lenta eternidade. Enquanto
> Fátima ao pó de estrelas sitibundo
> Lança a misericórdia de seu manto.

Teu nome é uma lembrança tão antiga,
Que não tem som nem cor, e eu, miserando,
Não sei mais como o ouvir, nem como o diga.

Falta a morte chegar... Ela me espia
Neste instante talvez, mal suspeitando
Que já morri quando o que eu fui morria.

Petrópolis, 21/1/1953.

A perda de si mesmo e do mundo da infância, ligada à transitoriedade das coisas no tempo, com um eco explícito da tradição clássica de uma rima de Sá de Miranda* e o tom meditativo da elegia, aparece claramente na "Elegia de verão", também de *Opus 10*:

O sol é grande. Ó coisas
Todas vãs, todas mudaves!
(Como esse "mudaves",
Que hoje é "mudáveis"
E já não rima com "aves".)

O sol é grande. Zinem as cigarras
Em Laranjeiras.
Zinem as cigarras: zino, zino, zino...
Como se fossem as mesmas
Que eu ouvi menino.
Os verões de antigamente!
Quando o Largo do Boticário

Ainda poderia ser tombado.
Carambolas ácidas, quentes de mormaço;

* "Ó cousas, todas vãs, todas mudaves," é, como se sabe, um verso de um famoso soneto de Sá de Miranda sobre a fugacidade das coisas. Cf. Augusto Meyer, "Um soneto de Sá de Miranda". *In: Camões, o Bruxo e outros estudos*, ed. cit., pp. 107-19. Sob o título de "Soneto célebre", o poema, com pontuação mudada, aparece na *Antologia nacional*, de Fausto Barreto e Carlos de Laet, decerto lida e relida por Bandeira desde os tempos de estudante no Pedro II.

> Água morna das caixas-d'água vermelhas de ferrugem;
> Saibro cintilante...
> O sol é grande. Mas, ó cigarras que zinis,
> Não sois as mesmas que eu ouvi menino.
> Sois outras, não me interessais...
>
> Deem-me as cigarras que eu ouvi menino.

Muitos outros casos parecidos poderiam ser enumerados, todos eles dando no fundo a sensação paradoxal de uma sobrevivência do sujeito a si mesmo, pela ruptura causada pela morte nos vínculos emocionais que o prendiam ao seu mundo. Nisto lembram de perto uma linha temática mais ampla, que extrapola mesmo a obra bandeiriana, para refletir um dos aspectos característicos da lírica moderna, enquanto fenômeno histórico internacional com uma relativa unidade de estrutura, quanto à posição do sujeito, muitas vezes por assim dizer esvaziado de si mesmo ou dividido frente à fragmentação, desumanização ou destruição de seu mundo. Tema provavelmente de herança romântica, fundando-se numa visão contraditória do ser, radicalizada a partir da modernidade estética que tem por marco histórico a obra de Baudelaire.[28] Para notar a semelhança, basta pensar em alguns versos de um único poema de Fernando Pessoa, o "Aniversário" do heterônimo Álvaro de Campos, no qual a poesia, "festa do intelecto", no dizer de Valéry, recolhe os destroços que ficaram do "tempo que festejavam o dia dos meus anos":

> O que eu sou hoje é terem vendido a casa,
> É terem morrido todos,
> É estar eu sobrevivente a mim mesmo como um fósforo frio...

Uma vez mais, porém, o que aqui importa é a modulação particular que a atitude diante da morte recebe na formação linguística específica de uma obra-prima como "Profundamente", em sua complexa estrutura em que o tempo dá o que o tempo tira, com seu jogo de ausência e presença, permitindo a configuração de uma vasta imagem simbólica. Decerto não são pequenas as dificuldades para se interpretar o conteúdo dessa imagem simbólica em todas as suas implicações. É necessário, no entanto, ensaiar nessa direção, conforme os diversos elos do sentido levantados pela análise anterior, dentro do quadro histórico em que se insere o aproveitamento bandeiriano do tema tradicional do *Ubi sunt?*.

A leitura de Augusto Meyer, embora feita de forma sumária, considerava de algum modo, segundo se viu, a transitoriedade do tempo e o paralelismo da estrutura, ao atribuir um valor exemplar ao passado remoto em paralelo ao passado próximo, de modo que a "ausência de todas as cousas" — sentido mais fundo do tópico do *Ubi sunt?* tal como aproveitado por Bandeira, no modo de ver do crítico — se exprimia numa espécie de equação: assim como tudo passou, tudo passará. Súmula, portanto, de uma filosofia moral que parece ter como corolário a necessidade de meditação sobre o caráter transitório dos bens terrenos, ainda no sentido cristão, acabando por impor-se com a gravidade do silêncio do segundo "profundamente", carregado de emoção.

Uma descrição estrutural do poema mais minuciosa revela, contudo, segundo se procurou mostrar, a complexidade maior da construção, com o tempo funcionando como verdadeiro princípio de organização do poema como um todo. Ao se disporem em contraste, em patamares distintos do passado, as cenas da festa e do fim da festa (ostensivas no passado próximo e elípticas no passado remoto) sofrem na verdade um processo de presentificação, incluindo-se no presente intemporal do Eu lírico, seja mediante um tratamento ficcionalizador do espaço e do próprio tempo (que retira ao pretérito seu valor gramatical de passado, numa forma análoga à da prosa de ficção), seja através da elipse mesma do passado, pela adoção de um ponto de vista característico do faz de conta da fantasia infantil, que retém os seres da infância embalsamados num sono sem fim. Na realidade, dois meios de um mesmo "fingimento" poético, que permite extrair o teor de verdade da experiência passada, organizando-a pela meditação elegíaca numa forma de *preparação para a morte*, como diria o próprio poeta noutra circunstância.

Ao retomar o tópico do *Ubi sunt?*, Bandeira reatualiza-o, antes de tudo, em si mesmo enquanto fórmula retórica, reativando sua potencialidade expressiva, mediante o tratamento de uma sonoridade encantatória em contraste com um maciço silêncio, mas com ele se confundindo no sentido de sugerir o sono profundo como imagem atenuada da morte, de acordo com a falta de perspectiva da visão infantil, em cuja direção se *aprofunda* contraditoriamente o poema. É que esta *profundidade* do passado infantil aflora, mediante os procedimentos descritos, na *presentificação*, que traz o tempo remoto da infância para o plano do presente da enunciação do sujeito. A festa — plenitude vital que o sono da morte interrompe — rebrilha com toda a intensidade de uma efusão material na presença momentânea de uma imagem lembrança do passado próximo, mas se projeta na verdade com toda a profundidade no presente do Eu lírico enquanto ausência daquela plenitude perdida da infância. A sensação de morte em vida que decorre da contemplação do fim da festa do passado próximo — imagem palpável da corrosão do tempo fluindo silenciosamente — é compensada, no entanto, em confronto com o fim da festa do passado remoto pelo sono profundo (sugerido pela expressão paradoxal do som repetido) e comum dos entes queridos da infância, com os quais o sujeito se identifica *profundamente*.

Essa identificação profunda com os mortos amados, através do sono comum, permite ao sujeito achegar-se, simbolicamente, à morte como a alguma coisa familiar e próxima. À ausência da festa, percebida, entretanto, como uma plenitude fortemente materializada enquanto manifestação de uma intensa sensualidade vital, corresponde uma morte sem transcendência, sem além-túmulo da alma ou do espírito — sono sem fim que interrompe a alegria de viver. Embora os elementos do imaginário cristão persistam no contexto religioso da festa em que se insere o motivo recorrente do *Ubi sunt?*, ele próprio tão impregnado das modulações históricas da tradição cristã, são já aqui ecos elegíacos: tanto a visão da festa quanto a da morte surgem com as marcas bem perceptíveis de um materialismo que, sendo moderno, parece não ter perdido a qualidade da sobriedade clássica, e, humilde na aceitação da morte, se afasta também da ideia cristã da finitude a que infundem esperança a infinidade divina e a imortalidade da alma.[29] A elegia de Bandeira assume, então, a forma da humildade e da contenção diante do inevitável, entendido como limitação, como "morte absoluta", na expressão do próprio poeta. É que ela resulta da meditação *desperta* sobre o processo de destruição que o tempo impõe inexoravelmente mesmo ao que parecia inacabável como o mundo da infância, ou seja, como consciência do limite que o tempo impõe à plenitude do desejo, que a festa da infância encarna. Mas, a uma só vez, ela também aprende com esse processo de reconhecimento do limite, que se torna um dado fundamental da experiência, levando à identificação com os que já o padeceram, os mortos queridos. Essa humilde, sentida, mas sóbria elegia retoma, pois, um tópico batido da tradição literária, através do passado íntimo e familiar e de uma festa religiosa e popular da tradição brasileira, como um meio simbólico de organizar, pela meditação, a experiência em face da morte, como uma forma poética de aprender a morrer, numa época em que isto significa um limite intransponível para o desejo, que se tende a ocultar, mas que, para o poeta, é preciso aceitar, apesar de tudo, conscientemente, com a serenidade natural que traz o sono por fim. Mais uma vez dança de recordações, suave lamento sobre ausências queridas, a elegia do *Ubi sunt?* de Bandeira faz pensar, com os versos de outro grande poeta experiente nos jogos e nas agruras do tempo, que aqui:

> o que se esquiva se dá,
> enquanto a falta que ama
> procura alguém que não há.

8. Entre destroços do presente

O meu boi morreu,
Que será de mim!
  Canto de bumba meu boi pernambucano

"Nalguns versos o boi era transfigurado,
tornava-se gigantesco e o cantador,
humoristicamente, fazia a divisão dos
melhores e piores pedaços com as pessoas
conhecidas da redondeza."
  L. da Câmara Cascudo,
  Dicionário do folclore brasileiro

1. RIO DA MEMÓRIA: VOLTAS DO TEMPO E DA POESIA

"Meu avô Costa Ribeiro morava na rua da União, bairro da Boa Vista. Nos meses do verão, saíamos para um arrabalde mais afastado do bulício da Cidade, quase sempre Monteiro ou Caxangá. Para delícia dos banhos de rio no

Capibaribe. Em Caxangá, no chamado Sertãozinho, a casa de meu avô era a última à esquerda. Ali acabava a estrada e começava o mato, com seus sabiás, as suas cobras e os seus tatus. Atrás de casa, na funda ribanceira, corria o rio, à cuja beira se especava o banheiro de palha. Uma manhã acordei ouvindo falar de cheia. Talvez tivéssemos que voltar para o Recife, as águas tinham subido muito durante a noite, o banheiro tinha sido levado. Corri para a beira do rio. Fiquei siderado diante da violência fluvial barrenta. Puseram-me de guarda ao monstro, marcando com toquinhos de pau o progresso das águas no quintal. Estas subiam incessantemente e em pouco já ameaçavam a casa. Às primeiras horas da tarde, abandonamos o Sertãozinho. Enquanto esperávamos o trem na Estação de Caxangá, fomos dar uma espiada ao rio à entrada da ponte. Foi aí que vi passar o boi morto. Foi aí que vi uns caboclos em jangadas amarradas aos pegões da ponte lutarem contra a força da corrente, procurando salvar o que passava boiando sobre as águas. Eu não acabava de crer que o riozinho manso onde eu me banhava sem medo todos os dias se pudesse converter naquele caudal furioso de águas sujas. No dia seguinte, soubemos que tínhamos saído a tempo. Caxangá estava inundada, as águas haviam invadido a igreja..."

Este longo trecho de prosa evocativa, da melhor qualidade, lembra certas passagens do *Itinerário de Pasárgada*, mas constitui, na verdade, uma crônica ("Cheia! As cheias!..."), datada de 1960 e recolhida por Drummond em *Andorinha, andorinha*, em 1966. O leitor habitual de Bandeira reconhecerá logo, decerto, um espaço conhecido e várias imagens caras de versos famosos do autor, sobretudo da "Evocação do Recife": o Sertãozinho de Caxangá; o banheiro de palha do primeiro alumbramento; o nome popular, "abemolado", do rio Capibaribe em contraponto com Capiberibe; a cheia que dá título à crônica e uma imagem marcante àquele poema; os pegões da ponte do trem de ferro com os caboclos destemidos em jangadas de bananeiras; o barro das águas do rio crescido monstruosamente, carregando em turbilhão árvores, destroços e os sinistros restos do boi morto, que não se pode e o poeta não pôde esquecer.

Quando escreveu, na década de 1920, a "Evocação do Recife", Bandeira estava já muito distante daquele episódio de sua infância, relatado com minúcias na crônica de 60. Muitos anos mais levaria, até que publicasse, na década de 1940, com estardalhaço pelas acusações de hermetismo, o poema "Boi morto", em que volta, transfigurada, como uma imagem recorrente e obsedante aquela lembrança dos dias remotos da infância passada em Pernambuco:

Como em turvas águas de enchente,
Me sinto a meio submergido
Entre destroços do presente
Dividido, subdividido,
Onde rola, enorme, o boi morto,

Boi morto, boi morto, boi morto.

Árvores da paisagem calma,
Convosco — altas, tão marginais! —
Fica a alma, a atônita alma,
Atônita para jamais.
Que o corpo, esse vai com o boi morto,

Boi morto, boi morto, boi morto.

Boi morto, boi descomedido,
Boi espantosamente, boi
Morto, sem forma ou sentido
Ou significado. O que foi
Ninguém sabe. Agora é boi morto,

Boi morto, boi morto, boi morto.

Como se pode observar, um elemento da memória da infância é incorporado como um motivo recorrente na obra, tanto em verso quanto em prosa. Nesta ele entra como um componente do fluxo contínuo de um discurso narrativo, articulando-se com os outros dados da memória em função da unidade de um episódio marcante na experiência do menino, que a crônica, anos mais tarde, procura resgatar do tempo e do esquecimento. Seu valor significativo, do ponto de vista do narrador da crônica, parece depender desta unidade do acontecimento marcante, em que é um dado entre outros da reminiscência, compondo, como parte que é da experiência subjetiva, a continuidade do ser no tempo. Fator da identidade pessoal que a memória garante através dos anos

269

e, mediante o discurso autobiográfico, organiza, exprime e resguarda como uma garantia da própria unidade do sujeito.

Nos versos, porém, o motivo recebe um tratamento muito distinto, assumindo um papel significativo também muito diverso. É bem verdade que ele pode estar ainda associado a outros dados da lembrança do mesmo episódio que tanta impressão causou no menino, mas a visão em destaque que dele se dá, sob a forma de uma imagem integrada à estrutura do poema, aponta desde logo para a diferença do aproveitamento que dele se faz, com mudanças de função e sentido. Para se falar em termos um tanto metafóricos e cinematográficos, pode-se dizer que, no discurso contínuo da autobiografia, ele é um elemento de um *plano de grande conjunto*, com que se recorta uma fatia significativa da vida do autor, onde ele quase desaparece em meio aos demais componentes, enquanto que, nos poemas, é realçado num *grande plano*, ocupando, sobretudo num poema como "Boi morto", quase todo o espaço da "tela".[1] Digamos que no primeiro caso ele faz parte de um vasto quadro perceptivo e que, no segundo, constitui propriamente o foco da percepção. Mesmo quando a visão em destaque não é tão acentuada, como na "Evocação do Recife", o motivo, ainda associado a outros elementos da reminiscência do mesmo episódio narrado na crônica, tem função e sentido distintos no todo. Sendo uma das imagens da evocação, ele entra na composição de um verdadeiro *mundo* do passado infantil, mundo que parecia em si mesmo resguardado do tempo aos olhos do menino, destinando-se à continuidade imperecível, impregnado de eternidade. Todo um mundo que, na verdade, pela própria visão evocativa e o tom elegíaco do poeta adulto, resultou inevitavelmente acabado, minado que estava interiormente pelo fluxo do tempo, de cujo poder destrutivo as imagens da cheia, numa montagem atabalhoada, parecem ser um índice premonitório, desembocando num turbilhão que tudo traga:

Cheia! As cheias! Barro boi morto árvores destroços redemoinho sumiu

Isto significa que o motivo tirado do espaço da memória, ao voltar ao universo dos poemas, não serve necessariamente à continuidade do ser no tempo. Agora pode mesmo exprimir o oposto, porque na realidade pertence a um *ritmo diferente*, que não é o do andamento contínuo da prosa autobiográfica, mas antes o de uma espécie de *dança das palavras*, como diria Valéry. Agora pode chamar sobre si, constelando-os significativamente, os mais diversos elementos, aglutinados a seu movimento próprio, tornando-se por isso mesmo ambíguo e elástico quanto a seus significados associados. Representando uma fratura da continuidade do discurso — um ritmo dividido e bem marcado, que se expande nas mais variadas direções —, ele pode servir à prospecção ou à sondagem das mais sutis e recônditas camadas da experiência e da realidade, sem depender do andamento que a narração imprime aos dados da memória, conforme a própria marcha do pensamento que ordena linearmente o discurso prosaico.

De qualquer forma, o motivo específico do *boi morto* é *anterior* aos textos literários, em prosa ou verso, de cuja constituição participa, tendo por assim dizer vida própria, como uma imagem cifrada e recorrente, uma espécie de *enigma*, a desafiar constantemente o poeta e seus leitores. Como um elemento da experiência pessoal, deve ter atuado com tal força sobre a sensibilidade de Bandeira ao longo dos anos, que este parece ter se sentido obrigado a reaproveitá-lo em diferentes contextos, como se aquela imagem dos tempos de menino permanecesse sempre imantada, potencialmente, por inesgotada carga significativa ou contivesse um permanente poder de revelação. A ponto de transformá-la no foco central da percepção no poema a que ela dá título.

Sabe-se muito bem que, sobretudo em épocas diferentes da moderna, os poetas sempre lançaram mão de imagens prontas e conhecidas, de preferência, da tradição literária: *arquétipos* propriamente ditos, como ocorreu, por exemplo, na época clássica, avessa, por definição, ao emprego de elementos singulares, por vezes misteriosos ou insólitos, da experiência pessoal do poeta. Aristóteles aconselha os poetas de seu tempo nesse sentido: ao aproveitamento dos mitos conhecidos da tradição, como garantia da própria verossimilhança literária, que se obtém com fatos possíveis ou pode se obter melhor até com fatos impossíveis, mas plausíveis, do que com os possíveis, mas incríveis. E nada melhor para isto, sem dúvida, do que os fatos já experimentados da tradição.[2] Curiosamente, porém, os arquétipos tomados da tradição não são em si mesmos menos enigmáticos ou se prestam menos à revelação do que os aproveitados da experiência íntima.

Na verdade, se poderia talvez inverter a direção do argumento e afirmar que as imagens da experiência íntima, tal como se mostram na tradição do novo que é a da modernidade (e a de Bandeira), podem desempenhar a mesma função arquetípica das velhas imagens da tradição clássica, quando estas se prestaram a um papel análogo enquanto formas enigmáticas de um *reconhecimento*, ou, na expressão aristotélica, de uma *anagnórisis*, quer dizer, enquanto portadoras de uma súbita e essencial revelação, permitindo a passagem da ignorância ao conhecimento. Entre as várias espécies de reconhecimento enumeradas na *Poética*, há aquela que se efetua "pelo despertar da memória sob as impressões que se manifestam à vista", como no caso da narrativa a Alcínoo, "em que Ulisses, ouvindo o citarista, recorda e chora, e assim o reconheceram".[3] Respeitados os contextos diferentes, é evidente a semelhança desse tipo de motivo revelador com relação a uma imagem como a que está em foco. É claro que Aristóteles se reporta a personagens da tragédia ou da épica, cuja revelação depende por vezes de artifícios, sinais e colares, de uma dedução ou do próprio enredo, para que se mostrem a descoberto com decisivas implicações no desenvolvimento da ação. No entanto, em sua maioria, esses exemplos que ele dá parecem ter existido antes das obras em que ressurgem, como antigas adivinhas, enigmas ou fórmulas gnômicas de sentenças morais, pertencentes à tradição, da qual podem ser retirados e incluídos em contextos apropriados. Certamente seu valor de reconhecimento depende da compreensão do que significam dentro da história narrada que lhes serve de suporte (como parte essencial de um *mythos* ou enredo) e que, por sua vez, lhes acentua o poder de significação, enquanto expressões *simbólicas* (ligadas ao todo do enredo) e *arquetípicas* (anteriores, recorrentes e, de certo modo, mais vastas que o todo onde se incluem).

Uma imagem como a da *maçã*, estudada antes, tem precisamente essas características, tendo sido aproveitada, depois de uma vasta recorrência na tradição, para um certo tipo de reconhecimento, no contexto subjetivo da lírica. Uma imagem como a do *boi morto* igualmente apresenta as mesmas características, servindo ao mesmo fim, embora tenha sido retirada, não da tradição coletiva, mas da esfera da memória individual do poeta, como um elemento de seu passado infantil. Obviamente, ambas se incluem em obras de um gênero diferente do daquelas dos exemplos clássicos, mas nem por isso perdem seu poder de revelação, relacionado agora não a personagens trágicas ou épicas, mas ao sujeito da enunciação do discurso lírico, que de algum modo se reconhece em sua relação com elas ou através delas. Ao serem introduzidas no âmbito do discurso lírico, se prestam ao movimento próprio desse discurso, a um *ritmo* específico, que não é exatamente o da narração que constrói o enredo ficcional, mas da mesma forma *mobiliza* seu poder de revelação. E no caso preciso da imagem do *boi morto*, a expressão, desentranhada da esfera da memória individual para inserir-se no contexto do poema lírico, parece ter se convertido, em sua repetição obsessiva, na própria matriz do ritmo.

Debruçando-se sobre um rio da memória, o poeta recolhe certas imagens de seu passado, arrastadas pelas águas e pelo tempo, para reintroduzi-las de novo no fluxo recorrente do ritmo poético, onde ressurgem potenciadas com seu antigo poder de enigma e surpresa, como na iminência de uma possível revelação. Convém contemplá-las, agora, de perto.

2. O RIO E O RITMO

Desde a primeira leitura de "Boi morto", chama a atenção o papel atribuí-do, na tessitura mesma do discurso poético, à expressão que dá título ao poe-ma. Formada pela união de um substantivo e de um particípio passado com função de adjetivo (de adjunto adnominal), como se fosse uma peça inteiriça e indivisível — dividida, entretanto, uma vez no segundo verso da terceira estro-fe —, reaparece sempre feito uma lançadeira no fim das três estrofes e no re-frão, penetrando na última delas para desfazer-se submersa no tecido e ressur-gir tecendo como antes, três vezes repetida, o estribilho final que acompanha cada quinteto, em recorrência contínua. O que chama propriamente a atenção é a relativa autonomia desse fragmento do discurso, destacado já no título, na forma de um sintagma por assim dizer indissolúvel, a que se imprime o mo-vimento repetitivo e insistente de uma ideia fixa. Ponto de referência de um fluxo constante, como se fosse ele próprio um segmento carregado pelo curso da linguagem à semelhança de um destroço arrastado, como outros mais, pelo impulso das águas crescidas da enchente, mencionadas já na abertura do texto. Sendo uma parte do discurso e da paisagem nele referida, junta ao seu valor de sinédoque (pela relação de contiguidade da parte com o todo) uma marcada *iconicidade*, pela relação de semelhança que estabelece com o que está sendo dito, como se o plano da expressão imitasse, efetivamente, de forma analógica, o conteúdo veiculado.

O ponto básico da semelhança, a que serve de referência o *boi morto*, é o movimento rítmico dos versos octossílabos: ele parece reproduzir, na expressão, o fluxo incessante das águas da cheia, representado como conteúdo, sob a forma de uma *cena figurada*, que serve, por sua vez, de termo de comparação para descrever a situação do Eu que enuncia o discurso lírico.

Como em outros poemas de Bandeira já examinados, trata-se de uma cena, parecida às da prosa de ficção, que permite que o sujeito se veja a si mesmo numa determinada circunstância, abrindo-se para a meditação, através desse espaço visualizado num certo instante. Curiosamente neste caso, embora construída com dados da memória pessoal da mais remota infância, conforme se sabe pela presença recorrente do motivo do *boi morto*, a cena é dada a ver no presente do sujeito que a enuncia, como se estivesse acontecendo aqui e agora, diante do leitor.

Essa presentificação é propiciada pela relação metafórica, que, desde o início do poema, se estabelece entre a cena e a situação atual do sujeito, mediante a conjunção comparativa *como*. Através do símile que esta introduz, se pode visualizar imaginariamente, num espaço figurado, como se sente o sujeito no instante em que se exprime. É importante notar, porém, que o símile continua ao longo do texto todo. Mesmo quando o sujeito, situado de forma explícita entre os destroços do presente, na primeira estrofe, aparentemente sai de cena depois, para dar lugar à visão dividida das margens e do centro da corrente onde se situam respectivamente a alma e o corpo, conforme se vê na segunda estrofe. Ou ainda, quando ele desaparece completamente, para dar lugar à visão aumentada e próxima do próprio *boi morto*, no centro do fluxo, na estrofe do fim.

Considerada, então, no seu desenvolvimento ao longo do texto, pode-se verificar que a cena se modifica a cada passo do poema, acompanhando a divisão regular em três estrofes de cinco versos, divisão essa que já por si mesma obriga o discurso à recorrência. *Recorrência que se faz conforme a mudança do ponto de vista do Eu lírico: seguindo o olhar que, por sua vez, acompanha o boi morto e, através deste, o curso do rio e do ritmo, cujo movimento imprime um repetido rodopio a cada divisão estrófica, por meio do estribilho. Esse refrão, enlaçado a cada estrofe pelo elo fixo do* boi morto, *vai arrastando tudo para a corrente do mesmo fluxo incessante.*

O movimento em rodopio do ritmo, impulsionando o discurso, parece mimetizar de fato, iconicamente, o movimento das águas no redemoinho, acrescentando um elemento de ameaça e vertigem a cada final de estrofe e ao próprio curso de mudanças da cena em desenvolvimento, *cujos componentes a cada passo tendem a ter o mesmo destino do* boi morto, *arrastados de roldão pela corrente contínua rumo ao sorvedouro vertiginoso do fluxo.*

Ora, como a cena desenvolvida ao longo do texto é a figuração imaginária da situação do sujeito, tal como ele próprio se vê no presente, é a relação mesma do sujeito com o *boi morto* que se exprime através dessas mudanças cênicas. Mudanças regidas pelas alterações da visão a cada momento, mas igualmente submetidas ao fluxo vertiginoso que tudo ameaça emborcar, em exata conformidade com o movimento que, periódica e ritmicamente, puxa para o redemoinho o destino do *boi morto*. As *turvas águas de enchente* conduzem para o rumo do *boi morto*. O rio e o ritmo atraem para essa imagem obsessiva, retirada da reminiscência para o *perpetuum mobile* do presente, em que se acha *a meio submergido* o Eu. É preciso analisar miúdo a configuração da cena desde a primeira estrofe.

3. O SOM E O FLUXO

Logo se nota que o espaço para o qual se abre a cena — o espaço conhecido da cheia (*Como em turvas águas de enchente*) — na verdade implica também um rio de tempo: *Entre destroços do presente*. É precisamente nessa circunstância de espaço e de tempo que se localiza o sujeito, *a meio submergido* e, depois também, *dividido* entre destroços, em *análoga situação* com relação ao *boi morto*, elemento contíguo ao Eu. Quer dizer: o sujeito se apresenta fragmentado, exatamente como os demais fragmentos ou restos que rolam na corrente como o *boi morto*, ponto de referência extremo do fluxo avassalador que tudo arrasta.

Na verdade, a cena conhecida da cheia, a que volta diversas vezes o poeta, surge no poema sob uma forma absolutamente insólita, transfigurada imaginariamente numa verdadeira situação de pesadelo. Nela, o Eu se acha metido como uma parte passiva da ação das águas crescidas (*de enchente*) e ao mesmo tempo barrentas e agitadas (*turvas*), qualificado que está por uma série de particípios passados (*submergido, dividido, subdividido*), submisso ao fluxo vertiginoso, equiparado a restos de coisas (*destroços*) e ao animal morto também crescido (*enorme*), vivendo no instante a sensação da divisão radical, prestes a se afogar ou sob a ameaça de ser tragado no turbilhão. Este quadro sinistro (e artisticamente admirável), que submete o humano à fúria elementar da natureza ou que faz da natureza em fúria a expressão de uma penosa sensação de angústia e ansiedade diante da divisão do ser e da morte iminente, torna-se ainda mais terrível pelo movimento que o anima rumo à destruição: ainda uma vez o ritmo.

Desde o início, com efeito, o ritmo aparece realçado pela tensão que de imediato se estabelece entre elementos sonoros contrastantes. Sobretudo, pela concorrência de dois princípios contraditórios, de certo modo tematizados na fragmentação do ser e na continuidade do fluxo (do rio e do tempo), mas também materializados na sonoridade expressiva, destacada pela divisão rítmica de pequenos segmentos significativos e, a uma só vez, integrada à unidade do movimento rítmico avassalador.

Bandeira, voltando ao octossílabo, seu velho conhecido desde sua estreia literária, manipula-o agora como bem quer, senhor absoluto dos recursos sonoros do verso, segmentando-o livremente, de acordo com "pequeninos nadas", decisivos para a mais forte expressão poética. Já no primeiro verso, a acentuação rítmica foge da segmentação tradicional do octossílabo na quarta sílaba, para fazer recair os acentos dinâmicos sobre sílabas expressivas no conjunto do estrato sonoro do poema, como se verá, destacando ao mesmo tempo as palavras semanticamente importantes a que pertencem:

Como em túrvas águas de enchénte,

Os dois primeiros acentos põem em destaque duas sílabas contrastantes: a terceira sílaba com a vogal mais fechada, travada pela líquida /úr/, e a quinta, com a vogal mais aberta e livre /á/, introduzindo a oposição de dois motivos sonoros poderosos e persistentes (em relevo contra o fundo assonante dos /ei/ nasalados de *enchente* e da elisão na segunda sílaba, /-m' em/). De fato, essa oposição, sobretudo em suas variantes do /ô/ fechado, seguido ou não de /r/, como em *boi morto*, em contraste com o /a/ aberto, seguido de líquida, como em *árvores* ou *alma*, vai persistir em todo o poema, tornando-se um traço significativo importante na segunda estrofe. Mas mesmo aqui, o realce contrastivo dos acentos sublinha os dois termos centrais do verso, acasalados pela sintaxe e separados pelo som. O adjetivo *turvas*, enfaticamente anteposto ao substantivo a que se refere, quebra a expressão feita ("águas turvas"), chamando a atenção sobre a turbulência, ao mesmo tempo que já sugere, pela opacidade barrenta que também pode implicar, a não transparência ou impenetrabilidade do meio material à visão, aspecto depois ressaltado pela própria imagem central do *boi morto*, a que se liga pela semelhança sonora da sílaba fechada e acentuada. Algo de sinistro também já parece se insinuar aqui, pois a violência impenetrável ou incompreensível da natureza transtornada, tal como aí reponta, torna-a de algum modo estranha, não familiar ou oposta, do ponto de vista humano, que, no entanto, para ela se dirige.

Mas é no segundo verso que se percebe melhor o poder de destaque expressivo da divisão rítmica sobre os detalhes da sonoridade, posta a serviço do sentido pela extrema habilidade artística do poeta:

Me sínto a méio súbmergído

Diferentemente do primeiro, com apenas três acentos, este segundo verso, em que se localiza o sujeito em meio às águas da cheia, é acentuado quatro vezes, subdividindo-se, simetricamente, em quatro segmentos de duas sílabas, onde sempre a segunda é acentuada, formando uma sequência recorrente de uma sílaba átona e uma tônica. Trata-se, pois, de um verso jâmbico, cujo segmento central coincide significativamente com a palavra *meio*, sobre a qual incide, por sua vez, o acento medial característico da segmentação tradicional do octossílabo. A repetição insistente dos acentos dinâmicos obriga a uma leitura silábica do verso, de modo que cada uma destas unidades sonoras pode cobrar relevo expressivo. E de fato, o realce da sílaba do meio parece ganhar, com isso, o reforço da recorrência desta sílaba /me/, duas vezes repetida ainda ao longo do verso, embora em posições fracas e decerto com a vogal reduzida no primeiro *Me*, soando /i/. Mas, tipograficamente, é esta sílaba que forma o pronome pessoal *Me*, com que se nomeia o sujeito, ligado assim direta e materialmente, pelos signos linguísticos, à noção de metade e divisão, antecipando expressivamente o sentimento da fragmentação posto de forma explícita logo depois. Ao mesmo tempo, a mesma divisão rítmica acentua o prefixo *sub-*, chamando a atenção sobre a própria formação da palavra a que pertence e frisando seu valor semântico, indicativo da posição inferior, reforçado abaixo, aliás, pelo mesmo procedimento, em *súb-divídído*.

Note-se ainda que o verso que introduz a situação do sujeito se localiza, no espaço da estrofe, justamente no meio entre a referência ao espaço da cheia, no primeiro verso, e a alusão ao tempo, no terceiro:

Entre destroços do presente

Verso fortemente aliterativo, pela repetição das dentais (/t/, seguido ou não da vibrante /r/, e /d/), cujo ritmo parece precisamente travado por esses obstáculos sonoros, "destroços" mimeticamente reproduzidos no plano da expressão, carreados pelo fluxo do discurso, da mesma forma que os outros, pelas águas da cheia e pelo tempo, elementos temáticos aproximados ainda pelo som idêntico da rima consoante entre *enchente* e *presente*.

O termo *destroços*, que recebe o acento medial do octossílabo, é um substantivo deverbal, derivado regressivo de *destroçar*. Provavelmente por isso, traz consigo ainda um perceptível matiz temporal, ligado à noção de processo que o verbo exprime, associando-se propriamente à ideia de passado, sobretudo como efeito da ação de destroçar, de que depende por certo também seu caráter de passividade (a qual se estende, pela contiguidade, ao próprio sujeito, antes referido e em posição semelhante, submisso às águas revoltas). Sugere, assim, algo já acontecido, como o resultado de uma catástrofe, alguma coisa produzida no passado que vem boiando na corrente do tempo, mas é percebida, graças a seu aspecto permansivo (como o dos particípios passados que qualificam o sujeito), por uma visão atual do presente, num instantâneo do fluxo em que deriva, rodando com seu passado impenetrável.

No quarto verso, se exprime ostensivamente o tema da divisão do sujeito, repetindo-se a acentuação do primeiro (na terceira, quinta e oitava sílabas), com o destaque, assinalado, da sílaba átona do prefixo *sub-*, tornada forte pela posição rítmica que enfatiza esse único elemento novo, em relevo contra as sílabas recorrentes, aliterantes e assonantes, de uma mesma palavra repetida (*dividido*) — materialização sonora e concreta da divisão no plano do discurso poético:

Dividído, súbdividído,

O verso seguinte, que completa a estrofe, abrindo-se no entanto para o estribilho, é constituído por três segmentos sintáticos, separados por vírgulas, mas interligados pela sinalefa, equivalentes entre si, ou melhor, divididos conforme o padrão da expressão *boi morto*, que volta repetida no refrão, onde aparentemente toda diferença de divisão se anula pelo retorno do mesmo à uniformidade e à unidade do fluxo comum:

Onde róla, enórme, o boi mórto,

Boi mórto, boi mórto, boi mórto.

No verso final da estrofe, os três acentos principais recaem sobre a mesma vogal /o/, aberta nos dois primeiros casos e fechada no último, sempre acompanhada de uma vibrante /r/, anteposta no primeiro e posposta nos demais casos. Esta assonância dos /oo/, que tendem ao fechamento, acompanhada pela aliteração cada vez mais simétrica da vibrante /r/, que tende à posposição, preparam por assim dizer a uniformidade completa do ritornelo, mais uma vez anulando toda diferença pelo retorno do mesmo. *O ritmo acentua, portanto, o sentimento da divisão e, ao mesmo tempo, integra o dividido na unidade comum.*

Os elementos divididos são equiparáveis enquanto unidades equivalentes da divisão e partes do mesmo todo; na verdade, tendem a se fundir no fluxo comum, cuja uniformidade e unidade dependem da recorrência de um mesmo padrão: o *boi morto*, com o qual todo elemento isolado tende, no extremo, a se identificar. *O Eu dividido, situado entre destroços, no mesmo espaço do* boi morto, *se equipara, portanto, a essas partes contíguas, identificando-se, por fim, com o próprio* boi morto, *com a imagem sinistra dos restos do animal, do animal feito destroço, arrastado na corrente comum em que se espelha essa imagem de seu reconhecimento no todo.*

A imagem do *boi morto* é, assim, o ponto de referência para o entendimento da situação do sujeito na cena figurada em que se vê representado enquanto ser dividido e submerso no fluxo das águas e do tempo. Pelo *boi morto*, pode ele reconhecer-se a si mesmo, numa visão atual do presente, como parte desse todo que flui sem parar, onde rola, crescido (*enorme*) como as águas, esse pedaço de matéria sem vida, em recorrência constante. Nessa cena figurada e simbólica, o Eu lírico se vê a si mesmo como parte, entre outras partes, de um todo que flui, meditando sob a ameaça da morte próxima, através das imagens de destruição reunidas no fluxo comum, sobre o destino de um pedaço de matéria sem vida e submissa ao movimento incessante do tempo.

4. O AH! E A ALMA

A segunda estrofe se caracteriza por uma clara mudança do foco e uma nova modulação temática. De fato, lembrando de perto o movimento de uma câmera cinematográfica, o foco que capta a cena deixa de centrar-se sobre o sujeito em meio às águas e os destroços, num plano de grande conjunto, para se dividir conforme a própria divisão do ser em alma e corpo, voltando-se para espaços diversos da mesma paisagem fluvial. Desloca-se, assim, numa espécie de travelling, das margens para o centro do curso, onde termina por mergulhar de novo em direção ao *boi morto* e o fluxo recorrente, que o estribilho logo em seguida retoma:

> Árvores da paisagem calma,
> Convosco — altas, tão marginais! —
> Fica a alma, a atônita alma,
> Atônita para jamais.
> Que o corpo, esse vai com o boi morto,
>
> Boi morto, boi morto, boi morto.

Com efeito, em oposição ao primeiro momento da cena, que focalizava o centro turbulento da corrente, o espaço em que por assim dizer se refugia a alma é o espaço lateral das margens, onde fica situada uma *paisagem calma*, marcada pelo caráter estático, dominante nos quatro primeiros versos dessa estrofe. A paralisação de todo movimento pode ser logo notada pela presença de uma única forma verbal, *fica*, que frisa a imobilidade do sujeito gramatical (*a alma*), enquanto a outra parte do ser, o corpo, *vai* à deriva com o *boi morto*, como se lê no quinto verso, estabelecendo nítido contraste entre os dois verbos (*ficar/ir*), vinculados, respectivamente, à expressão do estado e do movimento.

É importante observar que o ponto de vista, a partir do qual "a alma fica", é ainda o do movimento de quem vai: a perspectiva da enunciação acompanha, portanto, o fluxo da corrente, com o *corpo* e o *boi morto*, termos já próximos pela sonoridade. O ângulo da visão que focaliza a alma é assim o do corpo, visão em movimento e *de baixo para cima*, como se comprova pela consideração *irônica* das *árvores*, onde fica a alma, vistas como *"altas, tão marginais!"*, por assim dizer dispensadas à margem, em sua posição estática e meramente lateral. Este tipo de visão supõe, evidentemente, uma atitude de valorização do corpo em detrimento da alma, tomando o partido da matéria em movimento, em oposição à parte espiritual, deixada de lado em sua imobilidade como algo descartável. Uma atitude como essa, que assume com desfaçatez a direção da matéria, em menosprezo da alma, vai decerto contra o esperado, a opinião rotineira, fundada no pensamento cristão, que ressalta a superioridade da alma sobre o corpo, lembrando outros poemas de Bandeira onde ela é também afirmada com todas as letras, como na "Arte de amar", em que "[...] *os corpos se entendem, mas as almas não*", e no extraordinário "Momento num Café", em que se saúda "[...] *a matéria que passava/ Liberta para sempre da alma extinta*".

Aqui se pode dizer que a alma continua "superior", em posição mais alta, mas é ironicamente observada de baixo e posta de lado diante do mais importante, que ocorre embaixo, no centro do movimento. Paradoxalmente, o estilo humilde do poeta, que assume a perspectiva de baixo, valorizando o que está perto do chão, se presta para exprimir o oposto da tradição cristã em que se forjou, aproveitando dela, no entanto, o forte senso da materialidade concreta do corpo, sobre cujo destino, na morte, parece agora concentrar-se a visão, mergulhando no próprio sentido da matéria fluindo com o tempo para a destruição.

Mas a situação da alma, ironicamente posta à margem do fluxo central, não é dada a ver apenas pela eliminação do movimento, mediante o emprego de uma forma verbal que a imobiliza. Quando se examina mais detidamente o que ocorre nos quatro versos iniciais dessa estrofe do meio, verifica-se que o núcleo principal da única oração aí presente (o núcleo constituído pelo predicado verbal *fica* e o sujeito *alma*) vem reiteradamente rodeado por termos acessórios da oração — vocativo, inciso e aposto pleonástico —, formas redundantes de reforço que obrigam o discurso a marcar passo, travando sua progressão efetiva. Assim, o vocativo (*Árvores*) com que se abre a estrofe vem acompanhado de adjuntos (*da paisagem calma; convosco*) e de um inciso exclamativo (— *altas, tão marginais!* —); mas também o sujeito gramatical *alma* é seguido de um aposto reiterativo (*a atô-*

nita alma), por sua vez desdobrado em nova forma pleonástica (*atônita para jamais*), como querendo fixar a alma para sempre no espanto.

Essa insólita fixação da alma pelo espanto, que ironicamente a eterniza à margem da corrente principal do tempo onde vai imerso o corpo, tem base no uso expressivo da sintaxe e numa figura de linguagem como o pleonasmo, mas ganha ainda maior realce significativo pela refinada arte com que o poeta, artesão exímio, manipulou os sons e o ritmo.

Desde o primeiro verso dessa estrofe, se percebe que o tema da alma, logo abaixo explicitado, vem antecipadamente associado ao que se pode chamar de motivo sonoro do /a/. Já se assinalou como esse som, no primeiro verso do poema, participa de um contraste significativo na expressão *turvas águas*, em que se pode ver o início de um jogo fônico notavelmente eficaz no decorrer do poema, sobretudo nesta estrofe central em que a oposição se reitera sob a forma contrastiva entre o /ô/ fechado, seguido ou não da vibrante /r/ (como em *corpo* e *boi morto*), e o motivo do /a/, acompanhado ou não de líquida (/l/ ou /r/), presente em *alma* e no conjunto dos termos a este ligados no texto. Nesse contraste se exprime, portanto, o tema maior da divisão entre alma e corpo, ao mesmo tempo atrelado à configuração sonora de *boi morto*. No primeiro verso da estrofe do meio, os acentos dinâmicos recaem três vezes sobre o motivo sonoro do /a/ (e da alma), fazendo, ao que parece, amplificar-se nessa assonância prolongada a calma das margens:

> Árvores da paiságem cálma,

No segundo verso, o motivo continua ressoando através de *altas e tão marginais*, para se atropelar, no terceiro, em ecos sucessivos e constantes, fundindo-se num ressoo persistente e impressionante de *aa* em hiato e crase, que parecem levar mimeticamente, numa harmonia imitativa, o pasmo até a *alma*, por sua vez enlaçada e completamente paralisada, pela rima paranomástica, na tessitura mesma da *calma*, que pela sonoridade a inclui:

> Fica a alma, a atônita alma,

Este verso, de notável ousadia sonora, deixa literal e materialmente a alma pasma, ironicamente posta de boca aberta, anulada em sua fixidez marginal, prisioneira eterna do espanto:

Atônita para jamais.

O quinto verso, começando abrupto com uma oração explicativa, retoma, por oposição, o fio do curso, fazendo ressoar o motivo sonoro contrastante dos *oo* fechados e vibrantes que vinculam o *corpo* ao *boi morto* e, por ele, ao fluxo recorrente, reiterado mais uma vez pelo estribilho, cujo movimento obsessivo, sinistro, sombrio e grave parece contracenar, ironicamente ainda, com a alta e clara forma da fixidez espantada da alma:

Que o corpo, esse vai com o boi morto,

Boi morto, boi morto, boi morto.

5. NO CENTRO DO REDEMOINHO: BOI ESPANTOSAMENTE

Ao puxar para o movimento central onde roda o *boi morto*, o *corpo* carreia com ele o foco da visão. Agora este se centra, ainda uma vez cinematograficamente, na própria imagem obsessiva, posta em close e muito ampliada, em movimento giratório. Tão crescida, que ocupa todo o plano, tendendo ao desfocamento, à impossibilidade do *reconhecimento*, impenetrável à visão como as *turvas águas*, de cujo fluxo agitado ela é parte e índice:

Boi morto, boi descomedido,
Boi espantosamente, boi
Morto, sem forma ou sentido
Ou significado. O que foi
Ninguém sabe. Agora é boi morto,

Boi morto, boi morto, boi morto.

Basta fixar a atenção para perceber o movimento giratório do ritmo, as curvas da imagem sobre si mesma, desfazendo-se e refazendo-se mudada, dividida e sinuosamente recomposta pelo enjambement (entre o segundo e o terceiro verso); dissolvida em não se sabe o quê, mas fazendo ecoar ainda a presença do *boi* na rima do *foi*, e, de repente, reintegrada de novo em *boi morto*, repetindo-se em círculo recorrente, no refrão.[4] O ritmo, em seu reiterado retorno, com as voltas concêntricas do ritornelo, acaba trazendo ao centro da cena o redemoinho.

A própria expressão boi morto, cristalizada como um fragmento aparentemente indissolúvel pela repetição insistente, é quebrada diversas vezes, por vários meios, agora que ressurge aumentada no foco central da visão, roubando a cena toda. Na verdade, toda a cena parece uma encarnação do *olhar* fixo no *boi morto*: macroscópico e analítico, aumentado também ele, *tentando penetrar, pela divisão, pelo reconhecimento dos atributos, no que é a imagem em si mesma*, monstruosamente crescida, a ponto de ocupar todo o espaço da cheia, em rodopio incessante, no meio do vertiginoso movimento.

A primeira quebra da expressão feita, obtida pela substituição do adjunto adnominal — *descomedido*, particípio culto e de sabor clássico, entra no lugar de *morto* —, reapresenta o boi sob a dimensão da desmesura, do excesso. Ou seja, como uma espécie de encarnação da *hybris*, do próprio descomedimento, como um produto monstruoso que tivesse nascido de uma força geradora descomedida: uma aberração da *natureza*. Sem dúvida, é muito significativo que a imagem do boi, parte ou destroço flutuante da natureza convulsionada (a cheia), se ligue, desde o início do poema, ao fluxo incessante, a que serve de índice, pois é pela repetição dessa parte, matriz do ritmo, que se percebe o todo movente. Ou melhor: é extremamente significativo que essa imagem recorrente se prenda ao princípio mesmo do movimento, com que se confunde a natureza em convulsão: força primeira, vista agora através de seu produto descomedido, como força fora de si, sob o signo da desmesura ou do excesso, enquanto desmedido princípio de destruição.

Assim, o olhar que se concentra sobre o animal morto, ao buscar o que ele é, mergulha, através da imagem, no próprio sentido do fluxo. Como numa visão ontológica que buscasse a fonte do ser (e do não ser), segue o movimento vertiginoso para onde tendem os restos das coisas (o que já não é), destroços atrelados ao boi morto — *entre os quais, o próprio sujeito dividido* — rumo ao sorvedouro último e comum, redemoinho onde o fim é também princípio, a mesma natureza: o que é no mais fundo, o que gera e faz nascer, mas também origem do impulso para a morte.

O olhar coincide com o centro da vertigem: fixado, sobre o sumidouro, nisso que não consegue distinguir ou definir, a não ser pela desmesura e pelo espanto. No olho do turbilhão, apenas uma espantosa monstruosidade se revela a esse olhar abissal: *boi espantosamente*. A linguagem também se convulsiona, rompendo o uso corrente das categorias gramaticais: o advérbio vira adjetivo, agregando-se ao substantivo, com a transformação (ainda monstruosa) da circunstância de modo (o modo como o boi é percebido, com espanto) em atributo. O reconhecimento, paralisado diante do impenetrável, registra apenas o pasmo em face da desmesura e a própria impossibilidade de definir o que seja a ilimitada imagem.

Na verdade, nenhum atributo parece ser adequado ao boi, imagem fixada pelo olhar, mas em constante rodopio; nenhum predicado torna possível sua definição: *sem forma, sentido* ou *significado*, ou ainda sem que se deixe explicar pelo passado (*O que foi / ninguém sabe*). Pela negação dos atributos e a afirmação da desmesura, o *boi* tende, portanto, a confundir-se com o *indeterminado*, só "*matéria vertente*", para dizê-lo de algum modo com a expressão de Guimarães Rosa, já que está ligado ao fluxo incessante, ou seja, à força da natureza, ao movimento e ao tempo. Matéria em perpétua recorrência, conforme o boi e o ritmo, que parecem mimetizar o próprio movimento da natureza.

É possível agora, quem sabe, recompor o poema como um todo, parafraseando-lhe o desenvolvimento, obtido pelas mudanças como que cinematográficas da cena da enchente, retornada do rio da memória. Ao seguir o *boi morto* rolando na corrente contínua do rio e do tempo, o Eu lírico segue, pelo olhar, a si mesmo — sujeito dividido, destroço como o outro — a caminho da destruição: no meio do redemoinho, se depara, para seu espanto — o mesmo espanto que paralisa a alma à margem do fluxo —, *com a medida desmesurada de si mesmo*, revelada pelo elemento da natureza em convulsão, o *boi*, seu ponto de referência constante no espaço figurado da cena e, até onde se pode ver, imagem enigmática da própria matéria em movimento para a destruição.

6. BOI SÍMBOLO

Ao se examinar a articulação do poema como um todo, com apoio na descrição estrutural realizada, percebe-se de imediato o papel fundamental desempenhado pelo motivo do *boi morto*, onipresente no texto. Logo se vê que ele não se esgota enquanto elemento temático, retirado da memória biográfica individual para servir na composição do poema. É bem verdade que, já nesse sentido, se pode fazer uma ideia de sua importância, pois permitiu resgatar, sob o olhar do presente, a partir de um episódio marcante do passado infantil, um instante de revelação para a experiência do poeta, tão decisiva, que muitos anos mais tarde precisou ser elaborada numa forma estética. No entanto, ele é mais que um tema significativo recorrente, *pela própria forma do tratamento que recebeu, de modo a se configurar como a imagem simbólica de um reconhecimento essencial.*

O tratamento de pesadelo que o poeta parece ter dado ao episódio da enchente, vinculado à memória de sua infância, mostra que aqui ele se afastou bastante, sem perder os traços característicos de seu estilo humilde, do polo da realidade cotidiana, sempre tão presente em sua obra madura. Mas o leitor de Bandeira sabe muito bem o quanto este afastamento é ainda comum no conjunto de sua poesia, tão marcada pelas incursões no onírico, no absurdo, no nonsense, nas coisas disparatadas, no espaço do insólito, enfim, onde sua sensibilidade detecta também a presença da mesma poesia que acha perto do chão, nos chinelos, nos amores, ou nas coisas lógicas, como disse certa vez, mesclando tudo, com graça machadiana.

De qualquer forma, a vertente que se pode chamar de realista, consubstancial a uma atitude estilística para a qual a realidade externa, o "humilde cotidiano", tem a consistência de uma matéria poética básica, de onde se pode desentranhar a poesia, aparentemente, neste caso foi posta de lado, substituída pela ênfase no valor apenas metafórico da paisagem exterior que é apresentada na cena da cheia. De fato, nenhuma intenção propriamente de descrição realista pode ser atribuída à apresentação dessa paisagem, nem pelo seu lado de turbulência (o do centro da corrente) nem pelo seu lado de calma (o das árvores marginais), prestando-se antes à configuração de um símile situacional que, metaforicamente, representa uma complexa situação interior do sujeito, atingido pelo sentimento da divisão, sob a ameaça de destruição iminente.

No entanto, não se pode negar o peso tremendo de realidade que de algum modo se espelha nessa natureza convulsionada, apresentada pelas imagens, em cujo centro se acha o enigmático *boi morto*: aparição sinistra que, por sua crescente monstruosidade no desenvolvimento do texto — de *enorme*, se faz *descomedido* para encarnar o próprio espanto —, acaba por assumir o aspecto disforme de uma *figura grotesca*, sugerindo, por sua deformação ou perda de forma, a irrupção de uma matéria bruta, espantosa e imperscrutável, em que se pode ver ainda espelhado o tema em si mesmo demoníaco da divisão do ser.[5]

Essa espécie de realismo extremo do efeito, conseguido mediante uma construção metafórica de um mundo exterior deformado ou aberrante, deslocado e "desrealizado" como num pesadelo, revela, desde logo, afinidades profundas ainda com tendências de vanguarda da arte moderna, no caso, especificamente com o Expressionismo e o Surrealismo. De fato, esse mundo de sonho onde a realidade externa parece um produto deformado pela visão interior pode lembrar de imediato a atitude expressionista, com seu pendor para o grotesco. Ao mesmo tempo, porém, esse contexto fluido e atabalhoado da cheia (como num afloramento do inconsciente) em que se submerge a figura humana em meio à experiência atualizada de um delírio ou de um mau sonho, onde se mesclam heterogeneamente diversas esferas da realidade (do mundo interior e do exterior), feito se fosse um universo de repente cindido por algo irracional e incompreensível, animalesco e bruto, sinistro e ameaçador, tem, evidentemente, muito da atmosfera surrealista.

Contudo, quando se atenta melhor para a forma de tratamento metafórico da imagem do *boi morto*, destroço ou carcaça espantosa que parece a encarnação concreta do abjeto e do disforme, ligada, entretanto, a uma complexa realidade espiritual, penetrada pelo sentimento da divisão e da angústia ante a iminência da destruição, percebe-se mais claramente, na mescla estilística de extremo efeito realista, a herança indiscutível da tradição que vem da poesia de Baudelaire, na raiz da modernidade. Um tema sério e grave da interioridade humana é visto pelo ângulo de um elemento "inferior" como a carcaça de um animal morto, exatamente como num famoso poema baudelairiano, "Une charogne", em que a amada (tratada por "mon âme" e outras fórmulas elevadas), posta diante do espetáculo horrendo da carcaça em decomposição, é advertida de seu destino semelhante:

> — Et pourtant vous serez semblable à cette ordure,
> A cette horrible infection,
> Étoile de mes yeux, soleil de ma nature,
> Vous, mon ange et ma passion.[6]

Auerbach mostrou, em detalhe, como o tratamento do sublime baudelairiano depende do encontro de um metaforismo de valor simbólico (muitas vezes baseado em imagens do feio, do ignóbil, do espantoso, do horrendo, não entendidas em si mesmas como uma imitação de tipo realista) com um forte realismo de efeito, a que não se pode furtar, assim como depende ainda de um tom elevado em contraste com a abjeção, em parte ou no todo, do assunto. Examinando, além disso, as formas pelas quais o estilo excelso de Baudelaire junta a visão da miséria do poeta à representação degradante da sensualidade, seja pela consideração da mulher-pecado, seja pela combinação de desejo, morte e decomposição, chama a atenção para a influência da herança cristã da Idade Média em suas figuras e ideias, embora a atitude fundamental do poeta, impensável sem essa herança, seja outra muito diferente, inconciliável com essa tradição.[7]

O fato é que uma imagem como a do *boi morto*, à primeira vista apenas dependente de circunstâncias individuais e da memória pessoal do poeta, encontra apoio na própria tradição moderna, que dirige, até certo ponto, a sensibilidade poética para uma determinada esfera de temas e de formas de tratamento. Digamos que a recorrência interna na obra individual de um motivo como esse repercute ainda como efeito de um quadro temático-expressivo que é produto de uma tendência histórica da época, índice do processo de modernização a que decerto não ficou imune o poeta brasileiro, apesar das diferenças específicas que soube imprimir em sua obra.

No caso de Bandeira, fica evidente que o tratamento do elevado é feito a partir do baixo e justamente a elevação sublime da alma, associada às árvores marginais, é posta de lado em função do corpo, por sua vez, preso à imagem do animal morto. O caráter prosaico domina a forma dos versos octossílabos (já se discutiu, anteriormente, o prosaísmo desse tipo de metro) e o tom não é elevado, pois o poema, muito diferentemente da poesia excelsa de Baudelaire, adota a forma mesclada a partir da atitude característica do estilo humilde do poeta. Uma tal atitude é também impensável sem a herança da tradição cristã, mas, paradoxalmente, se opõe a ela, como se pode verificar pelo modo como é tratada a divisão entre o corpo e a alma, com a clara valorização do primeiro a partir de uma perspectiva materialista quase afrontosa.

Não faltam outros exemplos dessa atitude oposta à cristã, nos poemas, como se viu. Mas ela se mostra às claras também na prosa. Num trecho admirável de uma crônica sobre a morte de Graça Aranha, por exemplo, essa visão característica do autor aparece de modo ostensivo, tomando o espírito como um fator de perturbação da serenidade da matéria, cuja nobreza exalta numa forma lapidar e simples, atingindo, porém, a dignidade do sublime, por esse olhar límpido sobre a matéria despida:

"Estava um pouco mais magro. Tinha a palidez de todos os mortos. Estava belo. Integrado não na perpétua alegria, que a alegria afinal é agitação e criação do espírito, no seu caso aparência e jogo pueril da arte, — integrado na perpétua serenidade. Fraquezas que porventura haveria no homem tinham desaparecido daquela máscara de impressionante nobreza. O homem fora belo, mas o morto estava ainda mais belo. Assim a morte nos ensina a nobreza da matéria, descomposta às vezes pelo tumulto vão do espírito."[8]

É importante notar que o que há de extraordinariamente poético nesse pedaço de prosa não depende da utilização ostensiva de recursos característicos da poesia nem muito menos do tom por vezes emocional da lírica (com o que às vezes se tende a confundir o poético). Ao contrário, a poesia parece desprender-se de uma extrema precisão e economia de meios, da secura prosaica, da mesma forma que a observação limpa da matéria como que lhe insufla uma espiritualizada nobreza.

Do mesmo modo, no espaço do poema, a poesia bandeiriana continua dependendo muito dessa secura prosaica, que está muitas vezes no próprio assunto, mas também quase sempre na forma despojada e na perspectiva do tratamento. Uma imagem como a do *boi morto* sai claramente da esfera prosaica, para se constituir num componente estrutural decisivo do poema, como uma parte do todo, em cuja organização formal desempenha uma função essencial de ligação interna, permitindo a harmonização dos mais diversos elementos na unidade do estilo.

Enquanto parte, se associa facilmente às outras partes, como os demais destroços rolando na corrente, como a própria imagem do sujeito dividido que nela se reconhece a si mesmo, por assim dizer visualizando sua *alienação*, a perda de si mesmo — a perda de sua substância humana — que o identifica ao resto disforme, ao mesmo tempo infra e sobre-humano em sua monstruosidade. Como parte em movimento, mobilizada pela repetição, o *boi morto* é a célula rítmica básica que puxa os elementos sonoros todos para a integração no fluxo comum, unindo toda a camada sonora do poema, a uma só vez mimetizando o curso do rio e do tempo. Por fim, mediante essa parte recorrente, se faz de um motivo temático da divisão a imagem fundamental que dá unidade ao poema como um todo na forma de um símbolo do reconhecimento ontológico do ser em meio à desintegração. Como uma téssera, com o poder de união que faz da parte o todo, instaurando o símbolo e o reconhecimento, a imagem do *boi morto* permite meditar sobre o destino da matéria no fluxo turvo do tempo, até o limite impenetrável da morte.

7. O SINISTRO

Diferentemente da maioria dos poemas de Bandeira sobre a morte, "Boi morto" situa o sujeito, de forma nítida, pela imagem transfigurada, gigantesca e disforme do *boi*, diante de algo inquietante, insólito, estranho ou sinistro: *como se o objeto da inquietação se tivesse tornado inquietante, precisamente por próximo, íntimo ou demasiado familiar.* Este paradoxo parece encerrar-se na forma mesma do tratamento que o motivo recorrente tomou no poema, respondendo, em parte ao menos, por seu caráter enigmático.

A imagem do *boi morto*, tirada da memória infantil e retomada de modo obsessivo no espaço do poema, rolando, enorme, ao lado do sujeito dividido, meio submerso na mesma corrente, parece encarnar, com perfeição, *aquilo que se tornou não familiar* (e que talvez se pudesse designar pelo adjetivo *unheimlich*, utilizado exatamente por Freud para conceituar isso que se traduz mal por *sinistro*).[9] Por outro lado, essa imagem apresenta o animal, com que se equipara o sujeito, sob a forma — que é a própria negação da forma, marca do espírito na matéria — degradada e grotesca de uma coisa, como se encarnasse também, com perfeição paradoxal, a figura concreta da *coisificação*: isto que está próximo e, no entanto, se tornou incompreensível e espantoso, à beira e sob a ameaça de uma violência extrema, absolutamente destrutiva. Quer dizer: *por via dessa imagem central e de ligação das partes com o todo, o momento histórico* ("*os destroços do presente*") *se torna constitutivo e particularizado concretamente no poema, refletindo-se, até o mais íntimo, na atitude do sujeito diante da morte.* No aspecto degradado da figura do boi, a própria natureza se mostra estranhada, tornada outra, sinistramente ameaçadora, como se no seu fluxo perene pudesse rolar refletida e confundida, nos restos do animal, a própria face humana reificada no instante presente do curso da História em que se situa o sujeito: sob a mesma máscara grotesca da morte imperscrutável. O *boi morto duplica*, objetivando-a, a própria imagem do Eu dividido — sem a alma, posta à margem, e reduzido ao corpo, a destroço identificado com os restos do *boi* — ante a destruição iminente. *Assim, portanto, ao retornar obsessivamente, anos depois de um episódio marcante da infância, a um poema, a imagem parece encarnar ainda um terror primitivo ou infantil diante da morte como a impressão sinistra de uma cena de pesadelo, onde o* boi morto *é agora uma espécie de duplo do próprio Eu minado pela destruição.*

Para encarnar essa função simbólica no âmbito do poema, a imagem familiar do boi teve decerto que sofrer uma transformação radical, por assim dizer desfamiliarizando-se, ao ser erradicada de seu contexto originário e separada dos significados culturais a ela tradicionalmente associados. Um primeiro estranhamento já se dá ao passar — por via da memória individual presa a um acontecimento singular e excepcional para o menino, como o da cheia — do campo e da terra às águas. A mudança de elemento torna-a uma figura insólita na corrente, em meio aos destroços à deriva, aumentada, desde sua primeira aparição aos olhos infantis, evidentemente já perplexos ante o crescimento monstruoso do riozinho conhecido, conforme o relato do poeta na crônica. Mas, ao retornar às águas de pesadelo do poema, a transformação da imagem é ainda maior, encarnando algo mais profundo e secreto, provavelmente latente na experiência remota da infância, ao se converter no símbolo enigmático de um reconhecimento, associado à impressão sinistra da morte, derivada de sua própria imagem.

O animal doméstico (que se poderia qualificar de *heimlich*, na designação de Freud), servindo aos trabalhos do campo, do arado e do pastoreio, é, como o *cacto* bandeiriano, uma figura característica do Nordeste brasileiro, onde, além do aspecto socioeconômico que tem como meio de vida, adquire também uma importante função no imaginário cultural da região, como se vê em sua constante representação na literatura oral do povo nordestino, sem falar nos valores da calma, da força pacífica e da resistência tenaz que esse animal costuma representar enquanto símbolo tradicional. *Mas nada disso aparece como traço marcante do conteúdo no uso particular do símbolo poético bandeiriano, a não ser enquanto determinação do nível da representação literária, no caso, fundada ainda, conforme o estilo humilde do poeta, no aproveitamento de um elemento "baixo", próximo da vida (e da pobreza) do povo, prestando-se, no entanto, à expressão de uma problemática grave e séria.* E, na verdade, no centro da turbulência da cheia tal como é representada no poema, a figura familiar do animal se transfigura em algo disforme e estranho, foco do espanto e da impressão sinistra, carreando, no fluxo do presente, destroços pesados de angústia. Uma angústia implicada na impressão sinistra, ligada ao sentimento de divisão do Eu e talvez vinculada à experiência remota da infância, cujo conteúdo latente de algum modo parece voltar "entre destroços do presente", numa atmosfera de pesadelo, sob uma forma de terror diante da morte.

Ponto de intersecção entre as partes e o todo, o símbolo do *boi morto* é também, enquanto imagem de reconhecimento (de *anagnórisis*), o ponto de manifestação de um conteúdo oculto, de revelação de uma verdade. Ponto de encontro angustioso com uma verdade submersa na corrente do tempo, sobre o qual se debruça agora o Eu, reconhecendo-se no turbilhão onde roda sinistramente a figura do *boi morto*, como o retorno de um segredo, obsessivamente repetido no fluxo do rio e do ritmo poético.

Freud e Lacan insistiram no valor de verdade do momento de angústia, do ponto de vista da psicologia profunda. O próprio dito do "Conhece-te a ti mesmo", inscrição do templo de Apolo de Delfos, é uma espécie de imagem de reconhecimento que se converteu num leitmotiv da psicanálise. A ligação entre a impressão sinistra (dependente da imagem do animal tornada estranha ou não familiar), vinculada, por sua vez, à duplicidade do Eu e ao terror infantil da morte, cria por certo um quadro de referências capaz de suscitar, desde logo, a interpretação psicanalítica, pois parece exemplar, se comparado aos quadros análogos estudados por Freud em relação ao sinistro, com base nas narrativas de Hoffmann, mestre no gênero. É sabido como a interpretação freudiana recai sobre o retorno do reprimido, subjacente à impressão sinistra, que ele vincula de modo geral à repetição própria dos instintos, tal como se espelha, por exemplo, no tema do duplo, pela volta dos traços semelhantes ao Eu na figura do outro, com a qual o sujeito se identifica.

292

Contudo, não é essa a direção interpretativa que me interessa frisar aqui, o que levaria a uma tentativa de explicitação do conteúdo latente da imagem, relacionando-o ao universo do terror infantil e, por essa via, provavelmente a transtornos da personalidade que acabariam por envolver a própria figura do poeta.[10] Cumpre, ao contrário, resguardada a relativa autonomia da estrutura estética do poema, procurar mostrar, por fim, como nela se configura efetivamente a representação da morte, marcada pelo sinistro.

A visão desdobrada e partida do sujeito, que encontra uma espécie de substituto na imagem coisificada e grotesca do boi, a que corresponde a impressão do sinistro, desemboca, pelo próprio impulso repetido do ritmo, rumo ao vertiginoso redemoinho, na intuição mais funda de um materialismo radical, em que tudo parece reduzir-se espantosamente ao rodopio incessante da matéria indeterminada em movimento. Essa visão se dá, porém, num momento presente da natureza em fúria (o momento monstruoso da enchente), ou seja, num momento do descomedimento da força natural, que aqui aparece, precisamente por isso, como sinistra e estranha em sua monstruosidade espantosa. Em consequência, a visão da morte como algo sinistro ou não familiar, que opõe "Boi morto" à maioria dos poemas bandeirianos sobre o tema, em que se exprime exatamente o desejo de familiarização com a morte, reforça por contradição a atitude fundamental do poeta, ao corresponder ao momento da visão do excesso em que o esperado na ordem natural das coisas se rompe pelo espanto da monstruosidade. Esse momento de terror profundo e perplexidade paralisante do espírito (ou da alma) parece exigir, em contrapartida, a necessidade de superação pela aceitação resignada do limite, modo único de vencer o pavor do excesso e acomodar-se à ordem natural das coisas.

O momento da visão ontológica do ser a caminho da destruição implica, assim, de algum modo, uma ética fundada na exigência de uma atitude de familiarização com a morte, como uma forma de superar o terror, aproximando-se do curso natural das coisas. Como um meio, enfim, ainda uma vez de aprender a morrer. O espaço do poema é também, pela meditação, espelhado no desdobramento do Eu, o lugar desta aprendizagem. Finalmente, o quadro em que essa aprendizagem se cumpre é o da sociedade burguesa moderna, em que a morte é o que se oculta a todo preço, rompida toda a familiaridade que com ela se pudesse ter na vida cotidiana. A visão sinistra e imperscrutável do *boi morto* parece corresponder, ainda enquanto destroço grotesco que espelha o sujeito dividido e alienado, às relações reificadas do presente nela dominantes. Estas atingem por certo também as relações com a morte, tornada essa "força selvagem e incompreensível", cujo terror o poeta busca vencer, encarando-o de frente no poema, ao fazê-lo retornar das águas de seu passado, o que é ainda um modo de se ver submerso e dividido no fluxo incessante.[11]

9. A convidada imaginária

1. O RESÍDUO

> *Mas de tudo fica um pouco.*
> Carlos Drummond de Andrade

Conta Manuel Bandeira ter encontrado uma vez numa pasta alguns versos em estado informe: a princípio não pôde saber do que se tratava e pensou que fosse uma tentativa de tradução; depois, foi se lembrando de que era uma tentativa fracassada de poema.[1] O resíduo se transformou em "Consoada", que é um de seus melhores trabalhos:

> Quando a Indesejada das gentes chegar
> (Não sei se dura ou caroável),
> Talvez eu tenha medo.
> Talvez sorria, ou diga:
> — Alô, iniludível!
> O meu dia foi bom, pode a noite descer.
> (A noite com os seus sortilégios.)
> Encontrará lavrado o campo, a casa limpa,

A mesa posta,
Com cada coisa em seu lugar.

É importante notar nos relatos confessionais do poeta, tanto no *Itinerário de Pasárgada* quanto nas crônicas, como são abundantes as referências a poemas que não deram certo ou se perderam definitivamente, vítimas do esquecimento, de uma falha técnica ou de uma impossibilidade qualquer de realização. O cansaço e o esquecimento lhe teriam roubado, por exemplo, a maior parte dos versos de um longo poema, de que conhecemos apenas também o resíduo na forma da "Oração no Saco de Mangaratiba".[2] Igualmente são numerosas as alusões a outros poemas, resgatados do naufrágio, talvez à maneira de "Consoada", com paciência, esforço e muito empenho, até a forma final.[3] Mas, em compensação, há ainda menções a outros mais, achados de modo inesperado ou recebidos, prontos de repente, como que por uma dádiva da inspiração.[4] Não importa se por esforço consciente do trabalho artesanal ou por súbito dom inconsciente, o fato é que não muda a atitude fundamental de Bandeira diante das facilidades ou percalços de um objeto extremamente móvel e incerto como a poesia, cuja substância volúvel parece estar imersa como tudo o mais na corrente do tempo. Não importa se pela espera do acaso propício ou pela busca esforçada e pacienciosa da forma acabada, a verdade é que ele se debruça sobre esse rio do tempo como quem se dispõe sempre, com toda a atenção, para um possível resgate, até que possa exclamar exultante, como o poeta francês:

Je t'apporte l'enfant d'une nuit d'Idumée!

Uma visão ou teoria da inspiração poética que implica uma atitude assim parece pressupor que a poesia, como todas as coisas, tende a se perder no tempo, sujeita a uma espécie de entropia inevitável, de forma que o dom do poema surge como uma vitória sobre a tendência geral para a destruição, seja por acaso ou pelo resultado de um esforço construtivo, seja pela combinação de ambos.

Sem dúvida, a isto se relaciona o senso do momento poético em Bandeira, ligado à tendência modernista nesse sentido, mas nele profundamente arraigado em virtude do modo próprio de conceber a poesia e se situar em face dela. Relacionado ao tempo, o *alumbramento* é a visão instantânea que se resgata ao *perpetuum mobile*. As raízes simbolistas e impressionistas dessa noção, aparen-

296

tada com as várias espécies de *epifania* da literatura moderna, ficam mais uma vez evidentes, sob este aspecto, acentuando-lhe o caráter de resgate momentâneo, contraposto ao devir incessante que mina a própria concepção do real.[5] A poesia crepuscular da primeira fase bandeiriana dá mostras constantes desse sentimento da fugacidade que atinge fundo o universo do Eu com todos os seus afetos, mas a herança pós-simbolista se alijou ainda mais fundo, no cerne mesmo da experiência da poesia da fase madura. É que ela se casou no mais íntimo com o próprio sentimento da existência provisória diante da ameaça da morte iminente, a que teve de se sujeitar o poeta: ele surge exatamente no momento em que essa ameaça se coloca como um fato "iniludível" no horizonte próximo, pela manifestação repentina da doença fatal.

Com certeza, a biografia, marcada pela experiência da doença, não explica a qualidade da obra poética de Bandeira. A tuberculose, com toda a sua ameaça de morte, nem sequer permite entender o surgimento da poesia em sua vida. O poeta vinha se formando lentamente desde os tempos de menino, como se pode verificar pela confissão aberta no *Itinerário de Pasárgada*. Mas essa experiência tão marcante deu um sentido à poesia dentro do quadro de uma existência humana particular, obrigando o poeta a responder a uma circunstância concreta e incontornável, que deixou traços profundos em sua atitude e em seu próprio modo de conceber o poético, sem falar no temário inevitável e recorrente da morte.

Por outro lado, evidentemente, Bandeira teve que se defrontar com muitas outras circunstâncias, de outra natureza, porém importantes, se não de igual peso, conforme se viu no comentário ao *Itinerário de Pasárgada*. Convém não subestimar o papel decisivo do próprio contexto literário, da literatura enquanto vasta ordem de palavras em que, pela leitura, se forma um escritor. Formando-se no momento penumbrista, lidando com a mescla parnasiano--simbolista característica desse período histórico-literário no Brasil, leu a fundo sua herança tradicional. Assimilou dela um substrato em que implantaria a forma nova e os novos conteúdos da modernidade nascente, pela qual demonstrou desde logo o mais vivo interesse, conforme atesta sua variada leitura dos contemporâneos. Ao mesmo tempo, não poderia deixar de vincular tudo isso ao próprio processo de sua formação pessoal, tomando-se esta expressão no sentido mais amplo que possa ter.

Entre tantos outros fatos relevantes da mais diversa natureza, sua formação humana e artística implicou também um *sentido do tempo e da morte*, balizado decerto pela circunstância imediata que lhe impôs a história de sua própria vida. A complexidade de um processo como esse, de uma formação humana e artística de modo geral, com suas múltiplas e particulares determinações, não permite que se reduza uma atitude poética específica, o modo de ser próprio de um estilo pessoal ou um produto artístico singular, como é um poema, a um único lado ou a uma explicação simplificadora. Ao contrário, acentua as dificuldades da compreensão crítica, cuja tarefa passa sempre pela integração dinâmica dos mais diversos e contraditórios componentes numa totalidade significativa, quando busca penetrar, com adequação, em algo tão complexo e multifacetado como é o universo particular de um poeta.

Ora, um desses componentes é, por certo, a visão do tempo e da morte tal como se configuram na obra madura de Bandeira. Não apenas como elementos temáticos fundamentais, mas como traços distintivos da própria atitude do poeta diante da poesia, de que depende em larga medida o sentido geral impresso na forma linguística particular dos poemas, na medida mesma em que destes se pode depreender coerentemente, a partir de significados parciais e relativos, uma significação mais ampla que organiza e dá rumo à obra como um todo. Sentido provavelmente inesgotável em si mesmo, ambíguo e múltiplo nas suas implicações pela própria natureza dos elementos que integra, mas que traz as marcas da coerência. Decerto é esta que permite a interpretação crítica, sempre envolvida com seus próprios limites ao se debruçar sobre o senso de universo que lhe dá a experiência estética da obra, o qual brota como da raiz mesma da emoção que um dia levou à configuração do poema enquanto forma significativa. É bem verdade que as obras de arte modernas foram demonstrando, de modo crescente, as dificuldades para se constituírem como coerência de sentido.[6] E a obra poética de Bandeira não escapa a essa contingência de seu tempo, muitas vezes se defrontando com o caráter problemático do sentido, incorporado como um traço interno da própria constituição do poema, cada vez mais às voltas com o próprio processo do fazer, transformado, por isso mesmo, em problema.

A aguda consciência artística que Bandeira desenvolveu sobre os "pequeninos nadas"[7] que podem constituir a poesia se revela como senso da construção da forma significativa e de seu caráter problemático. Ela é correlata à *atitude humilde* com que aprendeu a se comportar diante do que passa inevitavelmente rumo à destruição, obedecendo ao destino das coisas no tempo. Sob este ponto de vista, a sua atitude é, por um lado, nitidamente herdeira da consciência moderna, tal como veio se aclarando desde Baudelaire,[8] enquanto minada pelo senso da contingência e, por outro, um fruto maduro da experiência pessoal diante do caráter precário da existência, com que teve que aprender a conviver, a partir da ameaça concreta da morte, imposta pela doença, mas também de inúmeras outras circunstâncias biográficas e culturais em que se viu envolvido pelos próprios rumos de sua existência. Como já procurei mostrar outras vezes, a tuberculose, mas também a viagem ao exterior em busca da cura, o afastamento do ambiente mágico da infância, a perda progressiva dos parentes queridos, o empobrecimento e a queda da situação de classe, o contato direto com a miséria brasileira no cotidiano do Rio das décadas de 1920 e 1930, as leituras e os contatos com a música e as artes plásticas, as amizades (e a perda ainda de grandes amizades), as incursões na vida boêmia extasiante e passageira, enfim uma infinidade de fatos fundamentais de sua vida deve ter contribuído para o aguçamento desse senso do provisório e do contingente da existência que acabou sendo um traço distintivo e marcante também de sua sensibilidade poética, refletindo-se na atitude humilde que o caracteriza enquanto poeta.

Considerada num contexto complexo como esse, sua valorização do que fica das catástrofes constantes da existência (diversas vezes, para o poeta, *a vida é traição*) — o resíduo, o pequenino nada poético, o quarto, os elementos mais cotidianos etc. — é uma manifestação básica dessa atitude humilde, lentamente formada ao longo dos anos, revelando seu senso do contingente e, a uma só vez, seu senso da construção artística, com o qual busca superar a inevitabilidade trágica, fazendo da fraqueza (do que humildemente resta) força. Esta ambivalência, tão característica do pensamento cristão, como se vê em São Paulo, que faz dela um lema, constitui para o poeta um valor construtivo, ainda que problemático, no plano artístico, mas, ao mesmo tempo, obriga-o a encarar, no plano existencial, o limite de um mundo sem transcendência, onde, em última instância, tudo parece se reduzir à matéria em movimento, conforme se vê em "Boi morto", em que precisamente a questão do sentido se torna um problema. Curiosamente, porém, o poema se assemelha a uma construção milagrosa, enquanto quebra da ordem natural, onde o esperado é a tendência geral de tudo para a destruição. Nisto se assemelha à própria vida (que é também *santa, pesar de todas as quedas*), que pode ser vista, segundo se lê na admirável "Preparação para a morte", como milagre, diante da onipresença da morte. Esta, sendo a manifestação profunda da ordem natural, é no entanto a condição mesma da possibilidade do milagre. Do resíduo se pode fazer o todo, mas, para isso, parece ser necessário aceitar a naturalidade da morte, que tudo destrói para que se possa, de algum modo, construir. Contra toda probabilidade, o alumbramento é uma vitória do instante sobre o poder corrosivo do tempo, mas, para que se dê, em sua súbita iluminação, depende do curso natural das coisas para dentro da noite.

"Consoada", construída a partir de um resíduo de poema, faz da Morte uma convidada imaginária no espaço poético, tematizando a cena de um encontro problemático, a que o poeta responde, porém, *com a mais completa naturalidade*. Esta atitude fundamental implica decerto a relação com a morte, mas, ao mesmo tempo também, a relação com a forma e o estilo do poema, enquanto meio de tratar poeticamente o problema. A simples naturalidade, traço estilístico da obra toda, surge como resposta existencial e solução formal em função, por assim dizer, de um mesmo *telos*, a questão problemática do fim e do sentido. *O que se resolve na forma poética é um modo de se lidar com a morte, o que transforma a poesia numa mediação natural para isto*. A análise desse poema deve permitir compreender melhor não apenas a simples naturalidade como solução característica da forma poética, posta, neste caso, em função desse determinado fim, mas a persistência desse traço estilístico fundamental da obra toda, colocada toda ela como resposta à circunstância da ameaça da morte que lhe foi imposta desde o princípio. Refletir sobre "Consoada" pode ser um meio de se tentar compreender a razão última da forma poética bandeiriana e, nessa medida, um meio de se buscar, pelo tateio do ensaio, o próprio sentido final da poesia para Bandeira.

2. INESPERADO IDÍLIO

Numa primeira aproximação, o poema "Consoada" parece consistir num pequeno quadro da espera de uma ceia ou refeição noturna: um Eu aguarda, com algumas expectativas, a chegada, ao cair da noite, de uma visita esperada, porém de recepção problemática. A convidada imaginária, que ele não sabe bem como tratar, é obviamente a Morte, a que alude apenas de forma oblíqua, mas se decide receber com a mais completa naturalidade.

Uma paráfrase como a que se acaba de fazer é facilitada, no caso, pelo próprio modo de ser do poema, que conta, com simplicidade, alguma coisa na forma dramática de uma cena preparada para um encontro. A mescla de elementos épicos e dramáticos à enunciação lírica é logo denunciada por essa estrutura de cena que, mais uma vez, assume a lírica bandeiriana, abrindo-se por uma oração temporal de cunho narrativo:

Quando a Indesejada das gentes chegar

Já se insistiu anteriormente na importância desse tipo de fórmula liminar, própria de abertura narrativa, no conjunto da obra, marcada pela tendência à meditação que este procedimento propicia, ao dar a ver o Eu lírico desdobrado num sujeito de uma cena, parecida às das obras de prosa ficcional e capaz de se prestar, com frequência, a um tratamento plástico bem marcado. Aqui, a utilização do futuro do subjuntivo introduz o tempo imaginário da eventualidade, permitindo projetar na tela fictícia do esperado o quadro em que o Eu se vê a si mesmo conforme determinadas expectativas. O elemento dramático, embrionário nos desdobramentos do Eu, analisados noutros casos, é agora mais desenvolvido pela forma dialógica da representação, ainda que imaginária e conjectural.

Um elemento de tensão dramática se arma, de fato, nos três primeiros versos depois da abertura, alimentado pelas hipóteses contraditórias de resposta, seja da visita aguardada, seja do sujeito, com relação à chegada dessa *Indesejada das gentes*, que já traz na expressão feita com que é designada a oposição habitual que costuma despertar nos que a recebem. Essa tensão se desfaz, no entanto, no restante do poema, pela resposta que o Eu afinal dá, assumindo uma atitude de perfeita aceitação diante do que não pode evitar, e por assim dizer justificando-a, com naturalidade, nos cinco versos finais que acompanham o verso central da acolhida, ao mesmo tempo cordial e necessária.

Vista no conjunto, portanto, a cena que constitui a espera da *consoada* tem total unidade de assunto e um tratamento perfeitamente acabado. Nela se desenvolve, com começo, meio e fim, uma ação única. Uma ação que se apresenta interiorizada e tensa após o nó dramático da chegada da visita (cuja hipótese dá início ao poema e à espera dividida pelas alternativas conflitantes de comportamento, da visita e do Eu), mas distendida e exteriorizada na parte final, que se segue à acolhida da *iniludível*. Nesta sequência, com efeito, a aceitação do inevitável é justificada, naturalmente, como a chegada da noite ao fim do dia, por um balanço positivo de tarefas simples cumpridas pelo sujeito ao longo do seu dia de trabalho, fazendo coincidir o desenlace comum (da tensão, do dia e do trabalho cumprido) com a ideia culminante da mais tranquila e completa ordem, que é a imagem da casa perfeitamente arrumada, sugerida no último verso.

Essa passagem inteiramente resolvida da tensão à ordem, do desequilíbrio expectante para o equilíbrio mais completo, parece encerrar a cena que constitui o poema na moldura de um pequeno quadro, dando a impressão de um verdadeiro *idílio*: termo que, na origem, significa exatamente "pequeno quadro". Nele é como se o homem, pelo trabalho rústico e simples levado a bom termo, com a mesma naturalidade com que o dia é seguido pela noite, pudesse esperar naturalmente a morte, uma vez chegado à mais completa ordem, em que o necessariamente inevitável se torna então perfeitamente aceitável, numa espécie de felicidade final. Num paradoxo, o pequeno quadro idílico aberto para a chegada da morte, acaba encerrando, em sua ordem acabada, um devaneio de felicidade do fim que se aguarda. Essa felicidade idílica sonhada com a vinda da morte se apoia claramente na integração do homem ao ciclo da natureza (na sucessão que faz a noite seguir-se ao dia), mediante o ritmo de cumprimento de seu trabalho, no caso, um trabalho idilicamente rural (*lavrado o campo*) que termina pela intimidade ordenada da casa, tal como se vê nos versos finais, onde se exprime o acabamento das tarefas do dia, dando naturalmente lugar à noite.

Na verdade, ao que tudo indica, se está diante de uma espécie inesperada de *elegia pastoral*, como produto de um poeta inteiramente urbano, embora saído de um meio provinciano e de uma sociedade tradicional fundada numa economia de base agrária, como a do Nordeste brasileiro. Mas logo se percebe que a relação com o campo que se nota no poema nada tem a ver com a intenção realista de representar um quadro rural preciso e concreto. *Ao contrário, como é próprio da pastoral, a referência rústica parece um artifício para se falar de outra coisa.*[9] É como se esse poeta, formado no ambiente citadino, leitor e herdeiro da tradição, mas aberto aos novos ventos da cultura moderna, sempre chamado à meditação obsessiva sobre a morte, *agora a sonhasse num quadro convencional*, caracterizado pela recorrência de traços da antiga tradição bucólica, numa chave, porém, inusitada e heterodoxa. Mesmo sem pastores, flautas ou figuras mitológicas, a que se habituou o leitor dessa tradição que vem de Teócrito e Virgílio, e também da Bíblia, através de toda a literatura ocidental, percebe-se que no quadro armado aqui para se falar da chegada da morte está presente de algum modo a convenção do gênero.[10]

Por certo, como se está cansado de saber, essa tradição foi de fato uma invenção de poetas urbanos, voltados para o campo como um lugar do desejo, espaço imaginário onde o artificial toma a feição do real, pelo acercamento, através do rústico, à natureza, deixando-se guiar por aquela *ragione poetica* (para empregar a expressão de Vico) que vai em busca da plenitude do ser na fonte do mito. Como no caso de "Maçã", à primeira vista se verifica um retorno à tradição bíblica e clássica (ou neoclássica, da formação da poesia brasileira), com sua herança de tranquila simplicidade na aceitação da morte, fundada na imitação da natureza, mediante a adequação mimética do ritmo poético (do fazer, do trabalho) ao movimento do ciclo natural, pelo qual se cumpre a ordem das coisas. É preciso, no entanto, examinar em detalhe os traços da convenção pastoral, eventualmente aí presentes numa forma tão pouco canônica, e com que sentido isto se dá.

3. O SINGULAR E O GERAL

Quando se examina de perto o poema, atentando-se para a impressão de quadro convencional que ele produz no seu conjunto, preso que está à recorrência de traços de um gênero da tradição como é a pastoral, logo se percebe que algo de muito conhecido salta à vista na linguagem, associando-se a essa impressão geral. É que ao lado de umas poucas palavras menos usuais, realçadas por isso mesmo por contraste — *consoada*, *caroável*, *iniludível* ou *sortilégios* —, todas as demais não são apenas termos banais da linguagem corrente, mas, muitas vezes ainda, frases feitas, clichês da fala corriqueira, como se verifica sobretudo nos três últimos versos, inteiramente compostos por lugares-comuns. Digamos que o convencional parece ter origem já na seleção do vocabulário. Curiosamente, um traço da tendência moderna e inovadora de Bandeira, o aproveitamento da linguagem cotidiana, fundamental para a mescla estilística de seu estilo humilde, parece estar a serviço do estereótipo, quase que se diria realçado pela repetição ao fim do poema.

Mas desde o princípio, nota-se bem como há um eco de frase feita no poema: já em sua primeira aparição, a Morte surge no verso inicial sob a forma de um clichê, nomeada obliquamente pela expressão *Indesejada das gentes*, em que o molde é quebrado pela mudança do gênero gramatical e a prefixação, que inverte o sentido, sem perder a ressonância conhecida. A fórmula batida é "o Desejado das gentes", registrada por Moraes, em sua acepção corrente para designar Cristo. Na Bíblia se acha também a expressão "Desejado das Nações", para o Messias, assim chamado em várias passagens (do *Deuteronômio*, dos *Salmos* e de *Isaías*). Em Machado de Assis, ocorre a expressão próxima, decerto irônica com relação à fórmula bíblica, para designar a bela moça que misteriosamente se furta ao casamento até a hora da morte, no conto "A desejada das gentes", de *Várias histórias*. Esse eco bem conhecido se ouve ainda na inversão bandeiriana do chavão para nomear Aquela a quem se evita a todo custo. Por um lado, a inversão provoca um efeito de estranhamento dentro do esperado, forçando a concentração sobre o próprio signo; por outro, porém, faz rebater a estranheza sobre o fundo em que se apoia, realçando a generalidade comum desse fundo. Isto é: o procedimento tanto singulariza quanto generaliza a figura assim nomeada.

Destacada ainda pelo emprego da maiúscula, a expressão assume a função de personificar a Morte, dotando de vida a ideia abstrata do que é precisamente sua negação: individualizada como um ente humano, a Morte se aproxima da generalidade *das gentes* (que a abominam).

A personificação, como se sabe, é um meio linguístico para se obter o controle sobre coisas que, de forma alarmante ou espantosa, aparecem como incontroláveis e independentes da vontade humana. Nessa direção, Cassirer assinalou o papel substitutivo da personificação, com relação às figuras mitológicas, que emprestam forma humana a conteúdos naturais, num mundo em que o domínio da razão veio substituir a imaginação primitiva.[11] O controle, por meio linguístico, do incontrolável, aproximado dessa forma à esfera do humano, faz da personificação, neste caso, um procedimento de atenuação da ideia da morte, tornada de algum modo aceitável, embora seja o objeto da rejeição geral. A Morte assume o papel antes desempenhado pelas deidades mitológicas: em lugar de Dafne, como no modelo de idílio de Teócrito, ou de qualquer outra figura da mitologia cuja perda o poeta lamenta em nome de um pastor, é a própria Morte que entra em cena. E, curiosamente, o poeta, representado pelo Eu na cena em que se desdobra, é uma espécie de deus moribundo: aquele que espera a Morte.

Além disso, esse modo de nomeação do abstrato, através de uma locução indireta ou oblíqua, criando uma imagem personificada e singular do geral, demonstra desde logo a *tendência alegorizante* do discurso poético no texto em questão, levando a pensar que a cena narrativa introduzida pela figura da Morte, cuja personificação é mantida em todo o seu desenvolvimento, é, na verdade, uma cena alegórica, de forte poder alusivo. O pequeno quadro idílico da elegia pastoral constitui uma alegoria, dizendo outra coisa sob a historieta que encerra na forma da cena da espera da consoada: o seu discurso metafórico diz o outro — um conteúdo latente, abstrato e geral, sob a forma singular da imagem que nele se expande. O que, aliás, é bastante comum no gênero, marcado pela duplicidade de sentido, com as dicotomias sobre as quais se assenta: a cidade e o campo; o artificial e o real; o falso e o verdadeiro; o complexo e o simples; o explícito e o implícito.

O movimento entre o singular e o geral, próprio do poder alusivo da alegoria, está, assim, encarnado tanto nos traços do gênero, a que até certo ponto se filia o poema, como no seu vocabulário específico, com sua oscilação entre o inusual ou singular e o conhecido. O reforço do conhecido (do geral) é reforço do conteúdo alegórico em cuja generalidade se expande a singularidade da imagem, que, por sua vez, concretiza a universalidade abstrata do conceito.

Na verdade, nessa construção alegórica, que começa já no nível do léxico empregado, se exprime uma oscilação que de algum modo está implicada no assunto em cena: a morte como algo que se espera e se deve esperar pelo conhecimento genérico que dela se tem: algo que não falha, que é *iniludível*, que apresenta um caráter comum a todos; por outro lado, algo desconhecido ou inesperado, que não se sabe como tratar, chegada a ocasião singular de sua visita, para o sujeito individual que a aguarda.

Se retornamos ao exame do poema, ainda uma vez por seu vocabulário, considerando agora o oposto ao lugar-comum dominante, o termo menos conhecido (ou mais singular) que salta à vista é o do título: *consoada*, que convém estudar em detalhe.

Embora pouco usual, trata-se de um termo muito velho na língua, de origem incerta, e também com um significado implicando alto grau de generalidade. *Consoada* significa uma refeição ou banquete noturno, comumente em dias de jejum, como na Sexta-Feira Santa, ou em dias de festa, como na noite de Natal. O termo envolve reminiscências religiosas e festivas, quer dizer, ritualísticas, ligadas ao espaço doméstico e familiar, onde parentes e amigos costumam se reunir em confraternização, por ocasião de certas festas. A origem atribuída à palavra por Carolina Michaëlis de Vasconcelos parece acentuar esse último aspecto do seu significado, uma vez que o vincula à expressão arcaica *de consum*, que significa "juntamente, junto".[12] Atento ao aspecto religioso e ritualístico do termo, Câmara Cascudo traz uma valiosa contribuição para o entendimento mais amplo de seu significado, numa direção que interessa de perto para a compreensão do poema. Frisa o grande estudioso de nossa cultura popular que esse banquete doméstico de que participam "todos os da família" é ainda "reminiscência dos ágapes cristãos", rodeado pela impressão religiosa em seu conjunto. Mas acrescenta-lhe também a hipótese de uma possível origem pagã, ligada a ritos agrários: "Em Roma, depois da semeadura, 15 de dezembro, e depois da colheita, 21 de agosto, havia a *Consualia* ao deus *Consus*, de *conserere*, semear, ou de *conditus*, oculto. Era festa pública, nos campos, dando-se liberdade aos animais de trabalho, coroados de flores e desfilando processionalmente. Não há, visivelmente, outro liame além do nome que considero a origem de nossa consoada".[13]

As observações de Câmara Cascudo permitem ligar de imediato o termo aparentemente mais singular e inusitado do texto ao que neste é exatamente o mais conhecido e geral: o fundo comum, arcaizante e primitivo, próximo da fonte mítica dos ritos agrários, ao qual se vincula, por sua vez, a convenção tradicional que se manifesta no poema pelos traços recorrentes do gênero (na forma idílica da elegia pastoral). Assim, já no título o termo *consoada* abre espaço para o quadro idílico que se segue, onde certos traços significativos que o termo implica ou evoca se atualizam pela recorrência de detalhes concretos de um contexto comum: expressões banais como *o meu dia foi bom* ou *lavrado o campo*, por exemplo, se tornam partes significativas de um mesmo contexto, caracterizado precisamente pelo lugar-comum, cujo poder generalizador e atualizador se torna então concretamente significativo por força da repetição.[14] *Por esse meio, algo problemático e complexo como a espera da morte toma a forma simples da repetição comum, num quadro convencional da simplicidade rústica que é o do idílio ou da elegia pastoral.* Colocar o complexo sob a forma do simples (*"putting the complex into the simple"*) é, como se sabe a partir do estudo de William Empson sobre esse gênero, o tipo básico de relação estrutural que tende a manter a convenção pastoral, mesmo fora dos limites estritos do modelo clássico ou de suas metamorfoses mais canônicas.[15] Ou seja, é pela repetição rítmica que o lugar-comum da língua e da tradição atualiza sua carga significativa geral na forma singular da imagem alegórica em que se traduz a cena idílica do poema. O quadro idílico, em sua simplicidade rústica (embora seja em si um artifício, uma alegoria, para falar de outra coisa), representa, pois, uma solução formal para um problema complexo: o de como lidar familiar e naturalmente com a Morte, personificada, por isso mesmo, na figura alegórica de uma convidada imaginária que se aguarda para uma ceia doméstica.

Pela repetição do lugar-comum, o ritmo refaz o rito, retorna ao esperado, assimila o singular ao geral (ou absorve o geral no singular), volta ao que era na origem, faz reencarnar o mito, suscitando, em seu movimento recorrente, a imagem e o sentido. Convém verificar como isto se dá concretamente no texto.

4. O RETORNO DO ESPERADO

O poema é composto em versos livres, mas não apresenta fortes discrepâncias ou assimetrias, passando, antes, uma impressão de pausado equilíbrio e regularidade, *pelo retorno periódico de segmentos mais ou menos simétricos*, oscilantes entre seis e quatro sílabas, ainda quando os versos variem na extensão, pela diferença do número de sílabas poéticas. É que os versos mais longos são formados por segmentos menores bem marcados pelas pausas, apoiadas na ordenação sintática e nas exigências do sentido, como se estes constituíssem de fato *um padrão de medida e uniformização do tempo*, independentemente da variação silábica da extensão maior do verso. Cria-se, desse modo, uma marcada unidade para o verso livre, com apoio num intervalo de tempo mais ou menos regular (em que cabem de quatro a seis sílabas).[16]

De fato, esta segmentação começa a se tornar perceptível desde o segundo verso, quando principiam as alternativas quanto ao comportamento, seja da visita, seja do sujeito diante dela, firmando-se através da construção paralelística e anafórica do terceiro e quarto versos (*Talvez/Talvez*):

> Quando a Indesejada das gentes chegar
> (Não sei se dura ou caroável),
> Talvez eu tenha medo.
> Talvez sorria, ou diga:

Fica bem claro que as exigências da sintaxe e do sentido, indiciadas na pontuação, forçam a divisão do verso em segmentos que tendem à simetria para acentuar as alternativas opostas, do ponto de vista semântico. O segundo verso, ao quebrar a sequência do discurso, começado pela oração temporal (*Quando*), através de um inciso parentético, se opõe também ao andamento contínuo do primeiro verso, segmentando-se conforme a dúvida que exprime pela alternativa (*Não sei se dura/ou caroável*), e com isto acentuando o contraste entre os adjetivos antagônicos (*dura/caroável*). A segmentação tende a se firmar no terceiro verso, constituído pela oração principal que retoma o fio do discurso interrompido e vem bem delimitada pela pausa do ponto final (*Talvez eu tenha medo*). Ligado aos anteriores pela construção sintática análoga — vem preso ao terceiro pela anáfora (*Talvez*) e repete paralelisticamente também o segundo pela alternativa (*ou*) —, o quarto verso reforça pela reiteração a tendência à padronização da divisão rítmica em segmentos mais ou menos de mesma duração.

Com a acolhida da Morte, no quinto verso (— *Alô, iniludível!*), o poema tende a assumir ordenadamente o padrão da segmentação rítmica, de forma simétrica e regular, constituindo-se por versos compostos de segmentos bem passados (com seis ou quatro sílabas poéticas), formando ou não linhas maiores:

> — Alô, iniludível!
> O meu dia foi bom, pode a noite descer.
> (A noite com seus sortilégios.)
> Encontrará lavrado o campo, a casa limpa,
> A mesa posta,
> Com cada coisa em seu lugar.

Os segmentos de seis sílabas predominam inicialmente, mas a partir do verso parentético, que é um octossílabo, o esquema dominante é o de quatro sílabas, em que se assentam os três versos finais. Padronizados pelo retorno dessa mesma segmentação, exprimem concretamente, pela forma regular e simétrica, a perfeita ordem a que remetem do ponto de vista semântico.

O aproveitamento sutil de um padrão recorrente, análogo ao do verso metrificado de oito sílabas, na estrutura do verso livre, demonstra uma vez mais o extraordinário domínio técnico de Bandeira, mas, ao mesmo tempo, revela também seu admirável senso artístico na captação da poesia, num sentido ainda mais amplo. Ele não se limita a obter na formação linguística uma estrutura isomórfica ao conteúdo, ou seja, um significante que reproduz, analogicamente, em sua forma material e concreta o significado. Cria, na verdade, uma tensão mais profunda entre o prosaísmo do verso livre, sempre próximo da continuidade prosaica com seu número arbitrário de sílabas e seus intervalos irregulares entre os acentos, e o ritmo do verso fortemente marcado pela recorrência da medida regular. Apoiando-se na volta insistente de segmentos análogos aos de um verso também prosaico (o octossílabo), imprime com toda a força a divisão e o movimento de retorno periódico do ritmo sobre esse material basicamente comum e prosaico, formado por expressões que são já por si verdadeiros lugares-comuns. O que há de mais comum e prosaico é então altamente realçado pelo movimento do retorno periódico. E o que há de mais comum e prosaico no poema são as imagens do trabalho cumprido ao fim do dia (no campo e na casa).

O movimento do ritmo estabelece, então, uma analogia entre a esfera humana do trabalho cotidiano e o ciclo da natureza (a alternância de dias e noites), tornando natural a presença da noite após o cumprimento do trabalho: a noite se torna a metáfora natural do fim da ação humana (diurna) sobre a natureza, num claro eco das formas de vida no campo. Ora, a repetição do ritmo reproduz não apenas o efetivamente acontecido, mas como no ritual, o que acontece habitualmente: o seu movimento de retorno constante generaliza, ciclicamente, o que é comum e prosaico acontecer sempre durante o dia, ou seja, a ação do trabalho cotidiano que comumente, na forma rústica e simples da atividade humana no campo, se conclui com a vinda da noite. Por esse movimento repetitivo e generalizante a atividade diuturna do homem ganha a dimensão de sua própria existência, o que vem expresso, esquematicamente, no segmento inicial do sexto verso: *O meu dia foi bom*, o qual tendemos a ler como o resumo conclusivo de toda a existência. De forma análoga, como se expressa na outra metade simétrica daquele mesmo verso — *pode a noite descer* —, a *noite* se estende (*A noite com seus sortilégios*), para além do limite natural do dia ou da imagem do repouso que se segue ao trabalho cotidiano, para se generalizar como fim de toda existência, no conceito de morte.

Essa visão esquemática, isto é, simplificada, da existência humana e sua conclusão natural na noite, através da mediação do trabalho, cujo ritmo reproduz o próprio movimento do ciclo natural, é propiciada, por sua vez, pelo ritmo poético, que mimetiza em sua repetição do comum e do prosaico de todo dia os ciclos do trabalho e da natureza, servindo à configuração de uma imagem concreta de uma totalidade abstrata: o quadro idílico enquanto alegoria da espera natural da Morte. Por assim dizer, com o retorno do esperado se assimila e se elimina a tensão do inesperado, expressa na expectativa dramática do início do poema, por meio do conflito de suas alternativas: os *sortilégios* acompanham também naturalmente a noite. O que possa haver de terror e angústia na espera da morte pelo mistério que põe em jogo — os seus *sortilégios* lançam, como na "escolha de sortes", a que remete esse termo, a perplexidade e o medo diante do futuro desconhecido — é absorvido na volta do esperado (do comum e do prosaico), que é próprio dos ciclos da natureza, de modo que a *iludível* (a que está em jogo e não se pode enganar), vista como fim natural e comum, pode muito bem ser naturalmente aceita e recebida, doméstica e familiarmente, no banquete festivo da *consoada*.

Ao que parece, o retorno do ritmo é de fato uma volta a uma espécie de refeição ritual, carregada de primitivas reminiscências agrárias, a que a convidada imaginária e temível de um futuro de que ninguém escapa chega como a visita natural e bem conhecida desde o mais remoto passado familiar. A elegia pastoral seria, portanto, uma estrutura imaginária e artificial (a do quadro idílico), com o duplo sentido de sua forma alegórica, para tornar a Morte — representação máxima do inaceitável na ordem do desejo — aceitável e natural na ordem das coisas. A poesia — a forma poética — seria, assim, uma mediação para a morte.

5. ALEGORIA E SENTIDO

Situada, por assim dizer, no meio, entre a universalidade abstrata do conceito (a morte) e a singularidade da situação do sujeito (a do indivíduo que espera uma visita — a Morte personificada), a forma poética reduz *esquematicamente* o geral da existência humana ao dia de trabalho cumprido (*O meu dia foi bom*), ao mesmo tempo que generaliza *alegoricamente* a imagem singular da *noite* rumo à universalidade conceitual da morte. A apresentação da imagem alegórica em seu todo (o quadro idílico), fragmento com que se alude ao significado mais extenso, depende desse movimento contraditório que, pela inversão das direções, liga o singular ao universal; esse movimento, por sua vez, depende da mudança do ciclo natural (do dia em noite), mimetizado no poema pelo ritmo, que aproxima, analogicamente, a realização do trabalho humano ao movimento da natureza. A imaginação poética gera o meio, dando forma concreta — a imagem — ao universal. A situação concreta (o quadro idílico) é uma cena imaginária em que o abstrato se personifica, ao mesmo tempo aludindo, através do detalhe que dela faz parte ou dela deriva (a noite), ao conceito. Na forma poética acabada, o humano e o natural se reúnem, liberdade e necessidade se juntam, para receber, familiarmente, a presença da morte. Interpretar a alegoria que assim se forma é a tarefa crítica que agora convém ensaiar.

A rigor, o poema "Consoada" é a encenação de um conteúdo conceitual, que aqui se mostra sob a forma particular de uma imagem épico-dramática de cunho alegórico, na qual se expõe a relação do sujeito lírico com a morte. A síntese simbólica, em que o particular é o universal, e este o particular, em que ambos são um, como diria Schelling, neste caso, está claro, não pode dar-se. Aqui apenas se figura uma relação imaginária com a morte, através dessa imagem particular que é o quadro idílico, por isso mesmo "artificial" na sua disjunção essencial entre o significante e o significado: este só se reflete na imagem, que, por sua vez, só significa o outro. Portanto, "Consoada" não é a visão momentânea de um alumbramento, em que a visão pode ser a "revelação vital-instantânea do insondável", conforme Goethe definiu o símbolo.

O poema é o pouco que ficou de um fracasso, o resíduo, que em seu desenvolvimento particular (em sua encenação) até a forma acabada de uma metáfora desenvolvida incluindo o sujeito apenas diz o outro, o que se espera.

Por esse meio, que é a forma poética da alegoria, o sujeito lírico por assim dizer chega perto do outro, daquela a quem espera. É a imagem mais próxima possível da morte, eliminado todo temor dela, pela naturalidade da aproximação, a que serve o artifício da simplicidade pastoral. O estilo humilde em que esta se realiza, através do comum e do prosaico, garante este acercamento ao desconhecido. A poesia se converteu, por fim, num meio próprio para se familiarizar com a morte.

Uma construção alegórica como esta parece distante, do ponto de vista do sentido, do revestimento do conteúdo moral ou da transcendência tal como se configuram na alegoria didático-cristã da Idade Média. Da mesma forma, parece ter pouco a ver com a complexa alegoria barroca, descrita por Benjamin numa obra famosa, cujo sentido histórico-místico se apoia na particular concepção da história daquele período, que, nos termos benjaminianos, é a "história mundial do sofrimento", naturalizada e feita ruínas sob o império da morte, como processo de inevitável declínio.

É sabido, porém, como a reflexão de Benjamin sobre a alegoria não se reporta apenas àquele momento histórico e à forma peculiar do drama barroco alemão. Desde o princípio, seu acercamento ao tema tende a trazê-lo para o seu presente, mostrando a vigência de um processo alegórico afim no Romantismo, já no livro de 1925 sobre *A origem do drama barroco alemão* e, sobretudo depois, nos anos 1930, com os estudos sobre Baudelaire, e tende a conectá-lo diretamente à poética moderna. De sua perspectiva, entre as diversas funções que o procedimento do alegorista pode assumir, nos diferentes contextos históricos em que é utilizado, pelo menos uma fundamental se acha ligada à impossibilidade da revelação do sentido, cuja tendência é, por isso mesmo, ocultar-se hieroglificamente aos olhos do alegorista. O espírito humano se mostra incapaz de discernir o sentido de uma vida originalmente marcada pelo sentimento da *queda* e inevitavelmente condenada à morte, como na visão barroca do mundo, estigmatizada pelo senso teológico do pecado original e minada pela melancolia, que só reconhece ruínas no palco de uma história gravada com os sinais da transitoriedade na face petrificada da natureza. Assim também, no mundo da mercadoria que é a Paris de Baudelaire, o sentido perdeu toda a transparência, e a desvalorização de tudo quanto é aparente — o próprio produto do trabalho poético deve ser vendido no mercado — só gera a revolta e a melancolia do poeta alegorista. Curvado e sem *aura* em face das leis do mercado, errante em meio a coisas ruinosas e fragmentos de um universo esfacelado e carente de uma harmonia já consumada, só reconhece a potencialidade alegórica de qualquer coisa significar outra, incapaz, porém, da totalização simbólica.

Desse ponto de vista, a dificuldade objetiva da síntese da totalidade que o símbolo encarna explica, portanto, a voga moderna da alegoria, ao mesmo tempo que lhe reconhece a base real na história do capitalismo moderno, à qual se vincula a condição do trabalho do poeta enquanto produtor para o mercado, sujeito como todo trabalho à alienação e à corrosão de sua substância humana. A visão benjaminiana de Baudelaire é então a de uma espécie de realista feroz em meio às relações reificadas, abrindo a golpes de esgrimista brechas possíveis de significação alegórica através de fragmentos, num universo desumanizado sob o império das coisas, em si mesmas desvalorizadas como tudo. É num universo assim que a morte — figura recorrente e iniludível de toda alegoria barroca — retorna ao palco moderno da arte alegórica com sua face já desfamiliarizada na vida cotidiana, sinistra e imperscrutável, máscara atroz de uma violência incompreensível.

Ora, no poema de Bandeira se trata precisamente de tornar a morte familiar e próxima, através do quadro alegórico e idílico da elegia pastoral, onde o trabalho, assimilado à natureza, dá a medida do humano, aparentemente a salvo da alienação, do mundo administrado e do império da coisificação, ou seja, da base real que dá fundamento à alegoria moderna, na perspectiva de Benjamin. À primeira vista, a serena reconciliação da ordem final seria expressão positiva e, portanto, ideológica do mundo dado, mascarando as relações reificadas que regem o sistema de reprodução do real, não fosse outro o sentido aqui da alegoria e do próprio modo de considerar a realidade do trabalho, a natureza e a morte, num quadro imaginário, disposto exatamente para esperar o inaceitável na realidade (*a Indesejada das gentes*). *Na verdade, o poeta refaz a consideração dominante sobre a morte, tal como ela se reproduz na sociedade burguesa moderna, a partir da realidade do trabalho humilde, através de um quadro artificial (o da elegia pastoral) em que é possível projetar o desejado.*

Embora aparentemente muito afastado do foco inicial da reflexão de Benjamin sobre o drama barroco alemão, o poema que nos ocupa permite, como se vê, pontos de contato com as implicações daquele pensamento em suas relações com a poética moderna. Na verdade, permite refletir sobre as semelhanças *e, principalmente, sobre as diferenças específicas* que apresenta com respeito ao quadro da modernidade poética, tal qual se delineia a partir da obra de Baudelaire, a que o poeta brasileiro, como tantos outros de seu momento histórico, por diversos aspectos, se acha a seu modo referido.

O uso da alegoria no poema de Bandeira, poeta cuja inclinação para o modo simbólico de estruturação pode ser vista como a busca de resgate momentâneo e, por assim dizer, milagroso do sentido diante da tendência de tudo para a destruição, é um uso propriamente pontual e bem localizado do procedimento. Neste caso, ao que parece, nascido de uma exigência da expressão às voltas com a mesma impossibilidade real do simbólico de totalizar o sentido, enfrentado com o próprio limite da experiência em face da morte. A projeção imaginária da cena desse encontro problemático na eventualidade do futuro já é sintomática dessa dificuldade entranhada na situação extrema a que se busca dar forma. Nisto decerto se revela sua constituição moderna e problemática e a tendência ao impasse da consciência artística. Já no caso de "Boi morto", se examinou este acercamento do poeta à impossibilidade do sentido, fixado enigmaticamente na imagem recorrente e sinistra — fragmento ou destroço por fim imperscrutável e obsedante, sem, no entanto, anular-se na transcendência da significação alegórica. O vínculo metonímico da imagem à ideia da destruição (o boi já traz em si a marca contígua da morte) não resulta na redução da imagem a portadora desse conteúdo conceitual delimitado (a morte propriamente dita), e antes potencia a irradiação da ideia espantosamente dilatada, como é próprio dos símbolos.

Por outro lado, a alegoria é aqui, por certo, um procedimento de estruturação e significação da imagem poética, que liga o humano, através do trabalho, ao reino da natureza e à morte, como forma de expressão particular de uma convenção: a da elegia pastoral, profundamente assentada nas próprias origens da tradição literária brasileira. Quer dizer, se vincula diretamente aos traços convencionais do gênero em questão, que tem base histórica entre nós, para a qual a tendência alegorizante, que é um dos seus aspectos distintivos, serviu de meio de universalização. Mas as reminiscências bucólicas de fontes bíblicas e clássicas que aí possam ainda ecoar, como manifestação universal de uma tradição mais funda e vasta, apesar da utilização tão modificada e heterodoxa dos modelos tradicionais do gênero neste caso (e talvez por isso mesmo), cedem espaço diante da atitude individual do poeta moderno em face da morte e do sentido de seu próprio trabalho.

Significativamente, esta encenação alegórica de uma espécie de preparação para a morte, recebida pelo poeta com a serenidade satisfeita de quem cumpriu o que devia e, portanto, reconhece com exatidão o seu limite, implica ainda, na forma alusiva da alegoria, o próprio trabalho poético, uma vez que é com este trabalho específico que se confunde a existência do poeta, que lhe dá o fundamento particular da experiência vivida. Por certo, "Consoada" não se reduz a uma parábola sobre o modo de ser ou o sentido da poesia, mas parece implicar também de alguma forma o sentido da atividade poética, pois a poesia é aqui o meio concreto de tornar próxima e familiar a morte, apresentando-a como aceitável na ordem das coisas conforme à natureza. É curiosa e peculiar esta volta de Bandeira à natureza, como fonte profunda do processo de imitação, mas não de todo estranha à consciência artística moderna, que se forma, em princípio, em contraposição aos modelos clássicos, mas pode retornar, por um viés complexo, à fonte primeira de sua tradição, em busca de uma possível reconciliação.[17]

Provavelmente, é nessa forma de apresentar o trabalho humano (e com ele o poético) ligado à natureza que o poeta encontra a resposta adequada à presença problemática da morte, que, de outro modo, deveria ser encarada, como se verificou em "Boi morto", pelo seu lado sinistro ou não familiar terrivelmente angustioso e ameaçador. A caracterização do trabalho através do aspecto rústico e simples do trabalho do campo, sempre muito próximo da própria imagem do trabalho poético, tal como é característico da convenção da pastoral, em que o poeta tende a assumir, no modelo clássico, a persona do pastor, é justamente a forma humilde pela qual se cumpre a aproximação ao que mais se teme.

Como no caso de "O martelo", em que o trabalho humilde e cotidiano do ferreiro é visto como a fonte de um cântico harmonioso que ainda confere certeza à existência ameaçada de constante naufrágio, assim também aqui o trabalho do campo, lidando com o mais simples, parece ser a condição da familiarização com a morte, tornada modernamente a força selvagem e incompreensível, desgarrada da vida cotidiana. O próprio Benjamin se encarregou de mostrar precisamente o papel importante das pequenas coisas do cotidiano, do "antiquado", dos objetos que começam a extinguir-se, de tudo quanto parece já não encontrar lugar no mundo dominante do industrialismo, para a visão revolucionária dos surrealistas com suas "iluminações profanas". Assim como o Aragon do *Passage de l'Opéra* ou o Breton de *Nadja*, também Bandeira percebeu a poderosa energia oculta nas pequenas coisas.

A volta à ordem simples da convenção pastoral soluciona ainda simbolicamente, por via da alegoria, mesmo sem totalizar o sentido, o impasse real por um efeito de atenuação da dificuldade, mediante o trabalho da imaginação poética sobre o humilde cotidiano. Ali o poeta parece buscar o refúgio do humano, para escapar à ameaça trágica que *geralmente* pesa sobre ele como algo bruto e inexorável, e o encontra no próprio modo de ser do trabalho artesanal que caracteriza sua atividade, correlacionado às pequenas coisas de todo dia, aparentemente sem importância ou valor, aos pequeninos nadas da poesia — o que justamente faz do seu um *estilo humilde*.

Esse modo de proceder, que é ao mesmo tempo ético e poético, sugere valores parecidos aos da busca da salvação cristã, que depende da valorização do que é pequeno, fraco e pobre, mas pode encerrar o mais alto valor (o sublime da divindade), como se vê na história de Cristo, cuja Encarnação representa simbolicamente o ato humilde por excelência, através do qual o mais elevado — o divino — toma a forma do humano.

O estilo humilde do poeta, impensável de fato fora do contexto cristão, depende dessa espécie de solidariedade profunda com tudo quanto é desvalido e frágil: as coisas todas submissas ao poder devastador do tempo; a vida humana sujeita a quedas; os pobres, seres precários na ordem social injusta, como se vê em "O bicho". Afasta-se, contudo, do universo cristão, pela negação da transcendência, da imortalidade da alma, pela visão materialista do mundo e o reconhecimento do poder de destruição absoluta da morte.

No sentimento trágico do inevitável — iniludível —, que condiciona a consciência irônica do sublime encarnado no baixo e traspassa a obra toda, se abre espaço, porém, para o provisório sob a forma do momentâneo, do instante de paixão que é o instante de alumbramento. No momento da paixão estão inscritas também a humildade e a morte; com elas, em sua longa vida provisória, o poeta viu repontar, alumbrado, o clarão da poesia. Nesse momento de "volúpia ardente", momento de dilaceração da carne e do espírito, paradoxalmente passivo e ativo, como na própria Paixão de Cristo, quando a vida em sua máxima intensidade se doa em morte, é aí que a emoção da poesia pode se manifestar coroada em símbolo, feito de sofrimento e êxtase, de humildade e grandeza — coração transverberado, maçã, poema desentranhado...

Notas

1. ENSAIO SOBRE "MAÇÃ" (DO SUBLIME OCULTO) (PP. 21-48)

1. Manuel Bandeira, *Estrela da vida inteira*. Rio de Janeiro: José Olympio, 1966, p 157.

2. Ver, nesse sentido, Mario Praz, *Mnemosyne. El paralelismo entre la literatura y las artes visuales*. Trad esp. Ricardo Pochtar. Madri: Taurus, 1979, cap. I, "Ut pictura poesis", sobretudo p. 10.

3. O poema, tomado como um "hieróglifo", foi objeto, conforme se sabe, de considerações críticas de uma espantosa atualidade em: Denis Diderot, "Lettre sur les sourds et muets". In: *Premières oeuvres 2*. Ed. org. N. Rudich e J. Varloot. Paris: Éditions Sociales, 1972, p. 132 e ss.

4. Cf. M. Merleau-Ponty, "Le doute de Cézanne". In: *Sens et non-sens*. 5ª ed. Genebra: Nagel, 1965. Sobretudo pp. 15-8. Na mesma direção ver também: Liliane Brion-Guerry, *Cézanne et l'expression de l'espace*. Paris: Albin-Michel, 1966, p. 17 et passim. E: Giulio Carlo Argan, *L'arte moderna 1770/1970*. Florença: Sansoni, 1986, p. 134 e ss.

5. V. Charles Sterling, *La nature morte de l'Antiquité à nos jours*. Paris: Pierre Tisné, 1952.

6. N. Frye, "Myth, fiction, and displacement". In: *Fables of identity*. Nova York: Harcourt, Brace and World, Inc., 1963, pp. 21-38.

7. Lionello Venturi, *Art criticism now*. Baltimore: 1941, 1947. Apud Meyer Shapiro, "The apples of Cézanne. An essay on the meaning of still-life". In: *Modern Art. 19th and 20th centun ries*. Selected Papers. Nova York: George Braziller, 1978, nota 46, p. 36.

8. Cf. Jean Leymarie, *La peinture française. Le dix-neuvième siècle*. Genebra: Skira, 1962, pp. 209-11.

9. Cf. Ch. Sterling, op. cit., p. 95.

10. Ver Meyer Shapiro, op. cit., pp. 1-38.

11. Cf. Gilda e Antonio Candido (de Mello e Souza), "Introdução" a Manuel Bandeira, *Estrela da vida inteira*. Rio de Janeiro: José Olympio, 1966, p. LIV.

12. Bandeira teria levado em conta o ensinamento de seu mestre João Ribeiro, em comentário sobre *A cinza das horas*: "Meditei na lição e até hoje em toda poesia que escrevo me lembro dela e procuro só pronunciar as palavras essenciais". Cf. *Itinerário de Pasárgada*. In: *Poesia e prosa*. Rio de Janeiro: Aguilar, 1958, vol. II, p. 47.

13. Ver a crônica "Poema desentranhado", de *Flauta de papel*. In: *Poesia e prosa*, ed. cit., vol. II, p. 284 e ss.

14. Em diversas passagens, volta a esse ponto. Assim, por exemplo, no *Itinerário de Pasárgada*, ed. cit., p. 107.

15. A expressão "habitar as coisas" é de Merleau-Ponty, in: *L'oeil et l'esprit*. Paris: Gallimard, 1963.

16. Cf. Joachim Gasquet, *Cézanne*. Paris: Bernheim Jeune, 1926. Apud Alfredo Bosi, *Reflexões sobre a arte*. São Paulo: Ática, 1985, p. 40.

17. Cf. Mário de Andrade, "A poesia em 1930". In: *Aspectos da literatura brasileira*. São Paulo: Martins, s.d., p. 29.

18. Cf. Ezra Pound, "A retrospect". In: *Literary essays*. Reimp. Londres: Faber and Faber, 1968, p.12.

19. Cf. verbete "pomme", in: J. Chevalier e A. Gheerbrant, *Dictionnaire des symboles*. 9ª ed. Paris: Seghers, 1974.

20. Ver M. Shapiro, op. cit., pp. 5-6.

21. *Canticum canticorum*, II, 5: "*Fulcite me floribus, stipate me malis, quia amore langueo*" (Literalmente: Confortai-me com flores, fortalecei-me com maçãs, porque desfaleço de amor").

22. M. Shapiro, op. cit., pp. 5-6.

23. Penso, certamente, na obra fundamental de Antonio Candido, *Formação da literatura brasileira*. São Paulo: Martins, 1959, 2 vols.

24. W. Empson, *Some versions of pastoral*. Reimp. Nova York: New Directions, 1960.

25. Cf., por exemplo, a tradução do Padre Antônio Pereira de Figueiredo. *Bíblia Sagrada*. Rio de Janeiro: Ed. Barsa, 1966, p. 520.

26. W. Empson, *Seven types of ambiguity*. Reimp. Nova York: New Directions, 1960.

27. Cf. M. Shapiro, ibidem, nota 36, pp. 35-6.

28. Ver Erich Auerbach, "Sermo humilis". In: *Lingua letteraria e pubblico nella tarda Antichità e nel Medioevo*. Milão: Feltrinelli, 1970, pp. 33-67.

29. Cf. G. Brandes, "O infinitamente pequeno e o infinitamente grande na literatura". In: F. J. B. Jansen e R. W. Hansen (orgs.), *Panorama da literatura dinamarquesa*. Trad. de Per Johns. Rio de Janeiro: Nórdica, s.d., pp. 263-87.

2. PAIXÃO RECOLHIDA (PP. 49-98)

1. A definição de Schiller é a seguinte: "Poesia é a força que atua de maneira divina e inapreendida, além e acima da consciência". Cf. Bandeira, "Poesia e verso". In: *De poetas e de poesia*. Rio de Janeiro: MEC, 1954, coleção Os Cadernos de Cultura, 64, p. 107 e ss. Transcrito na ed. Aguilar, de 1958, p. 1271 e ss.

2. Cf. ensaio citado, sobretudo pp. 108-12.

3. Ver, nesse sentido, *Itinerário de Pasárgada*, ed. cit., pp. 21-2.

4. Ver Maurice Blanchot, *L'espace littéraire*. Paris: Gallimard, 1968, p. 101 e ss. Cito Rilke a partir do texto de Blanchot, apoiando-me numa tradução da mesma passagem, feita por Otto Maria Carpeaux em sua *História da literatura ocidental*. Rio de Janeiro: Edições O Cruzeiro, 1964, p. 2803.

5. Cf. *Itinerário de Pasárgada*, ed. cit., p. 104.

6. *Estrela da vida inteira*, ed. cit., p. 183

7. Cf. op. cit., p. LV.

8. Ver Carlos Drummond de Andrade, "A coisa simples", in: *Confissões de Minas. Obra completa*. Rio de Janeiro: Aguilar, 1964, p. 591.

9. Para a consideração das imagens de intimidade da casa, me inspiro em Gaston Bachelard, *La poétique de l'espace*, 2ª ed. Paris: PUF, 1964, sobretudo os dois capítulos iniciais.

10. Para uma consideração do aspecto dialético do comentário, ver Walter Benjamin, "Commentaires sur les poèmes de Brecht". In: *Essais sur Bertolt Brecht*. Paris: Maspero, 1969, p. 57 e ss. Quanto à importância do comentário na contextualização histórica e na consideração das relações entre o teor factual e o teor de verdade na obra, ver, do mesmo autor, o ensaio sobre Goethe, em suas *Oeuvres*. Paris: Denoël, 1971, vol. I (*Mythe et violence*), p. 161 e ss.

11. Utilizo as expressões de Kaete Hamburger para essa modalidade de poema. Cf. dessa autora *A lógica da criação literária*. Trad. bras. de Margot P. Malnec, São Paulo: Perspectiva, 1975. Ver sobretudo o capítulo sobre "As formas especiais", p. 211 e ss. Num ensaio mais adiante, sobre o poema "Profundamente", volto à questão.

12. O Simbolismo, cujo ideário estético não chegou a impor-se com total hegemonia no panorama brasileiro, manteve reconhecidamente, em linhas gerais, como se observa nos sonetos de Cruz e Sousa, a técnica parnasiana do verso. Os primeiros simbolistas nossos repeliram mesmo o uso do verso livre, como assinalou Andrade Muricy, mas é claro que não se pode subestimar as tentativas de renovação do verso empreendidas na segunda geração simbolista por Guerra Duval na passagem do século e, pouco mais tarde, por Mário Pederneiras. Este, um poeta já próximo dos temas pequenos e comuns do cotidiano, nas *Histórias do meu casal*, embora ainda misture a simplicidade com preciosismo, conforme notou com razão Bandeira em sua *Antologia dos poetas brasileiros da fase simbolista*. Cf. Andrade Muricy, "Introdução" ao seu *Panorama do movimento simbolista brasileiro*. 2ª ed. Brasília: MEC/INL, 1973, vol. 1, p. 62.

13. Cf. *Itinerário de Pasárgada*, ed. cit., vol. II, p. 12.

14. Ibidem, p. 33.

15. Cf. Theodor W. Adorno, *Teoria estética*. Trad. port. Lisboa: Edições 70, 1970, p. 17.

16. Cf. "Complainte sur certains ennuis", em J. Laforgue, *Le complaintes et les premiers poèmes*. Ed. org. por Pascal Pia. Paris: Gallimard, 1979, pp. 97-8.

17. Cf. "Carta-testamento escrita por Mário de Andrade em 22/3/1944", reproduzida por Olneyda Alvarenga in: *Mário de Andrade, um pouco*. Rio de Janeiro: José Olympio/Secretaria de Cultura, Esportes e Turismo de São Paulo, 1974, pp. 31-5. A frase citada se acha ao final, p. 35.

18. Para a compreensão desse momento da vida de Mário, ver o trabalho recente de Moacir Werneck de Castro, *Mário de Andrade. Exílio no Rio*. Rio de Janeiro: Rocco, 1989.

19. Cf. "Esquina", in: Mário de Andrade, *Os filhos da Candinba*. São Paulo: Martins, 1963, pp. 285-90.

20. Di Cavalcanti foi incluído na *Antologia de poetas brasileiros bissextos contemporâneos*, mas o poema citado se acha na antologia que Bandeira fez com Drummond sobre o *Rio de Janeiro em prosa e verso* (Rio de Janeiro: José Olympio, 1965, pp. 541-4).

21. Cf. *Noturno da Lapa*. Rio de Janeiro: Civilização Brasileira, 1964, p. 25 et passim.

22. As referências sobre Ovalle são numerosíssimas não apenas na obra em prosa e verso de Bandeira, mas também nas de seus companheiros modernistas e mesmo de escritores de gerações posteriores que conviveram com o famoso boêmio artista. Falta, no entanto, um trabalho de reconstrução histórico-biográfica digno da importância humana, artística e cultural, no sentido mais amplo, de Ovalle. Algumas informações preciosas se acham num artigo, infelizmente breve, de Ricardo Cravo Albin, publicado em *O Estado de S. Paulo* em 14 de setembro de 1980, suplemento Cultura, nº 14, pp. 11-2.

23. Cf. "O místico", in: *Crônicas da Província do Brasil*. Rio de Janeiro: Civilização Brasileira/Editora Rio, 1937, pp. 161-4.

24. Cf. loc. cit., p.161.

25. Ver a crônica "Golpe do chapéu", incluída também nas *Crônicas da Província do Brasil*, ed. cit, p. 183.

26. A citação se acha na crônica "Tiago", in: *Flauta de papel (Poesia e prosa)*. Rio de Janeiro: Aguilar, 1958, vol. II, p. 551.

27. Cf. Carlos Drummond de Andrade, "À porta do céu". In: *Fala amendoeira (Obra completa)*. Rio de Janeiro: Aguilar, 1964, pp. 799-800.

28. Cf. Drummond, op. cit., loc. cit.

29. Cf. Vinicius de Moraes, "Encontros", de *Reportagens poéticas (Poesia completa e prosa)*. Rio de Janeiro: Aguilar, 1974, p. 502.

30. Cf. "Ovalle", in: *Flauta de papel (Poesia e prosa)*, ed. cit., pp. 379-82.

31. Cf. op. cit., p. 11. Ver nota 22.

32. Bandeira se refere à desconfiança dos modernistas com relação ao sublime em sua *Apresentação da poesia brasileira*. Cf. *Poesia e prosa*, ed. cit., vol. II, p. 1119.

33. Cf. a crônica citada, "À porta do céu", p. 799 da *Obra completa*, ed. cit., de Drummond.

34. Para uma discussão teórica excelente da unidade de tempo do verso livre, ver Edward Sapir, "Os fundamentos musicais do verso", in: *Linguística como ciência*. Trad. de J. Mattoso Câmara Jr. Rio de Janeiro: Livraria Acadêmica, 1969, p. 119 e ss.

35. Cf. E. Auerbach, "Gloria Passionis". In: *Lingua letteraria e pubblico nella tarda Antichità latina e nel Medioevo*, ed. cit., pp. 68-79.

3. POEMA DESENTRANHADO (PP. 99-134)

1. *Estrela da vida inteira*. Rio de Janeiro: José Olympio, 1966, p. 117.

2. Os textos modernistas publicados durante aquele mês se acham transcritos em: Marta Rossetti Batista, Telê Porto Ancona Lopez e Yone Soares de Lima (orgs.), *Brasil: 1º tempo modernista — 1917/1929. Documentação*. São Paulo: Instituto de Estudos Brasileiros, 1972. No poema de Bandeira, falta o verso *Dançou*, que, no entanto, aparece na primeira edição de *Libertinagem* e nas sucessivas edições das poesias do autor.

3. Cf. *Itinerário de Pasárgada*. In: Manuel Bandeira, *Poesia e prosa*. Rio de Janeiro: Aguilar, 1958, p. 76.

4. Cf. *Itinerário de Pasárgada*, ed. cit., p. 75.

5. Cf. "Poema desentranhado". In: *Flauta de papel*, incluída em Manuel Bandeira, *Poesia e prosa*. Rio de Janeiro: Aguilar, 1958, p. 284.

6. As citações se encontram na crônica citada, exceto as expressões "apaixonada escuta" e "raros momentos", que são do *Itinerário de Pasárgada*, ed. cit., p. 11.

7. "Poema desentranhado", ed. cit., p. 284.

8. Sobre as relações de Baudelaire com o poema em prosa, ver: Suzanne Bernard, *Le poème en prose. De Baudelaire jusqu'à nos jours*. Paris: Nizet, 1959.

9. Ver Erich Auerbach, "*Les fleurs du mal* di Baudelaire e il sublime". In: *Da Montaigne a Proust*. Trad. it. Milão: Garzanti, 1973, pp. 192-221.

10. Ver, nesse sentido, por exemplo: Hugo Friedrich, *La struttura della lirica moderna*. Trad. it. Milão: Garzanti, 1971, p. 34 e ss.

11. Charles Baudelaire, *Oeuvres complètes*. Ed. Le Dantec, révisée, complétée et présentée par Claude Pichois. Paris: Gallimard, 1968, coleção Bibliothèque de la Pléiade, p. 229.

12. Ver Walter Benjamin, *Charles Baudelaire. Un poète à l'apogée du capitalisme*. Paris: Petite Bibliothèque Payot, 1982, p. 149 e ss.

13. Cf. Georg Simmel, "A metrópole e a vida mental". In: Otávio Guilherme Velho (org.), *O fenômeno urbano*. Trad. bras. Rio de Janeiro: Zahar Editores, 1979, pp. 11-25.

14. Cf. Benjamin, op. cit., pp. 153-5.

15. Cf. Jules Laforgue, *Les complaintes el les premiers poèmes*. Paris: Gallimard, 1979, p. 129.

16. Apollinaire, *Oeuvres poétiques*. Ed. M. Adéma et M. Décaudin. Paris: Gallimard, 1967, coleção Bibliothèque de la Pléiade, p. 39.

17. Ver Georgina Koifman (org.), *Cartas de Mário de Andrade a Prudente de Moraes, neto. 1924/1936*. Rio de Janeiro: Nova Fronteira, 1985, p. 162.

18. Cf. op. cit., loc. cit.

19. Cf. op. cit., pp. 155-6.

20. Cf. Oswald de Andrade, "Blaise Cendrars, Um mestre da sensibilidade contemporânea". *Correio Paulistano*, São Paulo, 13 de fevereiro de 1924, transcrito em: Alexandre Eulálio, *A aventura brasileira de Blaise Cendrars*. São Paulo/Brasília: Ed. Quíron/INL/MEC, 1978, pp. 146-8.

21. Cf. Mário de Andrade, "Luís Aranha ou a poesia preparatoriana". In: *Aspectos da literatura brasileira*. São Paulo: Martins, s.d., p. 58. Este ensaio havia sido publicado na *Revista Nova*, de São Paulo, em 1932.

22. Cf. Mário de Andrade, "Blaise Cendrars", in: *Revista do Brasil*, São Paulo, março de 1924. Transcrito também in: Alexandre Eulalio, *A aventura brasileira de Blaise Cendrars*, ed. cit., pp. 150-60. A citação se acha à p. 151.

23. Cf. idem, ibidem.

24. Cf. Alexandre Eulalio, *A aventura brasileira de Blaise Cendrars*, ed. cit., p. 163.

25. Cf. Alexandre Eulalio, op. cit., pp. 167-8.

26. Cf. Alexandre Eulalio, op. cit., pp. 170-2.

27. Cf. Alexandre Eulalio, op. cit., p. 210.

28. Cf. *Itinerário de Pasárgada*, ed. cit. Aguilar, 1958, p. 51.

29. Cf. Manuel Bandeira, "Cendrars daquele tempo". In: *Andorinha, andorinha*. Rio de Janeiro: José Olympio, 1966, p. 340. Transcrito também por Alexandre Eulalio, op. cit., p. 229.

30. Cf. João Ribeiro, "Manuel Bandeira". In: *Crítica. Os modernos*. Rio de Janeiro: Ed. da Academia Brasileira de Letras, 1952, p. 68.

31. Ver Mário de Andrade, "Castro Alves". In: *Aspectos da literatura brasileira*, ed. cit., pp. 116-8, sobretudo a nota 4, às pp. 117-8.

32. A expressão entre aspas está no *Itinerária de Pasárgada*, ed. cit., p. 33.

33. Cf. Oswald de Andrade, *Obras completas. Do Pau-Brasil à Antropofagia e às Utopias*. Rio de Janeiro: Civilização Brasileira, 1972, p. 5.

34. Cf. Oswald de Andrade, "Modernismo atrasado", in: *A Manhã* (Suplemento de S. Paulo), 25 de junho de 1924. Transcrito em: Marta R. Batista, Telê P. A. Lopez e Yone S. de Lima, *Brasil 1º tempo modernista — 1917/1929. Documentação*, ed. cit., p. 216 e ss.

35. Cf. Roberto Schwarz, "A carroça, o bonde e o poeta modernista". In: *Que horas são?* São Paulo: Companhia das Letras, 1987, pp. 12-3.

36. Cf. idem, ibidem.

37. *As estrambóticas aventuras de Joaquim Bentinho (o Queima-Campo)* são de 1924, mas já nas *Conversas ao pé do fogo*, de 1921, surge "o Joaquim, vulgo 'Queima-Campo'", e o "Cuzarruim" aparece em vários causos. Ver, a respeito, Macedo Dantas, *Cornélio Pires. Criação e riso*, São Paulo: Duas Cidades, 1976. Na "Louvação da Tarde", escreveu Mário: "Porém contigo é que imagino e escrevo/ O rodapé do meu sonhar, romance/ Em que o Joaquim Bentinho dos desejos/ Mente, mente, remente impávido essa/ Mentirada gentil do que me falta". Cf. *Poesias completas*. Ed. crítica de Diléa Z. Manfio. Belo Horizonte: Itatiaia; S. Paulo: Edusp, 1987, p. 238.

38. Ver o livro citado de Macedo Dantas, p. 23.

39. Ver Antonio Candido, "Dialética da malandragem (Caracterização das *Memórias de um sargento de milícias*)". In: Manuel Antônio de Almeida, *Memórias de um sargento de milícias*. Ed. crítica de Cecília de Lara. Rio de Janeiro: LTC, 1978, pp. 317-42.

40. Cf. Karl Kraus, *Dits et contredits*. Trad. fr. de Roger Lewinter. Condé-sur-L'Escaut: Éditions Champ Libre, 1975, pp. 84-6.

41. Cf. Antonio Candido, "Literatura e cultura de 1900 a 1945". In: *Literatura e sociedade*. 3ª ed. São Paulo: Cia. Editora Nacional, 1973, p. 121.

42. Cf. idem, ibidem.

43. No seu ensaio sobre "Paris, capitale du XIXᵉ siècle", na versão de 1935, Benjamin, referindo-se à forma de um novo meio de produção, enquanto ainda dominado por um anterior, conforme à visão de Marx, chama a atenção para a mescla de imagens do novo e do antigo que se interpenetram. Aponta como as imagens do novo — imagens do desejo — aspiram a tomar distância do passado imediato envelhecido, remetendo-se a um tempo mais recuado e arcaico. Toda época sonha a seguinte, disse Michelet, a quem ele cita, mas nesse sonho, a época seguinte aparece misturada com elementos da história primitiva, de modo que, muitas vezes, para uma sociedade, o sonho do novo traz consigo a utopia de uma sociedade sem classes, nascida da memória arcaica. Cf. W. Benjamin, "Paris, capitale du XIXᵉ siècle". In: *Oeuvres. II — Poésie et révolution*. Trad. de Maurice de Gandillac. Paris: Denoël, 1971, p. 125.

44. Ver, nesse sentido: Erich Auerbach, "Historical introduction. The idea of man in literature". In: *Dante. Poet of the secular world*. Trad. de Ralph Manheim. Chicago e Londres: The Chicago University Press, 1969, pp. 1-23.

45. Cf. José Lins do Rego, "Cidade que vai surgindo". In: Manuel Bandeira e Carlos Drummond de Andrade (orgs.), *Rio de Janeiro em prosa e verso*. Rio de Janeiro: José Olympio, 1965, pp. 175-6.

46. Cf. Mircea Eliade, *Le mythe de l'éternnel retour*. Paris: Gallimard, 1969, pp. 26-7.

47. Sobre as fórmulas liminares da narrativa, ver: Roman Jakobson, "On Russian fairy tales". In: *Selected writings*. Haia-Paris: Mouton, 1966, vol. 4.

48. Sobre o mundo especial da festa, com seu "paroxismo de vida", sua oposição ao tempo ordinário, ver: Roger Caillois, "Le sacré de transgression: théorie de la fête". In: *L'homme et le sacré*. Paris: Gallimard, 1970, p. 123 e ss.

49. Cf. Friedrich Nietzsche, *La naissance de la tragédie*. Trad. fr. de Geneviève Bianquis. Paris: Gallimard, 1970, p. 25.

50. Sobre Dioniso, "dispensador de alegria" (Hesíodo), ligado ao excesso e à umidade, ver: W. Otto, *Dionysos*. Frankfurt: 1933, p. 148 e ss.; idem, *Gli dei della Grecia*. Trad. it. Florença: "La Nuova Italia" Editrice, 1968; Ch. Kerényi, "L'enfant divin". In: C. G. Jung e Ch. Kerényi, *Introduction à l'essence de la mythologie*. Trad. fr. Paris: Petite Bibliothèque Payot, 1974, p. 99 e ss.; Clémence Ramnoux, "Hermès et Dionysos, ou les puînés de l'Olympe". In: *Mythologie ou la famille olympienne*. Brionne: Gérard Monfort Editeur, 1982, p. 196 e ss.; Pierre Grimal, *Dictionnaire de la mythologie grecque et romaine*. Paris: PUF, 1976.

51. Heráclito, D K 15. Na tradução de José Cavalcante de Souza (*Os pré-socráticos*. São Paulo: Abril Cultural, 1973, pp. 86-7): "[...] mas é o mesmo Hades e Dioniso, a quem deliram e festejam nas Leneias".

52. Cf. Nietzsche, op. cit., p. 147.

4. A POESIA EM TRÂNSITO: REVELAÇÃO DE UMA POÉTICA (PP. 137-54)

1. Ver T.S. Eliot, "Dante". In: *Selected essays*. Londres: Faber and Faber, 1972, pp. 237-77. Para o que aqui se diz, cf. sobretudo p. 271 e ss.

2. Cf. "Biografia de Pasárgada", nota que precede o *Itinerário*, ed. cit., p. 9.

3. Cf. N. Frye, "Preface". *Fearful symmetry. A study of William Blake*. Princeton: Princeton University Press, 1970.

4. Ver: "Longinus", *On the sublime*. In: Aristotle, *The poetics* (e Demetrius, *On style*). Trad. de W. Hamilton Fyfe. Cambridge: Harvard University Press; Londres: William Heineman Ltd., 1973, Loeb Classical Library, pp. 119-254. Utilizei-me também do texto e da introdução de: "Longinus", *On sublimity*. In: Alex Preminger; Leon Golden; O. B. Hardison, Jr. e Kevin Kerrane, *Classical and medieval literary criticism*. Nova York: Frederick Ungar Publishing Co., 1974, pp. 187-225. Comparei também com: Aristóteles, Horácio, Longino, *A poética clássica*. Introd. de Roberto de Oliveira Brandão. Trad. de Jaime Bruma. São Paulo: Cultrix/Edusp, 1981.

5. Penso por exemplo no que diz a propósito da composição (*sinthesis*) de uma ode de Safo, no cap. x, quando descreve, com argúcia e claro senso do que hoje se poderia chamar de estrutura, a integração de elementos contraditórios no todo do poema.

6. Ver, nesse sentido, as excelentes considerações de William K. Wimsatt e Cleanth Brooks, "O classicismo romano: Longino", *Crítica literária. Breve história*. Pref. de Eduardo Lourenço,

trad. de Ivette Centeno e Armando de Morais. Lisboa: Fundação Calouste Gulbenkian, 1971, pp. 123-37.

7. Cf. cap. xxii. Na trad. cit. de W. Hamilton Fyfe se lê: "For art is only perfect when it looks like nature and Nature succeeds only by concealing art about her person". Sigo a tradução portuguesa da frase, tal como citada na obra, referida acima, de Wimsatt e Brooks (Cf. *Crítica literária. Breve história*, p. 131 da ed. cit.).

8. Cf. *Itinerário*, ed. cit., p. 22.

9. Para as relações entre sublime, natureza, arte e a questão da dominação, a partir de Kant, ver: Adorno, *Teoria estética*, ed. cit., pp. 222-5. Na p. 225, se lê: "No entanto, ao situar o sublime numa grandeza imponente, na antítese do poder e da impotência, Kant afirmou sem hesitação a sua cumplicidade indiscutível com a dominação". E mais adiante: "Kant não eludia absolutamente o facto de que a grandeza qualitativa enquanto tal não é sublime: com profunda razão definiu o conceito de sublime pela resistência do espírito contra o poder excessivo".

10. Cf. W. Benjamin, "O surrealismo. O último instantâneo da inteligência europeia". In: *Magia e técnica, arte e política. Ensaios sobre literatura e história da cultura*. Trad. de Sérgio Paulo Rouanet. São Paulo: Brasiliense, 1985, pp. 21-35. A citação se acha à p. 32.

11. Cf. Sérgio Buarque de Holanda, "Trajetória de uma poesia". In: Manuel Bandeira, *Poesia e prosa*, ed. Aguilar de 1958, vol. i, p. xxiv.

12. Cf. a crônica "Fragmentos", das *Crônicas da Província do Brasil*, na ed. cit., vol. ii, p. 234.

13. Cf. a crônica "Poema desentranhado", de *Flauta de papel*, ed. cit., p. 284.

14. Cf. *Itinerário*, ed. cit., p. 12.

15. Cf. "Poema desentranhado", ed. cit., loc. cit.

16. Ibidem, loc. cit.

17. Ver: Paul Valéry, "Propos sur la poésie", in: *Variété. Oeuvres*. Paris: Gallimard, 1957, Bibliothèque de la Pléiade, p. 1361 e ss. A expressão citada se acha à p. 1363.

5. A VISÃO ALUMBRADA (PP. 155-84)

1. Cf. op. cit., ed. cit., pp. 47-8. Como se sabe, o poema "Os sapos" foi lido por Ronald de Carvalho no Teatro Municipal de São Paulo, durante a Semana de Arte Moderna, em 1922.

2. Para o conceito de "material", de que aqui se faz largo uso, ver Adorno, *Teoria estética*, ed. cit., p. 169 e ss.

3. Cf. *Itinerário de Pasárgada*, ed. cit., pp. 16-7.

4. Sobre o princípio de construção (a montagem) e a síntese do diverso, ver ainda Adorno, op. cit., p. 72.

5. Consultar Manuel Bandeira, *Carnaval*. Ed. preparada por Júlio Castañon Guimarães e Rachel Teixeira Valença. Rio de Janeiro: Nova Fronteira/Fundação Casa de Rui Barbosa, 1986. Os comentários do poeta se acham no Apêndice, às pp. 93-6.

6. Cf. op. cit., p. 13.

7. Ibidem, p. 12.

8. Ibidem, p. 14.

9. Cf. op. cit., p. 20.

10. Cf. op. cit., p. 22.

11. Ver desses autores o *Tratado de versificação*. Rio de Janeiro: Francisco Alves, 1905, p. 61.

12. Cf. o *Itinerário*, ed. cit., p. 29.

13. Sobre a terça-rima, ver: Auguste Dorchain, *L'art des vers*. Paris: Bibliothèque des Annales, s. d., pp. 391-4; Manuel Said Ali, *Versificação portuguesa*. Prefácio de Manuel Bandeira. Rio de Janeiro: Imprensa Nacional, 1949, pp, 67-8.; Alex Preminger (ed.), *Princeton encyclopedia of poetry and poetics*. Nova York: The Macmillan Press/Princeton University Press, 1974, pp. 847-8.

14. Apud Henri Mondor, *Vie de Mallarmé*. Paris: Gallimard, 1941, p. 517.

15. Tomo a expressão assinalada da descrição das atitudes e formas do lírico, tal como feita por Wolfgang Kayser, que ainda me parece excelente. Ver seu *Interpretación y análisis de la obra literaria*. Trad. esp. Madri: Gredos, 1961, p. 450.

16. Cf. *Antologia dos poetas brasileiros da fase simbolista*. Rio de Janeiro: Edições de Ouro, 1965, p. 14.

17. Cf. Guy Michaud, *Le message poétique du symbolisme*. Paris: Nizet, 1969, p. 405.

18. Cf. Manuel Bandeira, "O centenário de Stéphane Mallarmé", talvez seu melhor ensaio, na ed. Aguilar, 1958, vol. II, p. 1223. O comentário que faz ao "conceito orquestral de poesia" de Mallarmé destaca, muito significativamente, o "esplendor definitivo simples" que buscava, por fim, a técnica do poeta francês. Todo o estudo contém observações preciosas para se compreender a própria poética bandeiriana.

19. Bandeira, que reconheceu os traços simbolistas desse poema de um dos principais poetas do Parnasianismo brasileiro, cita-o em seu "Lua nova".

20. Cf. o ensaio célebre de T.S. Eliot, "Tradition and the individual talent". In: *Selected essays*. Londres: Faber and Faber, 1972, sobretudo pp. 18-21. Ver também o comentário de Joseph Frank, referido a outra passagem do autor sobre o mesmo tema, em seu importante estudo sobre "A forma espacial na literatura moderna" (*The widening gyre. Crisis and mastery in modern literature*. New Brunswick: Rutgers University Press, 1963, pp. 3-62).

21. Cf. Ezra Pound, "A retrospect". In: *Literary essays*. Londres: Faber and Faber, 1968, p. 4. A definição de Pound é a seguinte: "A 'Image' is that which presents an intellectual and emotional complex in an instant of time". Para as implicações desta definição (no mesmo sentido da visão de Eliot sobre as experiências recompostas pelo poeta), na tendência moderna à forma espacial, ver mais uma vez o estudo de Joseph Frank, citado na nota anterior.

22. Cf. sobre o infinitivo: J. Mattoso Câmara Jr., *Dicionário de fatos gramaticais*. Rio de Janeiro: MEC/Casa de Rui Barbosa, 1956, p. 124.

23. Cf., nesse sentido, Joseph Frank, op. cit., ibidem (nota 20).

24. Cf. S. Freud, *La interpretación de los sueños*. In: *Obras completas*. Trad. esp. de Luiz Lopez-Ballesteros y De Torres. 3ª ed. Madri: Biblioteca Nueva, 1973, t. 1, p. 689. No mesmo sentido, ver o comentário sobre a noção freudiana de desejo in: J. Laplanche e J.-B. Pontalis, *Vocabulaire de la psychanalyse*. Paris: PUF, 1976, pp. 120-2.

25. Cf. *L'érotisme*. Paris: Minuit, 1957, p. 24.

26. Cf. Idem, ibidem, loc. cit.

27. Cf. op. cit., p. 25.

28. Cf. *L'art des vers*, ed. cit., p. 394.

29. O argumento de Castilho se baseia na pesquisa de escansão de trechos de prosa; conclui que "o metro mais natural em língua portuguesa é o de oito sílabas", pois seria o mais comum

no discurso prosaico. Cf. seu *Tractado de metrificação portuguesa*. Lisboa: Tipografia Nacional, 1889, p. 60 et passim.

30. Cf. M. Said Ali, *Versificação portuguesa*, ed. cit., p. 38. Na contagem do autor, que segue a dos italianos e espanhóis, com base no verso paroxítono, se trata, evidentemente, do verso de nove sílabas.

31. *Paradiso*, v, 94-6. Cito a partir da edição comentada por A. Momigliano. Florença: Sansoni, 1951. Na esmerada tradução de Cristiano Martins, se lê, infelizmente com perda nesta passagem:

> Ao entrar minha dama na dileta
> aura daquela esfera que fulgia,
> vi cintilar mais vivo o seu planeta.

Cf. *A divina comédia*. 2ª ed. Belo Horizonte: Itatiaia/Edusp, 1979, vol. II, p. 333.

32. *Par.*, v, 103. Na tradução citada de Cristiano Martins:

> Assim eu vi ali mil esplendores

33. O esplendoroso cortejo surge, às margens do rio Letes, no canto XXIX do Purgatório. A partir desse momento se encontra disseminado no texto de Dante, incluindo-se o canto seguinte, quase todo o vocabulário da brancura e da apoteose que se acha em "Alumbramento", num forte clima visionário.

34. *Par.*, III 128-9. Tradução de Cristiano Martins, ed. cit.:

> e em tanta luz senti-a fulgurar,
> que fiquei, por instantes, ofuscado

35. Cf. Ernst-Robert Curtius, *Literatura europeia e Idade Média latina*. Trad. de Teodoro Cabral, com a colaboração de Paulo Rónai. Rio de Janeiro: INL, 1957, pp. 389-90.

36. Cf. Francesco de Sanctis, *Storia della letteratura italiana*. A cura di Benedetto Croce. Bari: Laterza, 1964, vol. I, p. 54.

37. Cf. op. cit., p. 55.

38. A alegoria como parte de um processo mais vasto de simbolização que envolve também o "esquematismo" e o "símbolo" propriamente dito foi objeto da reflexão de Schelling em sua teoria do simbólico. Ver, nesse sentido, o ensaio excelente e esclarecedor de Rubens Rodrigues Torres Filho, *Ensaios de filosofia ilustrada*. São Paulo: Brasiliense, 1987, pp. 124-58.

39. Bastaria o exame de um teórico como Schelling para se verificar a conjunção esclarecedora dos temas em questão (a combinação de "inteligência" e "natureza", de "consciente" e "inconsciente", de reflexão livre e necessidade cega na criação poética ou o processo simbólico da imaginação). Mais uma vez me reporto ao trabalho de Rubens Rodrigues Torres Filho, citado acima.

40. As expressões citadas pertencem a Cruz e Sousa, que as emprega no soneto "Carnal e místico". Certamente esse poeta, com seu sensualismo místico, não ficou imune ao "fascínio da matéria" como bem aponta Massaud Moisés. Cf. deste autor *História da literatura brasileira. O simbolismo*. São Paulo: Cultrix/Edusp, 1985, pp. 30-1.

41. Cf. *Itinerário*, ed. cit., pp. 32-3.

6. A SIMPLICIDADE DO AMOR E DA MORTE (PP. 185-224)

1. Ponto cantado na Tenda de Umbanda Mãe Brasilina, Mamãe Oxum, recolhido por Abguar Bastos, *Os cultos mágico-religiosos no Brasil*. São Paulo: Hucitec, 1979, p. 129.

2. Cf. Mário de Andrade, "A poesia em 1930". In: *Aspectos da literatura brasileira*, ed. cit., p. 28 e ss.

3. Cf. "Impressões literárias". In: *Poesia e prosa*, ed. cit., vol. II, p. 1202.

4. A desconfiança diante do sublime foi assinalada pelo poeta na *Apresentação da poesia brasileira*, ao tratar dos modernistas. Cf. *Poesia e prosa*, ed. cit., vol. II, p. 1119. O elogio da linguagem despida de "afetação do sublime" é feito a propósito da prosa quinhentista de Anchieta, cuja beleza e sobriedade clássica só ganha, na visão de Bandeira, com o uso de "expressões de deliciosa cotidianidade". Cf. op. cit., ed. cit., vol. II, pp. 1191-2.

5. "[...] the music of poetry is not something which exists, apart from the meaning." Ver: "The music of poetry". In: *On poetry and poets*. Londres: Faber and Faber, 1965, pp. 26-38 e 29 para a citação.

6. Sobre essa contribuição, ver o artigo de Vasco Mariz, "Manuel Bandeira, o poeta e a música", publicado em *O Estado de S. Paulo*, em 27 de julho de 1986, e reeditado in: Maximiano de Carvalho e Silva (org.), *Homenagem a Manuel Bandeira*. Rio de Janeiro: Monteiro Aranha/ Presenças Edições, 1989, pp. 553-8.

7. A relevância teórica desse livro quanto às relações entre poesia e música foi percebida com argúcia, num artigo excelente de Franklin de Oliveira de anos atrás. Cf. "A flauta de papel", transformado em nota preliminar ao *Itinerário*, na ed. cit. da Aguilar de 1958, pp. 4-6. Para informações abalizadas sobre as relações de Bandeira com a música, ver também o artigo de Vasco Mariz, citado acima, e seu livro sobre *A canção brasileira*, 4ª ed. Rio de Janeiro: Editora Cátedra, 1980. Os mesmos dados, acrescidos de pequenas novidades, são retomados por Hernani Nogueira França, no seu "Centenário de Manuel Bandeira: poesia e música". In: Maximiano de Carvalho e Silva (org.), *Homenagem a Manuel Bandeira (1986-1988)*. Niterói/Rio de Janeiro: UFF-Sociedade Sousa da Silveira; Monteiro Aranha: Presença Edições, 1988, pp. 181-91, coletânea em que se recolhe também o referido artigo de Vasco Mariz.

8. Cf. *Itinerário de Pasárgada*, ed. cit., p. 37.

9. Cf. *Itinerário*, ed. cit., loc. cit.

10. Ibidem, p. 38.

11. Cf. *Itinerário*, ed. cit., p. 37.

12. Ver ainda o *Itinerário*, ed. cit., p. 67.

13. Cf. S. T. Coleridge, *Biographia literaria*. Ed. J. Shawcross. Reimp. Oxford: Oxford University Press, 1965, vol. I, pp. 107 e 249.

14. Convém citar toda a passagem de Valéry, a que volto diversas vezes: "J'ai dit: *sensation d'univers*. J'ai voulu dire que l'état ou émotion poétique me semble consister dans une perception naissante, dans une tendance à percevoir un *monde*, ou système complet de rapports, dans lequel les êtres, les choses, les événements et les actes, s'ils ressemblent, *chacun à chacun*, à ceux qui peuplent et composent le monde sensible, le monde immédiat duquel ils sont empruntés, sont, d'autre part, dans une relation indéfinissable, mais merveilleusement juste, avec les modes et les lois de notre sensibilité générale. Alors, ces objets et ces êtres connus changent en quelque

sorte de valeur. Ils s'appellent les uns les autres, ils s'associent tout autrement que dans les conditions ordinaires. Ils se trouvent, — permettez-moi cette expression —, *musicalisés*, devenus commensurables, résonants l'un par l'autre. L'univers poétique ainsi défini présente de grandes analogies avec l'univers du rêve". "Propos sur la poésie". *Variété*, in: Paul Valéry, *Oeuvres*. Ed. Jean Hytier. Paris: Gallimard, 1957, Bibliothèque de la Pléiade, vol. I, pp. 1361-78 e 1363 para a citação.

15. *Itinerário*, ed. cit., p. 66

16. Ibidem, p. 66.

17. Ibidem, p.67.

18. lbidem, loc. cit.

19. Cf. op. cit., p. 68.

20. Cf. o ensaio de Mário, citado anteriormente, pp. 31-2.

21. Mário fala, no mesmo texto, em "vontade íntima de se aniquilar" a propósito da timidez de Drummond. Curiosamente, a expressão seria provavelmente exata para a tendência à generalização tal como se configura em Bandeira.

22. Cf. "Poesia e verso", in: *De poetas e poesia*, ed. cit., p. 115. Na edição Aguilar de 1958, vol. II, pp. 1276-7.

23. Cf. Ibidem, p. 116.

24. Ibidem, loc. cit.

25. Para uma descrição bem-feita dessas formas poéticas, ver: Segismundo Spina, *Apresentação da lírica trovadoresca*. Rio de Janeiro: Livraria Acadêmica, 1956, p. 73 e ss. Para um estudo das cantigas bandeirianas à maneira medieval, ver: Maria da Conceição Vilhena, "As duas 'cantigas medievais' de Manuel Bandeira". *Revista do Instituto de Estudos Brasileiros*, São Paulo, 17:51-66, 1975.

26. Cf. R. Jakobson, "Le parallélisme grammatical et ses aspects russes". In: *Questions de poétique*. Paris: Seuil, 1973, pp. 234-79.

27. Vale a pena reler o poema "Tema e voltas", de *Belo Belo*:

Mas para quê
tanto sofrimento,
Se nos céus há o lento
Deslizar da noite?

Mas para quê
Tanto sofrimento
Se lá fora o vento
É um canto na noite?

Mas para quê
Tanto sofrimento,
Se agora, ao relento,
Cheira a flor da noite?

Mas para quê
Tanto sofrimento,
Se o meu pensamento
É livre na noite?

28. É bem verdade que o segundo verso admite a acentuação jâmbica (*Quem vém*). No entanto, além da semelhança anafórica com o seguinte (*Quém/Quéro*), repetindo, com pequena variação, o esquema da estrofe anterior, do ponto de vista do sentido, a acentuação trocaica, com a ênfase na sílaba inicial, em oposição à marcação rítmica do primeiro verso, parece mais expressiva. É que ela é mais coerente com a impossibilidade de uma resposta afirmativa à questão formulada, em que fica implícita a inconveniência da praia como espaço adequado ao cumprimento do desejo do sujeito, sobretudo pela continuação, em que o objeto que se quer se situa em oposição à praia.

29. Para as relações entre mito e música me reporto à admirável aproximação feita por Lévi-Strauss na "Ouverture" de *Le cru et le cuit*. Paris: Plon, 1964, pp. 9-40.

30. "Ela, principalmente pela sua forma de manifestar-se pondo em excesso de evidência o ritmo, atua poderosamente sobre o físico, entorpecendo, dionisiando, tanto conseguindo nos colocar em estados largados de corpo fraco e espírito cismarento, como nos violentos estados de fúria." Cf. Mário de Andrade, *Música de feitiçaria no Brasil*. Org. e introd. de Oneyda Alvarenga. São Paulo: Martins, 1963, p. 39. Para as citações do texto, idem, ibidem.

31. "A articulação é a salvação da multiplicidade no uno", como diz Adorno. Cf. *Teoria estética*, ed. cit., p. 216. As relações entre unidade e pluralidade estão ali discutidas, a partir da p. 211.

32. Assim se lê em Hesíodo: *O pênis, tão logo cortando-o com o aço/ atirou do continente no undoso mar,/ aí muito boiou na planície, ao redor branca/ espuma da imortal carne ejaculava-se, dela/ uma virgem criou-se. Primeiro Citera divina/ atingiu, depois foi a circunfluída Chipre/ e saiu veneranda bela deusa, ao redor relva/ crescia sob esbeltos pés. A ela, Afrodite/ deusa nascida de espuma e bem-coroada Citereia/ apelidam homens e deuses, porque da espuma/ criou-se e Citereia porque tocou Citera,/ Cípria porque nasceu na undosa Chipre,/ e Amor-do-pênis porque saiu do pênis à luz./ Eros acompanhou-a, Desejo seguiu-a belo,/ tão logo nasceu e foi para a grei dos deuses*. Cf. *Teogonia. A origem dos deuses*. Estudo e tradução de Jaa Torrano. São Paulo: Massao Ohno-Roswitha Kempf/Editores, 1981, pp. 134-5.

33. Cf. Luís da Câmara Cascudo, *Dicionário do folclore brasileiro*. Brasília: Instituto Nacional do Livro/MEC, 1972, vol. I, p. 430. A relação estabelecida pelo poeta entre a estrela-d'alva (Vênus) e Iemanjá não parece encontrar apoio no candomblé dos iorubás, no qual a referência aos astros é bastante limitada. No entanto, conforme um mito bastante difundido sobre a relação da deusa com seu filho Orungã (o Ar), que a teria violentado, Iemanjá dá à luz não apenas outras divindades, como Obá, Ogum, Oxum, Xangô etc., mas também os astros. Procede daí, talvez, o fato de seu nome aparecer às vezes vinculado à estrela, assim como o de sua filha Oxum, igualmente ligada às águas e também associada a Vênus. É de todo provável que o aproveitamento de Bandeira tenha dependido de seus contatos com a macumba carioca, a que se refere muito nas crônicas. No Rio, essas relações são mais correntes, ao que tudo indica, do que no candomblé da Bahia. O contato com Jaime Ovalle, que compôs pontos de macumba, certa-

mente inspirados no contexto carioca, pode ter pesado na absorção bandeiriana desses elementos populares por via da música.

34. Observa Edison Carneiro a propósito da relação de Iemanjá com a Mãe-d'água: "Como indicou Joaquim Ribeiro, há, neste caso, 'uma intersecção de vários cultos' das águas, inclusive da Iara dos índios". Cf. do autor *Candomblés da Bahia*. 2ª ed. Rio de Janeiro: Ed. Andes, 1954, p. 234. Esse autor lembra ainda que a confusão com a sereia é recente, pois originalmente Iemanjá é a deusa nagô dos rios, fontes e lagos. Por outro lado, Arthur Ramos já assinalara que: "Nos 'candomblés de caboclo', ela funde-se com a *sereia do mar*, *Rainha do mar*, *D. Janaína* etc., e nos cultos de procedência bantu, não seria mais do que o *Calunga* dos angolo-conguenses [...]". E cita, de um canto de macumba carioca:

> Rainha do mar
> Oh! sereia do mar
> Oh! sereia que nadas
> No fundo do mar

Cf. *O negro brasileiro*. 1º vol. Etnografia Religiosa. 2ª ed. aum. São Paulo: Cia. Ed. Nacional, 1940, pp. 307-8.

35. Esta expressão, registrada por Roger Bastide, com sua sugestão de caricatura de festa religiosa, pode ter, no entanto, um sentido sério, como neste canto propiciatório da pesca que o estudioso anotou entre pescadores de Itapoã:

> Dê-me licença, ai
> Dê-me licença, ai
> Alo de Iemanjá — i
> Alo de Iemanjá — i.

A expressão ocorre também nos *afochés* carnavalescos. Cf. do autor mencionado *O candomblé da Bahia (Rito Nagô)*. Trad. de Maria Isaura Pereira de Queiroz. São Paulo: Cia. Ed. Nacional, 1961, pp. 116-7. A impregnação modernista com esses elementos das religiões populares se confirma também em Jorge de Lima, que, entre os muitos "Poemas negros", compôs a sua "Janaína", igualmente com aproveitamento direto de frases do candomblé. Cf. *Obra completa*. Rio de Janeiro: Aguilar, 1958, vol. I, p. 368.

36. Cf. "Estrela da manhã", in: *Estrela da vida inteira*, ed. cit., pp. 133-4.

37. Cf. desse autor *Les larmes d'Éros*. Paris: Jean-Jacques Pauvert, 1971.

38. Cf. A. Ramos, *O negro brasileiro*, ed. cit., p. 315 e ss.

39. Cf. a "Introdução" que os referidos críticos escreveram para a *Estrela da vida inteira*, ed. cit., p. LVII e ss., para a análise em questão.

40. A expressão pertence a Georges Bataille, in: *L'érotisme*, ed. cit., p. 104 e ss.

41. Cf. *L'érotisme*, ed. cit., p. 17.

42. Cf. S. Freud, "Más allá del principio del placer", nas *Obras completas*, ed. cit., p. 2540.

43. *Itinerário*, ed. cit., p. 64.

7. A FESTA INTERROMPIDA (PP. 227-65)

1. "Na 'Evocação' já havia mencionado o nome de Totônio Rodrigues, que 'era muito velho e botava o *pince-nez* na ponta do nariz'. Esse Totônio era sobrinho de meu avô e me parecia muitíssimo mais velho do que ele. Não sei se foi isso ou a maneira de usar o *pince-nez*, ou o jeito de falar que o marcou tão profundamente na minha memória. Tomásia era a velha preta cozinheira da casa da rua da União. Tinha sido escrava de meu avô e fora por ele alforriada. Naquela cozinha, com seu vasto fogão de tijolo, o seu enorme pilão, e que pelas festas de Santo Antônio, São João e São Pedro resplandecia quentemente com as grandes tachas de cobre areadas até o vermelho, Tomásia, pequena, franzina e de poucas falas, mandava sem contraste e me inspirava um sagrado respeito com as suas duas únicas respostas a todas as minhas perguntas: 'hum' e 'hum-hum', que eu interpretava por 'sim' e por 'não'. Rosa era a mulata clara e quase bonita que nos servia de ama-seca. Nela minha mãe descansava, porque a sabia de toda a confiança. Rosa fazia-se obedecer e amar sem estardalhaço nem sentimentalidades. Quando estávamos à noitinha no mais aceso das rodas de brinquedo, era hora de dormir, vinha ela e dizia peremptória: 'Leite e cama!'. E íamos como carneirinhos para o leite e a cama. Mas havia, antes do sono, as 'histórias' que Rosa sabia contar tão bem..." *Itinerário de Pasárgada*, ed. cit., p. 79. Noutra passagem importante para a compreensão de "Profundamente" escreve Bandeira: "Dos seis aos dez anos, nesses quatro anos de residência no Recife, com pequenos veraneios nos arredores — Monteiro, Sertãozinho de Caxangá, Boa Viagem, Usina do Cabo — construiu-se a minha mitologia, e digo mitologia porque os seus tipos, um Totônio Rodrigues, uma Dona Aninha Viegas, a preta Tomásia, velha cozinheira da casa de meu avô Costa Ribeiro, têm para mim a mesma consistência heroica das personagens dos poemas homéricos. A rua da União, com os quatro quarteirões adjacentes limitados pelas ruas da Aurora, da Saudade, Formosa e Princesa Isabel, foi a minha Tróada; a casa de meu avô, a capital desse país fabuloso. Quando comparo esses quatro anos de minha meninice a quaisquer outros quatro anos de minha vida de adulto, fico espantado do vazio destes últimos em cotejo com a densidade daquela quadra distante". Ibidem, pp. 14-5.

2. Ver: Kaete Hamburger, *A lógica da criação literária*. Trad. de Margot P. Malnic. São Paulo: Perspectiva, 1975. Cf. sobretudo o capítulo sobre "As formas especiais", p. 211 e ss.

3. Op. cit., p. 215.

4. Na ed. cit. de 1966 da *Estrela da vida inteira* (pp. 121-2) inexiste a separação entre as duas estrofes finais, que, no entanto, está presente tanto na ed. da Aguilar de 1958 quanto na primeira de *Libertinagem*, de 1930. A meu ver, por razões internas, que depois ficarão claras na análise, a forma melhor é a adotada inicialmente, podendo ter ocorrido erro de revisão, como é nítido em outras passagens dessa edição de 1966. Cf., por exemplo, o evidente engano no verso *Confiantes da vida*, por *Confiantes na vida*, no "Momento num Café", à p. 141.

5. Ver Giulio Carlo Argan, *L'arte moderna 1770/1970*. 14ª reimp. Florença: Sansoni, 1986, pp. 95-6.

6. Ver L. Spitzer, "La enumeración caótica en la poesía moderna". In: *Lingüística e historia literaria*, ed. cit., pp. 295-355.

7. Cf., nesse sentido, o livro citado de Kaete Hamburger, sobretudo p. 42 e ss.

8. Cf. "Variações sobre o passado", in: *Poesia e prosa*, ed. cit., vol. II, p. 294.

9. "Os festejos de S. João entre nós, remontam-se, acaso, aos primórdios da nossa colonização, na primeira metade do século XVI", conforme diz o pesquisador pernambucano Pereira da Costa. Cf. "Noite de S. João". In: Luiz da Câmara Cascudo, *Antologia do folclore brasileiro*. São Paulo: Martins, 1956, p. 343.

10. Sobre a imagem do bonde em Oswald de Andrade, ver: Roberto Schwarz, "A carroça, o bonde e o poeta modernista". In: *Que horas são?*, op. cit., pp. 11-28.

11. Cf. E. Gilson, *Les idées et les lettres*. Paris: Librairie Philosophique J. Vrin, 1955, pp. 9-30.

12. "Pergunta sem resposta" é o título do ensaio de Augusto Meyer sobre esse tópico. Ver: *Preto e branco*. Rio de Janeiro: MEC, 1956, pp. 105-15.

13. Ver desse autor *O declínio da Idade Média*. Trad. port. de Augusto Abelaira. Lisboa: Ulisseia, s.d., coleção Pelicano, sobretudo cap. XI, "A visão da morte".

14. Ver L. Spitzer, "La interpretación lingüística de las obras literarias". In: Karl Vossler, L. Spitzer e H. Hatzfeld, *Introducción a la estilística romance*. Trad. e notas de Amado Afonso e Raimundo Lida. Buenos Aires: FFL da Universidade de Buenos Aires, 1942, pp. 87-148 (sobretudo pp. 104-19).

15. Ver do autor citado *25 anos de literatura*. Rio de Janeiro: Civilização Brasileira, 1968, pp. 53-6.

16. Cf. *Camões, o Bruxo e outros ensaios*. Rio de Janeiro: Livraria S. José, 1958, pp. 83-105.

17. Provavelmente tocado pela menção a seu poema, Bandeira incorporaria uma referência explícita ao ensaio de Meyer no seu poema "Antônia", em que o prosaísmo do estilo humilde se combina, com humor paródico, à citação metalinguística:

> Amei Antônia de maneira insensata.
> Antônia morava numa casa que para mim não era casa, era um empíreo.
> Mas os anos foram passando.
> Os anos são inexoráveis.
> Antônia morreu.
> A casa em que Antônia morava foi posta abaixo.
> Eu mesmo já não sou aquele que amou Antônia e que Antônia não amou.
> Aliás, previno, muito humildemente, que isto não é crônica nem poema.
> É apenas
> Uma versão, a mais recente, do tema *ubi sunt*,
> Que dedico, ofereço e consagro
> A meu dileto amigo Augusto Meyer.

Em outro poema, "Passeio em São Paulo", publicado juntamente com "Antônia", na *Estrela da tarde*, o poeta voltaria mais uma vez ao tópico. Ali, para tratar da ausência funda que sentiu com a morte de Mário de Andrade, se serve diretamente da fórmula latina (*Ubi sunt?*), modulando-a numa variante referida ao próprio sujeito (*Ubi sum?*), que está também presente, de forma indireta, no poema acima e, num sentido mais íntimo e latente, no próprio poema em estudo, nisto lembrando a direção impressa ao tema por August von Platen, citado por Meyer, que não aponta, porém, para essa dimensão de "Profundamente" em seu ensaio.

18. Cf. desse autor "O medievalismo de Bandeira: a eterna elegia". In: Sônia Brayner (org.), *Manuel Bandeira*. Rio de Janeiro: Civilização Brasileira, 1980, coleção Fortuna crítica, pp. 235-62.

19. Cf. desse autor *Teoria e celebração*. São Paulo: Duas Cidades, 1976, p. 92.

20. Jorge de Lima traduziu o poema "The hill", publicando-o em *A Manhã*, no Rio, em 1º de agosto de 1946:

A COLINA
Onde estão Elmer, Bert, Tom e Charley,
O irresoluto, o de braço forte, o palhaço, o ébrio, o guerreiro
Todos, todos, estão dormindo na colina.
Um morreu de febre,
Um lá se foi queimando numa mina,
O outro assassinaram-no num motim,
O quarto se extinguiu na prisão,
E o derradeiro caiu de uma ponte quando trabalhava para a esposa e os filhos,
Todos, todos estão dormindo, dormindo, dormindo na colina.
Onde estão Ella, Kate, Mag, Lizzie e Edith
A de bom coração, a de alma simples, a alegre, a orgulhosa, a feliz?

Todas, todas dormindo na colina.
Ella morreu de parto vergonhoso,
Kate de amor contrariado,
Mag nas mãos de um bruto num bordel,
Lizzie ferida em seu orgulho à procura do que quis seu coração;
E Edith depois de ter vivido nas distantes Londres e Paris
Conduzida a seu pequeno domínio por Ella, Kate e Mag,
Todas, todas estão dormindo, dormindo, dormindo na colina.
Onde estão tio Isaac e tia Emily,
E o velho Towny Kincaid e Sevigne Houghton,
E o Major Walker que conversara
Com os veneráveis homens da revolução?
Todos, todos estão dormindo na colina.

Trouxeram-lhes filhos mortos na guerra,
E filhas cuja vida tendo sido desfeita,
Os filhos sem pais choravam
Todos, todos estão dormindo, dormindo, dormindo na colina.

Onde está o velho violinista Jones
Que brincou com a vida durante noventa anos,
Desafiando as geadas a peito descoberto,
Bebendo, fazendo arruaças, sem pensar na esposa, nem na família,
Nem em dinheiro, nem em amor, nem no céu?
Vede! Fala sobre os cardumes de peixes de antigamente,
Sobre as corridas de cavalo em Clary's Grove, outrora.
Sobre o que Abe Lincoln disse
Uma vez em Springfield.

Para o texto original e nova tradução, cf. Paulo Vizioli, *Poetas norte-americanos*. Ed. comemorativa do Bicentenário da Independência dos Estados Unidos da América 1776-1976. Rio de Janeiro: Lidador, 1977, pp. 50-1.

21. Ver do autor citado "Charms and riddles". In: *Spiritus mundi. Essays on literature, myth and society*. Bloomington e Londres: Indiana University Press, 1976, pp. 123-47 (sobretudo p. 126 e ss.).

22. Nesse sentido, ver, por exemplo: Philippe Ariès, *Essais sur l'histoire de la mort en Occident. Du Moyen Âge à nos jours*. Paris: Ed. Seuil, 1975.

23. Ver E. Auerbach, "Montaigne scrittore". In: *Da Montaigne a Proust*. Trad. ital. Bari: De Donato, 1970, pp. 5-27.

24. Cf. *Essais*. Ed. e notas de Albert Thibaudet. Paris: Gallimard, 1939, Bibliothèque de la Pléiade, Livre I, cap. XX, p. 99.

25. Ver também o cap. de Auerbach sobre Montaigne na *Mimesis*, "L'humaine condition", ed. cit., pp. 245-70.

26. Cf. Philippe Ariès, op. cit. A expressão citada se acha à p. 121.

27. Ver W. Benjamin, "O narrador. Considerações sobre a obra de Nikolai Leskov". In: *Magia e técnica, arte e política*, ed. cit., pp. 197-221 (sobretudo caps. 9-11; a citação se acha à p. 207). Ali se lê ainda: "No decorrer dos últimos séculos, pode-se observar que a ideia da morte vem perdendo, na consciência coletiva, sua onipresença e sua força de evocação. Esse processo se acelera em suas últimas etapas. Durante o século XIX, a sociedade burguesa produziu, com as instituições higiênicas e sociais, privadas e públicas, um efeito colateral que inconscientemente talvez tivesse sido seu objetivo principal: permitir aos homens evitarem o espetáculo da morte" (p. 207).

28. Sobre o tema da divisão do ser no pós-romantismo, ver Antonio Candido, *Tese e antítese. Ensaios*. São Paulo: Cia. Editora Nacional, 1964.

29. Sobre o materialismo antigo e a ideia cristã de finitude, ver o notável artigo de Gérard Lebrun, "Um materialismo 'démodé'", *Folha de S.Paulo*, 11 ago. 1985, 1º caderno, p. 3.

8. ENTRE DESTROÇOS DO PRESENTE (PP. 267-94)

1. Utilizo-me desses termos técnicos do cinema a partir do livro de Jean-Claude Bernardet, *Brasil em tempo de cinema*. Rio de Janeiro: Civilização Brasileira, 1967.

2. Cf. *Poética*. Trad. de Eudoro de Sousa. Porto Alegre: Globo, 1966, cap. IX (1451 *b*), pp. 78-9, cap. XV (1454 *a/b*), pp. 84-5 e cap. XXIV (1460 *a* 26), p. 98.

3. Cf. op. cit., ed. cit., cap. XVI (1454 *b*/1455 *a*), p. 86.

4. Note-se que o segundo verso da estrofe tem apenas sete sílabas, mas ao reintegrar a imagem sempre repetida, pelo encavalgamento, a sílaba seguinte do *rejet* (*morto*) emenda o verso, garantindo o movimento contínuo e sinuoso do ritmo. O poeta se referiu diretamente a esse procedimento no *Itinerário*, ed. cit., p. 36.

5. Para as relações entre grotesco e demoníaco, ver Wolfgang Kayser, *Lo grotesco. Su configuración en pintura y literatura*. Trad. de Ilse Brugger. Buenos Aires: Editorial Nova, 1964. Ver também Anatol Rosenfeld, "A visão grotesca", in: *Texto/contexto*. São Paulo: Perspectiva, 1969, pp. 57-71. E ainda Mikhail Bakhtine, em que o grotesco ligado às imagens da cultura popular se

enlaça às raízes materiais e corporais do mundo. Cf.: *L'oeuvre de François Rabelais et la culture populaire au Moyen Âge et sous la Renaissance.* Trad. de André Robel. Paris: Gallimard, 1970, p. 28 e ss. e passim.

6. Cf. Charles Baudelaire, *Oeuvres complètes.* Ed. Le Dantec, rev., aum. e apresentada por Claude Pichois. Paris: Gallimard, 1961, Bibliothèque de la Pléiade, p. 29.

7. Ver desse autor o ensaio citado sobre *"Les fleurs du mal* di Baudelaire e il sublime". In: *Da Montaigne a Proust*, ed. cit., pp. 192-221.

8. Cf. a crônica "Graça Aranha", de *Crônicas da Província do Brasil*, ed. Aguilar de 1958, vol. II, p. 177.

9. Ver: S. Freud, "Lo siniestro". In: *Obras completas*, ed. cit., vol. III, pp. 2483-505.

10. Como espero ter deixado claro aqui e em outras utilizações que faço da teoria psicanalítica na abordagem do texto literário ao longo deste livro, me interessa sobretudo, do ponto de vista da crítica literária, o processo de *compreensão* que faz de Freud também um grande crítico e um mestre da interpretação, mas muito menos a *explicação* psicanalítica que possa apresentar de uma obra e de um autor.

11. Cf. o ensaio anterior, sobretudo em seu final, "O poema como um todo". A citação do fim, já feita no referido ensaio, pertence a Philippe Ariès.

9. A CONVIDADA IMAGINÁRIA (PP. 295-316)

1. Cf. *Itinerário*, ed. cit., p. 104.

2. Cf. Ibidem, p. 80.

3. É o caso do poema "Gesso", por exemplo, de *O ritmo dissoluto*, em que o esforço construtivo do poeta parece ter aprendido com a própria dificuldade e a qualidade do objeto representado, carregado do valor da experiência acumulada nas coisas que padeceram no tempo. A estatuazinha marcada pela ação destrutiva do tempo não apenas traz em si a impregnação humana do olhar do sujeito que a contemplou anos a fio (*Os meus olhos, de tanto a olharem,/ Impregnaram-na da minha humanidade irônica de tísico*), mas se converte, emblematicamente, em imagem exemplar do que está vivo porque sofreu:

> Hoje este gessozinho comercial
> É tocante e vive, e me fez agora refletir
> Que só é verdadeiramente vivo o que já sofreu.

Como no caso de "Maçã", o valor simbólico do objeto humilde, resgatado poeticamente da corrosão dos anos e da própria degradação (da condição de mera mercadoria), acaba se impondo como uma lição ao mesmo tempo de ética e de poética, pois com ele se identifica, no mais íntimo, o poeta, tornando o objeto parte de sua própria experiência e um símbolo pessoal, em que se vê e se dá a ver a si mesmo. A atitude humilde, que o leva a reconhecer o que aparentemente não tem nenhum valor e a isto se identificar, mimetizando-o no poema pictórico (neste caso, imagem de uma escultura), se realimenta e se confirma com o modo de ser do objeto contemplado, cujo valor oculto descobre como uma lição de vida e de arte, sob a circunstância

335

comum da ameaça da morto. A relação entre a poética e a experiência pessoal da doença passa, desta forma, pela objetivação e o reconhecimento do outro, em que o sujeito, humilde diante da própria fragilidade e da necessidade de sobrevivência, descobre o traço familiar que é marca da destruição comum, o que o leva a solidarizar-se com os que vivem sob a mesma ameaça, abrindo-se para o mundo, ao mesmo tempo que nele reconhece, ironicamente, a condição trágica da existência.

4. É o caso, por exemplo, do poema "Última canção do Beco", cuja gênese o poeta relata no *Itinerário*, ed. cit., pp. 98-9.

5. Sobre o sentimento de um *perpetuum mobile* no Impressionismo, cf. Arnold Hauser, *Historia social de la literatura y el arte*. 3ª ed. Trad. esp. Madri: Guadarrama, 1964, vol. 2, p. 405. As raízes impressionistas da noção de epifania em James Joyce, relacionada a Gabriele D'Annunzio, foram estudadas por Umberto Eco, "Sobre uma noção joyceana". In: Vários, *Joyce e o romance moderno*. Trad. São Paulo: Editora Documentos, 1969, pp. 53-63. Cf. também do mesmo autor *L'oeuvre ouverte*. Paris: Seuil, 1962, p. 195 e ss.

6. Cf. nesse sentido Adorno, *Teoria estética*, ed. cit., p. 175.

7. A expressão "pequeninos nadas", nascida da própria reflexão do poeta sobre os valores plásticos e musicais dos fonemas e de outros pormenores técnicos da construção poética, se acha no *Itinerário*, ed. cit., p. 25.

8. Cf., nesse sentido, Michel Leiris, *Miroir de la tauromachie*. Paris: GLM, 1938, p. 18 e ss.

9. Que o quadro pastoral possa ter relação com o modo de vida real no campo num determinado momento é o que se depreende da análise de Raymond Williams em seu excelente estudo de *O campo e a cidade. Na história e na literatura*. Trad. São Paulo: Companhia das Letras, 1989; ver, principalmente, na perspectiva que aqui importa, o cap. 3, "Bucólico e antibucólico", pp. 27-55.

10. Certamente, em nosso caso, essa tradição se liga à própria formação da literatura brasileira, no período arcádico, como foi estudado por Antonio Candido em sua obra básica e já se mencionou a propósito de "Maçã". Num ensaio mais recente sobre o tema, o referido crítico e historiador aponta, curiosamente, para o aspecto moderno de Gonzaga, fundado na simplicidade próxima do prosaico. Cf. desse autor "Uma aldeia falsa". In: *Na sala de aula. Caderno de análise literária*. São Paulo: Ática, 1985, pp. 20-37. Chama ainda a atenção para a transformação da convenção pastoril, no século XVIII, no rumo da naturalidade, a partir da influência de Rousseau e seu "homem natural". Por fim, destaca o valor da alegoria, na pastoral, como uma forma de sublimação, no espaço rústico, da realidade pessoal, social e política, no sentido da universalidade. Se for correta nossa interpretação, a poesia de Bandeira se aproveita dessa convenção das origens de nossa literatura, na mesma direção, encarnando, sem alarde, a tradição viva que pedia Mário de Andrade, em chave moderna, de grande poesia, dando forma particular, historicamente fundada, a preocupações de ordem universal com relação à morte.

11. Ver Ernst Cassirer, *Langage et mythe. À propos des nomes des dieux*. Paris: Minuit, 1973.

12. Cf. Carolina Michaëlis de Vasconcelos, *Dispersos. Originais portugueses*. Lisboa: Ed. Revista de Portugal, 1959, vol. II (Linguística), pp. 40-54. Basta um exemplo da *Demanda do Santo Graal* para se verificar o significado da expressão arcaica: "[...] grande foi a alegria que os cavaleiros houverom quando se virom todos de-consũu" (cf. "Glossário" da ed. de Augusto Magne. Rio de Janeiro: Imprensa Nacional, 1944, vol. 3, p. 158).

13. Cf. *Dicionário do folclore brasileiro*, ed. cit., vol. I, p. 284.

14. Donde se vê que a poesia nem sempre está do lado do estranhamento mais óbvio, como virou rotina se afirmar a partir dos formalistas russos do começo do século XX, nem a poesia melhor de Bandeira se deixa definir pela busca da surpresa a qualquer custo. A eficácia estética do poema, o poder de alcance significativo de sua estrutura não depende apenas de elementos internos por definição, mas da articulação estrutural de elementos em confronto com os que lhe são heterogêneos e muitas vezes contraditórios.

15. Cf. *Some versions of pastoral*, ed. cit.

16. Sobre o papel de um *tempo* determinado como fator de unidade do verso livre, já chamei atenção para o importante estudo de Edward Sapir, "Os fundamentos musicais do verso", ed. cit., a propósito do "Poema só para Jaime Ovalle".

17. Penso não apenas no momento classicizante que se pode observar em grandes artistas modernos como Picasso ou Stravinsky, mas na natureza como "cifra do reconciliado", para empregar uma expressão de Adorno. Cf. *Teoria estética*, ed. cit., p. 90 e ss.

Bibliografia

OBRAS DE MANUEL BANDEIRA (EDIÇÕES UTILIZADAS NO TRABALHO)

EDIÇÕES PRINCIPAIS
Estrela da vida inteira. Poesias reunidas. Rio de Janeiro: José Olympio, 1966.[1]
Poesia e prosa. Rio de Janeiro: Aguilar, 1958, 2 vols.[2]

TRADUÇÕES
Poemas traduzidos. 2ª ed. Porto Alegre: Globo, 1948. 3ª ed. Rio de Janeiro: José Olympio, 1956.
Macbeth, de Shakespeare. Rio de Janeiro: José Olympio, 1961. Coleção Rubaiyat.

MEMÓRIAS E CRÔNICAS
Itinerário de Pasárgada. Rio de Janeiro: Jornal de Letras, 1954.
Crônicas da Província do Brasil. Rio de Janeiro: Civilização Brasileira/Rio, 1937.
Flauta de papel. Rio de Janeiro: Alvorada, 1957.
Andorinha, andorinha. Sel. de Carlos Drummond de Andrade. Rio de Janeiro: José Olympio, 1966.
Os reis vagabundos e mais 50 crônicas. Rio de Janeiro: Ed. do Autor, 1966.
Colóquio unilateralmente sentimental. Rio de Janeiro: Record, 1968.

1. Contém os "Poemas traduzidos".
2. Embora a anterior seja a edição mais importante dos poemas — foi a última em vida do autor —, esta contém o essencial de sua prosa (o *Itinerário de Pasárgada*; as crônicas, exceto as de *Andorinha, andorinha*; o mais importante da crítica e das traduções).

ENSAIOS E ESTUDOS LITERÁRIOS

Apresentação da poesia brasileira. Pref. de Otto Maria Carpeaux. Rio de Janeiro: CEB, 1946.

Noções de história das literaturas. São Paulo: Nacional, 1940.

Literatura hispano-americana. Rio de Janeiro: Pongetti, 1949.

De poetas e poesia. Rio de Janeiro: MEC, 1954, coleção Cadernos de Cultura, nº 64.

3 conferências sobre cultura hispano-americana. (Coautoria de A. Tamayo e Cecília Meireles.) Rio de Janeiro: MEC, 1959 (Conferência de Bandeira: "Em louvor das letras hispano-americanas", pp. 5-18).

"A versificação em língua portuguesa". In: *Enciclopédia Delta-Larousse*. Rio de Janeiro: Ed. Delta, 1964, vol. VI, pp. 3054-65.

A autoria das Cartas Chilenas. Rio de Janeiro: 1940. Sep. da *Revista do Brasil*.

Brief history of Brazilian literature. Trad. de Ralph E. Dimmick. Washington: Panamerican Union, 1958.

LIVROS, COLETÂNEAS DE POEMAS E ANTOLOGIAS

Libertinagem. Rio de Janeiro: Pongetti, 1930.

Poesias completas. Rio de Janeiro: Civilização Brasileira, 1940.

Poesias completas. Rio de Janeiro: CEB, 1948.

Poesias completas. 6ª ed. Rio de Janeiro: José Olympio, 1955.

Estrela da tarde. Rio de Janeiro: José Olympio, 1963.

Carnaval. Ed. org. por J. Castañon Guimarães e R. T. Valença. Rio de Janeiro: Nova Fronteira, 1986.

50 poemas escolhidos pelo autor. Rio de Janeiro: MEC, 1955.

Meus poemas preferidos. Rio de Janeiro: Edições de Ouro, 1966.

Seleta em prosa e verso. 2ª ed. Org. de Emanuel de Moraes. Rio de Janeiro: José Olympio, 1975.

Antologia poética. Rio de Janeiro: Ed. do Autor, 1961.

ANTOLOGIAS E EDIÇÕES ORGANIZADAS PELO AUTOR

Antologia dos poetas brasileiros da fase romântica. Rio de Janeiro: Imprensa Nacional, 1937.

Antologia dos poetas brasileiros da fase parnasiana. Rio de Janeiro: Imprensa Nacional, 1951.

Antologia dos poetas brasileiros da fase simbolista. Rio de Janeiro: Ed. de Ouro, 1955.

Obras poéticas de Gonçalves Dias. Ed. crítica e comentários de Manuel Bandeira. São Paulo: Cia. Ed. Nacional, 1944, 2 tomos.

Rimas de José Albano. Org. e pref. de Manuel Bandeira. Rio de Janeiro: Pongetti, 1948.

Antologia dos poetas brasileiros bissextos contemporâneos. Rio de Janeiro: Zélio Valverde, 1946.

Gonçalves Dias. Rio de Janeiro: Agir, 1958, coleção Nossos Clássicos.

O Rio de Janeiro em prosa e verso. Coautoria de Carlos Drummond de Andrade. Rio de Janeiro: José Olympio, 1965.

ROTEIRO DE VIAGEM

Guia de Ouro Preto. Ilustrações de Luís Jardim. Rio de Janeiro: Ministério da Educação e Saúde, 1938.

PRINCIPAIS ESTUDOS SOBRE MANUEL BANDEIRA

ANDRADE, Mário de, "A poesia em 1930". In: *Aspectos da literatura brasileira*. São Paulo: Martins s.d., pp. 27-45.

BACIU, Stefan, *Manuel Bandeira de corpo inteiro*. Rio de Janeiro: José Olympio, 1966.

BARBOSA, Francisco de Assis, "Milagre de uma vida". In: Manuel Bandeira, *Poesia e Prosa*. Rio de Janeiro: Aguilar, 1958, vol. II, pp. XXXI-XCIV.

_____, *Manuel Bandeira, 100 anos de Poesia*. Recife: Pool Editorial, 1988.

BRAYNER, Sônia (Org.), *Manuel Bandeira*. Rio de Janeiro: Civilização Brasileira/INL-MEC, 1980, coleção Fortuna Crítica.

CAMPOS, Haroldo de, "Bandeira, o Desconstelizador". In: *Metalinguagem*. Petrópolis: Vozes, 1967, pp. 99-105.

CANDIDO, Antonio, "Carrossel". In: *Na sala de aula. Caderno de análise literária*. São Paulo: Ática, 1985, pp. 68-80.

CARPEAUX, Otto Maria, "Última canção — vasto mundo". In: *Origens e fins*. Rio de Janeiro: Casa do Estudante do Brasil. 1943.

_____, "Ensaio de exegese de um poema de Manuel Bandeira". *Atlântico*, nº 5, Lisboa, 1944. Reprod. por Sônia Brayner. V. acima.

_____, "Suma de Bandeira", *Correio da Manhã*, Rio de Janeiro, 8 mar. 1958.

COELHO, Joaquim-Francisco, *Manuel Bandeira pré-modernista*. Rio de Janeiro: José Olympio, 1982.

COUTO, Ribeiro, *Dois retratos de Manuel Bandeira*. Rio de Janeiro: S. José, 1960,

GARBUGLIO, José Carlos, *Bandeira entre o Beco e Pasárgada*. Sep. Publications du Centre de Recherches Latino-Américaines, Poitiers, 1974.

GOLDSTEIN, Norma, *Do Penumbrismo ao Modernismo*. São Paulo: Ática, 1983.

HOLANDA, Sérgio Buarque de, "Trajetória de uma poesia". In: *Cobra de vidro*. 2ª ed. São Paulo: Perspectiva, 1978. Também in: Manuel. Bandeira, *Poesia e Prosa*, ed. Aguilar de 1958.

_____, *Homenagem a Manuel Bandeira*. Rio de Janeiro: Tipografia do Jornal do Comércio, 1936.

IVO, Ledo, "O preto no branco". In: *Poesia observada*. Rio de Janeiro: Orfeu, 1967.

JUNQUEIRA, Ivan, *Testamento de Pasárgada*. Rio de Janeiro: Nova Fronteira, 1980.

LIMA, Luiz Costa, "Realismo e temporalidade em Manuel Bandeira". In: *Lira e antilira*. Rio de Janeiro: Civilização Brasileira, 1968, pp. 23-8.

LINS, Álvaro, "Poesia, 1940". In: *Jornal de Crítica*. 1ª série. Rio de Janeiro: José Olympio, 1962, pp. 34-43.

MONTEIRO, Adolfo Casais, *Manuel Bandeira*. Lisboa: Inquérito, 1943. Revisto e modif. em *Figuras e problemas da literatura brasileira contemporânea*. São Paulo: IEB, 1972.

MONTENEGRO, Túlio Hostílio, *Tuberculose e literatura*. Rio de Janeiro: Instituto Brasileiro de Geografia e Estatística, 1949.

MORAES, Emanuel de, *Manuel Bandeira*. Rio de Janeiro: José Olympio, 1962.

PONTIERO, Giovanni, *Manuel Bandeira. Visão geral de sua obra*. Rio de Janeiro: José Olympio, 1986.

REGIS, Maria Helena C., *O coloquial na poética de Manuel Bandeira*. Florianópolis: UFSC, 1986.

RIBEIRO, João, "A cinza das horas" e "Carnaval". In: *Crítica. Os modernos*. Rio de Janeiro: Academia Brasileira de Letras, 1952, pp. 66-77.

SANT'ANNA, Afonso R. de, *O canibalismo amoroso*. São Paulo: Brasiliense, 1984, pp. 201-56.

SILVA, Maximiano de Carvalho e (Org.), *Homenagem a Manuel Bandeira*. Niterói: Sociedade Sousa da Silveira; Rio de Janeiro: Monteiro Aranha/Presença Edições, 1989.

SOUZA, Gilda e Antonio Candido de Mello e, "Introdução" à *Estrela da vida inteira*. Rio de Janeiro: José Olympio, 1966, pp. L-LXX.

XAVIER, Jayro J., *Camões e Manuel Bandeira*. Rio de Janeiro: MEC, 1973.

BIBLIOGRAFIA GERAL

ABRAMS, M. H., *The mirror and the lamp: romantic theory and critical tradition*. Nova York: Oxford University Press, 1953.

ADORNO, T. W., *Note per la letteratura. 1943-1961*. Trad. it. Turim: Einaudi, 1979.

_____, *Philosophie de la nouvelle musique*. Trad. fr. Paris: Gallimard, 1962.

_____, *Prismas*. Trad. esp. Barcelona: Ariel, 1962.

_____, *Kierkegaard*. Trad. esp. Caracas: Monte Avila, 1971.

_____, *Teoria estética*. Trad. port. Lisboa: Edições 70, 1982.

ALONSO, Dámaso, *Poesía española*. 5ª ed. Madri: Gredos, 1966.

ARGAN, Giulio Carlo, *L'arte moderna 1770/1970*. Florença: Sansoni, 1986.

ARIÈS, Philippe, *Essais sur l'histoire de la mort en Occident*. Paris: Seuil, 1975.

ARISTÓTELES, *Poética*. Trad. de Eudoro de Sousa. Porto Alegre: Globo, 1966.

_____, *Poétique*. Texto e trad. J. Hardy. Paris: Belles Lettres, 1969.

_____, *Aristotle Poetics*. Introd., trad. e notas de Gerald Else. Ann Arbor: Paperbacks/University of Michigan Press, 1983.

AUERBACH, Erich, *Mímesis. A representação da realidade na literatura ocidental*. São Paulo: Perspectiva, 1971.

_____, *Lingua letteraria e pubblico nella tarda Antichità latina e nel Medioevo*. 2ª ed. Milão: Feltrinelli, 1971.

_____, *Dante: poet of the secular world*. Chicago/Londres: The University of Chicago Press, 1961.

_____, *Da Montaigne a Proust*. Milão: Garzanti, 1973.

_____, *S. Francesco, Dante e Vico*. Bari: De Donato, 1970.

BACHELARD, Gaston, *La poétique de l'espace*. Paris: PUF, 1957.

_____, *L'eau et les rêves*. Paris: J. Corti, 1973.

_____, *L'air et les songes*. Paris: J. Corti, 1974.

_____, *La terre et les rêveries du repos*. Paris: J. Corti, 1971.

BALAKIAN, Anna, *The symbolist movement in the literature of European languages*. Budapeste: Akademiai Kiado, 1982.

BARBOSA, João Alexandre, *As ilusões da modernidade*. São Paulo: Perspectiva, 1986.

BARTHES, Roland, *Critique et vérité*. Paris: Seuil, 1966.

_____, *Mythologies*. Paris: Seuil, 1957.

_____, *Essais critiques*. Paris: Seuil, 1964.

_____, *Fragments d'un discours amoureux*. Paris: Seuil, 1977.

_____, *L'obvie et l'obtus*. Paris: Seuil, 1982.

BATAILLE, Georges, *L'érotisme*. Paris: Minuit, 1957.

_____, *Les larmes d'Eros*. Paris: J.-J. Pauvert, 1978.

BAUDELAIRE, Charles, *Oeuvres complètes*. Ed. Le Dantec, rév., completée et présentée par C. Pichois. Paris: Gallimard, 1968.

BERNARD, Suzanne, *Le poème en prose. De Baudelaire jusqu'à nos jours*. Paris: Nizet, 1959.

BENJAMIN, Walter, *Oeuvres*. Trad. de M. Gandillac. Paris: Denoël, 1971, 2 vols.

_____, *Charles Baudelaire, Un poète lyrique à l'apogée du capitalisme*. Paris: Payot, 1974.

_____, *Origem do drama barroco alemão*. Trad. de Sérgio P. Rouanet. São Paulo: Brasiliense, 1984.

_____, *Magia e técnica, arte e política. Obras escolhidas*. Trad. de Sérgio P. Rouanet, São Paulo: Perspectiva, 1985.

_____, *Critiche e recenzioni*. Turim: Einaudi, 1979.

_____, *Parigi, capitale del XIX secolo. I "Passages" di Parigi*. Ed. de Rolf Tiedmann. Trad. it. Turim: Einaudi, 1986.

_____, *Sens unique. Enfance berlinoise. Paysages urbains*. Trad. fr. de J. Lacoste. Paris: Les Lettres Nouvelles/Maurice Nadeau, 1978.

BLACKMUR, Richard, *Language as gesture. Essays in poetry*. Nova York: Harcourt, Brace and Co., Inc., 1952.

BLANCHOT, Maurice, *La part du feu*. Paris: Gallimard, 1972.

_____, *L'espace littéraire*. Paris: Gallimard, 1955.

BOSI, Alfredo, *O ser e o tempo da poesia*. São Paulo: Cultrix/Edusp, 1977.

BOWRA, C. M., *The heritage of Symbolism*. Nova York: Schocken, 1961.

BRADBURY, M. e McFARLANE, J. (Orgs.), *Modernism, 1890-1930*. Sussex: Harvester Press/New Jersey, Humanities Press, 1978. [Há tradução brasileira: *Modernismo: guia geral*, Companhia das Letras, 1989.]

BRION-GUERRY, Liliane, *Cézanne et l'expression de l'espace*. Paris: Albin Michel, 1966.

BROOKS, Cleanth, *The well wrought urn. Studies in the structure of the poetry*. Nova York: Harcourt, Brace & World, Inc., 1947.

CAUDWELL, Christopher, *Illusion and reality. A study of the sources of poetry*. Reimp. Londres: Lawrence and Wishart, 1950.

CAMPOS, Augusto de, *Re-visão de Kilkerry*. São Paulo: Fundo Estadual de Cultura, 1970.

CAMPOS, Haroldo de, *A arte no horizonte do provável*. São Paulo: Perspectiva, 1969.

_____, *A operação do texto*. São Paulo: Perspectiva, 1976.

CANDIDO, Antonio, *Formação da literatura brasileira*. São Paulo: Martins, 1959, 2 vols.

_____, *Literatura e sociedade*. 3ª ed. São Paulo: Nacional, 1973.

_____, *A educação pela noite*. São Paulo: Ática, 1987.

_____, *Na sala de aula. Caderno de análise literária*. São Paulo: Ática, 1985.

COHEN, Jean, *Structure du langage poétique*. Paris: Flammarion, 1966.

COLERIDGE, S. T., *Biographia literaria*. Ed. de J. Shawcross. Londres: Oxford University Press, 1965.

CROCE, Benedetto, *A poesia*. Trad. de Flávio L. Chaves. Porto Alegre: FF da UFRGS, 1967.

CURTIUS, Ernst-Robert, *Literatura europeia e Idade Média latina*. Trad. de Teodoro Cabral e col. de Paulo Rónai. Rio de Janeiro: INL, 1957.

DEWEY, John, *Art as experience*. Nova York: Minton, Balch and Co., 1934.

DIDEROT, Denis, "Lettre sur les sourds et les muets". In: *Premières oeuvres*. Ed. de N. Rudich e J. Varloot. Paris: Éditions Sociales, 1972.

DILTHEY, W., *Vida y poesía*. Cidade do México: Fondo de Cultura Económica, 1953.

ECO, Umberto, *L'oeuvre ouverte*. Trad. fr. Paris: Seuil, 1965.

_____, *La struttura assente*. Milão: Bompiani, 1968.

_____, "Uma noção joyceana". In: Vários, *Joyce e o romance moderno*. Trad. São Paulo: Documentos, 1969.

ELIOT, T.S., *Selected essays*. Londres: Faber and Faber, 1972.

_____, *On poetry and poets*. Londres: Faber and Faber, 1965.

_____, *To criticize the critic*. Londres: Faber and Faber, 1965.

EULALIO, Alexandre, *A aventura brasileira de Blaise Cendrars*. São Paulo: Quíron/INL-MEC, 1978.

EMPSON, William, *Some versions of pastoral*. Londres: Chatto and Windus, 1935. (Reimp. Nova York: New Directions, 1960).

_____, *Seven types of ambiguity*. Nova York: New Directions, 1966.

FRIEDRICH, Hugo, *Struttura della lirica moderna*. Trad. it. Milão: Garzanti, 1971.

FRYE, Northrop, *Anatomia da crítica*. São Paulo: Cultrix, 1973.

_____, *Fables of identity*. Nova York: Harcourt, Brace and World, Inc., 1963.

_____, *Fearful simmetry*. Princeton: Princeton University Press, 1970.

_____, *Spiritus mundi*. Bloomington/Londres: Indiana University Press, 1976.

HABERMAS, Jürgen, *Le discours philosophique de la modernité*. Paris: Gallimard, 1988.

HAMBURGER, Kaete, *A lógica da criação literária*. São Paulo: Perspectiva, 1975.

HARTMAN, Geoffrey H., *The fate of reading*. Chicago/Londres: Chicago University Press, 1975.

HEGEL, G. W. F., *Esthétique. La poésie*. Paris: Aubier-Montaigne, 1965, 2 vols.

HAUSER, Arnold, *Historia social de la literatura y del arte*. Trad. esp. Madri: Guadarrama, 1964, 2 vols.

HOLLANDER, John (Org.), *Modern poetry: essays in criticism*. Londres: Oxford, 1968.

JAKOBSON, Roman, *Questions de poétique*. Paris: Seuil, 1973.

JAMESON, Fredric, *Marxismo e forma*. Trad. de I. Simon e I. Xavier. São Paulo: Hucitec, 1985.

JAUSS, Hans Robert, *La literatura como provocación*. Trad. esp. Barcelona: Península, 1976.

KANT, E., *Lo bello y lo sublime*. Trad. esp. Madri: Calpe, 1919.

KAHN, Gustave, *Symbolistes et décadents*. Paris: Léon Vanier, 1902.

KENNER, Hugh, *A homemade world. The American modernist writers*. Nova York: William Morrow and Co., Inc., 1975.

LAFETÁ, João Luiz, *1930: a crítica e o Modernismo*. São Paulo: Duas Cidades, 1974.

_____, *Figuração da intimidade. As imagens na poesia de Mário de Andrade*. São Paulo: Martins Fontes, 1986.

LEIRIS, Michel, *Miroir de la tauromachie*. Paris: GLM, 1938.

LONGINO, "On the sublime". In: Aristotle, *The poetics*. Trad. de W. Hamilton Fyfe. Londres: William Heinemann Ltd., 1973, Loeb Classical Library.

_____, "Do sublime". In: *A poética clássica*. Introd. de R. Oliveira Brandão e trad. de Jaime Bruna. São Paulo: Cultrix/Edusp, 1981.

LOTMAN, I., *La structure du texte artistique*. Paris: Gallimard, 1973.

LUKÁCS, G., "Alegoría y símbolo", in: *Estética*. Trad. esp. Barcelona: Grijalbo, 1967, vol. 4, pp. 423-74.

MARCUSE, H., *Eros e civilização*. Rio de Janeiro: Zahar, 1973.

_____, *La dimension esthétique*. Paris: Seuil, 1977.

MARTINS, Wilson, *A literatura brasileira. O Modernismo*. São Paulo: Cultrix, 1965.

MERQUIOR, José Guilherme, *Razão do poema*. Rio de Janeiro: Civilização Brasileira, 1965.

_____, *Astúcia da mímese*. Rio de Janeiro: José Olympio, 1972.

MESCHONNIC, Henri, *Pour la poétique*. Paris: Gallimard, 1970, 3 vols.

MERLEAU-PONTY, M., *Sens et non-sens*. 5ª ed. Paris: Nagel, 1965.

_____, *L'oeil et l'esprit*. Paris: Gallimard, 1963.

MEYER, Augusto, *Preto e branco*. Rio de Janeiro: MEC/INL, 1956.

_____, *Camões, o Bruxo e outros ensaios*. Rio de Janeiro: S. José, 1959.

MICHAUD, Guy, *Message poétique du Symbolisme*. Paris: Nizet, 1969.

MOISÉS, Massaud, *História da literatura brasileira. Simbolismo*. São Paulo: Cultrix/Edusp, 1985.

MUKAROVSKY, Jan, *Il significato dell'estetica*. Turim: Einaudi, 1973.

NIETZSCHE, F., *La naissance de la tragédie*. Trad. de Geneviève Bianquis. Paris: Gallimard, 1970.

PAREYSON, Luigi, *Os problemas da estética*. São Paulo: Martins Fontes, 1984.

PAZ, Octavio, *El arco y la lira*. Cidade do México: Fondo de Cultura, 1967.

_____, *Conjunciones y disyunciones*. Cidade do México: J. Mortiz, 1969.

_____, *Corriente alterna*. Cidade do México: Siglo Veintiuno, 1967.

_____, *Los hijos del limo*. Barcelona: Seix Barral, 1974.

POUND, Ezra, *Literary essays*. Londres: Faber and Faber, 1968.

PRAZ, Mario, *La carne, la morte e il diavolo nella letteratura romantica*. Florença: Carabba, 1930.

_____, *Mnemosyne*. Trad. esp. Madri: Taurus, 1979.

PREMINGER, Alex; GOLDEN, L. e outros, *Classical and medieval literary criticism*. Nova York: Frederick Ungar Publishing Co., 1983.

ROUGEMONT, Denis, *L'amour et l'Occident*. Paris: Plon, 1972.

ROSENBERG, Harold, *The tradition of the new*. Londres: Thames and Hudson, 1962.

SANTIAGO, Silviano, *Uma literatura nos trópicos*. São Paulo: Perspectiva, 1978.

_____, *Nas malhas da letra*. São Paulo: Companhia das Letras, 1989.

SARTRE, Jean-Paul, *Baudelaire*. Paris: Gallimard, 1975.

_____, *Situations II*. Paris: Gallimard, 1975.

_____, "L'engagement de Mallarmé". *Obliques*, nº 18/19, 1979.

SCHILLER, F., *Teoria da tragédia*. Introd. de Anatol Rosenfeld. São Paulo: Herder, 1964.

SCHWARZ, Roberto, *Que horas são?* São Paulo: Companhia das Letras, 1987.

SHAPIRO, Meyer, *Modern Art. 19th and 20th Centuries*. Nova York: George Braziller, 1978.

SPINA, Segismundo, *Apresentação da lírica trovadoresca*. Rio de Janeiro: Livraria Acadêmica, 1956.

STAROBINSKI, Jean, *La relation critique*. Paris: Gallimard, 1970.

SONTAG, Susan, *La maladie comme métaphore*. Trad. fr. Paris: Seuil, 1979.

SPITZER, Leo, *Études de style*. Paris: Gallimard, 1970.

_____, *Lingüística e historia literaria*. Madri: Gredos, 1955.

STERLING, Charles, *La nature morte. De l'Antiquité à nos jours*. Paris: Pierre Tisné, 1952.

THOMSON, George, *Marxismo e poesia*. Lisboa: Teorema, 1977.

TINIANOV, I., *El problema de la lengua poética*. Buenos Aires: Siglo Veintiuno, 1972.

_____, *Formalismo e storia letteraria*. Turim: Einaudi, 1973.

TODOROV, T. e outros, *Sémantique de la poésie*. Paris: Seuil, 1979.

VALÉRY, Paul, *Oeuvres*. Paris: Gallimard, 1957, coleção Bibliothèque de la Pléiade.

WILSON, Edmund, *O castelo de Axel*. São Paulo: Cultrix, 1967.

_____. *The shores of light*. Londres: W. H. Allen & Co., 1952.

WIMSATT, William K. e BROOKS, Cleanth, *Crítica literária. Breve história*. Trad. port. Lisboa: Fundação Calouste Gulbenkian, 1971.

WISNIK, José Miguel, *O som e o sentido*. São Paulo: Companhia das Letras, 1989.

Créditos das ilustrações

As ilustrações 2, 3, 4, 5, 6, 7, 8, 9, 10, 13, 15, 17, 18 (© Sascha Harmish), 19, 20, 22, (© David Vestal), 24, 25 e 26 foram gentilmente cedidas pelo Acervo do Centro de Literatura Brasileira da Fundação Casa de Rui Barbosa.

As ilustrações 11 e 12 (reprodução de Claus Meyer) foram gentilmente cedidas pelo Arquivo Mário de Andrade — IEB/USP.

A ilustração 16 foi gentilmente cedida pelo Projeto Portinari.

A ilustração 21 foi gentilmente cedida pela editora José Olympio.

Ilustração 23 © Agência *O Globo*.

Todos os esforços foram feitos para localizar a origem e a propriedade das reproduções deste livro. No caso de dúvida, a Companhia das Letras se compromete a corrigir, nas futuras edições, quaisquer omissões ou erros que inadvertidamente tenha cometido.

1ª EDIÇÃO [1999] 2 reimpressões
2ª EDIÇÃO [2003] 1 reimpressão
3ª EDIÇÃO [2024]

ESTA OBRA FOI COMPOSTA PELA PÁGINA VIVA EM MINION E IMPRESSA PELA GRÁFICA BARTIRA EM OFSETE SOBRE PAPEL PÓLEN NATURAL DA SUZANO S.A. PARA A EDITORA SCHWARCZ EM JULHO DE 2024

A marca FSC® é a garantia de que a madeira utilizada na fabricação do papel deste livro provém de florestas que foram gerenciadas de maneira ambientalmente correta, socialmente justa e economicamente viável, além de outras fontes de origem controlada.